陈万卷 周 俊

X *iandai Shichang Yingxiaoxue*
现代市场营销学

经济管理出版社
ECONOMY & MANAGEMENT PUBLISHING HOUSE

图书在版编目(CIP)数据

现代市场营销学/谢少安主编 . —北京:经济管理出版社,2011.5

ISBN 978-7-5096-1491-4

Ⅰ.①现… Ⅱ.①谢… Ⅲ.①市场营销学-高等学校-教材 Ⅳ.①F713.50

中国版本图书馆 CIP 数据核字(2011)第 099072 号

出版发行:经济管理出版社

北京市海淀区北蜂窝 8 号中雅大厦 11 层

电话:(010)51915602   邮编:100038

印刷:三河市延风印装厂   经销:新华书店

组稿编辑:房宪鹏   责任编辑:刘 宏

责任印制:杨国强   责任校对:曹 平

720mm×1000mm/16   19.75 印张   365 千字

2011 年 6 月第 1 版   2014 年 1 月第 2 次印刷

定价:38.00 元

书号:ISBN 978-7-5096-1491-4

前　言

市场营销是一门建立在经济科学、行为科学和管理科学基础上的综合性的应用科学，它是一门研究市场营销的理论、原则、方法及其规律的科学。它是企业如何了解市场、分析市场、创造市场和赢得市场的宝典，也是企业适应生存和持续发展的良方。

随着社会进步和市场经济的发展，特别是进入后危机时代，市场环境、顾客需要每时每刻都在发生变化，市场竞争也变得异常激烈，在这种情势下，教材也要与时俱进，为此，我们按照"21 世纪全国高等院校规划教材"的要求，编写《现代市场营销学》以飨读者。本书的编写立足于高等教育人才的培养目标，着眼于工商企业营销实践的需要，突出学生营销能力的培养，在注重学科体系的理论性、完整性、系统性的同时，还体现出如下三大特性：

前瞻性：本书力图反映国内外市场理论研究的新成果和实践探索的新经验，引入了关系营销、顾问营销、网络营销、整合营销等新的营销观念和策略，并融合到相关的产品策略、价格策略、分销策略和促销策略之中，形成了现代市场营销理论体系和内容框架。

实用性：本书以需求为导向，以能力培养为核心，以营销活动过程为主线，符合读者的学习心理和阅读习惯，每章都有教学目的、案例和复习思考题，既便于学生自主学习，也便于教师组织有效的教学活动。全书注重理论联系实际，侧重于学生调研市场、分析市场、开拓市场等能力培养。

简明性：本书考虑到教学的需要，力求简明扼要，一是结构简明，全书只有十章；二是文字简明，无空话、废话，大量使用图表，形象直观、简单明了。

参加本书编写的四位教师具有深厚营销理论功底和丰富教学经验、营销实践经验，他们是谢少安、陈万卷、周俊和童云兰，全书由谢少安负责策划、总纂定稿。在本书编写过程中，得到了专家、学者直接或间接的帮助，参考其著作、教材和文献资料，也得到了经济管理出版社的编辑刘宏和何燕的大力支持，在此一并表示诚挚的谢意！

本书宜于高等院校作为教材，也可供营销人员、管理人员自学阅读。由于市场变化太快，又因时间和水平所限，不足之处在所难免，敬请批评指正。

谢少安

2011 年 5 月 10 日于武汉纺织大学

目　录

第一章 导 论

教学目的

　　通过本章的学习，理解与市场营销有关的概念，掌握市场与市场营销的内涵与外延，认识市场营销观念的演变及营销管理的主要内容，了解市场营销理论产生的历史背景与阶段特征以及市场营销学在中国的传播、应用等基本知识。了解市场营销学的相关理论及基本内容，掌握研究市场营销学的方法，为学习本课程奠定基础。本章主要内容包括市场营销及相关概念的含义、市场营销观念的演进、市场营销管理。

第一节　市场与市场营销

　　市场营销学是一门研究市场运作的学科，主要研究分析市场、开拓市场、占领市场以及开展市场竞争和提高竞争力的理论、方法和技巧。研究市场营销理论，必须弄清市场营销的内涵与外延，包括市场营销的研究对象、本质和目的，市场营销观念的发展，市场营销管理的基本内容。

一、市场

　　市场是社会分工与商品经济的产物，市场随着社会生产力和商品经济的发展而发展，而市场的发展反过来又对经济的发展起着极大的推动作用。市场是商品经济运转过程中不可缺少的一环，同时，市场也是企业营销的载体，是企业不断满足顾客需求、展开竞争以实现企业利润的场所。离开了市场，企业的一切营销活动都无从谈起。

1. 市场的含义

（1）狭义市场含义。市场是商品交换的场所，如集贸市场、建材市场等。

（2）广义市场含义。市场是商品交换的各种经济关系总和，如供求关系、利益关系等。

（3）营销学的市场。市场是指有购买力的需求。美国市场营销学家菲利普·科特勒（Philip Kotler）对市场的阐述："市场是由所有潜在的客户组成的。这些客户具有一个共同的特殊需求和欲望，并愿意和有能力进行交换以满足这种需求和欲望。"因此，在市场营销学中，市场是指具有特定需求和欲望，而且愿意并能够通过交换来满足这些需求和欲望的潜在顾客的总和。

市场＝人口＋购买力＋购买欲望

在这里，市场是人口、购买力和购买欲望诸要素的统一体。人口是组成市场的基本细胞，购买力是组成现实市场的物质基础，购买欲望是购买力得以实现的条件。这些要素相互制约、互为条件，共同形成现实的市场，并决定市场的规模和容量。

2. 市场的功能

市场功能指市场机体在运行过程中发生的功用或效能。尽管由于社会形态和商品经济发达程度的不同，市场在性质、规模以及发育状况、地位、作用等方面存在着差别，但其基本功能是一切市场所共有的，是市场活动所具有的内在属性。

（1）交换功能。交换功能是指市场促进和实现商品交换的活动。在商品经济条件下，商品生产者出售商品，顾客购买商品，以及经营者买进卖出商品的活动，都是通过市场进行的。交换功能是市场最基本的功能，它不仅为买卖各方提供交换商品的场所，而且通过等价交换的方式促成商品所有权在各当事人之间让渡和转移，从而实现商品所有权的交换。与此同时，市场通过提供流通渠道，组织商品存储和运输，推动商品实体从生产者手中向顾客手中转移，完成商品实体相交换。这种促成和实现商品所有权交换与实体转移的活动体现了市场的交换功能。

（2）调节功能。调节功能是指市场在其内在机制的作用下，能够自动调节社会经济的运行过程和基本比例关系。调节功能是市场最主要的具有核心意义的功能，它作为商品经济的运行载体和现实表现，本质上是价值规律发生作用的实现形式。价值规律通过价格、供求、竞争等作用形式转化为经济活动的内在机制。市场机制以价格调节、供求调节、竞争调节等方式，对社会生产、分配、交换、消费的全过程进行自动调节。例如，调节社会资源在各部门、行业、企业间的配置与生产产品总量和种类构成；调节各个市场主体之间的利益分配关系；调节市场商品的供求总量与供求结构；调节社会消费水平、消费结构和消费方式等。在上述调节的基础上，最终达到对社会经济基本比例关系的自动调节。

（3）反馈功能。反馈功能是指市场把交换活动中产生的经济信息传递、反映给交换当事人，就是市场的反馈功能。商品出售者和购买者在市场上进行交换活动的同时，不断输出、输入有关生产、消费等方面的信息。这些信息经过市场转换，又以新的形式反馈输出。市场信息的形式、内容多种多样，归结起来都是市场上商品供应能力和需求能力的表现，是市场供求变动趋势的预示，其实质反映了社会资源在各部门的配置比例。市场的信息反馈功能，可以为国家宏观经济决策提供重要依据，国家可以根据市场商品总量及其结构的信息反馈，判断国民经济各部门之间的比例关系恰当与否，并据此规划和调整社会资源在各部门的分配比例。同时，市场反馈的信息也是企业生产经营的重要依据，企业可根据商品信息反馈，对顾客消费偏好和需求潜力作出判断和预测，从而决定和调整企业的经营方向和营销策略。

3. 市场的分类

市场是社会分工和商品经济发展的必然产物。同时，市场在其发育和壮大过程中，也推动着社会分工和商品经济的进一步发展。为了很好地研究市场，需要根据一定的细分标准进行划分。

（1）按交易对象的最终用途划分为生产资料市场、消费资料市场。

（2）按交易对象的具体内容划分为商品市场、技术市场、金融市场、信息市场等。

（3）按人文标准划分为妇女市场、儿童市场、老年市场等。

（4）按市场的地理位置划分为国际市场、国内市场、南方市场、北方市场等。

（5）按市场的时间标准划分为现货市场、期货市场。

（6）按市场上的竞争状况划分为完全竞争市场、垄断竞争市场、垄断市场。

二、市场营销

市场营销思想最初始于 20 世纪初。在市场营销研究刚刚起步时，经济学理论的研究正处于 20 世纪的第一个鼎盛时期，"经济学是市场营销学之父"。早期研究市场营销的学者都十分熟悉当时流行的经济学思想。因而当市场中某个问题引起他们注意时，他们常常以经济理论作为参照框架，经济学思想自然而然就构成了营销管理大厦的地基。例如，亚当·斯密提出的"一切经济活动

3

的目标乃是为了满足消费"这一著名论点，构成了市场营销的基本出发点。

但市场营销学和经济学毕竟不同，经济学通常侧重于理论性研究，而市场营销学更侧重于经验和实践，或者说，市场营销理论是在对实践总结和提炼的基础上发展与演进的。自市场营销学产生以来，特别是 20 世纪 50 年代以后，营销管理从经济学母体中分离，市场营销理论研究的深度和广度都得到了重大的发展。

自 20 世纪 80 年代以来，营销创新的势头有增无减。进入 90 年代，人类社会发生了更为巨大的变化，首先是信息技术革命所带来的对企业生产经营以及社会文化方面的冲击，从而导致产品的生命周期缩短，技术创新不断，生产工艺更加现代化，单位产品的生产成本大幅下降，人们的消费理念和消费行为日益感性化和个性化等。在这种环境条件下，90 年代的市场营销出现了新的变化，原来的 4Ps 组合逐渐由 4Cs 取代，即"顾客、成本、便利和沟通"这四个要素的新的营销组合策略。新的世纪到来时，我们所处的市场环境依然处于不断的变化之中，美国学者舒尔茨又提出了 4Rs 营销组合理论，即市场营销应包含以下四个要素：关联、反应、关系和回报。

1. 市场营销的内涵与外延

市场营销学发展至今已有近百年的历史。近百年来，西方学者在不同历史时期为市场营销下了不同的定义，其中美国市场营销学会（AMA）1960 年给市场营销下的定义是："市场营销是引导产品及劳务从生产者到消费者或使用者的企业活动。"由于这一界定范围过于狭窄，仅把市场营销局限于商品的流通领域范围内，难以适应市场营销学发展的需要，因此 1985 年美国市场营销学会又把市场营销定义为："市场营销是关于构思、货物和服务的设计、定价、促销和分销的规划与实施过程，目的是创造能实现个人和组织目标的交换。"美国哈佛大学教授马尔康·麦克纳认为："市场营销就是创造和传递生活标准给社会。"菲利普·科特勒指出："市场营销是个人和组织通过创造和引导需求，并与其他个人和组织交换产品和价值以获得其所需所欲之物的一种社会过程。"

市场营销的内涵与外延是：市场营销是个人和组织通过创造和引导需求，并与其他个人和组织交换产品和服务，以实现企业目标的一切活动。这个概念包括三层基本含义：

（1）人们的需求和欲望是市场营销的起点，因此企业应了解顾客需求和欲望并设法满足他们，在此基础上实现企业目标，这也是市场营销活动的目的。

（2）交换是市场营销活动得以进行的基本条件，也是满足人们需要的重要手段，交换作为一种活动，既有社会性，又有管理性。

（3）满足顾客需求是市场营销活动的核心，市场营销形式上是销售产品或提供服务，但为了更好地满足顾客的需求，就需要不断地创造和引导需求。

2. 市场营销的核心

市场营销的核心概念如图1—1所示。

图1—1 市场营销的核心概念

（1）需要、欲望和需求。人类的各种需要和欲望是市场营销的出发点。人们需要食物、空气、水、衣服、住所以维持生存，对娱乐、教育和其他种种事物也有强烈的欲望。不过，需要、欲望、需求三者之间是有区别的。人类的需要是指没有得到某些基本满足的感受状态。人们为了生存而产生的对食品、衣服、住所、安全、归属、受人尊重等需要都不是营销者所能创造的，它们存在于营销活动出现之前。人们欲望是指想得到基本需要的具体满足物的愿望。人类的需要并不多，而他们的欲望却是很多的，各种社会力量和机构诸如学校、家庭、商店不断地激发人类形成种种欲望，同样一种需要可以用不同的方式来满足。需求是指对有能力赈买并且愿意购买的某个具体产品的欲望。当人们具有购买能力时，欲望便转化为需求。因此，企业不仅要估计有多少人想要本企业的产品，更重要的是要了解有多少人真正愿意并且有能力购买。营销者并不创造需要，需要早就存在于营销出现之前；营销者，连同社会上的其他因素只是影响了人们的欲望。营销者只是试图指出一个什么样的特定的产品可以满足人们某一方面的需要；他力图通过使产品富有吸引力，适应消费者的支付能力，使消费者容易得到来影响需求。

（2）产品。从广义上来说，任何能用来满足人类某种需要或欲望的东西都是产品。一般常用产品和服务这两个词来区分实体产品和无形产品。实体产品是一种实物，如一辆小汽车、一杯饮料。购买实体产品，人们主要目的不在于拥有该产品，而在于使用它爻满足欲望，如买小汽车不是为了观赏，而是它可以提供交通服务，买饮料也不是为了观赏，而是为了解渴，所以实体产品实际上是向人们传送服务的工具。当然，服务的传递可以通过产品实体，也可以通过其他途径，如人、活动、组织、地点等。换句话说，产品也就是一切能够满足需要和欲望的媒介物。如果制造商关心产品超出关心产品所提供的服务，那就会目光短浅，容易造成营销近视。人们不是为了产品的实体而买产品的，产品实体是服务的外壳。营销者的任务是推销产品实体中所包含的利益或服务，而不能仅限于描述产品的形貌。如果仅把注意力集中在产品上，而不是把注意力集中在顾客需要上，必定要尝够营销近视的苦头。

（3）价值和满足。所谓价值，是指在最低的获取、拥有和使用成本之下所要求的顾客满意。为完成某一任务，比如上班，有多种可供选择的产品，步行、骑自行车、坐公交车、坐出租车、开小汽车等，同时也要满足不同的目标，包括速度、安全、便利和费用等。显然，最为满意的产品——理想产品应是一种能迅速地、绝对安全地、不费力地、花钱很少地使人到达工作地点的产品。每一个可选择产品的价值便取决于它与理想产品的接近程度，也就是说，现有产品越接近理想产品，则这个产品的价值也就越大，在目标确立后就可以作合适的选择。总之，因为很多产品都能满足某个特定的需要，所以产品的选择要受到价值和期望满足两个概念的影响。

（4）交换和交易。人们可以通过四种方式获得产品。一是自行生产。一个饥饿的人可以通过打猎、捕鱼、采果等来解除饥饿，而不必与其他任何人发生关系。这种情况下没有市场，更无所谓营销。二是强行取得。一个饥饿的人可以从别人手中夺取食物，这对别人来说没有好处，甚至会遭到伤害。三是乞讨。一个饥饿的人可以向别人乞讨食物，除了致谢，乞讨者没有拿出任何有形的东西。四是交换。一个饥饿的人可以用某些东西，如钱、别的货物、劳务等，与一个拥有食物的人交换食物。营销活动产生于第四种获得产品的方式——交换。交换是构成营销基础的一个概念，就是通过提供某种东西作为回报，从某人那里取得所需要的东西的行为。交换的发生必须具备四个条件：

1）至少要有交换双方。

2）每一方都有被对方认为有价值的东西。

3）每一方都能沟通信息和传递货物。

4）每一方都可以自由接受或拒绝对方的产品。

如果双方正在谈判，并趋于达成协议，意味着他们正在进行交换。而一旦达成协议，我们就说发生了交易行为。交易是交换活动的基本单元，交易是由双方之间的价值交换所构成的，是 A 把 X 给予 B 以换得 Y。一次交易包括几个可以度量的实质内容：至少有两个有价值的事物、买卖双方所同意的条件、协议时间和协议地点等。由于交易很容易因曲解协议条款或蓄意破坏协议而引起争执，因此要借助合同法等法律法规来支持和强制交易双方执行协议。为了促使交易成功，营销者必须分析参与交换的双方各自希望给予什么和得到什么。以最常见的商业交易为例，卖方向买方供应商品和服务以换得货币，买方是以货币去交换所需要的商品和服务。再如雇佣交易，雇主向雇员提供工资及其他相关待遇，以换取雇员富有成效的服务。其他各种交易也不外乎是由两个当事人和他们之间的特定资源的流动构成的。作为一个企业的营销人员，为了把潜在交易转化为现实，要仔细地分析另一方需要些什么和自己可以提供些什么，从中发现一致之处，找到交易的基础，然后再实施各种努力达成协议，实现交易。

（5）市场。市场是由那些具有特定的需要或欲望，而且愿意并能够通过交换来满足这种需要或欲望的全部潜在顾客所构成的。市场的大小就取决于那些表示有某种需要，并拥有使别人感兴趣的资源，而愿意以这种资源来换取其需要的东西的人的数目多少。

经济学家用市场来概括一定时空下商品交换关系的总和。在营销者看来，卖主构成行业，买主构成市场。行业与市场的关系（参见图1—2），卖主和买主通过四条通路联系起来，卖方把商品、服务以及信息传送到市场，又从买主那里收到货币和情报。

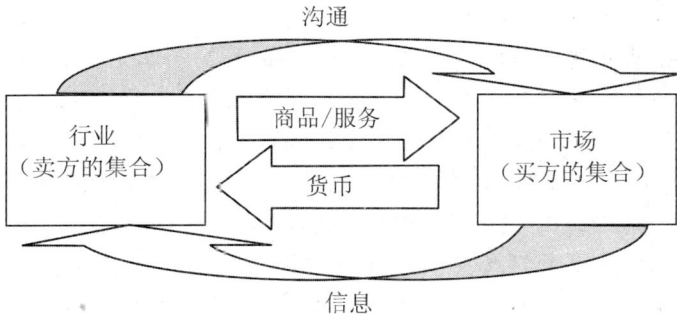

图1—2 一个简单的营销系统

由于现代经济劳动分工日益细致，每个人在从事专业化生产时得到报酬，并以此购买所需之物，因此现代经济中充满了市场。制造商在资源市场（原材料市场、劳动力市场、金融市场等）购买各种资源，然后把它们转化为产品和服务，再将其售给中间商，由中间商把产品转售给消费者。消费者则出售自己的劳动换得货币，用货币来购买商品和服务。政府也是一种市场，它从制造商和中间商市场购买产品，付钱给他们；政府又向各种市场征税，而以提供各种必需的公共服务为回报。因此，每一个国家的经济乃至整个世界经济都是由各种市场组成的复杂体系，而这些市场则由交换过程彼此联结在一起。

（6）营销者和潜在顾客。市场营销就是以满足人类各种需要和欲望为目

7

的，通过市场变潜在交换为现实交换的活动。在交换双方中，如果一方比另一方更主动、更积极地寻求交换，我们就把前者称为营销者，另一方称为潜在顾客。营销者是希望从他人那里得到资源并愿以某种有价之物作为交换的人。营销者可以是一个卖主，也可以是一个买主。如果买卖双方都在积极寻求交换，则双方都称为营销者，这种营销称为相互营销。

案例 1-1

华明的米店生意

在南方的一个小镇中，有一位年轻的米商，名叫华明。他是该镇上 10 位米商之一，他总是待在店内等候顾客，所以生意并不大好。一天，华明意识到他应该更多地为该镇居民着想，了解他们的需求和期望，而不是简单地为那些到店里来的顾客提供大米。他认为应该为居民提供更多的价值，而不能仅仅只是提供和其他米商一模一样的服务。他决定对顾客的饮食习惯以及购买周期建立记录档案，并且开始为顾客送货。

首先，华明开始绕着该镇到处走，并且敲开每一位顾客的门，询问家里有多少口人，每天需要煮多少米，家里的米罐有多大等。之后，他决定为每个家庭提供免费的送货服务，并且每隔固定时间自动为每个家庭的米罐补满。

假设某四口之家，平均每人每天大概需要两碗米，因此这个家庭每天需要八碗米。从他的记录里，华明可以知道该家庭的米罐能装 60 碗米或者说接近一袋米。

通过建立这些记录以及提供的全新服务，华明首先成功地与老年顾客沟通，进而与更多的其他居民建立起更为广泛、更深入的关系。他的业务也逐渐扩大，并且需要雇用更多的员工，一个人负责接待到商场柜台来买米的顾客，两个人负责送货。华明通过花时间拜访居民，处理好与供应商及其所熟识的居民之间的关系，生意日益兴隆。

资料来源：张德鹏、汤发良、李双玫：《市场营销学》，广东高等教育出版社 2005 年版。

第二节　市场营销观念的演进

市场营销观念是企业在市场营销活动中所遵循的指导思想和经营哲学，是企业处理企业、消费者、社会三者关系的原则。市场营销观念是否符合客观形势，是否正确，直接关系到企业营销管理的成功与否和企业的兴衰。市场营销观念是随着商品经济的发展而产生和演进的。在产业革命以前的漫长岁月里，由于商品交换制度还停留在极其简单的基础上，市场营销仅处于萌芽阶段。随着产业革命的到来，小作坊生产让位于机器化大生产，商品活动变得更复杂，买卖双方之间个人对个人的关系越来越少，市场营销有了长足的发展，随之市场营销观念逐渐形成并不断发展。近百年来，在西方企业市场营销活动中，市场营销观念大致可以分为以企业为中心的市场营销观念、以消费者为中心的市场营销观念和以社会为中心的市场营销观念。

一、以企业为中心的营销观念

以企业为中心的市场营销观念是指 20 世纪 50 年代以前的营销观念，市场营销工作的中心是企业，消费者处于次要的地位。这个阶段又出现了三种观念：

1. 生产观念

生产观念是一种最古老的指导企业市场营销活动的观念。这种观念在产业革命后至 1920 年以前流行于西方企业界。生产观念认为：消费者喜欢那些可以到处买到并且价格低廉的产品，因而生产导向型企业总是致力于提高生产效率和广泛的销售覆盖面。生产观念是在卖方市场下产生的。20 世纪 20 年代以前，生产的发展不能满足需求的增长，多数商品都处于供不应求的地位，在这种情况下，只要有商品，质量过关、价格便宜，就不愁在市场上找不到销路。于是生产观念就应运而生。显然，企业奉行生产观念是必须有一定前提条件的：一种情况是市场对产品的需求大于供应，顾客最关心的是能否得到产品；另一种情况是产品成本很高，必须提高生产率，降低成本来扩大市场。例如，20 世纪初的美国福特公司曾倾力于汽车的大规模生产，以降低成本，使大多数美国人能买得起汽车，从而扩大福特汽车的市场份额。因为福特生产的 T 型车十分畅销，根本无需推销，以致亨利·福特这位汽车大王曾骄傲地宣称："不管顾客需要什么颜色的汽车，我只有一种，黑色！"这是当时生产观念的典型表现。

生产观念并非在 20 年代以后就销声匿迹了，在一些特定的市场形势下，如日本在 1945 年战败后数年之内，因商品短缺、供不应求，生产观念在企业管理中曾一度流行；我国在过去较长时间内，因物资短缺、供不应求，许多企业也信奉生产观念，以产定销，根本不重视市场营销工作。由以上可见，生产观念在一定条件下是合理的，有指导作用。然而，一旦市场形式发生了变化，生产观念就不合时宜，会成为企业经营的严重障碍，企业在新形势下必须用新的观念作指导。

2. 产品观念

1920 年前后，供不应求的现象在西方国家得以缓和，顾客对产品有了选择的余地，于是，产品观念应运而生。产品观念认为，消费者最喜欢那些高质量、多功能和有特色的产品，因而产品导向型企业致力于生产高值产品，并不断改进产品，使之日趋完美。持产品观念的企业认为，顾客欣赏精心制造的产品，顾客能够鉴别产品的质量和功能，并愿意花较多的钱买质量上乘的产品。然而，由于企业只是迷恋自己的产品，对该产品在市场上是否迎合时尚，是否在朝着不同的方向发展等关键问题缺乏敏感与关心，因此产品观念容易导致"营销近视症"，即不适当地把注意力放在产品上，而不是放在消费者的需求上。尽管产品观念比生产观念有所进步，但产品观念仍然无视消费者的需求和欲望，因为所谓的高质量和性能是一群工程师在实验室里设计出来的，他们在设计前后并没有征求过消费者的意见。因此，一味追求高质量往往会导致产品质量和功能的过剩，消费者不一定支付得起或不愿意为多余的质量和功能支付冤枉钱，这样，企业往往会陷入困境。

3. 推销观念

这种观念流行于 20 世纪 30～40 年代。由于生产力的发展、科学技术的进步，加之科学管理和大规模生产，商品产量迅速增加，买方市场在西方国家逐渐形成。特别是 1929～1933 年资本主义世界的经济大危机，堆积如山的产品卖不出去，许多企业倒闭。这种事实使许多企业开始认识到：销售产品比生产产品重要得多，只有把产品卖出去，企业的利润目标才可能实现。于是，一种新的营销观念——推销观念由此产生。推销观念认为，消费者通常不会足量购买某一企业的产品，因而企业必须积极推销和进行大量促销手段，使消费者对企业的产品发生兴趣，刺激消费者大量购买是完全可能的。

奉行推销观念的企业把推销工作作为一切工作的中心，它们认为在市场竞争中取胜的关键是把产品卖出去，而把产品卖出去的关键是通过各种推销手段、技巧引起消费者的注意，说服其购买。推销观念虽然强调销售工作的重要性，但仍然没有逾越以产定销的框框。由于企业是把生产出来的产品推销出去，"企业推销什么，顾客就只能买什么"，这样，顾客的需求和欲望仍然没有得到满足，甚至有一种被欺骗的感觉。事实上，建立在强化推销基础上的企业营销有着很大的风险。因为这种做法的假设条件是站不住脚的，顾客不会听了几句好话就去购买并不喜欢的产品，也不会将自己对产品的不喜欢埋在心底，而是会在朋友面前说产品的坏话或者向消费者协会抱怨，更不会忘记自己对某产品的不满而又去购买该产品。

案例 1-2

爱尔琴公司的营销理念

自 1864 年创立以来,爱尔琴手表公司一直享有全美国最佳手表制造商的声誉。爱尔琴公司一直把重点放在保持其优质产品的形象,并通过由首饰店和百货公司组成的巨大分销网进行推销,销售量持续上升,但是到 1958 年以后,其销售量和市场份额开始走下坡路。是什么原因使得爱尔琴公司的优势地位受到损害呢?

根本原因是,爱尔琴公司的管理当局太醉心于优质而式样陈旧的手表,以至于根本没有注意到手表消费市场上所发生的重大变化。许多消费者对手表必须走时十分精确、必须是名牌、必须保用一辈子的观念正在失去兴趣。他们期望的手表是走时准确、造型优美、价格适中。越来越多的消费者追求方便性(各种自动手表)、耐用性(防水防震手表)和经济性(刻度指针表)。从销售渠道的结构来看,大量的手表通过大众化分销店和折扣商店出售。不少美国人都想避开当地高盈利性的珠宝店,而且,在看见便宜表时常会发生冲动性购买。从竞争者这方面说,许多同行都在生产线中增设了低价手表,并开始通过大众化分销渠道出售手表。爱尔琴公司的毛病就出在它把全部注意力都集中在产品身上,而忽视了随时掌握变化着的需求并对此做出相应的反应。

资料来源:北京大学《市场营销学 60 例》案例精选,http://www.docin.com/p-117412381.html。

二、以消费者为中心的营销观念

20 世纪 50 年代以后,资本主义发达国家的市场已经变成名副其实的供过于求,卖主间竞争激烈,买主处于主导地位的买方市场。同时,随着科学技术发展,社会生产力得到了迅速的提高,人们的收入水平和物质文化生活水平也在不断提高,消费者的需求向多样化发展并且变化频繁。在这种背景下,企业意识到传统的经营观念已不能有效地指导新的形势下的企业营销管理工作,于是市场营销观念形成了。

1. 营销观念的内容

营销观念认为,企业在经过分析和判断,正确确定目标市场的需要和欲望,并且比竞争对手更快、更有效地提供产品或服务以满足此种市场的需求。市场营销观念基于四个主要支柱,即目标市场、顾客需要、营销组合、盈利能力。目标市场：任何一个企业不可能在每个市场经营和满足各种需要，当公司根据自身的资源和竞争优势来寻找自己的目标市场时，更容易获得成功。顾客需要：许多企业和消费者的看法存在很大的分歧，成功的市场营销要求超越两者的分歧。要想营销成功有效，公司不能仅限于自己的观点，而必须了解消费者的心理，并通过合适的产品（Product）、合适的价格（Price）、合适的分销（Place）策略和合适的促销（Promotion）策略的 4Ps 营销组合，去满足顾客需要，从而实现企业盈利。由此可见，营销的关键之处在于要比竞争者更好地满足顾客需要。

（1）4Ps 营销组合是指企业可控因素（参见图 1-3）。

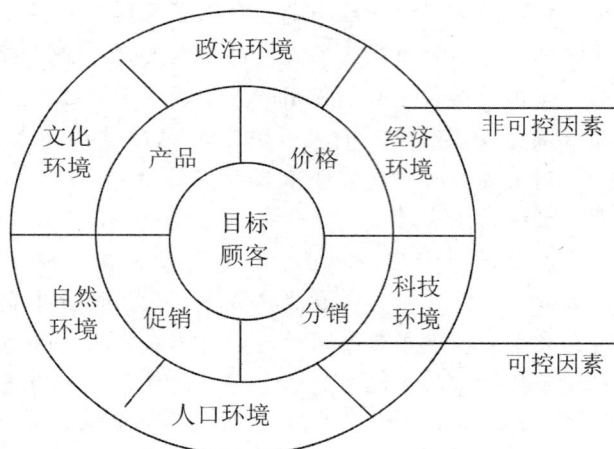

图 1-3　4Ps 营销组合

（2）4Ps 营销组合是一个动态的大组合，包含有产品、价格、分销、促销四个亚组合，产品亚组合中包含有品牌、质量、款式、包装等内容；价格亚组合中包含有基本价格、折扣价格、支付方式、支付时间等内容；分销亚组合中包含有渠道、运输、存货控制等内容，促销亚组合中包含有人员推销、广告宣传、营业推广和公共关系等内容。

2. 市场营销观念的意义

市场营销观念取代推销观念，是营销观念的质的飞跃，也是市场营销学理论上的一次重大变革。在这种观念的指导下，"顾客至上"、"顾客是上帝"、"顾客永远是正确的"、"爱你的顾客而非产品"、"顾客才是企业的真正主人"等成为企业家的口号和座右铭。营销观念的形成，不仅从形式上，更从本质上改变了企业营销活动的指导原则，使企业经营指导思想从以产定销转变为以销定产，第一次罢正了企业与顾客的位置，与推销的观念有本质区别（参见图1—4）。

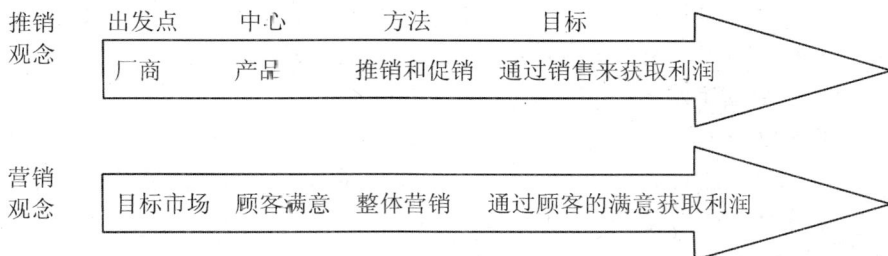

推销观念	出发点	中心	方法	目标	
	厂商	产品	推销和促销	通过销售来获取利润	

营销观念	目标市场	顾客满意	整体营销	通过顾客的满意获取利润	

图1—4 营销观念与推销观念的区别

（1）企业的市场营销工作由以生产者为中心转向了以目标市场的顾客需要为中心，促进了"顾客至上"思想的实现。

（2）改变了企业的组织结构，提高了市场营销部门在企业中的地位，建立了以市场营销为中心的新的管理体制。

（3）改变了企业的经营程序和方法，企业的市场营销转化为整体性的营销活动过程，营销管理工作占据了重要的地位。

（4）销售工作由过去的"高压"或"硬卖"转变为诱导式的"软卖"，通过满足顾客的需求来获取利润。

由于市场营销观念符合"生产是为了消费"的基本原理，既能较好地满足市场需要，同时也提高了企业的环境适应能力和生存发展能力，因此自从被提出后便引起了广泛的注意，为众多企业所追捧，并成为当代市场营销学研究的主体。

三、以社会为中心的营销观念

随着全球环境破坏、资源短缺、人口爆炸等问题日益严重，要求企业顾及顾客整体与长远利益即社会利益的呼声越来越高。市场营销学界提出了一系列的新观念，认为企业生产经营不仅要考虑顾客眼前的需要，而且要考虑顾客长远的需要和整个社会的长远利益。企业任务就在于确定目标市场的需要、欲望和利益，比竞争者更有效地使顾客满意，同时维护与增进顾客和社会福利。

1. 社会营销观念

社会营销观念产生于20世纪70年代。当时西方国家出现了环境污染、能源短缺、通货膨胀、失业增加、消费者主权运动盛行等新的现象，而市场营销观念因回避了消费者短期需要与长远利益、企业利益与社会利益之间的矛盾，致使一些企业的经营步入了困境或受到批评。因此，一些西方学者提出了社会营销观念。所谓社会营销观念，就是在营销观念的基础上增加了对环境的考虑，即在满足消费者需求的同时充分考虑到对环境的影响，以期实现可持续发展。

社会营销观念要求营销者在营销活动中考虑社会与道德问题。他们必须平衡与评价公司利润、消费者需要满足和公共利益三者的关系。

2. 大市场营销观念

大市场营销观念是 20 世纪 80 年代以来，在西方国家积极推行贸易保护政策，加强经济干预，增设市场壁垒，企业难以进入市场的情况下，由美国市场营销学家菲利普·科特勒在 1984 年提出的一种以满足守门人的需求为中心，争取进入市场的营销观念。科特勒认为，所谓市场的守门人是指那些可以阻止企业进入市场的个人或团体，包括政府、立法机构、劳动工会、宗教团体及其他利益集团等。大市场营销则是指为了成功地进入特定的市场，需要协调地使用经济的、心理的、政治的和公共关系的手段，以赢得守门人的合作与支持的战略思想和营销策略。这里特定的市场主要指贸易壁垒很高的封闭型或保护型市场。科特勒指出，针对这样的市场，除了实施 4Ps 营销组合策略外，还必须加上政治权利（Political Power）和公共关系（Public Relations），由此形成的 6Ps 的营销组合策略才能奏效。

案例 1-3

开发海岛鞋产品市场的故事

美国有一家鞋子制造厂为了扩大市场，工厂老板便派业务员 A 到非洲一个孤岛上调查市场。业务员 A 一抵达，发现当地的人们都没有穿鞋子的习惯，回到旅馆，他马上拍发电报告诉老板说："这里的居民从不穿鞋，此地无市场。"当老板接到电报后，思索良久，便吩咐业务员 B 去实地调查。当业务员 B 一见到当地人们赤足，没穿任何鞋子的时候，心中兴奋万分，一回到旅馆，马上电告老板："此岛居民无鞋穿，市场潜力巨大，快寄 100 万双鞋子过来。"经过一段时间的销售，效果并不理想，这时市场经理 C 说我去试试，他到当地考察后发现，由于长年不穿鞋，岛上人的脚与长年穿鞋的人不一样，于是他说应该生产与岛上人的脚相适应的鞋子。这时有市场经理 D 说岛上对外来事物特别反感，应与岛上的人建立良好的关系，然后再销售产品。

资料来源：北京大学《市场营销学 60 例》案例精选，http://www.docin.com/p-117412381.html。

第三节　市场营销管理

一切与市场有关的组织都有营销管理的问题，只是我们还没有深刻地认识这个问题。例如，一个具有一定规模的生产企业有以下的职能部门：人事部门处理劳动力市场的问题，采购部门处理原材料市场的问题，财务部门处理资金及与金融市场联系的问题，生产部门负责产品的生产问题。但在传统的意义上并不把上述部门称为营销管理者，而只是把处理顾客市场业务的市场开发部门和销售部门称为营销管理者，但从市场营销观念出发，一切与市场有关的活动营销学的原理都适用，都需要进行营销管理。

一、市场营销管理的实质

市场营销管理是指为创造达到个人和机构目标的交换，而规划和实施理念、产品和服务的构思、定价、分销和促销的过程。市场营销管理是一个过程，包括分析、规划、执行和控制。其管理的对象包含理念、产品和服务。市场营销管理的基础是交换，目的是满足各方需要。作为交换的一方，企业不仅要发现目标顾客及其需求，而且需要经常对目标市场的交换水平进行预测，以确定如何满足顾客。但是实际需求水平却有可能高于、等于或低于预期的需求，在这种情况下，营销工作就包括了扩大市场需求，同时也要调整、缩减市场需求。总之，营销管理就是通过分析、计划、实施和控制等方式来影响市场需求水平、需求时间和需求构成。因此，市场营销管理的实质是需求管理。

二、市场营销管理的任务

市场营销管理的主要任务是刺激消费者对产品的需求，但不能局限于此。它还帮助公司在实现其营销目标的过程中，影响需求水平、需求时间和需求构成。因此，市场营销管理的任务是刺激、创造、适应及影响消费者的需求。从此意义上说，市场营销管理的本质是需求管理。任何市场均可能存在不同的需求状况，市场营销管理的任务是通过不同的市场营销策略来解决不同的需求状况（参见表1—1）。

1. 负需求

对于负需求其营销努力为扭转性营销。负需求是指市场上众多顾客不喜欢某种产品或服务，如近年来许多老年人为预防各种老年疾病不敢吃甜点心和肥肉，又如有些顾客害怕冒险而不敢乘飞机，或害怕化纤纺织品有毒物质损害身体而不敢购买化纤服装。市场营销管理的任务是分析人们为什么不喜欢这些产品，并针对目标顾客的需求重新设计产品、定价，作更积极的促销，或改变顾客对某些产品或服务的信念，如宣传老年人适当吃甜食可促进脑部血液循环，乘坐飞机出事的概率比较小等，把负需求变为正需求。

表1-1 营销管理类型和任务

营销管理类型	需求状态	营销任务
扭转性营销	负需求	扭转需求
刺激性营销	无需求	激发需求
开发性营销	潜在需求	实现需求
恢复性营销	下降需求	恢复需求
调节性营销	不规则需求	调节需求
维护性营销	饱和需求	维持需求
限制性营销	过度需求	限制需求
抵制性营销	有害需求	消除需求

2. 无需求

对于无需求其营销努力为刺激性营销。无需求是指目标市场顾客对某种产品从来不感兴趣或漠不关心。无需求通常是针对新产品或新服务项目，消费者因不了解产品而无需求。例如，许多非洲国家居民从不穿鞋子，对鞋子无需求。市场营销者的任务是创造需求，通过有效的促销手段，把产品利益同人们的自然需求及兴趣结合起来。

3. 潜在需求

对于潜在需求其营销努力为开发性营销。这是指现有的产品或服务不能满足许多消费者的强烈需求，从而产生对市场上现实不存在产品或服务的强烈渴望。例如，老年人需要高植物蛋白、低胆固醇的保健食品，美观大方的服饰，安全、舒适、服务周到的交通工具等，但许多企业尚未重视老年市场的需求。企业市场营销的任务是准确地衡量潜在市场需求，并努力开发新产品和服务以满足人们的需求。

4. 下降需求

对于下降需求其营销努力为恢复性营销。这是指目标市场顾客对某些产品或服务的需求出现了下降趋势。任何企业迟早都要面对一种或几种产品的下降需求的情况。原因是由于边际收益递减规律的作用，人们对一切产品或服务的需求和兴趣总会有发生下降的时候，如近年来城市居民对电风扇的需求已饱和，需求相对减少。市场营销者要了解顾客需求下降的原因，或通过改变产品的特色，采用更有效的流通方法再刺激需求，即创造性的再营销，或通过寻求新的目标市场，以扭转需求下降的格局。

5. 不规则需求

对于不规则需求其营销努力为调节性营销。许多企业常面临因季节、月份、周、日、时对产品或服务需求的变化，而造成生产能力和商品的闲置或过度使用。如在公共交通工具方面，在运输高峰时不够用，在非高峰时则闲置不用。又如在旅游旺季时旅馆紧张和短缺，在旅游淡季时，旅馆空闲。再如节假日或周末，商店拥挤，在平时商店顾客稀少。市场营销的任务是通过灵活的定价、促销及其他激励因素夹改变需求时间模式来调节需求。

6. 充分需求

对于充分需求其营销努力为维护性营销。这是指某种产品或服务目前的需求水平和时间等于期望的需求，但消费者需求会不断变化，竞争日益加剧。因此，企业营销的任务是改进产品质量及不断估计消费者的满足程度，维持现时需求。

7. 过度需求

对于过度需求其营销努力为限制性营销。这是指市场上顾客对某些产品的需求超过了企业供应能力，产品供不应求。例如，由于人口过多或物资短缺，引起交通、能源及住房等产品供不应求。企业营销管理的任务是减缓营销，可以通过提高价格、减少促销和服务等方式使需求减少。企业最好选择那些利润较少、要求提供服务不多的目标顾客作为减缓营销的对象。减缓营销的目的不是破坏需求，而只是暂缓需求水平。

8. 有害需求

对于有害需求其营销努力为抵制性营销。这是指对消费者身心健康有害的产品或服务，诸如烟、酒、毒品、黄色书刊等。企业营销管理的任务是通过提价、传播恐怖及减少可购买的机会或通过立法禁止销售，称之为反市场营销。反市场营销的目的是采取相应措施来消灭某些有害的需求。

第四节　市场营销学的发展历程

市场营销学（Marketing）于 20 世纪初期产生于美国。随着社会经济及市场经济的发展，市场营销学发生了根本性的变化，从传统市场营销学演变为现代市场营销学，其应用从营利组织扩展到非营利组织，从国内扩展到国外。当今，市场营销学已成为同企业管理相结合，并同经济学、行为科学、人类学、数学等学科相结合的应用边缘管理学科。市场营销学的发展历程大致可分为四个阶段（参见表 1—2）。

表 1—2　市场营销学的发展历程

时间	20 世纪初至 20 年代末	20 世纪 20 年代至 40 年代末	20 世纪 50 年代初至 70 年代初	20 世纪 70 年代至今
特征	创建	应用	变革	发展
代表事件	1912 年，哈佛大学教授赫杰特齐出版了第一本市场营销学教科书《市场营销学》	美国市场营销学会成立	企业的经营观点从"以生产为中心"转为"以消费者为中心"	管理导向理论，强调市场营销学应该重点研究营销管理中的战略和决策问题

一、市场营销学的创建

市场营销学于 20 世纪初创建于美国，后来流传到欧洲、日本和其他国家，在实践中不断完善和发展。它的形成阶段大约在 1900～1930 年。

人类的市场经营活动，从市场出现就开始了。但到 20 世纪之前，市场营销还没有成为一门独立学科。进入 19 世纪，伴随世界经济的发展，资本主义的固有矛盾日趋尖锐。频频爆发的经济危机，迫使企业日益关心产品销售，研究如何更有效地应付竞争，在实践中不断探索市场营运的规律。到 19 世纪末 20 世纪初，世界主要资本主义国家先后完成了工业革命，垄断组织加快了资本的积聚和集中，使生产规模迅速扩大。在这一时期，以泰勒为代表的以提高劳动生产率为主要目标的"科学管理"理论、方法应运而生，受到普遍重视。

一些大型企业实施科学管理的结果，产品迅速增加，要求对流通领域有更大影响，对相对狭小的市场有更精细的经营。同时，科学技术的发展，也使企业内部计划与组织变得更为严整，从而有可能运用科学的调查研究方法，预测市场变化趋势，制订有效的生产计划和销售计划，控制和调节市场销售量。在这种客观需要与可能条件下，市场营销学作为一门独立的经营管理学科诞生了。

在此之前，美国学者已经发表和出版了一些论著，分别论述产品分销、推销、广告、定价、产品设计和实体分配等专题。到 20 世纪初，一些学者如阿克·肖（Arch W. Shaw）、爱德华·琼斯（Edward D. Jones）、拉尔夫·斯达·巴特勒（Ralph Starr Butler）、詹姆斯·赫杰特齐（James E. Hagerty）等，将上述专题综合起来，使之形成市场营销学科。1902～1905 年，密歇根、加州、伊利诺伊和俄亥俄等大学相继开设了市场营销课程。1910 年，执教于威斯康星大学的巴特勒教授正式出版《市场营销方法》一书，首先使用市场营销（Marketing）作为学科名称。哈佛大学教授赫杰特齐（J. E. Hagerty）走访了大企业主，了解他们如何进行市场营销活动，于 1912 年出版了第一本《市场营销学》教科书，它是市场营销学作为一门独立学科出现的里程碑。而后，弗莱德·克拉克（Fred E. Clark）于 1918 年编写了《市场营销原理》讲义，被多所大学用做教材并于 1922 年出版；L. S. 邓肯也于 1920 年出版了《市场营销问题与方法》。

这一时期的市场营销学，其内容局限于流通领域，真正的市场营销观念尚未形成。然而，将市场营销从企业生产活动中分离出来并作为一个学科进行专门研究，无疑是一个创举。

二、市场营销学的应用

1929～1933 年的资本主义大危机震撼了整个资本主义世界。生产严重过剩，产品销售困难，已直接威胁企业生存。从 20 世纪 30 年代开始，主要资本主义国家市场明显进入供过于求的买方市场。这时，企业界广泛关心的首要问题已经不是扩大生产和降低成本，而是如何把产品销售出去。为了争夺市场，解决产品价值实现问题，企业家开始重视市场调查，提出了"创造需求"的口号，致力于扩大销路并在实践中积累了丰富的资料和经验。与此同时，市场营销学科研究大规模展开。一些著名大学的教授将市场营销研究深入到各个问题，调查和运用大量实际资料，形成了许多新的原理。如弗莱德·克拉克和韦尔法在其《农产品市场营销》（1932 年）中将农产品市场营销系统划分为集中（农产品收购）、平衡（调节供求）和分散（化整为零销售）三个相互关联的过程，详细研究了集中、储存、融资、承担风险、标准化、销售和运输七种市场营销职能。拉尔夫·亚历山大（Ralph S. Alexander）等学者在 1940 年出版的《市场营销》一书中，强调市场营销的商品化职能包含适应顾客需要的过程，销售是"帮助或说服潜在顾客购买商品或服务的过程"。

1937 年，美国全国市场营销学和广告学教师协会及美国市场营销学会合并组成美国市场营销学会（AMA）。该学会在美国设立几十个分会，从事市场营销研究和营销人才的培训工作，出版市场营销专刊和市场营销调研专刊，对市场营销学的发展起了重要作用。到第二次世界大战结束，市场营销学得到长足发展，并在企业经营实践中广泛应用。但在这一阶段，它的研究主要集中在广告宣传、推销策略等方面，应用范围基本上仍局限于商品流通领域。

三、市场营销学的变革

这是从传统的市场营销学转变为现代市场营销学的阶段。20 世纪 50 年代后，随着第三次科技革命的发展，劳动生产率空前提高，市场供大于求的矛盾进一步激化，原有的只研究在产品生产出来后如何推销的市场营销学，显然不能适应新形势的需求。于是，企业开始了"以生产为中心"向"以消费者为中心"的进化。

霍华德（John A. Howard）在《市场营销管理：分析和决策》一书中率先提出从企业环境与营销策略二者关系来研究营销管理问题，强调企业必须适应外部环境。麦卡锡（Eugene J. McCarthy）在 1964 年出版的《基础市场营销学》对市场营销管理提出了新的见解。他把消费者视为一个特定的群体，即目标市场，强调企业必须制定正确的市场营销组合策略，以适应外部环境的变化，满足目标顾客的需求，实现企业经营目标。许多市场营销学者经过潜心研究，提出了一系列新的观念。其中之一就是将"潜在需求"纳入市场概念，即把过去对市场"是卖方与买方之间的产品或劳务的交换"的旧观念，发展成为"市场是卖方促使买方实现其现实的和潜在的需求的任何活动"。这样，凡是为了保证通过交换实现消费者需求（包括现实需求与潜在需求）而进行的一切活动，都纳入了市场营销学的研究范围。这也就要求企业将传统的"生产—市场"关系颠倒过来，即将市场由生产过程的终点，置于生产过程的起点。这样，也就从根本上解决了企业必须根据市场需求来组织生产及其他企业活动，确立以消费者为中心而不是以生产者为中心的观念问题。这一新概念导致市场营销学基本指导思想的变化，在西方称之为市场营销学的一次"革命"。市场营销学的这一变革，使企业的经营观点从"以生产为中心"转变为"以消费者为中心"，市场也就成了生产过程的起点，营销也就突破了流通领域，延伸到生产过程及售后过程。

四、市场营销学的发展

随着科学技术的日益进步，社会政治经济情况的不断变化，整个学科提出了管理导向理论，强调市场营销学应该重点研究营销管理中的战略和决策问题，许多市场学家提出了"社会营销"、"大市场营销"理论。市场营销学还出现了许多分支，例如，消费心理学、工业企业营销学、商业企业营销学等。进入20世纪90年代以来，关于市场营销网络、政治市场营销、市场营销决策支持系统、市场营销专家系统等新的理论与实践问题开始引起学术界和企业界的关注，成为市场营销学研究的热点。

进入21世纪，互联网的发展和应用，推动着网络营销的迅猛发展。相信这些新观念、新方法必将把现代市场营销学推向一个新的发展阶段。营销学逐步建立起以"满足需求"、"顾客满意"为核心内容的框架和体系，不仅在工商企业，而且在事业单位和行政机构得到广泛运用。市场营销学术界每隔几年就有一批有创见的新概念出现。这些概念推动了市场营销学从策略到战略、从顾客到社会、从外部到内部、从一国到全球，得到全面系统的发展和深化。

市场营销学在我国的传播与应用比较晚。在半封建半殖民地的旧中国，市场经济十分落后，市场营销学的传播与应用必然受到严重阻碍。新中国成立后，由于片面强调计划经济，市场营销学的研究一度中断。直到改革开放以后，中国大力发展有计划的市场经济，市场营销学才开始真正走向全面应用的阶段，广泛地应用于各类企业营销活动中。

复习思考题：

1. 市场营销管理的实质是什么？市场营销管理的任务有哪些？
2. 市场营销学关于市场的定义与其他学科有什么不同？
3. 什么是市场营销？
4. 营销观念与推销观念有何不同？
5. 以顾客为中心的营销观念和以社会为中心的营销观念有什么区别？
6. 市场营销学的发展经过哪几个时期，各有何特点？

第二章　市场营销环境

教学目的

　　通过本章的学习，理解与市场营销环境的有关概念，掌握市场营销环境的内涵与外延，认识市场营销环境对企业产生的深刻影响，掌握市场营销环境的主要构成，认识宏观环境和微观环境的构成要素，学会分析市场营销环境的主要方法，以及企业面对环境变化时所采取的对策。

第一节　市场营销环境概述

　　企业处于一个不断发展、不断变化的空间内，它的一切营销活动既受到企业内部条件的限制，又为企业外部的条件所制约。企业只有能动地使营销活动与生存的环境相适应，才能使企业的营销取得成效，从而实现企业的营销目标。分析市场营销环境，把握市场机会是市场营销人员的首要任务，也是企业市场营销过程的第一步。企业的市场营销活动不是在真空中进行的，而是要受到市场环境的影响。市场环境的变化给企业市场营销活动或提供机会或带来威胁，为此，企业必须密切监控市场营销环境的发展变化，在那里寻找市场机会并发现潜在的威胁。企业的市场营销环境分为宏观环境和微观环境。企业的微观环境包括所有直接影响企业生产经营业务的因素，诸如供应商、顾客、竞争者及企业本身。企业的宏观环境包括那些影响企业生产和发展的社会力量，即人口、经济、技术、政治、法律和社会及文化的力量。

一、市场营销环境的含义及构成

　　市场营销环境即指企业的生存空间，也就是营销活动的基础和条件。美国著名市场学家菲利普·科特勒对此的解释是：影响企业的市场和营销活动的不可控制的参与者和影响力。具体地说就是："影响企业的市场营销管理能力，使其能否卓有成效地发展和维持与其目标顾客交易及关系的外在参与者和影响力。"因此，市场营销环境是指与企业营销活动有潜在关系的所有外部力量和相关因素的集合，它是影响企业生存和发展的各种外部条件。

1. 市场营销环境的含义

市场营销环境是企业营销职能外部的不可控制的因素和力量，这些因素和力量是影响企业营销活动及其目标实现的外部条件。任何企业都如同生物有机体一样，总是生存于一定的环境之中，企业的营销活动不可能脱离周围环境而孤立地进行。企业营销活动要以环境为依据，企业要主动地去适应环境；但是，企业可以了解和预测环境因素，不仅主动地适应和利用环境，而且透过营销努力去影响外部环境，使环境有利于企业的生存和发展，有利于提高企业营销活动的有效性。因此，重视研究市场营销环境及其变化，是企业营销活动的最基本的课题。

2. 市场营销环境的构成

企业市场营销环境的内容既广泛又复杂。不同的因素对营销活动各个方面的影响和制约也不尽相同，同样的环境因素对不同的企业所产生的影响和形成的制约也会大小不一。一般来说，市场营销环境主要包括两方面的构成要素，一是微观环境要素，即指与企业紧密相连，直接影响其营销能力的各种参与者，这些参与者包括企业的供应商、营销中间商、顾客、竞争者以及社会公众和影响营销管理决策的企业内部各个部门；二是宏观环境要素，即影响企业微观环境的巨大社会力量，包括人口、经济、政治、法律、科学技术、社会文化及自然地理等多方面的因素（参见图2—1）。微观环境直接影响和制约企业的市场营销活动，而宏观环境主要以微观营销环境为媒介间接影响和制约企业的市场营销活动。

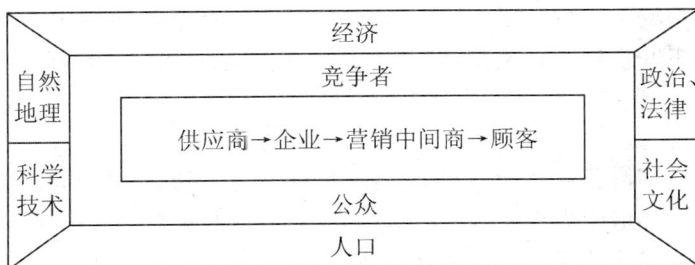

图2—1 市场营销环境构成要素

23

市场营销环境按其对企业营销活动的影响，也可分为威胁环境与机会环境，前者指对企业市场营销不利的各项因素的总和，后者指对企业市场营销有利的各项因素的总和。营销环境按其对企业营销活动影响时间的长短，还可分为企业的长期环境与短期环境，前者持续时间较长或相当长，后者对企业市场营销的影响则比较短暂。

二、市场营销环境的特点

市场营销环境的变化，既可以给企业带来市场机会，也可以给企业造成严重威胁。由于生产力水平的不断提高和科学技术的进步，当代企业的外部环境变化远远超过了企业内部因素变化的速度，企业的生存和发展越来越决定于其适应外界环境变化的能力。企业要在复杂多变的环境下驾驭市场，就必须认真研究市场环境的特点。

1. 客观性

环境作为营销部门外在的不以营销者意志为转移的因素，对企业营销活动的影响具有强制性和不可控性的特点。一般说来，营销部门无法摆脱和控制营销环境，特别是宏观环境，企业难以按自身的要求和意愿随意改变它。例如，企业不能改变人口因素、政治法律因素、社会文化因素等。但企业可以主动适应环境的变化和要求，制定并不断调整市场营销策略。事物发展与环境变化的关系，适者生存，不适者淘汰，就企业与环境的关系而言，也完全适用。有的企业善于适应环境就能生存和发展，有的企业不能适应环境的变化，就难免被淘汰。

2. 差异性

不同的国家或地区之间，宏观环境存在着广泛的差异，不同的企业，微观环境也千差万别。正因营销环境的差异，企业为适应不同的环境及其变化，必须采用各有特点和针对性的营销策略。环境的差异性也表现为同一环境的变化对不同企业的影响不同。例如，中国加入世界贸易组织，意味着大多数中国企业进入国际市场，进行"国际性较量"，而这一经济环境的变化，对不同行业所造成的冲击并不相同。企业应根据环境变化的趋势和行业的特点，采取相应的营销策略。

3. 动态性

市场营销环境是一个动态系统。构成市场营销环境的诸因素都受众多因素的影响，每一环境因素都随着社会经济的发展而不断变化。20 世纪 60 年代，中国处于短缺经济状态，短缺几乎成为社会经济的常态。改革开放 20 年后，中国已遭遇"过剩"经济，不论这种"过剩"的性质如何，仅就卖方市场向买方市场转变而言，市场营销环境已产生了重大变化。市场营销环境的变化，既会给企业提供机会，也会给企业带来威胁，虽然企业难以准确无误地预见未来环境的变化，但可以通过设立预警系统，追踪不断变化的环境，及时调整营销策略。

4. 复杂性

营销环境诸因素间，相互影响，相互制约，某一因素的变化，会带动其他因素的相互变化，形成新的市场营销环境。例如，竞争者是企业重要的微观环境因素之一，而宏观环境中的政治法律因素或经济政策的变动，均能影响一个行业竞争者加入的多少，从而形成不同的竞争格局。又如，市场需求不仅受消费者收入水平，爱好以及社会文化等方面因素的影响，政治法律因素的变化，往往也会产生决定性的影响。再如，各个环境因素之间有时存在矛盾，某些地方消费者有购买家电的需求，但当地电力供应不正常，无疑是扩展家电市场的制约因素。

第二节　微观环境分析

企业的微观营销环境主要由企业的供应商、营销中间商、顾客、竞争对手、社会公众以及企业内部参与营销决策的各部门组成。供应商—企业—营销中间商—顾客这一链条构成了公司的核心营销系统。一个公司的成功，还受到另外两个群体的影响，即竞争对手和公众。

一、企业内部

企业为开展营销活动，必须设立某种形式的营销部门，而且营销部门不是孤立存在的，它还面对着其他职能部门以及高层管理部门。企业营销部门与财务、采购、制造、研究与开发等部门之间既有多方面的合作，也存在争取资源方面的矛盾。这些部门的业务状况如何，它们与营销部门的合作以及它们之间是否协调发展，对营销决策的制定与实施影响极大。高层管理部门由董事会、总经理及其办事机构组成，负责确定企业的任务、目标、方针政策和发展战略。营销部门在高层管理部门规定的职责范围内作出营销决策，市场营销目标是从属于企业总目标，并为总目标服务的次级目标，营销部门所制定的计划也必须在高层管理部门批准后实施。

市场营销部门一般由市场营销副总裁、销售经理、推销人员、广告经理、营销研究与计划以及定价专家等组成。营销部门在制定和实施营销目标与计划时，不仅要考虑企业外部环境力量，而且要充分考虑企业内部环境力量，争取高层管理部门和其他职能部门的理解和支持。

二、供应商

供应商是向企业及其竞争者提供生产经营所需资源的企业或个人，包括提供原材料、零配件、设备、能源、劳务及其他用品等。供应商对企业营销业务有实质性的影响，其所供应的原材料数量和质量将直接影响产品的数量和质量；所提供的资源价格会直接影响产品成本、价格和利润。在物资供应紧张时，供应商更起着决定性的作用。如企业开发新产品，若无开发新产品所需的原材料或设备的及时供应，就不可能成功；有些比较特殊的原材料和生产设备，还需供应商为其单独研制和生产。企业对供应商的影响力要有足够的认识，尽可能与其保持良好的关系，开拓更多的供货渠道，甚至采取逆向发展战略，兼并或收购供应者企业。为保持与供应商的良好合作关系，企业必须和供货人保持密切联系，及时了解供货商的变化与动态，使货源供应在时间上和连续性上能得到切实保证；除了保证商品本身的内在质量外，还要有各种售前和售后服务；对主要原材料和零部件的价格水平及变化趋势，要做到心中有数，应变自如。根据不同供应商所供货物在营销活动中的重要性，企业对为数较多的供货人可进行等级归类，以便合理协调，抓住重点，兼顾一般。

三、营销中介

任何一家企业都不可能自己承担所有有关产品和服务的全部市场及营销活动，而必须与其他企业合作，才能完成生产和营销任务。营销中介主要指协助企业促销、销售和经销其产品给最终购买者的机构，包括中间商、实体分配公司、营销服务机构和财务中介机构。

1. 中间商

中间商是指协助企业进行产品经销或销售，将产品最终销售给购买者的机构，包括经销商和代理商。经销商是转售商品的企业，对其经营的商品有所有权、作价权，经销商有总经销商与一般经销商之分，也有批发商、零售商之别。代理商是替生产企业寻找买主，推销产品，对其经营的产品无所有权、作价权。代理商也有总代理商和一般代理商之分。

2. 实体分配公司

实体分配公司是协助厂商储存并把货物运送至目的地的物流公司。实体分配的要素包括包装、运输、仓储、装卸、搬运、库存控制和订单处理七个方面，其基本功能是调节生产与消费之间的矛盾，弥合产销时空上的背离，提供商品的时间效用和空间效用，以利适时、适地和适量地把商品供给消费者。

3. 营销服务机构

营销服务机构是协助厂商推出并促销其产品到恰当的市场的机构，如营销研究公司、广告公司、传播公司等。企业可自设营销服务机构，也可委托外部营销服务机构代理有关业务，并定期评估其绩效，促进提高创造力、质量和服务水平。

4. 财务中介机构

财务中介机构是协助厂商融资或分担货物购销储运风险的机构，如银行、保险公司等。财务中介机构不直接从事商业活动，但对工商企业的经营发展至关重要。在市场经济中，企业与金融机构关系密切，企业间的财务往来要通过银行结算，企业财产和货物要通过保险取得风险保障，而贷款利率与保险费率的变动也会直接影响企业成本，信贷来源受到限制更会使企业处于困境。

四、顾客

顾客就是企业的目标市场，是企业服务的对象，也是营销活动的出发点和归宿。企业的一切营销活动都应以满足顾客的需要为中心。因此，顾客是企业最重要的环境因素。为便于深入研究各类市场的特点，国内顾客市场按购买动机可分为四种类型（参见图2—2）。各类市场都有其独特的顾客，他们不同的变化着的需求，要求企业以不同的方式提供相应的产品和服务，从而影响企业营销决策的制定和服务能力的形成。

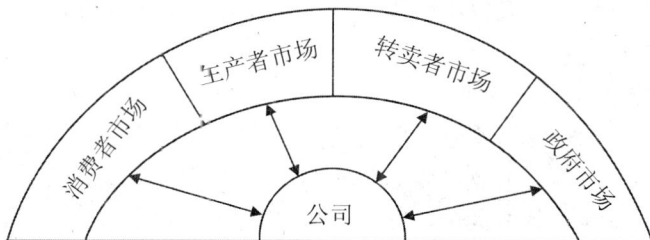

图 2—2　市场基本类型

五、竞争者

企业不能独占市场，都会面对形形色色的竞争对手。在竞争性的市场上，除来自本行业的竞争外，还有来自代用品生产者、潜在加入者、原材料供应者和购买者等多种力量。企业要成功，必须在满足消费者需要和欲望方面比竞争对手做得更好。企业的营销系统总是被一群竞争者包围和影响着，必须加强对竞争者的研究，了解对本企业形成威胁的主要竞争对手及其策略，力量对比如何，知己知彼，扬长避短，才能在顾客心目中强有力地确定其所提供产品的地位，以获取战略优势。

竞争环境不仅包括其他同行公司，而且还包括更基本的一些东西。一个公司掌握竞争的最好办法是树立顾客观点。顾客在决定将要购买某件东西的决策过程中，究竟考虑些什么呢？假定一个人劳累之后需要休息一下，这个人会问："我现在要做些什么呢？"他（她）的脑际可能会闪现社交活动、体育运动和吃些东西的念头。我们把这些称为欲望竞争因素。假如这个人很想解决饥饿感，那么问题就成为："我要吃些什么呢？"各种食品就会出现在心头，如炸土豆片、糖果、水果等。这些能表示满足同一需要的不同的基本方式，我们可称之为类别竞争因素。这时，如果他（她）决定吃糖果，那么又会问："我要什么样的糖果呢？"于是就会想起各种糖果来，如巧克力块、甘草糖和水果糖，这些糖果都是满足吃糖欲望的不同形式，它们称为产品形式竞争因素。最后，消费者认为他要吃巧克力块，这样又会面对几种牌子的选择，如赫谢、雀巢和火星等品牌，这些称为品牌竞争因素。

六、公众

公众是指对企业实现营销目标的能力有实际或潜在利害关系和影响力的团体或个人。企业面对的广大公众的态度，会协助或妨碍企业营销活动的正常开展。所有的企业都必须采取积极措施，树立良好的企业形象，力求保持和主要公众之间的良好关系。

1. 融资公众

融资公众是指影响企业融资能力的金融机构，如银行、投资公司、证券经纪公司、保险公司等。企业可以通过发布乐观的年度财务报告，回答关于财务问题的询问，稳健地运用资金，在融资公众中树立信誉。

2. 媒介公众

媒介公众主要是报纸、杂志、广播电台和电视台等大众传播媒体。企业必须与媒体组织建立友善关系，争取有更多更好的有利于本企业的新闻、特写以至社论。

3. 政府公众

政府公众是指负责管理企业营销业务的有关政府机构。企业的发展战略与营销计划，必须和政府的发展计划、产业政策、法律法规保持一致，注意咨询有关产品安全卫生、广告真实性等法律问题，倡导同业者遵纪守法，向有关部门反映行业的实情，争取立法有利于产业的发展。

4. 社团公众

社团公众包括保护消费者权益的组织、环保组织及其他群众团体等。企业营销活动关系到社会各方面的切身利益，必须密切注意来自社团公众的批评和意见。

5. 社区公众

社区公众是指企业所在地邻近的居民和社区组织。企业必须重视保持与当地公众的良好关系，积极支持社区的重大活动，为社区的发展贡献力量，争取社区公众理解和支持企业的营销活动。

6. 一般公众

一般公众是指上述各种关系公众之外的社会公众。一般公众虽未有组织地对企业采取行动，但企业形象会影响他们的惠顾。

7. 内部公众

内部公众是指企业的员工，包括高层管理人员和一般职工，都属于内部公众。企业的营销计划，需要全体职工的充分理解、支持和具体执行。经常向员工通报有关情况，介绍企业发展计划，发动员工出谋献策，关心职工福利，奖励有功人员，增强内部凝聚力。员工的责任感和满意度，必然传播并影响外部公众，从而有利于塑造良好的企业形象。

公众可能有助于增强一个企业实现自己目标的能力，也可能妨碍这种能力。鉴于公众会对企业的命运产生巨大的影响，精明的企业就会采取具体的措施，去成功地处理与主要公众的关系，而不是不采取行动和等待。大多数企业都建立了公共关系部门，专门筹划与各类公众的建设性关系。公共关系部门负责收集与企业有关的公众的意见和态度，发布消息、沟通信息，以建立信誉。如果出现不利于公司的反面宣传，公共关系部门就会成为排解纠纷者。对一个企业来说，如果把公共关系事务完全交给公共关系部门处理，那将是一种错误。一个企业的全部雇员，从负责接待一般公众的高级职员到向财界发表讲话的财务副总经理，到走访客户的推销代表，都应该参与公共关系的事务。

第三节　宏观环境分析

宏观营销环境指那些作用于直接营销环境，并因而造成市场机会或环境威胁的主要社会力量，包括人口、经济、科学技术、政治法律和社会文化等企业不可控制的宏观因素。企业及其直接环境都受到这些社会力量的制约和影响。

一、人口环境

市场营销学认为市场是由有购买愿望并且具备购买能力的人构成的，人的需求正是企业营销活动的基础。所以，对人口环境的考察是企业把握需求动态的关键。从量的角度看，人口的数量是市场规模的重要标志，在人均消费水平一定的情况下，人口数量越多，市场需求规模就越大。而从人口的分布、结构及变动趋势等方面进行质的分析，则能够刻画出市场需求的特点和发展趋势。我们可以从以下方面讨论人口环境及其变化对企业营销活动的影响。

1. 人口数量

随着世界科学技术进步、生产力发展和人民生活条件改善，世界人口平均寿命延长，死亡率下降，全球人口尤其是发展中国家的人口持续增长。据估计，目前世界总人口已经超过 60 亿，并将在 2025 年达到 79 亿以上。20 世纪的最后 20 年中，世界人口居然增长了近 18 亿。世界人口的迅速增长意味着人类需求的增长和世界市场的扩大。东亚地区被人们誉为"最有潜力的市场"，除了因为该地区近年来经济发展迅速外，也因为它的人口数量庞大且增长较快，使得该地区的市场需求日益扩大。

世界人口的增长呈现出极端不平衡。发达国家的人口出生率下降，人口甚至出现负增长，导致这些国家市场需求呈缓慢增长，有的甚至开始萎缩。例如，欧洲儿童数量的减少，给以儿童市场为目标顾客的企业造成威胁，却因为年轻夫妇有更多的闲暇和收入用于旅游和娱乐，为另一些行业带来佳音。世界人口的 80％在发展中国家，而且人口增长最快的往往是那些落后、欠发达的国家。贫穷问题困扰着这些国家的人民，在人口呈几何级数上升的同时，消费者的购买力并没有提高多少，市场需求层次较低，以追求基本需求的满足为主。世界人口的过度膨胀给有限的地球资源带来巨大的压力，因此，可持续发展战略的研究为市场营销提出了新的课题。

2. 人口结构

人口结构可从其自然结构（性别、年龄）和社会结构（文化素质、职业、民族和家庭）两方面进行分析。

（1）人口的自然结构。人口的性别构成与市场需求的关系密切。男性和女性在生理、心理和社会角色上的差异决定了他们不同的消费内容和特点。一些产品有明显的性别属性，只为男性或女性专用。而男女不同的性别心理和社会角色对消费行为有直接影响。一般来说，男性以阳刚粗犷为美，崇尚冒险精神，以事业为重，决策果断。因此男性消费者的需求特征常常表现为粗放型、冒险型、冲动型和事业型；女性比较温柔细腻，善于谨慎从事，以生活和家庭为重，因此女性消费者的需求特点多为谨慎型、生活型和唯美型。随着社会经济的发展，男女的性别角色已在悄然变化，并影响到市场需求的变动。越来越多的女性摆脱传统观念的束缚，走向社会寻求与男性同样的发展机会，女性就业的人数和领域在不断增加和扩大，她们的家庭和社会地位都有所改善。女性不仅在家庭中参与消费决策的权利有所提高，而且职业女性本身日益成为被商家瞩目的消费者群。

人口年龄结构是企业分析市场环境的主要内容之一，不同年龄层次的消费者因为生理和心理特征、人生经历、收入水平和负担状况的不同，有着不同的消费需要、兴趣爱好和消费模式。目前，人口老龄化是世界人口年龄结构变化的新特点，其原因在于许多国家尤其是发达国家的人口死亡率普遍下降，平均寿命延长。这一人口环境动向对市场需求的影响是十分深刻的：一方面，市场对摩托车、体育用品等青少年用品的需求将会减少，而且由于老年人对添置住宅、汽车等高档商品兴趣不大，这部分产品的市场需求也呈下降趋势；另一方面，老年人的医疗和保健用品、生活服务、旅游和娱乐的市场需求将会迅速增加。据中国老年协会介绍，中国目前60岁以上的老年人口已达1.6亿，并以每年3％的速度递增。预计到2030年中国老年人口将超过欧洲人口。我国老年产品与服务的多种需求构成了一个十分庞大、丰富多彩的市场。据测算，仅其潜在消费每年也在3000亿元人民币以上，老年人的消费需求以人寿保险、医疗保健和生活服务为热点。有关人士预测说，在未来的相关产业中，第一产业将出现为老年人饮食特需的农副产品，第二产业将出现老年人专用商品，第三产业中将出现照料老年人生活的特殊行业，信息产业中还会出现为老年人提供精神慰藉的服务。

（2）人口的社会结构。人口的文化素质对市场消费需求的影响亦不能忽视。一般来说，随着受教育人数和受教育水平的提高，市场将增加对优质高档产品、旅游、书籍杂志等文化消费品的需求，而且人们的需求会更加追求个性

31

化和多样化。此外，企业采用的营销手段及其效果也因目标顾客的受教育程度而异。职业是消费者社会角色。不同的职业往往和相应的收入水平联系在一起，直接制约消费者的购买能力。特定的职业常常和一定的生活方式联系，进而影响消费方式、消费习惯。即使收入水平相同，出租车司机和大学教授的消费兴趣也不会相同。

不同民族的消费者在各自传统民族文化的影响下，其消费行为、消费内容有鲜明的民族性。我国是一个多民族的国家，除占人口绝大多数的汉族外，还有满、藏、回、壮、维吾尔、蒙古等 50 多个少数民族。每个民族都有特殊的需求和消费习惯。以不同民族消费者为目标顾客的营销者必须尊重民族文化，理解民族文化间的差异。家庭是社会的细胞，也是某些商品的基本消费单位，如住房、成套家具、电视机、厨房用品等商品的消费数量就和家庭单位的数量密切相关。目前，家庭规模缩小已经是世界趋势。家庭规模小型化，一方面导致家庭总户数的增加，进而引起对家庭用品总需求的增加；另一方面则意味着家庭结构的简单化，从而引起家庭需求结构的变化，如单人户、双人户和三人户的增加使得家庭对产品本身的规格和结构有不同于多世同堂的大家庭对产品的要求。营销者应在产品设计、包装和促销上做出相应的调整。

3. 人口分布

人口的地理分布指人口在不同的地理区域的密集程度。由于各区域的自然条件、经济发展水平、市场开放程度以及社会文化传统和社会经济与人口政策等因素的不同，不同区域的人口具有不同的需求特点和消费习惯。例如，在我国不同区域的食品消费结构和口味上就有很大差异，俗话说"南甜北咸，东辣西酸"，也因此形成了如粤菜、川菜、鲁菜、徽菜等著名菜系。人口密度是反映人口分布状况的重要指标。人口的地理分布往往不均匀，各区域的人口密度大小不一。人口密度越大，意味着该地区人口越稠密、市场需求越集中。准确地了解这一指标有益于营销者制订有效的营销计划。人口的地理分布并不是一成不变的，它是一个动态的概念，这就是人口流动问题。近几十年来，世界上人口"城市化"是普遍存在的现象，有些国家的城市人口高达百分之七八十。但近年来，在一些发达国家，与城市化倾向相反，出现了城市人口向郊区及卫星小城镇转移的"城市空心化"趋势。这些人口流动现象无一不造成了市场需求的相应变化，营销者必须充分考虑人口的地理分布及其动态特征对商品需求及流向的决定性影响。

二、经济环境

市场营销学认为，人的需求只有在具备经济能力时才是现实的市场需求。

在人口因素既定的情况下，市场需求规模与社会购买力水平成正比关系。经济环境包括许多因素，如产业结构、经济增长率、货币供应量、利率等。而社会购买力正是以上一些经济因素的函数。所以，企业必须密切注意其经济环境的动向，尤其要着重分析社会购买力及其支出结构的变化，敏感于促成其变化的各种因素。

1. 消费者收入水平

消费者的收入是消费者购买能力的源泉，包括消费者个人工资、奖金、津贴、股息、租金和红利等一切货币收入。消费者收入水平的高低制约了消费者支出的多少和支出模式的不同，从而影响了市场规模的大小和不同产品或服务市场的需求状况。

对消费者收入的分析绝非简单问题，必须准确理解一系列相关概念。首先，个人可支配收入和个人可任意支配的收入是一对重要概念。个人可支配收入指在个人总收入中扣除税金后，消费者真正可用于消费的部分，它是影响消费者购买力水平和消费支出结构的决定性因素。个人可任意支配收入是在个人可支配收入中减去消费者用于购买食品、支付房租及其他必需品的固定支出所剩下的那部分收入，一般还要扣除稳定的储蓄。非必需品的消费主要受它的限制。个人可任意支配收入＝个人全部收入－税费－固定开支－储蓄＋手存现金。在这两种收入中，由于国家税收政策的稳定性，个人可支配收入变化趋势缓慢，而个人可随意支配收入变化较大，而且在商品消费中的投向不固定，成为市场供应者竞争的主要目标。

另一对重要概念是货币收入和实际收入。它们的区别在于后者通过了物价因素的修正，而前者没有。货币收入只是一种名义收入，并不代表消费者可购买到的实际商品的价值。所以，货币收入的上涨并不意味着社会实际的购买力提高，而货币收入的不变也不一定就是社会购买力的不波动。唯有考虑了物价因素的实际收入才反映实际社会购买力水平和变化。假设消费者货币收入不变，但物价下跌，消费者的实际收入上升、购买能力有提高；相反，如果物价上涨，消费者的实际收入下降、购买能力降低。即使货币收入随着物价上涨而增长，如果通货膨胀率大于货币收入增长率，消费者的实际收入仍会减少，社会购买力下降。

另外，消费者的储蓄额占总收入的比重和可获得的消费信贷也影响实际购买力。一般说来，储蓄意味着推迟了的购买力，储蓄额越大，当期购买力越低，而对以后的市场供给造成压力，有人以"笼子里的老虎"形象地比喻它对未来市场的冲击。与储蓄相反，消费信贷是一种预支的幸福能力，它使消费者能够凭信用取得商品使用权在先，按期归还贷款在后。消费信贷有短期赊销、分期付款和信用卡信贷等多种形式。发达的商业信贷使消费者将以后的消费提前了，所谓"寅吃卯粮"，对当前社会购买是一种刺激和扩大。

除了分析研究消费者的平均收入外，营销者还应了解不同社会阶层、不同地区、不同职业的收入和收入增长率的差别，深入认识各个细分市场的购买力分布。

2. 消费者支出模式

消费者支出模式指消费者各种消费支出的比例关系，也就是常说的消费结构。社会经济的发展、产业结构的转变和收入水平的变化等因素直接影响了社会消费支出模式，而消费者个人收入则是单个消费者或家庭消费结构的决定性因素。对这个问题的分析要涉及"恩格尔定律"。德国经济学家和统计学家恩斯特·恩格尔（Ernest Engl）1857年在对英国、法国、德国、比利时不同收入家庭的调查基础上，发现了关于家庭收入变化与各种支出之间比例关系的规律性，提出了著名的恩格尔定律并得到其追随者的不断补充和修正。目前该定律已成为分析消费结构的重要工具。该定律指出：随着家庭收入增加，用于购买食品的支出占家庭收入的比重就会下降；用于住房和家庭日常开支的费用比例保持不变；而用于服装、娱乐、保健和教育等其他方面及储蓄的支出比重会上升。其中，食品支出占家庭收入的比重被称为恩格尔系数。恩格尔系数是衡量一个国家、一个地区、一个城市、一个家庭的生活水平高低的标准。恩格尔系数越小表明生活越富裕，越大则生活水平越低。企业从恩格尔系数可以了解市场的消费水平和变化趋势。

消费者支出模式除了主要受消费者收入的影响外，家庭生命周期阶段和家庭所在地点的不同也会造成不同的消费结构。一个家庭的新婚阶段是家用电器、家具等耐用品的需求旺盛期；家庭中有了孩子，消费支出的重心便转移到孩子的需求上，家庭收入的很大比重都用于孩子的食品、服装、教育和文娱等方面；待到孩子长大成人、独立生活后，父母的消费多用于医疗、保健、旅游或储蓄。家庭由于所在地点不同开支也不一样，比较居住在城市中心和郊区的家庭，会发现在交通、住房和食品等方面有不同的支出比例。

案例 2-1

家乐福败走香港

世界第二大超市集团"家乐福"在全球共有 5200 多间分店，遍布 26 个国家及地区，全球的年销售额达 363 亿美元，盈利达 7.6 亿美元，员工逾 24 万人。家乐福在我国的台湾、深圳、北京、上海的大型连锁超市，生意均蒸蒸日上。但 2000 年 9 月 18 日，家乐福位于我国香港杏花村、荃湾、屯门及元朗的四所大型超市全部停业，撤离香港。

为何独独兵败香港？家乐福声明其停业原因，是由于香港市场竞争激烈，又难以觅得合适的地方开办大型超级市场，短期内难以在市场争取到足够占有率。

家乐福倒闭的原因可从两方面来分析：

1. 从其自身看

（1）家乐福的"一站式购物"（让顾客一次购足所需物品）不适合香港地窄人稠的购物环境。家乐福的购物理念建基于地方宽敞，与香港寸土寸金的社会环境背道而驰，显然资源运用不当。这一点反映了家乐福在适应香港社会环境方面的不足和欠缺。

（2）香港没有物业，而本身需要数万至 10 万平方英尺的面积经营，背负庞大租金的包袱，同时受租约限制，做成声势时租约已满，竞争对手觊觎它的铺位，会以更高租金夺取；家乐福原先的优势是货品包罗万象，但对手迅速模仿，这项优势逐渐失去。除了已开的 4 间分店外，家乐福还在将军澳新都城和马鞍山新港城中心租用了逾 30 万平方英尺的楼面，却一直未能开业，这也给它带来沉重的经济负担。

（3）家乐福在我国台湾有 20 多家分店，能够形成配送规模，但在香港只有 4 家分店，直接导致配送的成本相对高昂。在进军香港期间，它还与供货商发生了一些争执，几乎诉诸法律。

2. 从外部看

（1）在 1996 年它进军香港的时候，正好遇上香港历史上租金最贵时期，经营成本高昂，这对于以低价取胜的家乐福来说，是一个沉重的压力，并且在这期间又不幸遭遇亚洲金融风暴，香港经济也大受打击，家乐福受这几年通货紧缩影响，一直无盈利。

（2）由于香港本地超市集团百佳、惠康、华润、苹果速销等掀起的减价战，给家乐福经营以重创。作为国际知名的超市集团，家乐福没有主动参与这场长达两年的减价大战，但几家本地超市集团的竞相削价，终于使家乐福难以承受，在进军香港的中途铩羽而归。

資料来源：唐樹伶：《连锁商业营销与管理》，清华大学出版社、北京交通大学出版社 2006 年版。

三、自然环境

自然环境是人类最基本的活动空间和物质来源，可以说，人类发展的历史就是人与自然关系发展的历史。自然环境的变化与人类活动休戚相关。目前，自然环境却面临危机，主要表现在：

1. 自然资源逐渐枯竭

传统上，人们将地球上的自然资源分成三大类：取之不尽、用之不竭的资源，如空气、水等；有限但可更新的资源，如森林、粮食等；有限又不能更新的资源，如石油、煤和各种矿物。由于现代工业文明无限度地索取和利用，导致矿产、森林、能源、耕地等资源日益枯竭。甚至连以前认为永不枯竭的水、空气也在世界某些大城市出现短缺。目前，自然资源的短缺已成为各国经济进一步发展的制约力甚至反作用力。

2. 自然环境受到严重污染

过去，世界经济是物质经济，是肆意挥霍原料、资源、能源特别是矿物燃料作为发展动力的经济。这种粗放型的经济增长方式使人类付出了惨重的代价，极大地消耗着地球资源。随着工业化和城市化的发展，环境污染程度日益增加。人类面临资源枯竭、海洋污染、土壤沙化、温室效应、物种灭绝和臭氧层破坏等一系列资源生态环境危机。人们对这个问题越来越关心，纷纷指责环境污染的制造者，力求达到一种与自然环境和谐发展。

自然环境变化及人们环境观的改变，对那些造成污染和以传统的方式利用资源、对自然资源进行超负荷利用和开发的行业和企业无疑是一种环境威胁。在社会舆论的压力和政府的干预下，它们不得不采取一定的措施控制污染或转移投资。另外，这种动向也给控制污染、研究开发无污染的新包装材料等行业和企业以发展的良机。由于社会公众竭力要求改善生活环境和提高社会责任感，环境技术是当今世界发展最快的产业之一，专家预测环境技术的全球市场有极大潜力，其产值可由现在的年 4000 亿美元增长到 2010 年的 6000 亿美元。美、日、欧是环境技术市场的有力竞争者，它们在治理环境方面各有所长，并且都拥有巨大的环境技术市场。

1992 年 6 月，联合国环境与发展大会在巴西里约热内卢通过了包括《21 世纪议程》在内的一系列重要文件，指出人类社会应走可持续发展的道路。可持续发展是指经济发展应建立在资源可持续利用的基础上，符合生态环境所允许的程度，既能满足当代的发展需求，又不对后代生存和发展构成危害。通过产业结构调整与合理布局，实行清洁生产和文明消费，实现人与环境的和谐。1997 年 12 月《联合国气候框架公约的京都议定书》呼吁各国减少二氧化碳排放量，使人类免受气候变暖的威胁。为此，绿色产业、绿色消费、绿色市场营销蓬勃发展。例如，麦当劳规定所有餐厅都采用再生纸制成的纸巾，宝洁公司（P&G）重新设计塑料包装以减少塑料用量。从世界范围看，环境保护意识和市场营销观念相结合所形成的绿色市场营销观念正成为 21 世纪市场营销的新主流。

四、科学技术环境

科学以系统的理论反映系统的现象，是人类对于自然、社会和思维等现象认识的结晶。技术是人类为实现社会需要改革客观世界所采用手段的总和。科学、技术与生产的结合、统一是新技术革命的特征之一，作为推动社会生产力发展的主导力量，科学转化为直接的社会生产力的周期日益缩短，科学技术在社会化大生产中的作用呈几何级数递增。"二战"以后，高新技术群继续不断地深化发展，微电子技术、电子计算机技术、原子能技术和生物技术在整个经济结构中的含量急剧上升，新技术革命进入了加速发展的新阶段。人类明确地认识到科学技术是第一生产力。21世纪是高科技继续发展的新世纪。有人称科学技术是"历史发展总过程的精华"，是"最高意义的革命力量"。每一种科学技术的新成果都会给社会生产和社会生活带来影响甚至是深刻的变化。营销者应准确地把握科技革命的发展趋势，密切注意技术环境的变化对市场营销活动的影响，并及时地采取适当的对策。

新技术的发展和运用促成新的市场机会，产生新的行业。据美国《设计新闻》报道，由于大量启用自动化设备和采用新技术，将出现许多新行业，包括新技术培训、新工具维修、电脑教育、信息处理、光导通信、遗传工程、海洋技术和空间技术等。新技术革命的蓬勃发展促进了产业革命，而产业革命所包含的主导技术群和技术体系则催化了社会经济的变革，甚至整个社会结构、时代文化和价值观的更新。与此同时，新技术也使某些行业遭到环境威胁或毁灭性打击。一些旧行业受到冲击甚至被无情地淘汰。新的消费市场不断替代旧的需求，例如，激光唱盘技术夺走了磁带市场；复印机伤害了复写纸行业。

新技术的发展和运用赋予了企业改善经营管理的能力。竞争战略学家迈克尔·波特指出，技术概念除了可狭义地定义为一种科技类的东西外，还可定义为极为广泛的含义，包括管理、组织创新或其他，而运用技术的能力是企业获得竞争优势的源泉。

新技术的发展和运用改变了零售业的结构和消费者的购物习惯。随着网络技术的发展，消费者轻轻松松在家购物已经不是梦想。"网上营销"是现代电子技术高度发展带来的营销方式的重大变革，即借助网络、电脑通信和数字交互式媒体的共同作用来实现营销目标，现代电子技术为营销活动创造了一个由电脑和通信交汇的无形空间，消费者可以在这个空间获取信息、自由购物；企业可以在这个空间进行广告宣传、市场营销研究和推销商品等。所以，看似虚拟的空间，但却是开辟了实实在在的竞争新领域。20世纪90年代以来，涵盖广泛的网络商业热闹非凡，商品销售、电子银行、广告、咨询、拍卖、房地

37

产、旅游服务等业务蓬勃开展，预示了一场方兴未艾的全球经济革命。尽管全球经济下滑，但电子商务却迅猛发展，世界各国公司通过因特网购买的商品和服务的贸易额到 2005 年可望达到 4.3 万亿美元。美国思科系统公司（Cisco Systems，Inc.）的一项研究报告显示，1995 年全球网民数量为 1600 万，而 2010 年约为 20 亿。这意味着从 1995 年到 2010 年，全球网民数量增长了 124 倍。而到了 2025 年，全球网民数量将达到 50 亿。美国调研机构 Royal Pingdom 也对 2010 年全球互联网发展状况进行了统计，截至 2010 年 6 月，全球网民数量为 19.7 亿。该公司的报告显示，使用因特网的人群越来越多样化，网民的身份已经超越了年龄、教育水平和地理位置的限制。报告发现，2000～2001 年，全球电子商务开支增长了 68%，在 2001 年超过了 6000 亿美元。

五、政治法律环境

企业的市场营销决策在很大程度上受政治法律环境的影响。法律是充分体现政治统治的强有力形式，政府部门利用立法及各种法规表现自己的意志，对企业的行为予以控制。政治法律环境由法律、政府机构和在社会上对各种组织及个人有影响和制约的压力集团构成。我国政治法律环境自改革开放以来有明显改善，主要表现在以下方面：

1. 国家政策法规的不断完善

党和国家的方针政策规定了国民经济的发展方向和发展速度，它的正确与否决定了社会生产力的发展状况，而社会生产力的发展正是人民消费能力的基础。因此，党和国家的方针政策也关系到社会购买力的提高和市场消费需求的增长。改革开放以来，尤其是党的十五大之后，由于政策的正确、得力，社会主义市场经济得到长足的发展，我国城乡居民的消费水平提高显著。市场经济是法制经济，我国政府非常重视法制建设，法令、法规、条例特别是有关经济的立法不断出台。国家立法的目的不外乎以下三种：

（1）维护企业的合法权益，避免不正当竞争，保证良好的市场秩序。例如，《公司法》、《反不正当竞争法》、《税收法》、《广告法》、《商标法》、《价格法》等，都为市场经济保持健康稳定的发展提供了可靠的保障。

（2）保护消费者的合法权益不受侵害。我国对消费者利益的保护立法非常重视，推出了从规定产品的品质、技术标准，到免受不法经营者欺骗等的一系列保障措施。1994 年 1 月 1 日我国施行了《消费者权益保护法》，明确地指出国家保护消费者的合法权益不受侵害，保障消费者合法行使其知晓权、选择权、评价权、公平交易权、索赔权等合法权利。

（3）保护社会利益，防止环境污染。例如，从保护自然环境、防止公害的立场出发，通过《环境保护法》及相关条例严格限制经济活动的外部性，协调人类与环境的共同发展。随着社会对可持续发展观的进一步认同，企业的经营活动越来越不可回避其应有的社会责任。

2. 公众利益集团的发展

公众利益集团指代表一定公众利益的民间社团组织，如消费者协会、老年协会、旅游者俱乐部、环境保护组织等。这些利益集团不是官方组织，不具强制性，但因为是某个群体的利益代言人，所以颇具影响力和号召力。例如，某类消费者利益集团，往往对其群体的消费需求有引导或抑制的作用，构成对企业的营销行为和市场地位的压力。企业在作出营销决策时，必须认真考虑这种政治动向。自从"消费者主权论"问世以来，消费者权益的保护运动蓬勃开展，公众利益集团的数量、规模和影响力都有增无减，已成为一种重要的社会力量。在我国影响最大的是 1985 年 1 月在北京成立的中国消费者协会，该协会是对商品和服务进行社会监督的保护消费者合法权益的社团组织。

六、社会文化环境

社会文化深远地影响着人们的生活方式和行为模式。消费者的任何欲望和购买行为都深深地印有文化的烙印，例如，华人的春节和西方人的圣诞节是有着两种不同文化背景的消费高峰期，不同的节日风俗使他们的节日消费各具特色。另外，营销者本身也深受文化的影响，表现出不同的经商习惯和风格。

要理解社会文化环境对市场营销活动的影响，首先应认识到，社会文化是一个涵盖面非常广泛的概念，是"一种复杂的总体，包括知识、信仰、艺术、道德、法律、风俗和任何人作为一名社会成员获得的所有能力和习惯"。这其中既有物质的外壳，又有精神的内核。根据人的社会实践和不同的文化现象的特殊性，社会文化基本上可以分成三大要素：物质文化、关系文化和观念文化。物质文化是指人们在从事以物质资料为目的的实践活动过程中所创造出来的文化成果，以生产力为首要；关系文化是人们在创造、占有和享受物质文化的过程中形成的社会关系，包括以生产关系为基础的经济关系、阶级关系、民族关系、国际关系等，还包括为维护这些关系而建立的各种社会组织形式和与之相应的政治法律制度、社会道德规范等；观念文化是在前两种文化基础上形成的意识形态文化，包括人们在长期的文化历史发展中积淀而成的社会文化心理、历史文化传统、民族文化性格等，以及社会有意识地宣传和倡导的思想理论、理想精神和文学、艺术、宗教、道德等。任何一个社会文化就是这三方面的统一。其中，以价值观为内核的观念文化是最深沉的核心文化，有高度的连续性，不会轻易改变。营销者应分析自己的市场营销活动将涉及哪些层次的文化因素，灵活地采取相应的策略。一家美国公司在日本市场推销某产品时用的鼓动性口号是曾风靡美国市场的"做你想做的!"但没有达到效果，颇感意外。调查后得知，日本文化与美国文化在价值观上有很大差异，并不喜欢标新立异、突出个性，而是非常强调克己、规矩。后来，这家公司更改口号为"做你应做的!"市场反应转好。口号虽只一字之差，但引发的思考却耐人寻味。

营销者在进行社会文化环境分析时，还要着重研究亚文化群的动向。每一种文化内部都包含若干亚文化群，即那些有着共同生活经验或生活环境的人类群体，如青少年、知识分子等。这些亚文化群的信念、价值观和风俗习惯既与整体社会文化相符合，又因为他们各有不同的生活经历和环境，而表现出不同的特点来。这些不同的人群也是消费者群，根据各亚文化群所表现出来的不同需求和不同消费行为，营销人员可以选择这些亚文化群作为他们的目标市场。

图腾文化是民族文化的源头。图腾是一种极其古老的东西，简单地说，就是原始社会作为个部落或氏族血统的标志并当作祖先来崇拜的动物或植物等。古老的图腾文化渗透到现代文化中，形成各种风俗习惯和禁忌，进而形成特别的消费习惯。例如，由于古文化中对牛的崇拜，一些民族至今不吃牛肉。再如，中华民族对龙凤呈祥、松鹤延年的美好祈盼，在消费者对产品设计、包装、商标、色彩和推销方式的特殊心理偏好上都有反映。社会文化的影响深远而广泛，在国际营销活动中尤其如此。国际营销是跨国界、跨文化的活动，不同国家文化差异对其影响很大：在本国市场上成功的营销策略在他国异文化中可能行不通，甚至招来厌恶、抵制；在本国文化中属于表层文化的因素，在他国文化中可能是必须严肃对待的"禁区"……这所有的一切，都需要营销者仔细分析，并在充分尊重他国文化的基础上，有创新地实现跨文化营销目标。那些有民族特色，又不对他国文化构成利害冲突的营销努力往往会受到欢迎。

复习思考题：

1. 什么是市场营销宏观和微观环境？为什么说企业对营销环境能动的适应是其营销成功的关键？

2. 如何正确理解4Ps营销组合？

3. 目前企业的自然环境方面的主要动向是什么？它们对企业的市场营销有何影响？

4. 企业如何分析研究消费者收入？消费者支出模式受哪些因素的影响？

5. 企业如何分析、评价环境威胁和市场机会？试举例说明企业对其面临的主要威胁和理想机会应做出什么反应？

第三章　购买行为分析

第一节　消费者购买行为分析

　　企业在市场营销活动中，不仅要认真研究宏观及微观环境，而且对与企业相关的各种市场类型和购买者特点要加以研究，特别重要的是消费者市场及其购买行为。营销的目标是使目标顾客的需要、欲望得到满足。所谓消费者行为研究是指个人、集团和组织究竟怎样选择购买、使用和处置商品、服务和创意。但是，认识顾客行为和顾客的需要并不是一件容易的事。顾客往往对他们的需要和欲望言行不一致。他们不会轻易暴露他们的内心世界，甚至他们有时也不真正了解自己的内心世界。他们对环境的反应即使在最后一刻也会发生变化。即使这样，作为营销者也必须研究他们的目标顾客的欲望、感觉、偏好以及购买行为。因为只有这样才能为开发新产品、生产特色产品以及价格、渠道、信息、其他营销组合因素提供依据。许多成功的公司在研究消费者市场和消费者行为时，往往从解决以下7Os问题入手，这样就形成了7Os的框架：

该市场由谁构成？（Who）　　　　购买者（Occupants）

该市场购买什么？（What）　　　　购买对象（Objects）

该市场为何购买？（Why）　　　　购买目的（Objectives）

谁参与购买行为？（Who）   购买组织 （Organizations）

该市场怎样购买？（How）   购买行为 （Operations）

该市场何时购买？（When）   购买时间 （Occasions）

该市场何地购买？（Where）   购买地点 （Outlets）

认识购买者的起点是了解购买者的需求，购买者的个性和决策过程导致了一定的购买决定。因此我们只有更好地了解消费者的需求，才能正确地理解消费者的购买行为。

一、消费者需求概述

消费者是现代市场营销学研究的中心和出发点，只有把握好消费者的心理变化，才能有效地争取消费者购买行为，获得市场营销的成功。

1. 需求的含义

心理学认为，需求是有机体延续和发展其生命所必需的客观条件，是产生行为的原动力。需求不满足是激起人们活动的普遍原因。马克思是最早认识需求的人之一。他认为，人的每一种本质活动的特征、每一种生活本能，都成为人的一种需求。一般来讲，需求的形成必须具备两个条件：一是个体感到缺乏什么东西，有不足之感，其缺乏的东西，既包括个体内部维持生命的物质要素，也包括满足人们心理要求的社会要素；二是个体期望得到什么东西，有求足之感。人的一生就是不断地产生需求、满足需求、再产生新的需求的循环往复的一个生命过程。

消费需求是指消费者为了延续和发展其生命所必需的客观条件的反映。通俗地讲，就是消费者为了自身心理和生理的满足对所需商品等做出的反应。在这里，消费需求不仅包括消费者生理上的需求，而且包括消费者心理上的需求。在市场经济里，消费需求应通过市场购买获得满足。因此，研究消费需求，对于企业开发适销对路的产品具有非常重要的价值。

2. 消费者需求的特点

消费者需求尽管由于受多种主观和客观因素的影响而呈现出多样性，但各种需求之间又呈现某些共性、某些一般性即消费者市场需求的特点。这些特点主要表现在以下六个方面：

（1）需求的无限扩展性。人类的需求是永无止境的，当人们现有的需求满足后又会追求新的需求，人们永远也不会停留在某一水平上。随着社会经济的进步，科学技术的发展人们的消费需求也在不断地增长。例如，过去在我国市场未曾见过的高档消费品，现在已开始进入消费者家庭；过去完全由家庭承担的劳务现在已部分转为社会服务行业承担。消费者的一种需求满足了，又会产生新的需求，这是一个永无止境的过程。因此，营销人员要开发新产品，开拓新市场。

（2）. 需求的多层次性。消费者需求是在一定的购买能力和其他条件下形成的，尽管人们的需求无穷无尽，但不可能同时得到满足，每个人总要按照自己的支付能力和客观条件的许可，依据需求的轻重缓急，有序地实现，这就形成了需求的多层次性。在同一时间、同一市场上，不同消费者群体由于社会地位、收入水平和文化教养等方面的差异，必然表现为多层次的需求，绝不会千篇一律。因此，营销人员要慎重选择目标市场，并准确地为自己的产品定位。

美国人本主义心理学家马斯洛提出了最著名的需要层次理论，按照需要重要性来排列，依次是生理需要、安全需要、社会需要、尊重需要、自我实现需要（参见图 3—1）。当一个需要被满足之后就不再是一个动机，而人们会继续满足下一个最重要的需要。例如，饥饿的人们（生理需要）对艺术界发生了什么（自我实现的需要）不会感兴趣，也不会对别人对他们的看法或是否尊重他们（社会或尊重需要）感兴趣，甚至也不会对他们呼吸的空气是否洁净（安全需要）感兴趣。但是当每一个重要的需要被满足之后，下一个最重要的需要就产生了。

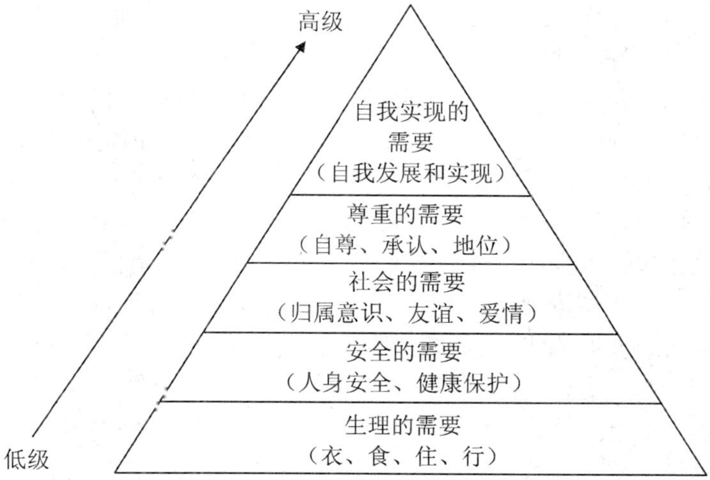

图 3—1 马斯洛的需要层次论

（3）需求的可伸缩性。人们的消费需求受外因和内因的影响，具有一定的伸缩性。内因的影响包括消费者本身的需求欲望的特性、程度和货币支付能力等；外因的影响主要是商品的供应、价格、广告宣传、销售服务和他人的实践

43

经验等。两个方面因素都可能对消费产生促进或抑制作用。一般来说，基本的日常生活用品消费需求的伸缩性比较小，人们对于这种商品的需求是均衡而有限度的，不会因为货币收入的增多或销售价格降低而大量增加需求。但是许多非生活必需品或中、高档消费品由于选择性较强，消费者需求的伸缩性就比较大。随着社会经济的发展，人们收入水平的提高或人们经济、社会地位的改变，对非生活必需品，比如旅游等的需求肯定会增加，但当经济不景气时，这些方面的需求将首先被砍掉。

（4）需求的可诱导性。消费者需求有些是本能的、与生俱来的，但同时我们也应该看到大部分需求是在外界的引导下形成的。宏观环境的变化、企业的各种促销活动都会对消费者的需求产生影响，文化氛围、人际关系以及政府的政策导向都可使消费者的需求发生变化和转移。因此作为一个营销人员不仅要适应和满足消费者消费的需求，而且还要通过各种促销手段正确地影响和引导消费，这也说明了广告等促销手段的重要作用。例如，在现代社会中人们的生活压力增大，迫切需要心理安慰，在这种情况下，有许多城市建立了心理安慰室，任何人在这里都可以发泄心里的不满，当然这是要付费的。再如，日本一些工厂为了缓解工人因工作压力过大产生的心理紧张情绪，便在工人更衣室里准备了工厂领导的大幅照片，以备工人发泄时用。这些工厂认为，与其让员工带着消极的情绪工作，影响工作效率的提高，还不如让他们通过这种方式发泄出来，换来一个好心情，从而提高工作效率。

（5）需求的互补性。消费者的需求对某些商品具有互补的特点，例如，购买钢笔时可能会附带购买墨水，购买自行车时可能会附带购买气筒、修理工具等。因此，经营互有联系的商品，不仅可以给消费者带来方便，还能扩大商品的销售额。此外，某些商品具有互相可以替代的特点，在市场上，人们常常看到某种商品销售量减少而另一种消费上可以替代的商品销售量增加的现象。例如，丝绸和尼绒销售量增长，棉布的销售量可能相对地减少。这就要求工商企业及时把握市场发展趋势，适应市场需求变化，有目的、有计划地根据市场需求规律供应商品，更好地满足消费者的需求。

（6）需求的复杂性。按照马斯洛的学说，消费者的需求是依次递进的。然而，由于种种原因，消费者对商品和服务的需求动机是复杂多样的。尽管从总体上消费者的需求是不断上升的，但从短时期来讲却是上中有下，下中有上。现代社会是个变化性很大的社会，在社会的前进过程中，既会有很好的发展机会在等待着我们，也会因时局变化给人们的生活蒙上阴影，所有这一切，都会给消费者的购买行为带来影响。因此，研究消费者的需求并非一件简单的事，必须辩证分析。

总之，了解消费者需求的这些特点，对一切市场营销管理者都是十分必要的，只有了解和适应消费者需求特点才能得到企业的生存和发展。因此，企业的营销策划必须以市场为中心，首先考虑消费者市场的结构和消费者行为的特点，而不是首先考虑产品本身。

二、消费者购买动机

在市场营销过程中，了解人们的需求和购买动机对于商品经营者来说是非常重要的。例如，什么样的产品特征才能引起消费者的兴趣，怎样的设计才能激发消费者的购买欲望，这些都是企业的营销者们应该了解和掌握的。

1. 购买动机含义

（1）动机是引起个体活动，维持并促使活动朝向某一目标进行的内部动力。

（2）购买动机，就是消费者为了满足消费的需要而引起的激励调节、维持和停止购买行为的动力。消费者的内在需要是产生购买动机的根本原因，然而，外界刺激，包括商品实体和销售表演服务的刺激，如优良的品质，美观的造型，精致的包装，实惠的价格以及主动、热情、耐心、周到的售前、售后服务，适度的操作示范和展示，也是诱发消费者购买动机的不可忽视的重要因素。

动机和目的既有联系又有区别。二者有时是一致的，特别在简单行为活动中，推动人的行为是动机，同时又是行为要达到的预期结果，所以又是目的。两者有时又有差别，在购买活动中，目的并不同时是动机，目的是行为要达到的结果，动机则是为什么要达到这一结果的主观原因。

2. 购买动机作用

（1）引发功能。购买动机具有引发购买行动功能。人类的各种各样的活动总是由一定的动机所引起的，没有购买动机也就没有购买活动。动机是活动的原动力，它对活动起着始动作用。

（2）指引功能。购买动机像指南针一样指引着购买活动的方向，它使购买活动具有一定的方向，朝着预定的目标前进。

（3）激励功能。购买动机对活动具有维持和加强作用，强化活动以达到目的。不同性质和强度的购买动机，对活动的激励作用是不同的。高级的动机比低级的动机更具有激励作用，动机强比动机弱具有更大的激励作用。

3. 购买动机分类

在研究消费者购买行为的过程中，不难发现一个问题，即为什么购买，为什么不购买其他品牌的产品；为什么愿意经常光顾某一类商行……产生这一现象的原因是复杂的，有主观和客观两个方面。对主观方面的原因，应作归因分析，即产生这一行为的动机是什么？为了研究工作的方便，心理学家对动机进行分类，普通心理学将动机分为原始性动机和衍生性动机两大类，商业心理学把购买动机区分为两类：一类是生理性动机，一类是心理性动机（参见图3-2）。

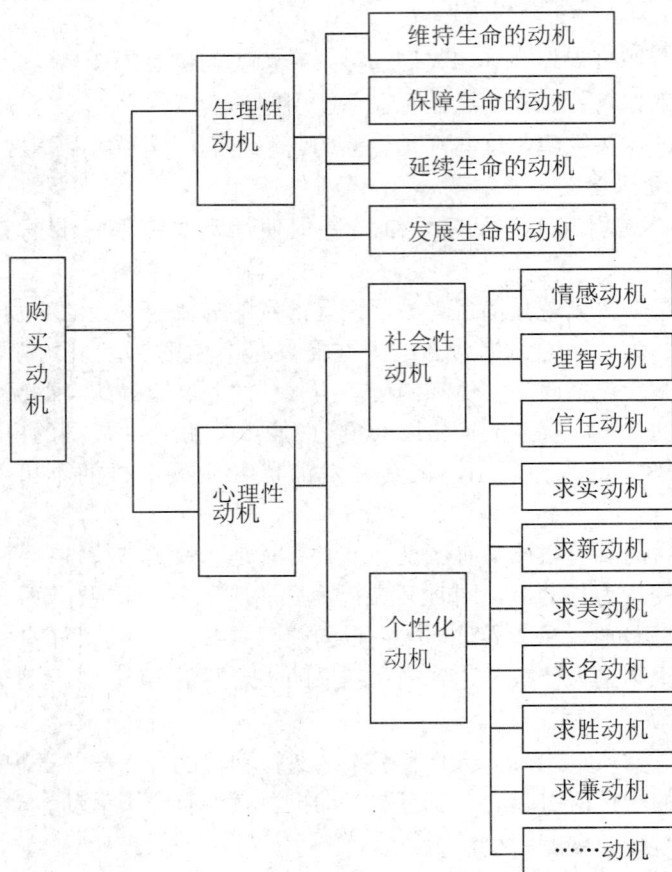

图3-2 动机分类

（1）生理性动机。生理性动机是由消费者生理本能的需要所引起的购买产品的动机，其具体表现有四个方面：

1）维持生命的动机。消费者为了维持生命，由饥饿冷热等刺激而产生购买食品、饮料、衣物等基本生活资料的念头，就属此类。

2）保障生命的动机。出于安全的需要，消费者为保护生命安全而产生购买建筑材料用于修建房屋，防病治病而购买药物、保健品等消费资料的动机。

3）延续生命的动机。消费者为了组织家庭、抚育儿女、赡养老人而购买商品的动机，这里包括智力投资和部分生活资料的购买动机。

4）发展生命的动机。消费者为了提高劳动技能、生活技能和学习科学知识，以求得更好的生存和发展而购买书籍、文化用品的动机。

一般来说，消费者的某些购买心理，很大程度上是生理动机的表现，在生理动机的驱使下的购买行为，具有经常性、习惯性和周期性的特点。用于满足生理动机的商品，伸缩性很小，受这一动机支配的购买行动，在其活动过程中，特别注重商品的实用价值，而不大强调其内在质量和外在的美学价值。

（2）心理性动机。事实上，在购买时，单纯受生理性动机支配的消费行为并不多，往往混合着表现欲、享受欲、审美情感等非生理性动机。这种由人们对精神生活需要所引起的购买商品的动机，叫做心理动机。心理动机是为满足社交、友谊、娱乐、自尊和事业发展的需要而产生的购买动机，如购买迎合时尚的流行服装，精神享受的艺术品，文娱用品，发展事业的图书或仪器等等。

消费者的心理动机，比生理动机更为复杂，特别是社会经济发展到一定水平时，激起人们购买行为的心理动机往往占有重要地位。从引起心理动机的主要因素来分析，心理动机可分为社会性动机，即一般性的心理动机，个体心理动机，即具体的心理动机两类。

1）社会性动机，即一般性的心理动机，根源是由社会因素所引起的。每个消费者所处的国家或地区的不同，受当地的地理环境、科教文化、宗教信仰、风俗习惯、政治倾向等因素影响，而产生的不同的满足或符合社会性购买某种商品的动机，它是通过后天学习而形成的。由于消费者在后天学习过程中，认识、情感、意志等心理活动，占主次地位和强弱的程度不同，而引起的社会性的心理动机，又可区分为情感动机、理智动机和信任动机三种。

①情感动机。这是由消费者的喜欢、快乐、好奇、好胜、偏爱、嫉妒、不服气等情绪而引起的购买动机。这种动机受外界因素的影响很大，在购买时，通常表现出冲动性、即景性和不稳定性的特点。例如，儿童凭兴趣而购买玩具；没有具体购买目标的消费者，从市场上买回处理的便宜商品；某人看到左邻右舍都有彩色电视机，而不服气地买回进口彩电；等等。由道德感、美感、集体荣誉感、国家荣誉感以及消费者的高级感情，而引起的购买动机的行为，具有稳定性、深刻性的特点，如为了增进友谊而购买馈赠礼品，为了美而认购化妆品，为了不媚外，积极地消费国产品等，都不属于这种情况。

②理智动机。这是建立在消费者对于商品的客观认识的基础上，经过对质量、价格、用途和用法等方面进行分析评定，比较和深思熟虑之后而产生的购

47

买动机。这种动机驱使下的购买行为，具有客观性、周密性、计划性和较稳定性等特点。它不受周围环境气氛和时尚的影响，受理智的控制，摒除盲目的从众心理或求异心理，比较注重质量可靠、价格适宜、使用方便、设计科学、经久耐用而具有功能多、效率高等特点。

③信任动机。这是建立在感情和理智经验之上的，对特定的产品产生特殊的信任与偏好，习惯于重复到某商店去认购某种特定的商标或牌号的商品的一种动机。这一动机的产生原因是名优产品，或是方便购买，或是周到服务，或是维护消费者利益……在消费者的购买体验中，屡经考验，从而建立起来的美好的产品形象和企业信誉。换句话说，良好的商业服务和优良的产品形象是产生信任动机的诱因。如中国的消费者，非"凤凰"、"永久"、"双狮"、"飞鸽"、"五羊"、"金鱼"等名牌自行车不买，非常信任，几乎达到了每个学生有一辆的程度；信任动机，伴随着意志过程，久而久之，使得消费者在近似于习惯性条件反射的基础上，成为某个特定的生产厂家或商业企业的忠实的支持者，不仅自己经常光临和购买，而且对潜在的消费者也具有较大的宣传、影响和品评作用，甚至企业出现某种过失时，也能予以谅解。

2）个性化动机。即具体心理动机，消费者的购买心理动机是多层次的、错综复杂的，因人而异，但又往往以比较简明的方式表现出来，易为我们观察和了解。消费者作为具体的人，其具体的购买动机，常见的有以下六种主要类型：

①求实动机。它是以追求商品的使用价值为主要目的，动机核心是"实惠"、"实用"。这是消费者的一个最基本的心理动机，在不发达国家的消费者中表现得更为普遍、更为突出。这类消费者在购买活动中，不爱幻想，不富于想象，不受商标、包装、色彩线条和象征意义及商品修改的影响，凭经验和传统习惯行动，善于精打细算。他们对大众化的中低档商品，讲究朴实大方、经久耐用、方便使用，对高档商品持慎重态度，不大问津，不敢轻易地下购买决心。

②求新动机。这是以追求商品的新颖、赶时髦，迎合时尚为主要的心理动机。这种动机是以经济条件较好，自由支付的购买力较高为基础的。核心是"时髦"、"新奇"。这种动机的消费者，具有时兴性、幻想性，追求新款式和流行的式样，而不大注意价格高低，也不在乎买回是否实用，喜爱幻想，渴望变化，喜逐潮流，容易接受广告的宣传和参照群体的意见，往往表现出冲动性，凭一时兴趣而买。他们往往喜欢逛市场，是新产品的建议者、采购者和试用者。

③求美动机。这是一种以追求商品欣赏和艺术价值为主要目的的购买心理

动机，其核心是"装饰"和"打扮"，注重美感。这种购买动机，以中青年妇女和文艺界人士居多，在经济发达国家的消费者中较为普遍。这种动机所驱使的行为，往往很注重商品造型美、色彩美、装潢美；注重商品对人体的美化作用，对地理环境的装潢作用，对人的精神的陶冶作用。不大强调商品的价格和实用价值，而名优商品、高档商品、有个性的商品、工艺化的商品对这部分消费者具有吸引力。

④求名动机。这是一种以显示自己地位和威望而追求名牌或仰慕某种传统商品为主要目的的购买动机，其核心是"显示"和"自炫"。其消费者一般具有一定的社会地位和政治地位，经济富有者、旅游者和出差人员比较多见。他们在选购时，特别注意名优商品和古典艺术品以及具有象征意义的商品。喜欢购买名贵、紧俏、超出一般消费水平的商品和有特别用途的商品，以显示地位特殊、生活优裕、能力超群，从中得到心理满足。

⑤求胜动机。这是一种以争赢斗胜为目的，或是向他人看齐并胜过他人为目的的购买心理动机，其核心是"胜过他人"。这类消费者的购买往往不是急切需要，而是出于"不服气"或是争强好胜，借以求得心理上的满足，所以认购商品时，往往带有浓厚的感情色彩和偶然性。

⑥求廉动机。这是以注重商品价格或希望得到更多利益为主要目的的购买心理动机，其核心就是"廉价"、"图便宜"。这一类消费者经济收入偏低，或收入不低而节约成习惯的人。他们在购买时喜欢讨价还价，其表现有二：一是对价格低廉的中低档产品感兴趣，二是选购时价格是购买决策考虑的重要因素。这类人是大众消费品、中低档产品、积压处理品和出口转内销品的主要购买者。

消费者个体心理动机远不止上述六种，还有求同动机、求异动机、癖好性动机、隐秘性动机，等等，需要强调的有两点：一是消费者的购买行为常常不是单一动机的，而是多种动机共同激发、驱动的结果，如人们买服装，往往同时兼有求美、求实、求廉、求名、求胜、求新等多种动机；二是同样的动机又有着不同的购买行为，又如同样是求美动机驱动下购买服装，因消费者对美的主观认知不同，便会出现不同品牌、不同款式、不同颜色、不同型号服装的购买行为。

三、消费者购买决策

企业营销不仅要了解消费者的购买需要、购买动机，还必须进一步了解其购买决策过程。研究消费者购买决策模式，对于更好地满足消费者的需求和提高企业市场营销工作效果具有重要意义。国内外许多的学者、专家对消费者购

49

买决策模式进行了大量的研究。

1. 购买决策含义和特性

（1）购买决策含义。

1）购买决策是指消费者谨慎地评价某一产品、品牌或服务的属性并进行选择、购买能满足某一特定需要的产品的过程。

2）广义购买决策是指消费者为了满足某种需求，在一定的购买动机的支配下，在可供选择的两个或者两个以上的购买方案中，经过分析、评价、选择并且实施最佳的购买方案，以及购后评价的活动过程。它是一个系统的决策活动过程，包括需求的确定、购买动机的形成、购买方案的抉择和实施、购后评价等环节。

（2）购买决策特性。

1）目的性。消费者进行决策，就是要促进一个或若干个消费目标的实现，这本身就带有目的性。在决策过程中，要围绕目标进行筹划、选择、安排，就是实现活动的目的性。

2）过程性。消费者购买决策是指消费者在受到内、外部因素刺激，产生需求，形成购买动机，抉择和实施购买方案，购后经验又会反馈回去影响下一次的消费者购买决策，从而形成一个完整的循环过程。

3）情景性。由于影响决策的各种因素不是一成不变的，而是随着时间、地点、环境的变化不断发生变化。因此，对于同一个消费者的消费决策具有明显的情景性，其具体决策方式因所处情景不同而不同。

4）复杂性。消费者通过分析，确定在何时、何地、以何种方式、何种价格购买何种品牌商品等一系列复杂的购买决策内容。消费者在做决策时不仅要开展感觉、知觉、注意、记忆等一系列心理活动，还必须进行分析、推理、判断等一系列思维活动，还受包括消费者个人的性格、气质、兴趣、生活习惯与收入水平等主体相关因素，消费者所处的空间环境、社会文化环境和经济环境等各种刺激因素，如产品本身的属性、价格、企业的信誉和服务水平，以及各种促销形式等的影响。

2. 购买决策过程

根据刺激—反应理论，消费者的购买行为是由人的有机体受到身体内部和外部刺激引起的反应，这个反应不是盲目的，而是一个决策过程，大体上可分为确认需求、收集信息、选择评估、购买决定和购后行为五个阶段或步骤（参见图3—3）。显然，购买过程在实际购买决定做出之前就开始了，而且会持续到购买过程之后。营销者应关注整个购买过程，而不是仅仅关注购买决定本身。

確認
需求 → 收集
信息 → 选择
评估 → 购买
决定 → 购后
行为

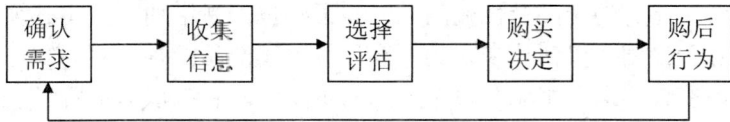

图 3—3　购买决策过程的五个阶段

图 3—3 中表示的是消费者每次购买都必须经过所有这五个步骤。不过在日常购买中，消费者经常省略其中几步，甚至把它们的次序颠倒。如购买牙膏，消费者因有购买经验和使用偏好，会直接做出购买决定，省掉了收集信息和选择评估两个步骤。

（1）确认需求。刺激引发需求，购买过程开始于确认需求。购买者觉察到他目前实际状况与理想状况的差异，就是确认需求。需求可能由内部刺激引起：一个人的正常需求——饥饿、口渴、性——达到一定程度就会成为一个人的动机。需求也可能由外部刺激引起。消费者看到新出炉的面包会使他觉得自己饿了；看到新车的广告或新车的促销活动也许会激起购买欲望。在这个步骤中，营销人员应了解消费者有什么样的需求或问题，怎样产生的，以及如何把消费者引向特定的产品。

（2）收集信息。消费者确认购买需求以后，就要从事与购买它有关的活动。在多数情况下，尤其是不熟悉这种商品的种类、特性、品牌、价格、出售地点等情况时，消费者总是在收集一定的信息并对其进行分析判断后才做出购买决定，实施购买行动。这时，消费者增强了对有关信息的注意。消费者收集信息的积极性，主要与需要的强度有关；收集信息的数量和内容，主要与所遇到或所要解决的问题的类型和性质有关，并因购买行为类型的不同而有很大的差别，消费者获得信息的主要来源以及不同来源的信息对消费者的影响程度，一般分为下列四种情形：

1）个人来源：家庭、朋友、邻居、熟人等。

2）商业来源：广告、销售人员、经销商、包装、陈列等。

3）公共来源：大众媒介、网络、消费者信誉机构等。

4）经验来源：接触、检查及使用某产品等。

这些信息来源的相对影响力随购买者的不同而发生变化。总的来说，消费者得到的关于产品的信息主要来自商业来源——被营销者控制的来源。而最有影响力的来源，一般是个人来源。个人来源在服务的购买上影响更大。商业来源一般告知购买者，但个人来源能为消费者评价产品。例如，医生通常从商业来源处了解有关新药，但要向别的医生询问对该药的评价。随着所获信息的增加，消费者对已有的产品及性能的知识和了解也不断增加。公司必须仔细设计它的营销综合计划，以便让未来的顾客了解关于产品的各方面的知识。它必须仔细识别消费者的信息来源及每个来源的重要性。它应该向消费者询问他们怎样知道某个品牌，他们获得了哪些信息，他们更看重哪个信息来源。

（3）选择评估。我们已经了解到消费者如何利用信息来确定最后的可供选择的品牌。消费者怎样在这些可供选择的品牌中进行选择呢？营销者应了解选择评价，即消费者如何利用信息来评价可供选择的商品。一般来说，消费者并不是在所有的购买过程中都使用同一种方法，我们可以通过几个步骤来解释消费者的选择过程。

1）首先，我们假设每个消费者都会把产品看成是一系列产品属性的集合。对相机来说，产品属性可能包括照片质量、操作方便程度、相机大小、价格及其他特征。这些属性哪些比较重要，不同的消费者看法不同，消费者会特别注意与他们需要有关的那些属性。

2）消费者会根据他的独特需要和希望而区别不同的属性的重要程度。

3）消费者会形成一系列关于各个属性中不同品牌的性能如何的品牌信念。人们关于某个特定品牌的一系列信念就是我们所说的品牌形象。消费者信息受到亲身经验和选择性注意、曲解及保留的影响，所以可以与真正的产品属性有所差异。

4）消费者期望的产品全部满意度随着不同的属性水平而变化。例如，消费者对相机的满意程度会随照片质量提高而增加，相对于过轻或过重的相机，他可能对重量适中的相机满意度更高，如果我们把所有顾客满意最高的属性水平结合在一起，就构成了消费者心目中理想的相机。如果这种相机确实存在而消费者又买得起的话，他就会倾向选择这种相机。

5）消费者通过某种评价程序而形成不同品牌态度。人们发现不同的消费者在不同的购买决策中，会使用一种或几种评价程序。

消费者如何评价可供选择的购买对象取决于不同的消费者及特定的购买情况。有时，消费者会做到细致的估计和逻辑的思考；有时，同一消费者几乎不做评价，他们凭冲动感觉进行购买；有时，消费者自己制定购买决策；有时，他们向朋友、说明书或销售人员进行咨询。

营销人员应研究购买者在实际中如何评价可供选择的品牌。如果他们能了解到评价过程如何进行，就可以采取行动来影响购买者的决策。

（4）购买决定。在选择评价步骤中，消费者对不同品牌进行排序并形成了购买意向。一般来说，消费者的购买决策将是购买他最喜爱的品牌，但在购买意向和购买决策之间还可能会受到两个因素的影响（参见图3—4）。

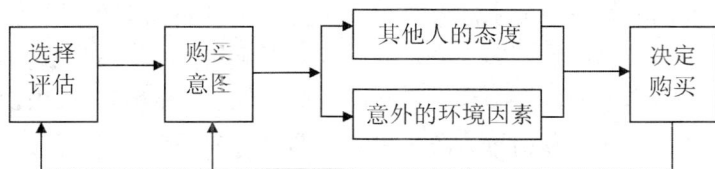

图 3—4　影响购买决定的两个因素

第一个因素是其他人的态度。另一些人的态度会影响一个人所喜爱的选择，其程度取决于两件事：

1）其他人对购买者的喜好持否定态度的强烈程度。

2）购买者对遵从旁人愿望的动机。旁人的否定态度越强烈，他对购买者越密切，购买者就越会修改他的购买意图。从相反面来说，购买者的偏好的品牌也因其喜欢的人喜欢而增加。

第二个因素是意外的环境因素的影响，如股票市场下跌。某些突发事情可能会改变购买意图。因此，偏好甚至购买意图都不能作为购买行为完全可靠的预测因素。

消费者修正、推迟或者回避做出某一购买决定是受到可觉察风险的重大影响。许多购买都含有一定风险负担。消费者无法确定购买结果，这便产生了担心。可察觉风险的大小随着冒这一风险所支付的货币数量、不确定属性的比例以及消费者自信程度而变化。消费者为避免风险而采取了某些常用办法，如回避做出购买决定，从朋友处收集信息，偏好著名品牌的产品。营销人员必须了解引起消费者风险感觉的这些因素，为他们提供信息及帮助以减少可能的风险。

（5）购后行为。消费者在购买产品之后会体验某种程度的满意感和不满意感。在产品被购买以后，营销者的工作并没有结束，而是进入了购后时期。营销者必须关注购买者购后的满意程度和购买后的行为。

什么因素决定了消费者对购买的产品满意还是不满意？答案在于消费者期望和产品被察觉到的性能之间的关系。如果产品未能达到消费者的期望，消费者就会失望；如果达到了期望，消费者就会满意；如果超出了期望，消费者就会很满意。消费者的期望基于他们从销售商、朋友及其他来源处获得的信息，如果销售者夸大了产品的性能，消费者的期望就不会得到满足，必然导致不满意。期望和性能之间的差距越大，消费者的不满意程度越高。这表明销售者应诚实地描述产品的性能以便让购买者满意。一些销售者甚至低调描述性能水平以提高消费者对产品的满意程度。

不满意的消费者反应就不同了，平均来说，满意的顾客会向三个人讲述买了件好产品，而不满意的顾客却会向 11 个人进行抱怨。一份研究显示，13％的对某个公司不满意的人会向超过 20 个人进行抱怨。显然，坏话比好话传得更快更远，并会迅速危及消费者对某个公司及其产品的态度。

因此，一个公司的明智之举应该是定期衡量顾客的满意程度，而不是坐等不满意的顾客自己提出抱怨。大约 96％的不满意顾客不会向公司抱怨。公司应建立鼓励消费者进行抱怨的系统。这样做，公司可以了解到它做得怎么样及如何去提高。3M 公司称其超过 2/3 的新产品概念来自倾听消费者的抱怨。但光倾听是不够的，公司还应对它收到的抱怨做出积极的反应。

营销人员应采取措施尽可能减少买者购买后的不满意程度。例如，丰田给其汽车的新买主写信或打电话，祝贺他们买了辆好车。它的广告中出现的是满意车主在谈他们的新车，丰田还接受顾客关于改进的建议，并列出了当地的维修服务点。总之，在顾客购买了产品之后，企业应尽一切努力，力求让顾客获得最大的满意。

四、消费者购买行为

所谓购买行为，指的是消费者为了满足自己的某种需要而在购买动机的驱使下，经过购买决策后，以货币换取商品的行为。消费者的购买行为是人类社会中具有普遍性的一种行为，并有一定的规律可循。我们可以从以下几种解释消费者购买行为的理论中，进一步了解消费者行为的活动规律。划分不同消费者的购买行为，主要依据不同的标准。划分的标准很多，现就几个主要的划分标准进行分类。

1. 按消费者个性分类

（1）习惯型。习惯型消费者在购买中对某些品牌的商品具有特殊的感情，喜欢购买，并长期惠顾。这是由于以往的经验和使用习惯，他们对这些商品十分信任、熟悉，以至形成某种定式。这种习惯不会因年龄的增长、环境的变化而改变，不受时尚风气的影响。购买行为表现出很强的目的性。这类消费者购买商品时当机立断，成交迅速。如有些人一起使用力士香皂，表现在购买力士香皂时从不犹豫。

（2）理智型。这类消费者头脑理智，善于观察、分析和比较，有较强的选择商品的能力。在购买前，依靠自己的经验和知识，收集商品信息，了解市场行情，深思熟虑，成竹在胸。在购买时仔细、慎重，对商品反复比较，权衡利弊，自主地做出购买决定，不轻易受他人或广告宣传的影响。

（3）经济型。这类消费者有经济头脑、收支统筹安排、计划性强、善于选择商品。同时对价格变化十分敏感，往往以价格的高低决定取舍。有的消费者对同类商品中价格较低的感兴趣，认为经济实惠，此类消费者对商品价格的差异特别敏感，削价、优惠价、处理价、大甩卖的商品对其有吸引力；另外一种消费者对同类商品中价格较高的感兴趣，认为价格高质量一定会好，这类消费者对优质名牌商品尤其喜爱。

（4）冲动型。这类消费者选择商品的能力不强。个性心理反应激烈、敏捷，情感变化快且不稳定，没有明确的购买计划，选择商品考虑不周到，往往受商品的外观、广告宣传、促销活动等外界因素的影响，对商品不去进行分析比较，草率购买，买后经常是后悔不已。

（5）从众型。这类消费者缺乏主见，对所购商品不去分析、比较，常常受多人同一购买趋向的影响，只要众人购买，就认为一定不错，从众购买自己并不急需的商品。这种从众购买者比比皆是，如在购买服装、面料时就表现得很突出。

（6）疑虑型。这类消费者的心理特征表现为优柔寡断，购物时过于谨慎，徘徊不定，难下决心。这类购买者以性格内向居多，也有可能是极少单独购物的人。

（7）想象型。这类消费者情感丰富，善于联想，常因商品的款式、颜色、包装等外形美而引起联想。同时也易受购物环境和其他因素的影响，往往因此而心血来潮，促成购买行动。

2. 按消费者的购买目标的选定程度进行分类

（1）确定型。这类消费者在进商店前已有明确的购买目标，对所要购买的商品的种类、品牌、价格、性能、规格等早已胸有成竹，并能提出具体而明了的要求，一旦商品符合意愿，就果断购买。这一购买行为的全过程都是在非常明确的目标指导下完成的。

（2）半确定型。这类消费者在进商店之前，对所需要的商品已有一个大体认识，但对具体细节缺乏了解，在购买时仍需要进行判别与比较，直至达到满意才决定购买。

（3）不确定型。这类消费者无论进商店前还是到商店后，没有任何明确的购买目的，他们只是因顺路、散步或是茶余饭后信步进入商店，观看、浏览商品。如果所见所闻唤起需要，或是在浏览中有了购买目标，便随之发生购买行为。许多情况下也许只是浏览，没有购买。

3. 按购买行为的复杂程度分类

消费者购买决策随其购买决策类型的不同而变化。例如，在购买毛巾、手机、个人电脑和住宅之间，存在着很大的差异。较为复杂及花费较多的产品往往包含着购买者的反复比较和思考，而且还需要许多的购买决策的参与者。根据购买者在购买过程中参与和愿意花费的时间和精力，消费者的购买行为有四种类型（参见图3—5）。

消费者介入程度

产品差异		高	低
	大	复杂型	寻找品牌型
	小	减少风险型	习惯型

图3—5　消费者购买行为类型

（1）复杂的购买行为。当消费者专心仔细地购买，并注意现有各品牌之间的主要差别时，他们也就完成了复杂的购买行为。消费者一般对花钱多的产品、偶尔购买的产品、风险产品以及醒目的产品等的购买都非常专心仔细。一般来说，消费者对产品类型了解较少，需要大量学习。例如，购买数码相机的消费者甚至对自己所需产品是什么属性都全然不知。他对许多产品的特性等一窍不通。复杂的购买行为包括以下三个步骤：首先，购买者产生对产品的信念；其次，他对这个产品形成态度；最后，他做出慎重的购买选择。高度介入产品的营销人员必须懂得对高度介入的消费者收集信息并评估其行为。在这种购买行为中，营销者应帮助购买者学习有关产品的类别属性，帮助购买者区别其品牌特征，同时谋求购买者的朋友和家人的支持，以影响购买者最后的品牌选择。

（2）减少风险的购买行为。消费者对于各种品牌看起来没有什么差别的产品购买也持慎重态度。高度介入的购买行为是又一次基于这样的事实，即花钱很多的产品、偶尔购买的产品和风险产品。以购买窗帘为例，它是一项高度介入决策，因为窗帘一般说来既是花钱多的产品，又是一种需要自我识别的产品。然而，购买者往往会把在一定价格幅度内的大多数窗帘看成是同样的。产品购买后，消费者有时会产生一种购买后不协调的感觉，因为他们注意到了窗帘上的一些使他感到烦恼的缺点，或是听了有关其他窗帘的一些优点。于是，他开始学习更多的东西，试图证明自己的决策是正确的，以减少购买后的不协调感。在这个例子中，消费者首先通过自己的行为状态，然后取得某些新的信念，最终对自己的选择做出有利的评价。在这种情况下，营销沟通的主要作用在于增强信念，使购买者对自己的选择的品牌在购买之后有一种满足感。

（3）习惯的购买行为。许多产品的购买是在消费者低度介入，品牌间无多大的差别的情况下完成的。购买白糖就是一个很好的例子。消费者对这类产品几乎不存在介入的情况。他们去商店购买某一品牌的白糖，如果他们长期保持购买同一个品牌的白糖，那只是出于习惯，而非出于品牌的忠诚。事情很清楚，消费者对大多数价格低廉、经常购买的产品介入程度很低。在低度介入的产品中，消费者的购买行为并没有经过正常的信念—态度—行为为顺序等一系列的过程。他们并没有对品牌信息进行广泛研究，也没有对品牌特点进行评价，对决定购买什么品牌也不重视。品牌判别很小和低度介入产品的营销人员发现，运用价格和销售促进作为产品试销的刺激是很有效的，因为购买者并不强调品牌。

（4）寻找品牌的购买行为。某些购买的情况是以消费者低度介入但品牌差异很大为特征的。在这种情况下消费者被看成是会经常改变品牌选择的。品牌的选择变化起因于产品的多品种，而不是起因于对产品不满意。市场领先者对这类产品类目和次要品牌所采取的营销战略是不同的。他们会试图通过摆满商品货架，避免脱销以及经常做提醒广告来鼓励习惯性的购买者。另外，一些挑战者采用压低价格，提供各种优惠、赠券、免费样品发放以及宣传试用新产品为特色的广告活动来刺激顾客进行产品品种的选择。

五、消费者购买的角色

消费通常是以家庭为单位进行的，但购买决策者一般是家庭中的某一个或几个成员。究竟谁是决策者，要依不同商品而定。有些产品在家庭中的决策者、使用者和实际购买者，往往是不一致的，营销者必须了解谁是决策者，谁是影响者，谁参与购买过程，从而有针对性地开展促销活动，这样才能取得最佳效果。就许多产品而言，识别购买者是相当容易的。一般来说，剃须刀是由男性选择的，紧身内裤是由女性选择的。但是有些产品，在一个家庭的购买决策中，各人分担不同的角色，起不同的作用。按其在决策过程中的不同，我们可以将其区分为五种角色（参见图3—6）。

1. 倡议者

倡议者，也称为发起者，是指首先提出或有意购买某一产品或服务的人。

2. 影响者

影响者是指其看法或建议对最终决策具有一定影响的人。

3. 决策者

决策者是指在是否购买、为何购买、如何购买、哪里购买等方面的购买决

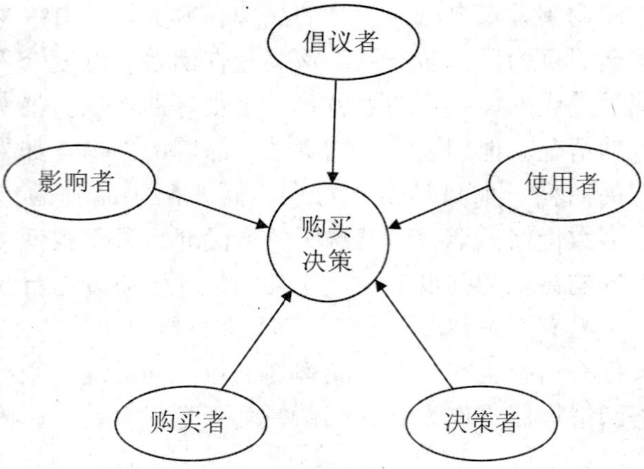

图 3—6　五种购买角色

策做出完全或部分的最后决定的人。

4. 购买者

购买者是指实际采购的人。

5. 使用者

使用者是指实际消费或使用产品或服务的人。

一个公司有必要认识以上这些角色，因为这些角色对于设计产品、确定信息和安排促销预算是有关联意义的。如果是丈夫作购买决策，那么，公司就会把广告和其他促销活动直接面向男性。

例如，某饭店正在大力吸引消费者来举办婚宴，这就应该研究一下购买决策过程的主要参与者。参与选择婚宴场所的通常包括新郎、新娘、双方的家长和亲朋好友等。最初可能由新娘的某位亲友倡议在某饭店举办，然后新娘和新郎可能征求许多人的意见，再由两人共同决定在某饭店举行，由新郎的父母与饭店签约预定，而使用者则是新郎、新娘及婚礼的所有参加者。饭店的营销人员应搞清各种不同参与者所起的作用，尽量将广告宣传集中于主要的决策者身上。一般来说，新娘有最大决策力，饭店应当充分分析新娘们选择饭店的标准，而新郎和新娘的家长可能对费用特别关心。如果饭店的促销方案能针对上述参与者的不同情况，选择适当的广告媒介和广告语言，将会取得良好的效果。

六、消费者购买的影响因素

世界各地的消费者在年龄、性别、收入、教育水平、品位等方面差异巨大，他们购买的产品也千差万别，影响消费者购买的因素主要有文化的、社会的、个人的、心理的因素等四大类。这四类因素属于不同的层次，对消费者行为的影响程度是不同的。一般而论，对消费者购买行为影响最深远的因素是文化因素（参见图3—7）。

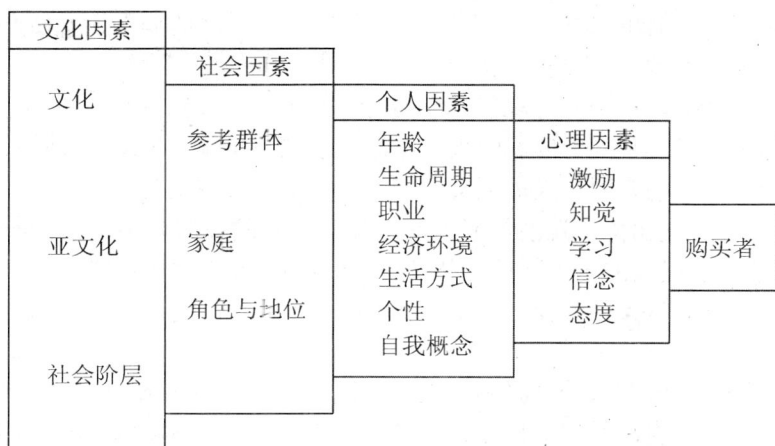

图3—7　影响消费者购买行为的因素

1. 文化因素

文化因素对消费者的购买行为具有最广泛和最深远的影响，是造成不同区域、不同阶层消费者需求差异的重要因素。购买者的文化因素包括文化、亚文化和社会阶层。

（1）文化。文化是人类欲望和行为最基本的决定因素。人们的行为是在学习中形成的。在社会中成长的孩子会从家庭和其他重要组织那里学到基本价值观、对事物的理解、愿望和行为。在美国的孩子一般会学到，或者处于这样的价值观中：成就与成功、行动与参与、高效与实用性、进取、物质满足、个人主义、自由、人道主义、朝气、健美与健康。在中国的孩子一般会学到，或者处于另一种价值观中：重视家庭、讲究服从、诚实、敬老与孝顺。

每个群体或者社会都有自己的文化，而且文化对购买行为的影响在国家间差异很大，营销活动如果不针对这些差异进行调整就会没有效果，甚至处于尴尬的境地。例如，喜力（Heineken）啤酒在越南销售，公司注意到越南人的消费价值倾向于成功和地位。通常，它与一种国际生活时尚联系起来。因此，公司的广告展示了一个商人旅行者在飞机上，到达目的地后，登上轿车以及签订合同时都喝喜力。这个广告，通过展示商人用喜力干杯庆祝签字而结束，引导越南消费者的购买行为。

营销者总是努力去发现文化转变以寻求新的产品机会。例如，人们对健康和健美日益关心的文化转变创造了一个巨大的行业：锻炼器械、健美服装、低脂肪和更自然的食品、减肥药品、健康与健美服务等。人们向着轻松随意的转变使休闲服装和简单家具的需求增加。人们对休闲时间的需求使方便产品的需求增加，如微波炉、方便食品和快餐。

（2）亚文化。每个文化都包含更小的亚文化。亚文化由有共同的生活经历和环境形成的具有共同价值观的人群组成，表现在国籍、宗教、种族、语言、风俗习惯等方面的不同。人类社会的亚文化群主要有五大类：

1）民族亚文化群。几乎每个国家都存在不同的民族，特别是像我国这样一个具有 56 个民族的国家，除了占人口 90％以上的汉族外，还存在 55 个少数民族。由于自然条件和社会环境上的差异，不同民族有着独特的风俗习惯和文化传统。

2）宗教亚文化群。不同的宗教具有不同的文化倾向或戒律。一般来说，不同的国家，甚至同一国家往往存在不同的宗教，有的国家宗教存在很多种。例如我国就存在佛教、天主教、伊斯兰教、基督教、道教等。

3）种族亚文化群。种族是不同肤色的人类群体，如黄种人、白种人、黑种人等。不同种族有着不同的文化传统与生活习惯，如黄种人吃饭用筷子，白种人吃饭多用刀叉。

4）地域亚文化群。同一民族，居住在不同的地区，由于各方面的环境背景不同，也会形成不同的地域亚文化，表现出语言、生活习惯等方面的差异。例如，我国汉族人口众多，且都讲汉语，但由于居住地域辽阔，又形成各自居住地的方言。在饮食上，我国北方地区的人以面食为主，而南方地区的人则以米饭为主。

5）年龄亚文化群。任何一个国家，都存在着不同年龄段的人群，如婴幼儿、少儿、青年人、中年人、老年人，不同年龄的群体有自己不同的文化特性、行为规范，对衣、食、住、行各方面有自己不同的消费需要。由于这个原因，不同年龄段的人之间往往存在着价值观的差异，当这种差异发生冲突，即俗称"代沟"。不同年龄的人，对事物的判断不同，消费行为差别明显。

当然，事物的变化是绝对的，不变是相对的。人们的风俗习惯、伦理道德、价值观念和思考方式等也不是固定不变的，随着人类社会交往的不断增多，不同国家、不同民族之间文化交流的发展，各民族文化出现了趋同的趋向。例如，西餐在我国越来越受到欢迎，圣诞节已成为年轻的中国人的重要节日等。这种文化的转型带来了新的市场机会。

（3）社会阶层。一切人类社会都存在着社会阶层结构。社会阶层是指一个社会的相对稳定和有序的分类，每类成员都有类似的价值观、兴趣及行为。它有时以社会等级制形式出现，不同等级的成员都被培养成一定的角色，而且不能改变他们的等级成员资格。然而，更为常见的是，层次以社会阶层形式出现。它们是按等级排列的，社会阶层可分为上层、中层、劳动和低层。其特点如下：

1）同一社会阶层内的人，其行为要比来自两个不同社会阶层的人的行为更加相似。

2）人们以自己所处的社会阶层来判断各自在社会中占有的高低地位。

3）某人所处的社会阶层并非由一个变量决定，而是受到职业、收入、教育、价值观和其他因素综合衡量的。

4）个人能够在一生中改变自己所处的阶层，既可以由低阶层向高阶层迈进，也可以跌至低阶层。然而，这种变化的变动程度因某一社会的层次森严程度不同而不同。

不同社会阶层在诸如服装、家具、娱乐活动和汽车等方面的产品和品牌偏好各不相同。一些营销人员把注意力仅集中于某一阶层。例如，香格里拉饭店接待高阶层的消费者，而露天集市的大排档接待的对象则是中、低阶层的消费者。在新闻媒体的选择上，不同阶层也有不同表现，高阶层的消费者更偏爱报纸杂志，低阶层的消费者喜爱电视。即使是在同一媒体内，每一阶层的偏好也有差异。此外，各阶层使用的语言也会有差别，广告商为迎合各阶层消费者不同偏好的目标要求，而在商业性电视广告节目中制作和撰写适合于他们各自需要的文稿和对话。因为营销者对社会阶层感兴趣的是一定阶层中的人有着类似的购买行为。

2. 社会因素

每个消费者都是社会的一员，其行为不可避免地要受到社会各方面的影响和制约。消费者的购买行为要受到相关群体、家庭、角色与地位的影响。

（1）相关群体。相关群体是指影响消费者购买行为的个人或集团。相关群体可分为三类：一是对消费者影响最大的群体，如家庭、亲朋好友、邻居和同事等，可称为主要群体。这一群体虽然不是正式组织，但与消费者发生面对面的关系，因此对消费者的行为影响最直接。二是影响较次一级的群体，如个人所参加的社会团体、宗教组织等，可称为次要群体。这一群体属于正式组织，消费者归属其中，虽然对消费者的影响不如主要群体那样直接，但也间接发生作用。三是个人并不直接参加但影响也很显著的群体，如社会名流、影视明星、体育明星等，这种一个人希望去从属的群体被称为崇拜性群体。相关群体对消费者的购买行为至少有三个方面的重要影响：

1）相关群体为每个人提供各种可供选择的消费行为或生活方式的模式，使消费者改变原有的购买行为或产生新的购买行为。

2）相关群体引起的仿效欲望，使消费者肯定或否定对某些事物或商品的看法，从而决定其购买态度。

3）相关群体促使人们的行为趋于某种一致化，如电影《上海滩》中的主角许文强出场时戴一顶帽子，很有风度，于是就出现了戴"许文强帽"的时尚，很多人跟着戴，出现一致化倾向。

相关群体的存在，影响了消费者对某种商品品种、商标、花色的选择，所以，在市场营销中，营销人员总是试图识别他们的目标顾客的相关群体。对受到相关群体影响很大的产品和品牌制造商来说，必须想法接触和影响有关相关群体中的意见带头人。意见带头人是对一个特定的产品或产品种类，非正式地对它作传播，提供意见或信息的人，他们分散于社会各阶层，并且可能某人是某一产品的意见带头人，而在另一产品上又是意见追随者。营销人员要认识并掌握与意见带头人有关的一些特征，确定他们阅读的新闻媒体，直接向意见带头人传递信息。充分利用相关群体的影响力，扩大销售。

（2）家庭。家庭是社会的细胞，对人的影响最大，在购买者决策所有参与者中，购买者家庭成员对其决策的影响最大。家庭对购买者决策的影响可分为两种类型：一是婚前家庭，包括一个人的双亲。每个人都从父母那里得到有关宗教、政治、经济、个人抱负、自我价值和爱情方面的教导，即使购买者和他的父母之间的相互影响已经减弱了，但父母对购买者无意识的购买行为的影响仍然是重要的。二是对日常购买行为有更直接影响的婚后家庭，包括配偶与子女，这是社会中最重要的消费者购买单位。家庭的生活方式、文化程度、价值观念及购买习惯对个人影响方式是复杂的，有时是潜移默化，有时是直接作用，有时是通过语言传达，有时是通过动作表达。

营销人员对研究家庭对购买行为的影响，要注意到夫妻及子女在各种商品和服务采购中所起的作用，在不同国家或社会阶层是各不相同的。例如，由于家庭财务状况、消费需要等的不同，会导致家庭购买行为表现出不同的特点。家庭中成员地位也影响购买行为，在传统的中国家庭，丈夫把工资交给妻子，妻子就成为家庭中的主要购买者。不过，随着妇女更多地参加工作，男人购买家庭用品的作用也越来越重要。如果日用品的市场营销人员还以为妇女是他们产品的主要或唯一采购者，或以为汽车是男人购买而忽视女人购买的可能性，都是错误的。

（3）角色与地位。一个人从属于许多群体——家庭、俱乐部、组织。每个人在各群体中的位置可用角色和地位来确定。角色是一个人期望做的活动的内容。如一个男人对父母是儿子，结婚后是丈夫和父亲，在单位可能是负责人。一个人扮演的角色不同，意味着他要承担不同的活动，从而在衣、食、住、行等方面就有不同的需要，产生不同的消费行为。每个角色都代表一定的社会地位，反映社会对他或她的综合评价。人们在购买商品时往往会结合自己在社会中所处的地位和角色来考虑，通常选择能代表自己身份的产品。例如，一个女公务员可能也追求时髦，其衣着更要讲究整齐、大方，有庄严感，如果穿超短裙、拖鞋上班就不得体。对此，营销人员应当分辨出哪些群体对其产品和服务比一般人有更多需求兴趣，更可能购买，并为这些特定的群体进行设计、生产产品。

3. 个人因素

购买者的决策也要受到个人因素的影响，特别是受其年龄所处的生命周期、职业、经济环境、生活方式、个性及自我观念的影响。

（1）年龄所处的生命周期。人们在一生中不断改变他们对产品和服务的选择，对食品、服装、家具及娱乐的需要常常和年龄有关。购买行为还受到家庭生命周期的不同阶段的影响——家庭随时间推移而不断成熟所经历的各个阶段。处在每一个阶段上的家庭都有自己最感兴趣的产品（参见表3-1）。

表3-1　家庭生命周期和购买行为

家庭生命周期	家庭特征	购买和行为模式
单身期	年轻、独立生活	新观念带头人，时髦和娱乐导向
新婚期	年轻、无子女	对耐用消费品购买力高，主要购买产品：冰箱、电视机、家具、汽车、住房等
"满巢"Ⅰ期	子女小于6岁	家庭用品采购高峰，喜欢购买广告宣传的产品，如婴儿食品、玩具、童车、烘干机等
"满巢"Ⅱ期	子女大于6岁	喜欢购买大包装商品及配套产品，关注学习用品如钢琴、文具
"满巢"Ⅲ期	子女已长大	主要在子女教育、结婚、住房上的消费支出
"空巢"Ⅰ期	子女分居，夫妻仍有劳动力	经济较宽松，理性购买，对旅游、娱乐和自我教育感兴趣

续表

家庭生命周期	家庭特征	购买和行为模式
"空巢"Ⅱ期	子女分居，已退休	收入减少，购买有利于健康、睡眠和消化的医疗护理保健用品
鳏寡就业期	尚在工作	收入尚可，一般会与子女同住
鳏寡退休期	退休在家	对医药用品的需求增加，特别需要关注、情感和安全保障

（2）职业。一个人的职业影响其对产品和服务的购买，如不同职业的人会购买与其职业特性相适合的工作用品，包括服装。营销人员希望能够找出对其产品和服务更感兴趣的职业群体，甚至要专门为某一特定的职业群体定制他所需要的产品。例如，电脑软件公司为经理、会计、工程师、律师、医生、进出口业务人员设计不同的应用软件。

（3）经济环境。一个人的经济环境会严重影响其对产品的选择。人们的经济环境包括可花费的收入、储蓄和资产、债务、借款能力以及对花费与储蓄的态度等。收入敏感型产品的营销人员要关注个人收入、储蓄、利率的发展趋势。如果经济指标显示将要出现经济衰退，那么营销人员就要采取行动来重新设计、重新定位、重新对其产品定价。例如，价格敏感的日本人发现东南亚国家的具有民族特色的新产品很多，在东南亚旅游时想带礼品回家，就购买价廉物美、有民族风味的工艺品。

（4）生活方式。人们即使来自相同的亚文化群、社会阶层，甚至相同的职业，也可能具有不同的生活方式。生活方式是一个人生活的形式，可以由其消费心态来表示，包括衡量消费者的主要项目——活动、兴趣及观念。生活方式比一个人的社会阶层或性格更能说明问题，它勾勒了一个人在社会上的行为及相互影响的全部形式。

消费者生活方式的分类的二维标准是自我导向和资源。自我导向分类包括：原则导向型消费者，他们的购买基于自身的世界观；模仿导向型消费者，他们的购买基于他人的行为和看法；行动导向型消费者的购买受到他们对行动、变化及冒险的渴望的影响。具有相同货币的消费者又根据丰富资源和少量资源进一步进行划分，这两个项目是根据一个人收入高低、教育程度、健康状况、自信程度、精力及其他因素决定的。拥有极高或极低收入的人没有根据个人倾向进行分类，而直接分为实现者和挣扎者。生活方式的分类绝不是全世界通用的，各国的差异很大，如果分类使用得当，生活方式的概念可以帮助营销人员理解消费者不断变化的价值观及其对购买行为的影响。

（5）个性及自我观念。每个人与众不同的个性影响其购买行为。个性是指能导致一个人对自身环境产生相对一致和持久的反应的独特心理特征。一个人的个性通常可用自信、自主、控制欲、顺从、交际、保守和适应等性格特征来加以描述。在分析特定产品或品牌的消费者行为时，个性会很有帮助。例如，喝咖啡的人一般说来都比较好交际。营销者使用一个与个性有关的概念，即一个人的自我观念。基本的自我观念的前提是：人们所拥有的东西影响和反映他们的身份。因此，为理解消费者行为，营销人员必须首先了解消费者自我观念与其拥有物之间的关系，开发符合消费者自我观念的产品。

4. 心理因素

消费者行为还要受到心理因素的影响。一个人的购买选择除了由需要引起动机这一最重要的因素外，还有知觉、学习、信念和态度。

（1）知觉。知觉是指人们为了了解世界而收集、整理和解释信息的过程。知觉不仅取决于刺激物的特征，而且还依赖于刺激物同周围环境的关系以及个人所处的状况。一个人的行动会受到其对情况的知觉的影响。人们对同样的刺激会产生不同的知觉，这是因为人们是通过视觉、听觉、嗅觉、触觉及味觉来获取信息的，但每个人吸取、组织和解释这种感觉信息的方式却不尽相同。人们经历了以下三种知觉过程。

1）选择性注意。人们在日常生活中面对许多刺激物，不可能对什么刺激物都加以注意，绝大多数都被筛选掉了，那些能引起人们注意的刺激物，便是选择性注意。研究表明，有三种情况较能引起人们的注意：与目前需要有关的；预期将出现的；变化幅度大于一般的、较为特殊的刺激物，如减价 100 元比减价 5 元的广告更能引起人们的注意。选择性注意意味着营销人员必须竭尽全力吸引消费者对其产品的注意。

2）选择性曲解。选择性曲解是人们将信息加以扭曲，使之合乎自己意思的倾向。例如，一个消费者偏好海尔彩电而非长虹彩电，就有可能忽视其听到的关于海尔彩电的缺点，找其他理由购买海尔彩电。人们倾向于用自己的观点解释信息，而非向其自己的偏见挑战。

3）选择性保留。人们会忘记他们所有知道的许多信息，但他们会保留那些能够支持其态度和信念的信息。例如，人们往往只记住自己所喜欢的品牌的优点，而忘记竞争对手同类产品的优点。

由于存在上述三种知觉过程，营销人员在向目标市场传递信息时，要使用新、奇方式以及重复传送，强化刺激物对消费者的印象。

（2）学习。学习是指由于经验而引起的个人行动的改变。人们要行动就得学习，人类行为来源于学习。一个人的学习是通过驱动力、刺激物、诱因、反应和强化的相互影响而产生的。驱动力是一种内在的心理推动力。当这种驱动力被引向某种刺激物时，驱动力就会成为一种动机。诱因是那些决定一个人何时、何地及如何做出反应的次要刺激物，如对产品以前的经验、朋友的意见、广告。例如，人们使用海尔冰箱后，感到很满意，他们进而认为海尔公司的其他产品肯定也不错，于是下次购买时很可能购买海尔品牌的其他种类的产品，这就是消费者把对海尔冰箱的良好认识"强化"到海尔其他种类的产品上的反应。"强化"的相反倾向是辨别。例如，如果海尔产品在保修期内出了质量和其他问题，而售后服务承诺又没有全部兑现，那么消费者就会据此调整自己对海尔产品的反应，这时辨别开始了。对营销人员来说，关于学习的理论的实际价值在于，他们可以通过把学习与强烈驱动力联系起来，运用刺激性暗示和提供积极强化等手段建立对产品的需求。新进入市场的公司既可以采用与竞争对手相同的驱动力并提供相似的诱因而进入市场（这是因为购买者大都容易把他对原先的品牌忠诚转向与之相类似的品牌，而不是与之相异的品牌），又可以设计一套不同的驱动力的品牌，并提供强烈的暗示诱导来促使购买者转向它的品牌。

（3）信念和态度。通过实践和学习，人们获得自己的信念和态度，这些又反过来影响其购买行为。信念是指一个人对某些事物所持有的描绘性思想。这种思想可能建立在科学的基础上，也可能建立在偏见、讹传的基础上。如一个人可能认为海尔彩电可以信赖，而另一个人可能认为长虹更好。营销人员关注人们头脑中对其产品和服务所持有的信念，是因为信念树立起产品和品牌的形象。购买者根据自己的信念做出行动，如果发现一些购买者的信念是错误的，并阻碍了购买行为，营销人员就要开展更强大的促销活动去纠正这些错误信念。态度是指一个人对某个客观事物或观念长期持有的好与坏的认识上的评价、情感上的感受和行动倾向。态度导致人们对某一事物产生好感或恶感、亲近或疏远的心情。态度能使人们对相似的事物产生相当一致的行动，人们没有必要对每一事物都以新的方式做出解释和反应，所以态度能够节省精力和脑力。态度一旦形成，就相对稳定，很难改变。所以公司应设法使自己的产品适应消费者现有的态度，并逐步引导，而不要勉强去改变消费者的态度。当然，如果改变一种态度所耗的费用能得到补偿时，则另当别论。例如，本田摩托车进入美国市场时，美国消费者对摩托车没有好印象，他们把摩托车与流氓犯罪联系在一起。本田公司要扩大市场，就必须改变这种态度。他们发动了大规模的"骑上本田迎亲人"的宣传活动，广告画面上骑摩托车的都是神父、教授、美女，效果很好，逐渐改变了人们对摩托车的态度。

总之，以上文化、社会、个人和心理四个方面的因素，是影响消费者行为的主要因素，一个人的购买选择往往是文化、社会、个人和心理因素之间复杂影响和作用的结果。其中许多因素是营销人员无法改变的，但是这些因素在识别那些对产品有兴趣的购买者方面颇有用处。其他因素则受营销人员的影响，并提示营销人员如何开发产品、制定价格、进行分销和促销，以便引发消费者的强烈反应。

案例 3—1

她们为什么不购买速溶咖啡？

当方便快捷的速溶咖啡进入美国市场时，美国的家庭主妇并不买账。厂商对美国家庭主妇进行调查，询问其不购买速溶咖啡的原因，绝大多数主妇回答是不喜欢速溶咖啡的品味。为了了解她们的品味偏好，厂商对家庭主妇进行了一次测试：请主妇们品尝没有标志的天然咖啡与速溶咖啡，比较哪种咖啡的品质好，结果许多家庭主妇根本分不出两种咖啡的区别。这说明拒绝购买的原因并不在生理上，而在其没有说出的隐性动机（隐性动机指的是消费者不愿意说出的动机，通常有两种情况，一种是消费者自己知道，但由于某种原因而不愿意说出；另一种是消费者自己也没有意识造成的）。于是厂商又做了一个"购物单"法调查：假设两位家庭主妇购买了 8 种商品的购物单，前 7 种商品完全一样，只是购买的第 8 种商品不一样，一位家庭主妇购买了天然咖啡，另一位则购买了速溶咖啡，请被测试的家庭主妇描绘两位购买者的形象。购买了天然咖啡的主妇被测试者描绘成一位责任感强的贤妻良母。而购买了速溶咖啡的主妇则是缺乏家庭责任感，不会持家的懒婆娘。找到了阻止家庭主妇购买速溶咖啡的埋藏在其心灵深处的潜意识后，厂商重新设计了广告的主题：购买速溶咖啡的家庭主妇是善于持家的贤妻良母，使用速溶咖啡提高了操持家务的效率，使她们腾出更多的时间相夫教子。这一广告，改变了速溶咖啡的购买者的形象，速溶咖啡很快成为美国市场上的畅销品。

资料来源：吴柏林：《广告策划与策略》，广东经济出版社 2006 年版。

第二节　组织者购买行为分析

参与业务活动的组织不又出售产品，在它们的生产和经营活动中还需要大量购买原材料、设备、制造件、供应品和业务用的服务项目。当公司准备出售钢铁、计算机和其他商品给买方时，必须了解这些购买组织的需要、资源、政策和购买过程。

一、组织市场的市场结构和特征

在某些方面，产业市场与消费者市场相类似。两个市场都有承担购买角色的人，并制定购买决策以满足需要。不过产业市场在许多方面又和消费者市场有区别。我们将从市场结构、需求特征、购买者的特征、购买决策的过程和类型特征、其他特征五个方面来探讨产业市场的特征。

1. 市场结构

组织购买是指各种正规组织为了确定购买产品和劳务的需要，在可供选择的品牌与供应者之间进行识别、评价和挑选的决策过程。组织市场包括以下三种类型：

（1）产业市场。产业市场是指由一切购买产品或服务并将它们用于生产其他产品或服务，以供销售、出租或供应他人的组织所构成的市场。组成产业市场的主要产业有：农业、林业、渔业、矿业、制造业、通信业、公用事业、银行业、金融、保险业、分销业及服务业。

（2）中间商市场。中间商市场是指由以营利为目的从事转卖或租赁业务的个体和组织构成的市场。中间商包括批发商和零售商两个部分。

（3）机构和政府市场。机构和政府市场是指由学校、医院等其他组织和需要采购产品和服务与各级政府机构构成的市场。

2. 需求特征

（1）购买者数量少且大。产业市场通常比消费者市场的购买者数量少得多，而购买规模却大得多，甚至出现一家或几家企业垄断市场的情况，因而少数产业购买者所购买的用于再生产的商品或服务的数量占产业需求总量的绝大部分。如在我国，八大彩色显像管生产企业的产量占总产量的 90% 以上，而格兰仕微波炉的市场占有率更高达 80% 以上。供应商应该处理好和客户特别是大客户的关系，因为有时几个甚至一个重要客户的去留可能会决定企业的前途。

（2）是一种派生需求。对产业用品的需求最终是由消费者需求派生出来的。产业购买者之所以采购棉花、皮革，是因为消费者要购买皮鞋、衣服及床上用品。如果对这些消费品需求疲软的话，那么，对所有用以生产这些消费品的企业产品的需求也将下降。因此，产业营销者必须密切监视最终消费者的购买类型和影响他们的各种环境因素。

（3）购买者在地域上相对集中。由于资源和区位条件等原因，各种产业在地理位置的分布上都有相对的集聚性，因此组织市场的购买者往往在地域上也是相对集中的。例如，中国的重工产业大多集中在东北地区，石油化工企业云集在东北、华北以及西北约一些油田附近，金融保险业在上海相对集中，而广东、江苏、浙江等沿海地区集聚着大量轻纺和电子产品的加工业。这种地理区域集中有助于降低产品的销售成本，这也使得组织市场在地域上形成了相对的集中。

（4）市场的需求缺乏弹性。产业购买者的需求受价格变化的影响比较小，这是因为由于产业市场的需求是"衍生需求"所决定的。当市场上对轻型小货车的需求没有发生变化时，若钢材价格上涨，除非厂商发现了节省材料的方法或找到了钢材的替代品，否则不会减少对钢材的需求，因为这时厂商可以通过提高轻型小货车的售价来化解由于原材料涨价而造成的成本上升；若钢材价格下跌，厂商也不会增加需求，因为这可能造成资金积压和存货费用的增加，给企业造成损失。

（5）购买决策时间长，多人参与。由于购买金额巨大，产品的技术性能比较复杂，购买涉及多层级、多部门，因此，参与购买决策的人比较多，往往一个人不能决策，就是采购经理也很少独立决策而不受他人影响，自然作出购买决策的时间一般比较长。

3. 购买者的特征

（1）专业人员购买。与消费者市场相比，一笔商业交易往往会牵扯更多的购买者及更专业化的购买活动。商业购买往往由受过专门培训的采购代理商进行，他们的工作就是不断学习如何更多地购买。他们的专业方法和对技术信息的评估能力导致他们按照成本—收益方式购买。因此，供应商应掌握并向采购者提供有关企业和竞争者产品的详细资料，并能做好对采购者可能提出的问题给予圆满回答的准备。

（2）参与决策的人多。典型的业务购买中，影响决策的人远比影响消费者购买决策的人多。采购委员会都由技术专家组成，在购买主要商品时经常还会有高层经理参加。因此营销人员不得不雇用一些受过精良训练的销售代表，并经常用这支队伍来与训练有素的采购人员打交道。尽管广告、销售促进和宣传资料在业务促销组合中起着举足轻重的作用，但是人员推销仍不失为一种重要的促销工具。

4. 购买决策的过程和类型特征

（1）产业购买者面临更复杂的购买决策。与消费者市场相比，产业购买者常常会面临更复杂的购买决策。交易常常会涉及大笔资金、复杂的技术和经济因素以及购买单位内部众多人员的相互影响。因为购买更复杂，所以产业购买者会花更多的时间来制定购买决策。例如，购买一套大型设备可能需要数月甚至一年多的时间来完成，而且还会涉及上百万甚至上千万元的资金、成千个技术细节以及从最高层管理到低层使用者多达几十人参与。

（2）产业购买过程更正式化。与消费者购买过程相比，产业购买过程更正式化。大笔商业购买通常需要详细的产品说明、书面的购买订单、细致的供应商调查以及正式的合同。有些进行购买的公司甚至会准备一份详细说明购买过程的指导手册。

（3）买卖双方合作更密切。在产业购买过程中，买卖双方通常更加相互依赖。消费品营销者常常与顾客并无直接接触。然而，在产业购买过程的全部阶段——从帮助客户确定问题所在，到找出解决办法，一直到提供售后服务——都需要产业营销者和他们的客户一起密切合作，努力工作。他们常根据每个客户的需要提供产品。在短期内，能满足客户直接的产品和服务的供应商会获得订单。不过，产业营销者应与客户建立长期合作关系。从长期角度来说，产业营销者要保住客户的订单，就必须满足客户目前的需求，并且与客户一起合作，帮助客户成功地满足他们自己的顾客，所以产业营销者应与客户变成一种合作的伙伴关系。

5. 其他特征

（1）直接采购。产业市场的购买者通常直接向生产者购买，而不经过中间商。特别是那些技术复杂、价格高昂的产品，或需要按特定规格制造的产品更是如此，如大型计算机或飞机。

（2）互购。即购买者和供应者互相购买对方的产品，互相给予优惠。如皮鞋厂购买皮革原料，皮革厂购买皮鞋厂的皮鞋，这样的好处一是有利于建立长期的、固定的产销关系，扩大并保障彼此的销路；二是有利于降低货款风险。

（3）租赁业务。生产企业日益转向设备租赁，以取代直接购买。这种做法常用于机器设备、交通工具等。由于要节约资金，同时也由于技术更新加快，第二次世界大战后西方国家租赁业务发展很快，这对促进生产发展和技术进步，有很大好处。承租人得到的好处是获得较多的可利用资本，得到出租人最新的产品、上乘的服务以及一些税收上的好处。出租人则得到较多的净收入。

二、产业购买者的角色定位

由于产业市场与消费者市场的不同特征，因此在大多数的情况下，有许多人参与了产业市场的购买。在直接重购时，采购代理人起的作用较大；在有新的采购任务时，其他组织人员所起的作用较大。在做产品选择决策时，通常工程技术人员影响最大，而采购代理人却控制着选择供应商的决策权。这说明在新任务采购时，工业营销者必须首先把产品的信息传递给工程技术人员，在重购和新的采购任务的选择供应商阶段必须首先把信息传递给采购代理人。下面我们从产业购买的决策中心和产业购买的参与者两个方面来讨论这个问题。

1. 产业购买的决策中心

采购组织的决策单位称为采购中心，它被定义为："所有参与购买决策过程的个人和集体，他们具有某种共同目标并一起承担由决策所引发的各种风险。"采购中心并不是企业内部一个固定和正式划分的单位，它只是在不同的购买中由不同人承担的一系列购买角色。在企业内部，采购中心的规模和人员组成会随不同的产品和不同的购买情况而发生变化。对于一些日常购买，一个人，如采购人员，就可以承担购买中心的所有角色，并且是唯一的决策者。对于更复杂的购买，则需要更多的参与者。

2. 产业购买过程的参与者

如前所述，在采购中心中，不同的人承担了不同的购买角色从而形成购买决策，下面我们对采购中心成员在采购过程扮演的六种角色分别加以论述。

（1）发起者。发起者是指提出和要求购买的人。他们可能是组织内的使用人或其他人。

（2）影响者。影响者指企业内外影响决策的人。他们常协助确定产品规格，并提供方案评价的情报信息。作为影响者，技术人员特别重要。

（3）决策者。企业里有权决定采购项目和供应者的人。在日常采购中，采购者就是决策者；在复杂的采购中，决策者通常是企业的主管。作为一个营销者，特别要注意在一个购买决策中，谁是决策者。

（4）采购者。采购者是指具体执行采购任务的人。

（5）使用者。使用者是指组织中将使用产品或服务的成员。在许多情况下，通常采购某种物品的要求是由他们首先提出来的，他们在规格型号的决定上有很大作用。

（6）控制者。控制者是指可控制信息流的人员，他们可控制外界与采购有关的信息流入企业。例如，企业的采购员往往倾向于阻止供应商与企业采购中心的其他成员见面，他们明白，一旦他们不能垄断信息，他们的利益将受到损害，故而封锁信息。其他的控制者还有技术人员，甚至企业办公室的秘书人员，他们倾向于与自己关系密切的企业的产品能被本企业订购。

三、产业购买者决策过程

产业购买者的购买决策过程与其购买的类型紧密相连，在不同的产业市场购买类型条件下，产业购买者的购买决策过程是不相同的。下面我们来探讨产业市场的购买类型和产业购买者决策过程。

1. 产业市场购买类型

产业购买者在进行一项采购时面临一整套决策。这些决策的数量取决于购买情况的类型。产业用户的采购业务大致可分为四种类型：直接再采购、修订后再采购、新任务、系统购买和销售。

（1）直接再采购。购买者按既定方案不加任何改动地重复订购，这一般由购买部门作为日常业务处理。在这种情况下原有的供应者应当努力使产品和服务保持一定的水平，并尽量简化买卖手续，节省购买者的时间，争取稳定供应关系。未能进入供应商名单的供应商首先应设法以少量订单涉足入门，然后再逐步扩大其采购份额。

（2）修订后再采购。购买者希望调整产品的规格、价格、其他条件或者供应商。在这种情况下，采购活动比较复杂，通常会扩大参与采购决策的人数，这对原来的供应商是一种威胁，对未进入供应商名单的供应者是一个有利的机会，应把修订再采购看做是一次提供较好条件的机会，以得到一些新业务。

（3）新任务。当一名采购者首次购买某一产品或劳务时，他便面临着新任务（例如，办公房建设），成本或风险越大，决策参与人数就越多。新任务情况是营销人员的最佳机会与挑战。他们应设法尽可能多地接触主要的采购影响者，并向他们提供有用的信息和协助。由于新任务中涉及复杂的销售问题，因而许多公司设立由最好的推销人员组成的专门机构，负责对新客户的营销。

新任务购买过程经过几个阶段：知晓、兴趣、评价、试用和采用。每一个阶段信息来源在效益方面是各不相同的，如在知晓阶段，大众媒体最为重要；在兴趣阶段，销售人员的影响甚大；在评价阶段，技术来源最为重要。

（4）系统购买和销售。购买者从一个供应商处购买完整的成套设备及其所必要的服务，我们称为系统采购。系统采购最初用于政府购买重要武器或通信设备方面，政府不是采购各种部件再组装，而是进行招标，寻找能够提供所有部件并将它们组成一个所需要的系统的供应商。这种方式多适用于大项目采购。

供应商还以购买者能够接受的营销手段将相关产品集合销售，称为系统销售。系统销售的形式较多。供应商销售一组相关产品，如供应商既出售胶水，又出售胶水擦刷和催干剂。再如一个供应商向采购商提供其维护、修理、操作全部所需物料，即系统承包。这样，从购买者来说，由于存货的任务转嫁给了供应者，可以降低成本，同时由于缩短了挑选供应商的时间，还可以降低费用支出，并由于有合同条款的规定可使价格得到保障。从供应者来说，由于有固定的且往往是较大量的需求，也可以使经营成本降低。

2. 产业购买者决策过程

产业购买者的行为贯穿于整个采购过程。一般认为产业采购过程可分为八个阶段，这一模式适用于新任务采购，并非每次采购都要经过这八个阶段，根据采购业务的不同类型而有所不同（参见表3—2）。新任务采购最为复杂，需要经过八个阶段。直接再采购最简单，只需要经过两个阶段。而修订后再采购也只有两个阶段是必需的，其他阶段可能需要也可能不需要。

表 3—2 产业用户采购的八个阶段

购买阶段＼购买类型	新任务	修订后再采购	直接再采购
问题识别	是	可能	否
确定总体需要	是	可能	否
详述产品规格	是	是	是
查询供应者	是	可能	否
征求供应信息	是	可能	否
选择供应者	是	可能	否
发出正式订单	是	可能	否
绩效评估情况	是	是	是

（1）问题识别。当企业内有人提出对某种产品或服务的需要时，采购过程就开始了。问题识别是由内在的或外在的刺激因素所引起的。就内在因素而言，企业决定生产一种新产品，可能需要新的设备及原材料；生产设备要淘汰，需要新的设备或新的零部件；对原供应商的产品、服务不满意，需要寻找另一个供应商。从外在的因素而言，采购者参加展销会，或是接触某一广告，或是接到某个供应商推销其价廉物美产品的电话或电子邮件，便产生了一些新的购买想法。因此，产业营销人员可以通过广告宣传、访问有希望的买主等手段激发问题的认识。

（2）确定总体需要。当购买者确定了某种需要后，就要确定需要的产品种类和数量。简单的采购任务可由采购人员决定，复杂的采购任务则要由采购人员与企业内部有关人员（工程师、使用者等）共同确定所需项目的总特征，它们可能包括可靠性、耐用性、价格及其他属性。在此阶段，产业销售者可以安

73

排购买者描述其产品要求，从而满足组织的总需要说明。

（3）详述产品规格。采购组织的下一步工作就是要确定产品的技术规格，这需要由工程技术人员进行价值分析。产品价值分析是一种降低成本的分析方法。通过分析产品成本与功能之间的比例关系，在保证不降低产品功能的前提下，尽量减少成本，以取得更大的经济效益。通常在产品中占总量20％的零部件，其价值却占总成本的80％。对这些零部件进行分析，以发掘降价成本的潜力。经过价值分析后，购买者要写出详细的书面材料，说明技术要求，作为采购人员进行采购的依据。供应商也可将价值分析作为一种工具，用来敲开一家客户的门。通过较早地影响购买决策的产品规格，供应者将在购买者的选择阶段得到一个好的机会。

（4）查询供应者。采购者会通过各种信息渠道查询供应商，比如查看工商名录和黄页、浏览网页、观看广告、参加贸易博览会等，有时也通过其他企业了解供应商的信誉。供应商的任务之一就是要被列入主要的工商目录中，制订一个强有力的广告和促销方案，争取在市场上建立良好的信誉。由于互联网快速发展，企业建立网页或在网站发布信息，可以提高企业知名度。购买者通常会拒绝那些生产能力不足、声誉不好的供应商，而对合格的供应商，他们会上门访问，查看其制造设备和员工配置。最后，采购者会列出一份合格供应商的清单。

（5）征求供应信息。采购者会向合格的供应商发出邀请，让其提交供应建议书。有时，有的供应商只送来一份产品目录或派出一名销售代表。对复杂或花费大的项目，购买者会要求每一位潜在的供应商都提供详细的书面建议，购买者在淘汰了一些供应商后，会请余下的供应商提出正式说明。因此，产业营销人员必须精于调查研究、书写和提出建议。他们的建议必须是营销文件，而不只是技术文件。其口头陈述也应该取信于人。他们要着重强调本企业的能力和资源上的竞争优势，以便在竞争中取胜。

（6）选择供应者。在供应者选择以前，采购中心要向有意愿的供应商规定某些属性并指出他们之间的重要性。采购中心会根据这些属性对供应商进行评分，找出最佳的供应商。采购中心选择供应商时要考虑的主要因素有：交货能力、产品质量、品种、规格、价格、企业信誉、技术能力和生产设备、服务可靠性、付款结算方式、对顾客的态度、企业地理位置。每一因素在评分中的权数随购买情况类型的差异而有所不同。对于常规购买的产品而言，交货能力、价格和供应商的信誉最为重要。因此，企业营销人员要注意了解采购者具体采购中最注重的因素，向其提供优于竞争者的条件，并在其他方面寻求补偿，这样既可争取订单，又可保证本企业的利益。

采购中心还必须确定使用供应商的多少。采购者一般不愿依靠单一的供应商，而是选择几个供应商，以防陷于被动，同时也可保证足够的产品供应和获取价格上的让步，并促进供应商之间的竞争，但这一做法也存在风险。在这种情况下，越来越多的采购者开始倾向于把供应商看做是合作伙伴，确定严格的选择供应商的标准，并积极争取优秀的供应商成为自己的合作者，将采购业务逐步向这样的供应商集中。例如，摩托罗拉把供应商的数量减少到20％～80％，进而要求被选中的供应商建立更大的元件系统，提供产品质量保证，并同时下降供应价格到一定的比例。

（7）发出正式订单。购买者在选定供应商之后，就要谈判确定订单，内容包括产品技术说明书、产品的规格、数量、要求的交货时间、退货条件、保修条件等。如果购买用于维护、修理及运营的产品，购买者最喜欢采用长期有效的采购合同，而非采用临时订货，因为这样可以避免重复签约的麻烦，节约成本。这种合同要求供应商必须在一段时间内按照协议的价格条件向购买者不断地提供所需的产品或服务，由于存货被供应商保存，因此这种合同又叫无库存采购计划。当需要存货时，采购者的计算机就会自动地打印或电传一份订单给供应商。

长期有效合同计划导致更多地向一个来源采购，并从该来源购买更多的项目，这就使供应商与采购者更紧密地联系在一起，其他供应商很难再进入，除非购买者对现有的价格、质量或服务不满意。

（8）绩效评估情况。在这一阶段，采购者要了解使用者对产品的意见，对具体供应商的绩效进行评价。采购者据此决定是否继续向某个供应商购买产品或进行修正后重购或停止向该供应商采购。因此，供应商在执行合同的过程中，要注重认真履约，提高顾客的满意度，促进购买者进行直接重购。

总之，产业市场营销是一个富于挑战性的领域，关键在于要懂得那些参与购买决策和购买过程的顾客的需要，拟定出有效的营销计划，才能取得营销的成功。

四、产业购买者的影响因素

产业购买者在做出购买决策时会受到许多因素的影响。一般来说，这些影响因素主要有四类，即环境因素、组织因素、人际因素和个人因素。每一类中又包含着若干具体内容（参见图3—8）。

1. 环境因素

生产和经营活动都是在一定的环境中进行的，它必然会受到这些环境因素的影响与制约。环境因素是企业外部的影响力，是企业不可控制的。如经济现

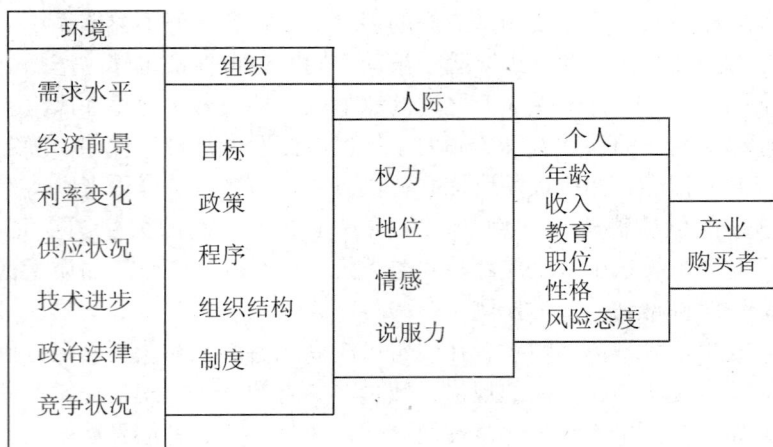

图 3—8　影响产业购买者的主要因素

状和经济发展前景，当经济出现衰退时，产业购买者就会减少对设备、原材料等的采购，营销人员刺激采购者购买也是无效的。再如政治法律环境因素，它对企业的生产经营活动都有明确的要求和规定，企业必须严格遵守。科学技术的进步也直接影响到企业现有产品的前景和新产品开发的速度与方向。在发达国家，产品开发速度快，产品市场生命周期较短。在许多经济发展较快的发展中国家，由于技术水平不断提高，缩短了产品的市场生命周期，企业必须加快新产品的开发，推进产品升级换代，对生产资料的采购也提出了更高要求。同样利率、需求与供给、竞争等环境因素也影响到采购者的决定。营销人员要密切注意所有这些环境因素的作用力，分析这些因素对采购者的影响力，设法寻找机会。

2. 组织因素

每个企业都会根据自身内部的需要决定采购哪种产品、多少产品。影响产业采购者行为的内部因素，也称组织因素，主要包括四个方面。

（1）企业采购目标。生产企业购买生产资料，是为了生产出适应市场需要的产品、尽可能降低成本，并实现盈利。所以采购者在采购中要考虑所购生产资料的质量、价格、型号、标准化等，价廉物美、标准化程度高的生产资料，会受到采购者的关注，反之就会受到采购人员的冷落。

（2）企业采购政策。企业在不同的生产时期，其采购政策也会不同。有时购买生产资料注重质量，有时注重价格，有时采购比较分散，有时则比较集中，有的企业购买决策高度集中，有的则相对分散。所以营销人员要分析研究不同企业的营销政策，才能有效地销售产品。

（3）企业采购程序。这是指企业采购生产资料的整个过程。由于企业的生产过程及生产资料本身的不同，其采购生产资料的过程也是不同的。如钢铁厂采购铁矿石是经常性的，是大宗采购，而机器使用是较长时期的，所以采购过程也较长等等。因此，产业销售人员应了解采购方不同商品的采购程序，从而做出明智的决策。

（4）企业采购制度和组织结构。各个企业内部组织结构不同，它们的采购制度也有所不同。有的企业设立若干事业部，采购工作由各事业部自己负责；有的企业只设立一个采购部门，统一负责企业的全部采购工作。由于企业的生产采购制度不同，具体参与采购工作的人员角色也必然表现不同。如设立一个采购部门的企业，其采购人员可以采购企业内部生产所需的各种生产资料；而设立各事业部门的企业，各事业部门的采购人员只采购自己工作所需的生产资料。因此，在营销中，营销人员要注意不同企业的采购制度。

3. 人际因素

采购中心的各个参与者在权力、地位、情绪和说服力等方面各有不同的特点，营销者必须设法了解各参与者的性格特点，在公司的地位、影响、社会关系等，这些对于营销工作肯定会有很大帮助。可是营销人员常常很难弄清购买中心内部复杂的人际关系。因为购买中心地位最高的人不一定是最有影响力的人，参与者对购买决策有影响，可能是因为他控制着奖励和惩罚，也可能是因为他的特殊专长，或与其他的重要参与者有特殊的关系。但无论怎样，这些问题如果不搞清楚的话，就会影响营销者的工作效果，因此，尽管这种人与人之间的微妙关系常常很难把握，营销者也必须尽力去理解这些因素。因为营销工作看上去是销售产品，但实际营销工作本身是与人打交道，所以必须处理好人际关系。

4. 个人因素

采购中心的每一个人都有自己的动机、感觉和偏好，这些因素取决于采购中心参与者的年龄、收入、教育、专业文凭、个性以及对风险意识和文化的影响，采购人员明确表现出其不同的购买类型。有些是简练型的购买者，有些是外向型的购买者，有些是完美型的购买者，有些是学者型的购买者。不同的购买者有着不同的购买风格，有些人是技术型的，在选定一个供应商之前要把所有竞争对手的产品进行深入分析；有些人是凭直觉的谈判者，善于在诸卖方之间要手腕以得到最优交易条件。因此，组织市场营销者必须对他们的顾客，即采购人员的个人特点进行了解，处理好个人间的关系，这将有助于营销业务的开展。

总之，产业市场营销是一个富于挑战的领域，关键在于懂得那些参与购买决策和购买过程的顾客的需要，拟定出有效的营销计划，才能取得营销的成功。

五、机构与政府市场

组织市场是由各种组织机构形成的对企业产品和劳务需求的总和。它不仅包括产业市场、中间市场，还应有机构市场和政府市场。机构市场和政府市场是一个庞大的市场，值得认真研究和开发。

1. 机构市场

机构市场由学校、医院、疗养院、监狱和其他机构组成，它们向它们所关注的人提供商品和服务。随着社会主义市场经济的发展和社会分工的越来越细化，机构市场越来越大。例如，我国近年来高校不断扩大招生规模，这预示着教育市场的潜力就非常巨大，学生餐市场、教学设施建设等市场将会给企业带来巨大商机，所有这些，要求企业必须高度重视这一市场，将其作为未来新的经济增长点来看待。

另外，随着工商企业的越来越多，许多企业要购买办公设备，如电话机、传真机、电脑、空调机、电视机等，这些产品不是为了生产成其他产品用来销售的，而是为了供员工们消费的，这是一个越来越庞大的组织市场，值得企业重视，应在市场营销内部成立集团销售科室，以加强对集团客户的重视。下面我们从两方面来讨论机构市场的特点：

（1）机构内消费者对商品或服务的选择性较小。一般来说机构由于机构消费的特殊性，机构内的消费者对商品或服务的选择性较小，如工作餐（学生餐）市场、工作服（学生服）市场等消费者对产品或服务几乎没有太多的选择，大多数情况下只能作为既有产品或服务的接受者，所以机构购买一般以低预算和受到一定控制为特征。

（2）机构在对外采购中必须考虑商品的质量。从采购的角度来说，机构在对外采购中必须考虑商品的质量，而不能过多地考虑价格，否则将受到消费者的抱怨，从而影响机构的声誉。例如，医院的采购代理必须决定为病人购买食品的质量标准，由于这些食品是医院总体服务的一部分内容，因此，它的采购目标并非为利润，也不是为了使成本极小化。医院的采购代理必须找到这样一些提供食品的卖主，其产品的质量不仅要能满足最低标准，而且价格也要低廉。事实上，许多食品供应商建立了独立的业务部，以向机构购买者销售，因为他们各有其特别的购买需要和特点。

2. 政府市场

政府市场是由需要采购产品和服务的各级政府机构构成，采购产品和服务门类广泛，从炸弹、家具、服装到汽车、燃料，各种各样，应有尽有。对任何一个供应商来说，政府市场都意味着一个巨大的市场。政府采购主要有以下两种方式：

（1）公开招标。一般情况下公开招标适用于大众化、标准化的产品。届时，政府制定为竞争合同而需要的供应商品质和信誉要求，并邀请那些有资格的供应者参加投标，然后按物美价廉的原则与中标的供应者签约成交。

（2）通过谈判签约。谈判签约主要用于复杂项目的采购，如果供应商利润过高，合同还可能重新议定。政府采购强调价格，要求供应者投资于技术改造，以降低成本。由于政府支出决策受到公众的关注，政府组织要求供应商准备大量的书面文件。供应商经常会有这些方面的抱怨：过多的文字工作、官僚主义、繁复的规章制度、决策拖拉和经常变换采购人员。因此，供应商必须了解这个体制并设法通过官方文件。

在政府采购过程中，一些非经济准则也在起着日益重要的作用。例如，有些人要求政府采购时要照顾衰退的产业和地区，照顾小企业和没有种族、年龄、性别歧视的企业。因此，那些准备向政府机构销售产品的企业必须注意这些问题。

复习思考题：

1. 简述影响消费者购买行为的主要因素。

2. 简述马斯洛的需要层次论及其对营销的启示。

3. 调查某一品牌的市场细分、产品定位及其市场竞争状况，并写出调查报告。

4. 列举一个你主要依据理性思考做出购买决定的例子，并描述当时的情境和购买决策过程。

5. 组织市场的特征是什么？组织购买类型有哪几种？

6. 举例说明影响组织购买行为的因素。

第四章 企业战略规划

第一节　企业战略与战略机会

　　"战略"一词源自希腊语 Strategos，本意是"将军"，引申为指挥军队的计谋和艺术。在现代社会和企业经营管理中运用这一术语，用来描述一个组织如何实现其目标和任务的规划。

　　企业战略的概念起源于 20 世纪 60 年代，并在 80 年代逐渐占据企业经营管理的中心位置。20 世纪 70 年代开始，西方经济出现持续的滞胀，经济衰退导致企业外部环境动荡，竞争日趋激烈，沿袭原来简单的经营管理行为的企业，在竞争中已处于颓势。要使企业免遭竞争者攻击，在恶劣的环境中生存并进一步发展，必须洞悉环境变化的趋势及其带给企业的影响，有针对性地进行长期、全面的战略谋划。

一、企业战略的含义与特征

　　营销大师菲利普·科特勒认为，当一个组织清楚其目的和目标时，它就知道今后要往何处去，需要解决的问题是设计通往目标的最佳路径。

1. 企业战略的含义

企业战略是指企业的决策层通过规划企业的基本任务、目标以及业务组合，使企业的资源和能力同不断变化着的营销环境之间保持适应的战略关系。

企业战略是企业经营思想的集中体现，从总体上预先规划，指导和约束企业的经营活动，是企业生存和发展的根本保证，有利于提高企业资源的有效利用，增强企业营销活动及其他经营活动的科学性和稳定性。

2. 企业战略的特征

企业战略是企业为了实现预定目标而作的全盘考虑和统筹安排，有以下特征：

（1）全局性。企业战略根据企业总体发展的需要而制定，它规划企业的全局性行动，追求企业的全局性效果。

（2）长远性。企业战略谋求企业的长远发展，通盘考虑企业未来较长时期内如何生存和发展的问题。虽然它的制定以企业所处的外部环境和内部现有资源状况为出发点，并且对企业当前的生产经营活动有指导、约束的作用，但是这一切是长远发展的起点。凡是为适应环境条件的变化所确定的、持久坚持的行动目标和实现目标的行动方案都是战略。

（3）客观性。企业战略是在充分认识企业的经营环境，评估企业自身的资源及能力的基础上制定的未来行动纲领，是体现企业目标切实可行的发展规划。

（4）纲领性。企业战略不是规划三五年经营和发展的一系列数字，也不是对过去或未来各类预算数字的合理解释，而是透过表面现象研究问题的实质，解决企业的主要矛盾，确定企业的发展方向与基本趋势，规定企业具体营销活动的基调。

（5）竞争性。企业战略是企业迎接市场各方面的压力、威胁和困难挑战的行动方案，是在激烈的竞争中抗衡竞争对手冲击的行动方案。企业制定战略就是为了取得优势地位，战胜对手，保证自己的生存和发展。

（6）稳定性。企业战略需要在一定的时间内保持稳定，这样才能有利于企业的日常经营活动，使企业各部门能协调一致的运作。企业战略如果朝令夕改，会带来企业经营的混乱。但是，企业战略的构成要素在不断地更新，企业运营的外部环境也在不断地变化，这要求企业战略必须具备一定的"弹性"，做到在基本方向不变的情况下，及时修正战略的局部或非根本性问题，以在变化的多种因素中求得企业内部条件与外商环境变化的相对平衡。因此，企业战略的稳定是相对的稳定。

二、企业战略的层次

企业战略不仅从全局上规划企业未来的总体发展，同时也科学地规定了企业各部门的经营策略。企业战略从不同的层面可以分为总体战略、经营战略和职能战略三类。

1. 总体战略

总体战略也称企业战略。总体战略需要根据企业目标，分析和选择参与竞争的业务领域，合理配置企业资源，使各项经营业务围绕企业总体发展方向相互支持、相互协调。经营范围选择和资源合理配置是总体战略的重要内容，通常，总体战略由企业最高管理层制定和落实。在大企业，特别是多元化经营的企业，总体战略是最高层次的战略。

2. 经营战略

经营战略也称经营单位战略、竞争战略。在规模较大的企业，尤其是企业集团，往往依据经营范围和管理特征从组织形态上设立事业部、子企业，一般企业也会设立分部，这些部门或机构都可以称为战略经营单位。因此，经营战略是各个事业部、子企业或者分部的战略。

3. 职能战略

职能战略也称职能部门战略、职能层战略，是企业各个职能部门的短期性战略。职能战略可以使职能部门及其管理人员，更加清楚地认识本部门在实施总体战略、经营战略过程中的任务、责任和要求，有效地运用有关的管理职能，保证企业目标的实现。

通常需要的职能战略，包括研究与开发管理、生产管理、市场营销管理、财务管理和人力资源管理等。每一种职能战略，都要服从于所在战略经营单位的经营战略，以及为整个企业制定的总体战略。

三、企业战略机会

分析和判断企业的战略机会是进行企业战略规划的前提，企业发展战略的制订有赖于对企业战略机会的评估。SWOT 分析法是最有效的评估战略工具（参见图 4—1）。

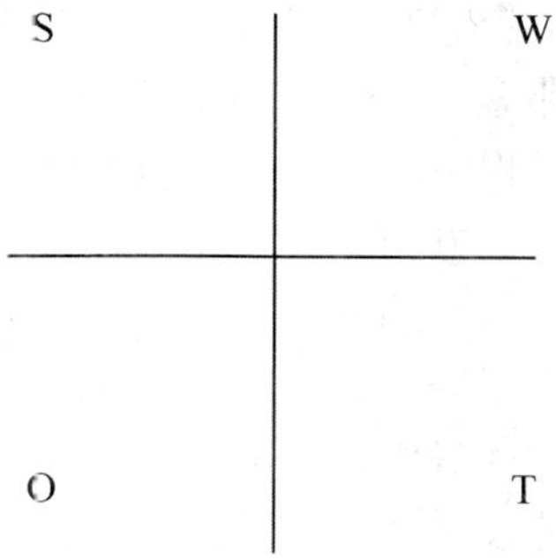

```
S              W


    ┼


O              T
```

图 4—1　SWOT 分析矩阵

1. SWOT 分析法的含义

SWOT 分析是对企业内外部各方面条件进行概括和综合，进而分析企业面临的机会和威胁，拥有的优势和劣势的一种方法。优势（Strength）和劣势（Weakness）分析主要着眼于企业自身的实力及其与竞争对手的比较；机会（Opportunity）和威胁（Threats）分析则将注意力放在外部环境的变化及对企业可能的影响上。但是，外部环境的同一变化给具有不同资源和能力的企业带来的机会与威胁却可能完全不同，因此，两者之间又有紧密的联系。因此，清楚地确定企业的资源优势和缺陷，了解企业所面临的机会和挑战，对于制定企业未来的发展战略有着至关重要的意义。

2. SWOT 分析法的步骤

（1）优势与劣势分析（SW）。当两个企业处在同一市场或者说它们都有能力向同一顾客群体提供产品和服务时，如果其中一个企业拥有更高的盈利潜力，那么，这个企业比另外一个企业更具有竞争优势。即竞争优势是指一个企业超越其竞争对手的能力，这种能力有助于实现企业的经营目标：盈利、增加市场份额或者更多奖励管理人员等。竞争优势也可以是消费者眼中一个企业或它的产品优于其竞争对手的任何因素，如产品线的长度和宽度；产品质量、可靠性、适用性、风格和形象；及时的客户服务和热情的态度等。

虽然竞争优势实际上指一个企业比其竞争对手拥有更强的综合优势，但是明确企业究竟在哪一个方面优势显著更有意义，因为只有这样，才可以扬长避短，或者以实击虚。

由于企业是一个整体，而且竞争优势来源广泛，因此，在做优劣势分析时必须从整个价值链的每个环节上，将企业与竞争对手做详细的比对。如产品是否新颖，技术是否先进，制造工艺是否复杂，销售渠道是否畅通，产品价格是否具有竞争力等。如果一个企业在某一方面或几个方面的优势正是该行业企业应具备的关键成功要素，那么，该企业的综合竞争优势较强。

企业在维持竞争优势过程中，必须认清自身的资源和能力，采取适当的措施。因为一个企业一旦在某一方面具有了竞争优势，势必会吸引竞争对手的注意。一般来说，企业经过一段时期的努力，建立起某种竞争优势后，就会处于维持这种竞争优势的态势，竞争对手直接进攻企业的优势所在，或采取其他更为有力的策略，就会使这种优势受到削弱。

影响企业竞争优势的持续时间，主要是三个关键因素，一是建立这种优势要多长时间；二是能够获得的优势有多大；三是竞争对手作出有力反应需要多长时间。如果企业分析清楚了这三个因素，就会明确自己在建立和维持竞争优势中的地位了。

需要指出的是，衡量一个企业及其是否具有竞争优势，只能站在现有潜在用户角度上，而不是站在企业的角度上。

（2）机会与威胁分析（OT）。随着经济全球化、一体化进程的加快，全球信息网络的建立和消费需求的多样化，企业所处的环境更为开放和动荡，这种变化几乎对市场中的所有企业都产生了深刻的影响，因此，环境分析成为一种日益重要的企业职能。

环境发展趋势分为两大类：环境机会和环境威胁。环境机会是环境中能为企业所利用的有利条件，这些条件将有利于企业建立竞争优势；环境威胁则指环境中一种不利的发展趋势，如果不采取果断的战略行为，这种趋势将削弱企业的竞争地位。

对环境的分析可以从不同的角度进行，最为简明扼要的方法就是从政治（法律）的、经济的、社会文化的和技术的角度分析环境变化对本企业的影响。

SWOT 分析法针对性强，有利于决策者在企业的发展上做出较正确的决策和规划。因此企业可以利用 SWOT 分析发挥优势、把握市场机会，构建竞争优势。

案例 4−1

某品牌电脑市场 SWOT 分析

优势（Strength）	劣势（Weakness）
1. 本公司的形象已深入人心，拥有大量的老客户。同时，公司与社会各界保持较好的关系而得到了长期的支持，作为国内 IT 大户，为国内外同行所瞩目。 2. 有雄厚的资金、技术和人才，有实力进行大市场销售，同其他公司具有强有力的竞争。 3. 有一个由分公司和代理商组成的销售网，有一套较为完善的销售代理制，在分销渠道方面有较好的基础。 4. 公司对 9000B 芯片给予高度重视，成立了专门的软硬件技术人员相结合的中文系统开发组，在技术支持、新产品开发、产品维护和售后服务等方面得以顺利进行。 5. 产品有自己的特色，9000B 芯片为国内首创，本公司独有。	1. 产品存在一些不完善之处，如 4 字节制表符问题一直没有得到很好的解决，而有些汉卡已经解决。系统对一些名牌进口机的适应性尚需改进，汉字方式下还没有很好地运行 Windows 等。 2. 与其他竞争对手相比，在开发与汉卡相配合的界面良好、功能集成的字处理机排版和办公软件方面，尚有欠缺，不能充分地、直观地体现系统的优异性能。 3. 9000B 芯片不能自行生产，订货周期长，不能对市场变化做出及时反应。 4. 在产品包装及整体形象上，环线的粗糙，不能给人以高技术精品的感觉。
机会（Opportunity）	威胁（Threats）
1. 以往本品牌电脑所配的各类中西文显示卡，提供了已为用户所接受的中文显示标准，并且用户已在其上开发了大量的应用软件和应用系统，而用户的应用是具有习惯性和延续性的。 2. 目前本公司标准开发的大量工具软件、支撑软件及通用系统，为 9000E 芯片提供了有力的软件支持。 3. 电脑市场硬件的利润率已很低，汉卡尚属占用资金少而利润率较高的产品，如果给予经销商客观的利润和制定合理的激励政策，9000B 芯片是会被广泛接受的。	1. 以往没有对产品加以宣传和品牌形象树立，因而给用户的印象是机卡一体。 2. 市场上各种软汉字系统，由于电脑运行速度的加快，其中文处理速度的弱点得到一定程度的弥补，且其成本低，具有价格优势。同时它不占用扩展槽，因此迎合了一些扩展槽使用较为紧张的用户，从而对汉卡销售形成"替代"威胁。 3. 个人电脑家庭化成为当今市场的走向，也是小量增长最快的部分，而个人用户在选购中文系统时，更注重的是价格，若汉卡不能确实做到一卡多用，很难占领这部分市场。

资料来源：和君创业咨询：《产业市场营销基础》，http://www.docin.com/p-208895422.html。

第二节　企业总体战略规划

企业战略规划涵盖企业未来经营活动的各个方面，在实施过程中，随着企业内部和外部环境的变化，企业将不断地修正战略要点以适应这种变化。企业战略规划的主要步骤是：第一，在整体层面上确定企业的基本任务；第二，根据基本任务的要求确定企业的经营目标；第三，规划企业的总战略和部门战略；第四，在职能部门、市场和产品层次上制订各项计划（如生产计划、财务计划，人力资源计划等），这些计划使企业总体战略规划在各职能部门、市场和产品层次上具体化（参见图4—2）。

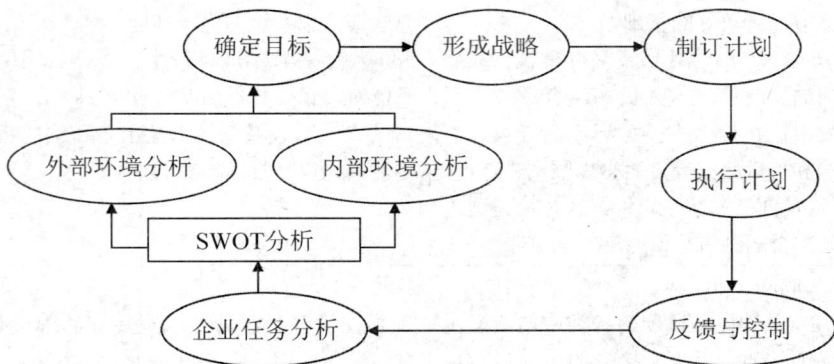

图 4—2　企业战略规划流程

一、规定企业任务

企业在创立之初，大多会规定一定的任务。但企业任务不是一成不变的，随着环境的变动，企业任务也要随之调整变化。企业任务又称企业方向，是指在未来一个相当长的时期内，企业经营预期达到的目的。企业在规定或调整任务并编写正式任务书时，应明确回答下述两类问题：其一是本企业经营的业务是什么？将来向哪个方向发展？即企业的业务范围。其二是顾客是哪些人？顾客最需要什么？即企业的顾客范围。成功的企业总是不断地提出这些问题，并审慎而全面地作出回答。企业高层管理者明确规定适当的任务，并清晰地传达给全体员工，可以提升士气，调动员工的积极性。而且，企业任务书是一只"无形的手"，它指引全体员工都朝着一个方向前进，使全体员工同心协力地工作。

（1）任务书必须规定企业的业务活动领域和经营范围，主要回答"本企业是干什么的？""主要市场在哪里？""顾客的主要需求是什么？""企业应该怎样去满足这些需求？"等问题。这些问题具体表现为四个方面的内容：一是企业的服务方向，即企业是为哪些购买者服务的。二是产品结构，包括品种结构、质量结构、档次结构等，即企业拿什么样的产品来为购买者服务。三是服务项目，即企业为购买者提供哪些方面的服务；企业的战略任务会随着时间的推移和企业内部条件、外部环境的变化而改变，但其具体内容不变。四是市场范围，即企业服务的市场有多大。

关于业务范围的表述，习惯上多从产品角度或技术角度回答。例如，"本公司的业务是生产自行车"，或者"本公司是计算机企业"等。然而这些回答都不够恰当，因为按照市场营销观念，企业的业务活动应当被看做是一个满足顾客需要的过程，而不仅仅是一个制造或销售某种产品的过程。产品或技术迟早会被淘汰，而市场上的基本需要却是长存的。如果企业一心只想着如何制造自行车并将企业任务规定为制造这种产品，当电动自行车大量问世的时候，企业就会同它的产品——自行车一起被淘汰。因为顾客需要的是通行能力，电动自行车的通行能力远远胜过自行车，必然会取代自行车（作为健身工具的自行车会被保留）。相反，如果企业将任务规定为满足顾客对通行能力方面的需要，就会注意观察这方面的市场需求动向，并及时开发能更好地满足这方面需求的新产品，从而使企业持久地保持竞争活力。

因此，企业任务书要体现"市场导向"的原则，以市场需要为中心来规定自己的任务，避免用"产品"或"技术"将任务定得过窄。但也不可将任务定得过宽，例如，生产计算器的企业如果将自己的任务规定为"数字处理工具"，那就太宽了，会使顾客难以理解，也会使本企业员工方向不明。以下几个国际著名企业为自己规定的任务值得参考：

IBM 公司——为企业提供系统方案；

美国电报电话公司——提供快速有效的通信能力；

壳牌石油公司——满足人类的能源需要。

（2）企业在编写任务前可向股东、顾客、经销商等有关方面广泛征求意见，并且充分考虑以下因素：

1）企业历史上的突出特征。例如，某服装品牌过去一向是面向高档消费者，其高层管理者规定任务时应当尊重其过去的历史。

2）企业股东和高层管理者的意图。例如，新世界商城高管的意图是为较高收入的消费群体服务，那么，这种意图必定会体现在企业任务书中。

3）企业周围环境的发展变化。企业周围环境的发展变化会给企业造成一些环境威胁或市场机会。

4）企业的资源情况。这个因素决定企业可能经营什么业务。

5）企业的独特能力。例如，同仁堂也许能进入手机行业，但是其经营特长是传统中药和中成药。也就是说，企业规定自己的任务时要扬长避短，从事得心应手、效益最好的业务。

（3）企业编写任务书要具有鼓动性，体现企业的优良传统和共同价值观。要使全体员工感受到他们对社会的重要贡献，其工作不是唯利是图，报酬只是对贡献的回报。如"满足人类的能源需要"这一崇高使命，就很富有挑战性、鼓舞性和激励性，有利于调动员工的积极性和创造性，激励大家为完成企业任务而奋斗。

同时，任务书要强调企业的优良传统和共同价值观。这样可以使全体员工有所遵循，明确应如何对待顾客、供应者、经销（或代理）商、竞争者以及一般公众，务求树立和保持良好的企业形象。例如，我国久负盛名的"同仁堂"历数百年而不衰的重要原因之一，就是其世代相传的基本经营规范。1702年提出的"炮炙虽繁，必不敢省人工；品味虽贵，必不敢减物力"古训，同仁堂至今坚持不渝。

（4）企业任务书要明确具体，操作性强。企业高层管理者在任务书中要规定明确的方向和指导路线，以缩小各个员工自由处置权限的范围，使全体员工在处理一些重大问题上有一个统一的准则可以遵循。

企业任务一旦被确定，在未来的一二十年内就成为企业努力的焦点。而企业环境不会十年不变，所以，企业应经常检查其任务的规定和表述是否适当，随着环境的变化，每三五年修订一次企业任务书。

二、确定企业目标

企业战略目标是企业经营活动的总目标，是企业在一定时期内追求和想要取得的成果。企业任务确定后，还要将这些任务具体化为企业各管理层的目标，形成一套完整的目标体系，使每个管理人员都有自己明确的目标，并负起实现这些目标的责任。美国管理学权威彼得·杜拉克曾说过："管理人员应当由所要达到的目标而不是由他的上级来指挥和控制。"例如，壳牌石油公司的任务确定为"满足人类的能源需要"，这一任务可派生出各层次的具体目标（参见图4—3）。

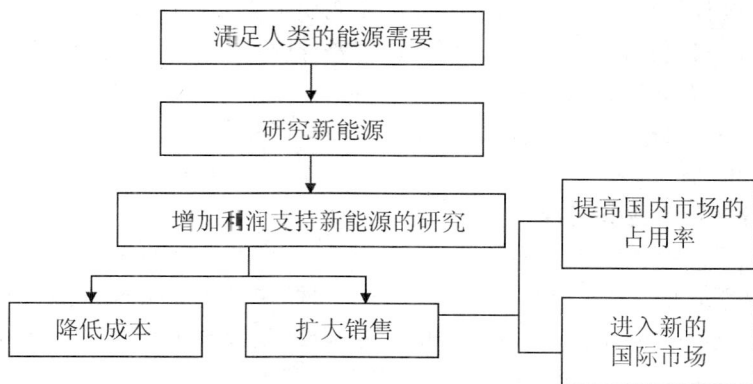

图 4—3 壳牌石油公司目标体系

为了"满足人类的能源需要",一个重要途径是"研究新能源",研究工作需要大量经费,需要"增加利润支持新能源的研究",因此,企业的主要目标是增加利润。增加利润有两条途径:一是扩大销售;二是降低成本。对营销部门来说,扩大销售是主要途经。为了扩大销售,又可从两方面努力:一是提高国内市场的占有率;二是进入新的国外市场。这就是市场营销目标。要实现营销目标,必须有适当的营销策略。当然,在制订营销策略时,还要更详细一些。例如,要加强促销工作,就需要增加人员推销的力量并增加广告支出,对此还要作出具体的计划安排,这样就将企业的任务变成了一系列的具体目标和措施。这叫做"目标层次化"。

可供企业选择的目标有:利润或利润率、销售量或销售增长率目标、市场份额(市场占有率)或相对市场份额目标、产品—创新目标、产品—企业形象目标(知名度、美誉度)和风险分散度目标等。

此外,目标尽可能量化,具有较强的操作性,各层次目标协调一致,如"提高利润率"这一目标可以具体确定为:在未来 6 个月内利润提高 9%。但如果将目标确定为"最大限度地增加销售额和利润",则是互相矛盾的。实际上,企业不可能既最大限度地增加销售额,同时又最大限度地增加利润。因为企业可能通过降低价格、提高产品质量、加强广告促销等途径来增加销售额,但是当这些市场营销措施超过了一定限度时,利润就可能减少。所以,量化的各层次目标必须协调一致,否则就会失去指导意义。

三、确定现有业务组合

在确定了企业的任务和目标之后,企业的高层管理者就需要制定业务(或产品）组合计划，即确定哪些业务或产品能使企业发挥竞争优势，从而最有效地利用市场机会并占领市场。这项工作需要分两步进行：一是分析现有的业务（或产品）组合，以确定对哪些业务或产品追加投入，对哪些减少投入；二是制定企业的发展战略，即增加哪些新业务和新产品，从而达到优化业务（或产品）组合的目的。

1. 分析现有业务组合

企业战略规划的重要内容之一是业务（或产品）组合分析。通过这种分析，企业管理部门可对各项业务进行分类和评估，然后根据其经营效果的好坏，决定给予投入的比例。对盈利的业务（或产品）追加投入，对亏损的业务（或产品）维持或减少投入，以合理配置企业资源。

企业的高层管理者在制订业务（或产品）组合计划时，首先要把所有业务分成若干"战略业务单位"。一个战略业务单位具有如下特征：它是单独的业务或一组有关的业务；它有不同的任务；它有其竞争者；它有认真负责的经理；它掌握一定的资源；它能从战略计划中得到好处；它可以独立计划其他业务。

一个企业的战略业务单位可能包括一个或几个部门，或者是某部门的某类产品，或者是某种产品或品牌。如何对业务（或产品）组合进行分析和评估？西方企业主要采用两种方法：一是波士顿咨询集团法（BCG Approach）；二是通用电气公司法（GE Approach）。

（1）波士顿咨询集团法（BCG）。波士顿管理咨询集团建议企业用"市场增长率—市场占有率矩阵"对各战略业务单位进行评估，简称波士顿矩阵或四象限分析法、产品系列结构管理法等。

该法利用两阶矩阵，共分四个战略决策区（参见图4—4），图中的纵坐标表示市场增长率，即产品销售的年增长速度，以10％为分界线分高低两个部分。图中的横坐标表示业务单位的市场占有率与最大竞争对手市场占有率之比，称为相对市场占有率，以1.0为分界线分高低两个部分。如果相对市场占有率为0.1，则表示自己的市场份额为最大竞争对手市场份额的10％；相对市场占有率为10，则表示自己的市场份额为最大竞争对手市场份额的10倍。矩阵图中每个圆圈都代表一个业务单位，圆圈的大小表示该业务单位的销售额占企业总销售额的比重，圆圈的位置表示该业务单位市场增长率和相对市场占有率的情况。

通过对图4—4的分析，可以将所有业务单位分为四类：

1）明星类（Stars）。它是指处于高增长率、高市场占有率象限内的业务群，这类产品可能成为企业的现金牛产品，需要加大投资以支持其迅速发展。

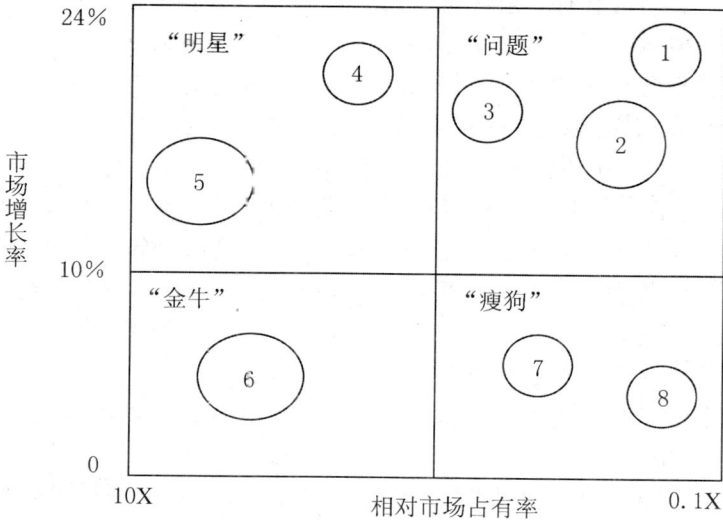

图4—4 波士顿（BCG）矩阵

采用的发展战略是：积极扩大经济规模和市场机会，以长远利益为目标，提高市场占有率，加强竞争地位。

2）金牛类（Cash Cow），又称厚利业务。它是指处于低增长率、高市场占有率象限内的业务群，已进入成熟期。其财务特点是销售量大，产品利润率高、负债比率低，可以为企业提供资金，而且由于增长率低，也无需增大投资。因而成为企业回收资金，支持其他业务，尤其明星业务投资的后盾。

3）问题类（Question Marks）。它是处于高增长率、低市场占有率象限内的业务群。前者说明市场机会大，前景好，而后者则说明在市场营销上存在问题。其财务特点是利润率较低，所需资金不足，负债比率高。例如，在产品生命周期中处于引进期、因种种原因未能开拓市场局面的新产品即属此类问题的产品。对问题产品应采取选择性投资战略。即首先确定对该象限中那些经过改进可能会成为明星的产品进行重点投资，提高市场占有率，使之转变成"明星产品"；对其他将来有希望成为明星的产品则在一段时期内采取扶持的对策。因此，对问题产品的改进与扶持方案一般均列入企业长期计划中。

4）瘦狗类（Dogs），也称衰退类业务。它是处在低增长率、低市场占有率象限内的业务群。其财务特点是利润率低、处于保本或亏损状态，负债比率高，无法为企业带来收益。对这类产品应采用撤退战略：首先应减少批量，逐渐撤退，对那些销售增长率和市场占有率均极低的产品应立即淘汰；其次是将

91

剩余资源向其他产品转移；最后是整顿产品系列，最好将瘦狗业务与其他事业部合并，统一管理。

上述四类业务单位的位置不是固定不变的，随着时间的推移会发生变化。多数业务单位在初期都属于问题类，如果经营成功，就会进入明星类，以后会逐渐进入金牛类，最后进入瘦狗类。业务单位和产品一样，有其"生命周期"。

在图 4—4 中共有 8 个业务单位，其中明星类 2 个，金牛类 1 个，问题类 3个，瘦狗类 2 个，该企业经营状况一般。因为，虽然处于金牛类的业务单位规模较大，所提供的现金尚可支持其他各类业务单位，但该企业问题类和瘦狗类业务单位负担过重，阻碍了企业的进一步发展，应采取一些果断措施解决问题，否则将影响企业的竞争优势。

根据对各业务单位分析的结果，可确定对各个单位的投资战略。可供选择的战略有以下四种：

1) 拓展（发展、增长）战略。这种战略是要设法提高市场占有率，必要时可放弃短期利润，适用于明星类和问题类中有希望转为明星类的单位。对这类单位应大量投入，促其成长。

2) 维持战略。这种战略在于保持现有的市场占有率，适用于金牛类的单位，目的是使其继续为企业提供大量现金。对其投入可维持现状。

3) 收割（收获、榨取、缩减）战略。这种战略目的在于增加短期现金收入，而不管其长期效果，是一种短期行为，主要适用于金牛类中前景暗淡的单位，对瘦狗类和问题类单位也适用。

4) 放弃（淘汰）战略。这种战略就是变卖和处理某些业务单位，以便使企业资源转移到那些盈利的业务单位上，适用于给企业造成很大负担而又没有发展前途的瘦狗类和问题类的业务单位。

（2）通用电气公司（GE）矩阵分析。通用电气公司法是美国通用电气公司引用波士顿矩阵，扩大其考核内容而形成的一种规划企业产品组合、评价企业发展方向的战略分析方法，也叫"战略业务规划网格法"、"通用多因素投资组合矩阵"等。这种方法把市场容量、利润率、市场销售增长率、市场垄断程度、企业进入市场的难易、市场细分化的水平等看作刺激企业生产的引力，把企业的技术力量、生产能力、市场占有率、推销能力、产品质量等看做企业在市场竞争中的实力。根据以上要素对企业产品加以定量分析、评价，划分出九种类型，针对每一种类型列出相应的发展、维持及淘汰等策略，在此基础上调整产品结构，确定企业产品发展方向（参见图 4—5）。

在图 4—5 中以纵轴表示市场引力，行业吸引力取决于下列因素：

1) 市场规模。市场规模愈大的行业，吸引力愈大。

企业实力

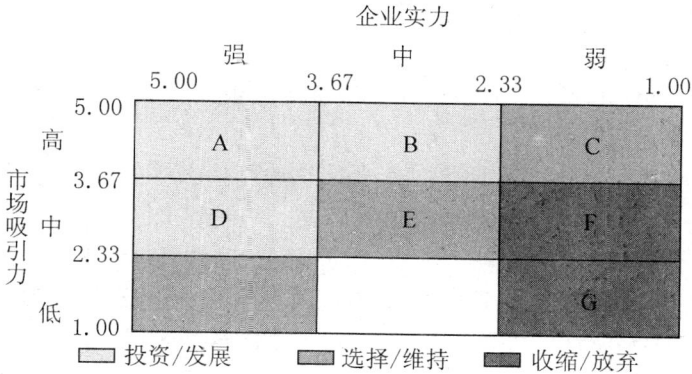

图4—5 通用多因素投资组合矩阵

2）市场增长率。市场增长率愈高的行业，吸引力愈大。

3）利润率。利润率愈高的行业，吸引力愈大。

4）竞争激烈程度。竞争愈相对缓和的行业，吸引力愈大。

5）周期性。受经济周期影响愈小的行业，吸引力愈大。

6）季节性。受季节性影响愈小的行业，吸引力愈大。

7）规模经济效益。单位产品成本随生产和分销规模的扩大而降低的行业，吸引力大。

8）学习曲线。单位产品成本有可能随着经营管理经验的增长而降低的行业，吸引力大；反之，如果该行业管理经验的积累已达到极限，单位成本不可能因此再下降，则吸引力小。

在图4—5中，横轴表示业务单位的业务实力，由下列因素构成：

1）相对市场占有率。相对市场占有率愈大，业务实力愈强。

2）价格竞争力。价格竞争力愈强（即较竞争者成本低），业务实力愈强。

3）产品质量。产品质量较竞争者愈高，业务实力愈强。

4）顾客了解度。对顾客了解程度愈深，业务实力愈强。

5）推销效率。推销效率愈高，业务实力愈强。

6）地理优势。生产和市场的地理位置优势愈大，业务实力愈强。

企业根据上述两大类因素的各具体项目评估打分，再按其重要性分别加权合计，得出行业吸引力和企业业务力量的数据，然后利用"多因素矩阵评价法"加以分析，分成三个区域。1、2、4为Ⅰ区，最佳区域；3、5、7为Ⅱ区，中等区域；6、8、9为Ⅲ区，两者均低的区域。上述评估和划分区域，目的是有针对性地进行投资决策。其策略包括以下三种：

1) 发展策略——对于Ⅰ区应该增加投资，促进其发展。

2) 维持策略——对于Ⅱ区应维持现有投资水平，不增不减。

3) 收缩或放弃策略——对两者均低的Ⅲ区应采取收获或放弃策略，不增加投资或收回现有投资。

当应用本方法进行多因素评价时，会涉及选用什么样的项目，各选几项，在多因素评分合成时，如何选择加权值等问题。一般应遵循以下原则：①选择评价市场引力和企业实力的具体项目时，应根据产品的具体情况，选择能反映产品主要经营特征的项目，并随着企业环境和实力的变化及时加以增减调整。②选择的项目不宜过多，否则会削弱重要因素的突出地位，使评价不准确。③加权值应按项目的重要程度进行分配，同时也应随具体状况的改变而及时加以修正。

上面两种方法，无论采用哪种方法，都应根据评估的结果为每个业务单位确定经营目标，并据以分配企业资源。各业务单位的管理人员的任务，就是努力实现企业管理当局为自己确定的目标。

2. 制定企业发展（新业务）战略

企业除对现有业务进行评估和规划外，还应对未来的业务发展方向作出战略规划，即制定企业的发展战略。企业的发展战略，也称为企业增长战略、企业成长战略等，主要有密集性增长、一体化增长、多元化增长三类。每种战略各自又包含三种具体形式，共九种（见表4－1），分述如下：

表4－1 企业发展战略

战略类型	密集性增长战略	一体化增长战略		多元化增长战略
子战略形式	市场渗透	纵向	后向一体化	同心多角化
	市场开发		前向一体化	横向多角化
	产品开发		横向一体化	综合多角化

（1）密集性发展战略。企业的现有产品和现有市场如果还有营利潜力，可采用密集性发展战略。这一战略主要有以下三种形式（见图4－6）：

1) 市场渗透。使企业的主要品牌获得较高的市场认同，即在不对现有产品进行任何改造的前提下扩大对现有顾客（现有市场的存量顾客）的销售量。企业通过各种营销措施，如增加广告，增加销售网点，加强人员推销以及降价等，吸引更多的顾客，增加现有产品在现有市场上的销售量。德国"阿克发"胶卷进入中国市场较晚，1992年在上海采取免费冲扩等促销办法，立竿见影。

	现有产品	新产品
现有市场	市场渗透战略	产品开发战略
新市场	市场开发战略	多元化战略

图4—6 密集性发展战略产品的市场扩展图

2）市场开发。努力使现有产品打入新的市场，例如，从地方市场扩展到全国市场，从国内市场扩展到国外市场等。市场扩大有时比产品开发更有利，例如，美国箭牌口香糖只有一种产品系列，但市场遍及全球。

3）产品开发。在现有市场上通过改进原有产品或增加新产品，来达到增加销售的目的。例如，美国米勒·布鲁宁公司是一家历史悠久的啤酒生产企业。该公司生产的啤酒原以体力劳动者为对象，突出饮用布鲁宁公司的啤酒后"精力充沛"的功效。进入 20 世纪 70 年代以后，该公司的啤酒销量不断下降，公司决定聘请市场调查公司来帮助公司寻找销售下降的原因。调查结果表明，越来越多的美国人担心大量喝啤酒会造成肥胖，而肥胖是导致美国人心血管病发病率居高不下的原因。了解原因后，米勒·布鲁宁公司决定开发新产品来迎合消费者的需要。不久，该公司就向市场推出了低糖度、低热量的淡色啤酒。同时改用 7 盎司的罐装啤酒瓶替代 12 盎司的瓶装啤酒包装。米勒·布鲁宁的新产品受到了市场的欢迎，这一产品推出不但改变了该公司的市场地位，还带来了公司消费群体的明显变化，更多高层人士逐渐喜欢喝布鲁宁的啤酒。在此后的 5 年里，市场占有率上升了 21%，销售量增加了 5 倍。

（2）一体化发展战略。如果企业所属行业的吸引力和增长潜力大，或实行一体化后可提高效率，提高营利能力和控制能力，则可采取一体化发展战略。具体形式有横向一体化和纵向一体化两种。

1）横向一体化概念指获得同行（竞争者）的所有权或加强对它们的控制。现在越来越多的企业把横向一体化作为扩张的重要战略举措。企业通过横向一体化能够实现规模经济，提高竞争实力。

企业在一个成长着的产业中进行竞争时，可以通过扩大规模获得很大竞争优势，如实力雄厚的汽车公司收购或控制若干弱小汽车公司。但是，当竞争者是因为整个产业销售量下降而经营不善时，不适于用横向一体化战略。

2）纵向一体化是企业在两个可能的方向上扩展现有经营业务的一种发展战略，它包括前向一体化和后向一体化。

①前向一体化:指获得分销商或零售商的所有权或加强对它们的控制。这通常是制造商的战略。当一个企业发现它的价值链上的前面环节对它的生存和发展至关重要时,它就会加强前向环节的控制。典型的实施这一战略的例子是可口可乐公司,它发现决定可乐销售量的不仅仅是零售商和最终消费者,分装商也起了很大作用时,它就开始不断地收购国内外分装商,并帮助它们提高生产和销售效率。

越来越多的制造商借助互联网和直销队伍直接销售自己的产品,这也是一种前向一体化。采用特许经营的形式授权其他厂商经销自己的产品并提供售后服务,是用途最广、也是非常有效的前向一体化方式。

②后向一体化:指获得供货方的所有权或加强对它们的控制。制造商和销售商都可能采取这种战略,因为它们都需要从供货方得到原材料或商品。当企业目前的供货方不可靠、供货成本太高或不能满足企业需要时,尤其适合采用后向一体化战略。一些大型企业一度试图通过增加供货方数量来提高自己的讨价还价能力,稳定供货来源;现在它们在全球竞争中开始减少供货方数量,同时加强对它们的产品质量、服务要求,加强对它们的控制。例如,摩托罗拉公司(参见图4-7)曾有1万家供应商,现在只有3000家。这也是一体化的重要表现。前向一体化和后向一体化哪一个更好呢?一般地说,后向一体化比前向一体化更可能盈利,但是却降低了企业的战略灵活性,因为生产环节一经进入,就很难退出。

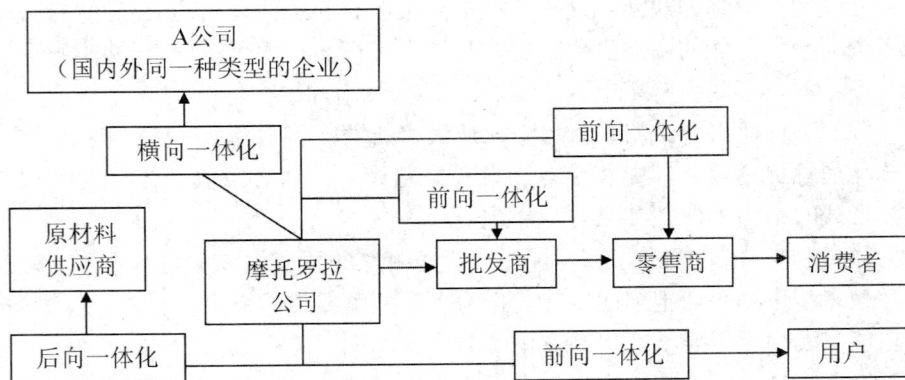

图4-7 摩托罗拉公司一体化战略选择

(3)多元化发展战略。也称多样化或多角化,即向本行业以外发展,扩大业务范围,向其他行业投资,实行跨行业经营。当企业所属行业缺乏有利的营销机会或其他行业的吸引力更大时，可实行多元化发展战略。但多元化并不意味着毫无选择地利用一切可获得的机会，而是要扬长避短，结合自身的资源优势来选择市场机会，以充分发挥资源潜力并使风险被分担。多元化主要有三种形式：

1）同心多元化。以现有产品为中心向外扩展业务范围，利用企业现有技术和营销力量，发展与现有产品近似的新产品，吸引新顾客。例如，汽车厂商除增加汽车品种外，还可发展拖拉机、摩托车等。

2）横向多元化。为稳定现有的顾客，发展与现有产品无关的新产品。例如，大型百货商店内开办餐厅、酒吧、美容店等。

3）综合多元化。发展与企业现有产品、技术和市场无关的新产品，吸引新顾客。例如，进入新的商业领域，经营房地产，开办饭店、剧院等。

上述这些多元化战略可取得很大的竞争优势，因此，当代许多大企业都实行这一战略。例如，美国的柯达公司除生产经营照相器材外，还在食品、石油、化工、保险等多种行业涉足。日本一些大商社的多元化经营更是达到"从鸡蛋到导弹"无所不有的地步。我国一些大企业在改革开放的新形势下，也打破了长期以来的"条块分割"、行业界限森严的局面，实行多元化战略，如海尔集团、美的集团等，都实行跨行业的多元化经营，收到很好的经济效益和社会效益。但这必须慎重决策，不可贸然进入陌生行业，以防经营不善造成重大损失。

战略规划规定了企业的任务、目标、发展方向与发展战略，并对各业务单位作出安排。各业务单位为了实现企业的任务和目标，还要制订各项具体的职能计划，如市场营销计划、财务计划、生产计划、人事计划等。在制订这些职能计划时，应明确市场营销在企业战略规划中的地位，处理好各种职能之间、各个部门之间的关系，特别是营销部门同其他职能部门之间的关系，正确处理各个职能部门之间的矛盾。

第三节　企业经营战略规划

企业经营战略规划是指依据企业外部环境和自身条件的状况及其变化来制定和实施战略，并根据对实施过程与结果的评价和反馈来调整，制定新战略的过程。一个完整的经营战略规划必须是可执行的，必须要进行行业竞争分析，经营性战略方向选择。

一、行业竞争分析

企业希望发展壮大，必须敢于竞争和参与竞争。在不同的时间、地点和条件下，企业面临的竞争压力不同，面对的竞争者各异。企业制定有效竞争策略的基础是，分析竞争环境和竞争形势，充分了解不同竞争力量的态势。行业分析是了解竞争者的一种有效方法，行业可以被定义为一组提供一种或一类相互密切替代品的公司群。按照迈克尔·波特的分析，有五种力量对行业竞争有影响（参见图4—8）：潜在竞争者、替代品竞争力量、购买者竞争力量、供应者竞争力量、现有竞争者之间的对抗。

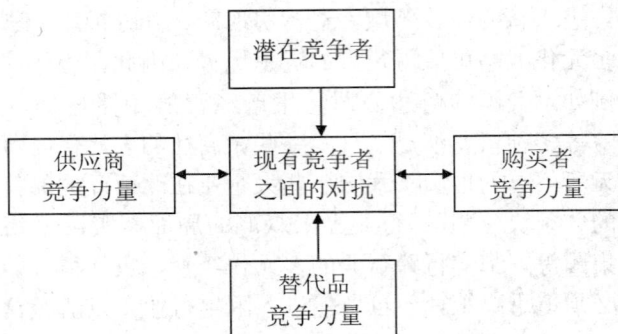

图4—8　影响一个行业竞争程度的因素

一个企业的竞争战略决策，最重要最直接的影响是所在行业的竞争状态。行业之间竞争状态有所不同，企业需要了解本行业的竞争状态，以便进行有效竞争。在一个行业里有五种力量共同决定其竞争状态或竞争的激烈程度。这五种结构因素是潜在竞争者、替代品竞争力量、供应商竞争力量、购买者竞争力量和现有竞争者之间的对抗。

1. 潜在竞争者

潜在竞争对手是可能进入本行业的新企业。新企业加入会增加行业内的竞争激烈程度，因此是一种威胁。其威胁大小主要取决于本行业防止进入的屏障高低，屏障越高，威胁越小，原有企业的收益也就越高。

2. 替代品竞争力量

广义地看，企业的竞争对手并不局限于同一行业中。许多企业尽管彼此生产的产品（服务）在形式、内容等方面并不雷同，然而这些产品（服务）却都从特定的角度满足市场的需求而吸引社会购买力。事实上，对于争取社会购买力而言，替代品竞争力量同样会影响到企业的市场地位，甚至是生死攸关的大问题。

一般而言，替代品竞争力量会有以下的表现：

（1）愿望竞争力量。指提供不同产品以满足不同需求的替代竞争力量。例如，对于家电经营企业而言，房产、证券、文化娱乐、汽车等不同类型的行业都属愿望竞争者。在整个市场一定时期内相对稳定的购买力面前，大家都在竭力争取消费者最终的购买取向，这就形成了一种现实的替代品竞争力量的威胁。

（2）平行竞争力量。指提供能满足同一种需求的不同产品的替代品竞争力量。比如自行车、助动车、摩托车、汽车等都可以用作家庭交通工具，这几种产品的经营者之间必然存在竞争关系，它们互相成为各自的平行替代竞争者。

（3）产品形式与品牌竞争力量。指生产同种产品，但不同规格、型号、款式的替代品竞争力量；产品品牌竞争力量指产品相同，规格、型号等也相同，但品牌不同的替代竞争力量。显然这两种替代竞争力量来自同行业，十分激烈。因此，为了减少替代品竞争力量的威胁，企业要广义地正确认识替代品。同时，企业必须注重行业内采取产品质量改进、营销努力、提供更大的产品有效性等措施，以改善行业整体竞争环境，从而从根本上提高企业的竞争力。

3. 购买者竞争力量

买方是企业产品（服务）的直接购买者和使用者，关系到企业营销目标的实现与否。买方的竞争威胁往往意味着企业让利的代价，它们可以通过压低价格、追求更好的产品质量、寻求更全面的服务项目等，从竞争企业彼此对立的状态中获得好处。

一般而言，买方竞争力量会有以下的表现：

（1）如果某个特定买主的进货量很集中，占企业销售的比例也很大时，那么相应就提高了该买主讨价还价的能力。当买方所购买的产品占到其成本或购买数额的相当大部分时，或者在买方感到营销实绩利润不高时，一般都会为了压低购买成本而慎重地选择购买。

（2）如果买主面临的产品供应者相对稳定，而且又是多源的话，那么其就会利用供应者之间的相互竞争，来提高自己讨价还价的能力。而当买主的某个特定购买活动对其而言是至关重要的，或者当供应者的产品对买方产品质量有很大影响时，买方对价格一般就不会那么敏感。

（3）对一般消费者而言，那些毫无差异、与其收入相比价格偏高或者产品质量对他们而言并不特别重要的产品，往往会使消费者表现出对价格的敏感。

因此，为了减少买方讨价还价的威胁，企业应该向最可能赢得的客户推销自己的产品。一般而言，企业选择理想的目标客户符合以下特点：其特定的购买需求必须与企业的相对供应能力相匹配；其讨价还价的能力和所要求的服务成本相对比较低；其具有比较大的发展潜力。

4. 供应商竞争力量

企业营销目标的实现，必然要依赖于某些特定的原材料、设备、能源等的供应。如果没有经营供货保障，企业也就无法正常地进行营销运转。因此，企业面临的所有供货者，自然就构成了一种对企业营销活动产生威胁的竞争力量。供货者可以通过提价或降低其所提供的货物（服务）的质量，或者从供货的稳定性和及时性等各方面显示其讨价还价的能力。供货者的这种威胁，会迫使购货企业提高产品成本而失去利润。一般而言，供货者竞争力量有以下的表现：

（1）如果企业面临着实力强大的供货者，那么通常是供货者价格、质量和贸易条件等方面具有相当大的主动权。当供货者面临着同类产品供应或者某些替代产品供应的激烈竞争时，那么即使是再强大的供货者，这时候其讨价还价的能力也会受到一定的牵制。

（2）如果某个特定企业是供货者的重要客户，那么由于关系密切，供货者会有相对积极的态度，通过合理的价格和各种促进手段来保证彼此关系的协调发展。

（3）如果当供应者的某种产品成为要货企业营销活动中一个至关重要的因素时，那么显然就会提高供货者讨价的能力。

因此，为了减少供货者的竞争威胁，企业应该在保证供货相对稳定的基础上，尽可能使自己的供货者多样化，这样可以促使供货者之间的竞争，使企业处于相对有利的竞争位置。

5. 现有竞争者之间的对抗

行业中的现有企业常以价格、广告、产品和服务等人们所熟知的方法争夺地位，压力和机会使它们间的竞争不可避免。一般说，这种争夺市场份额和市场地位的攻防战是积极的，可以促进技术进步和管理水平的提高，使行业状况得以改善，增强整个行业的竞争力。但是，过于激烈的竞争也可能使行业受损。

二、企业经营性战略选择

每个企业在市场竞争中都会有自己相对优势和劣势，要获得竞争胜利，必须以一定的竞争优势为基础。根据企业的营销目标、营销环境、营销资源及企业在目标市场、竞争性行业市场中的地位所确定的竞争策略，能恰当地促进企业制造和保持竞争优势，争取有利的市场地位，从而最终帮助企业实现营销目标。从市场竞争的普遍规律而言，根据迈克尔·波特的竞争力模型，五种竞争力量抗争中蕴涵着三种基本的市场经营战略：总成本领先策略、差别化策略和聚焦策略（参见图4—9）。

	成本优势	行业优势
行业范围	总成本领先策略	差别化策略
细分市场	聚焦策略	

图4—9　主要竞争策略

1. 总成本领先战略

总成本领先战略就是通过降低产品研发、生产和分销等各个环节的成本费用，努力使本企业的总体经营成本低于竞争者，从而使本企业的产品价格低于竞争者的产品价格，以达到迅速扩大销售、提高市场份额、获得有利的市场竞争地位、成为市场主导者的目的。有效实施总成本领先战略必须具备以下的条件：

（1）具有规模经济优势。只有在规模经济优势明显的状况下，企业通过扩大销售降低运营成本的努力才会有效，使成本领先战略得以实施。在规模经济效益显著的行业中，只有那些比竞争者拥有更先进技术设备的企业，或者比竞争者拥有更具市场吸引力品牌的企业，能通过扩大产品市场销售、提高产品市场占有率获得市场竞争优势并形成进一步提高市场占有份额、降低成本的良性循环。

（2）具有较高的成本管理水平。具有规模经济效益优势行业中的企业，并非可以轻易获得成本优势，只有那些产品质量控制水平、成本控制水平高的企业，才可能将潜在的优势转化为现实。

总成本领先战略要求企业必须建立起高效、规模化的生产设施，全力以赴地降低成本，严格控制管理费用及研发、服务、营销等方面的成本费用。为了达到这些目标，要在管理方面对成本给予高度的重视。尽管质量、服务以及其他方面也不容忽视，但贯穿于整个战略之中的是确保总成本低于竞争对手。该公司成本较低，意味着当别的公司在竞争过程中已失去利润时，这个公司依然可以获得利润。根据企业获取成本优势的方法不同，我们把成本领先战略概括为如下五种主要类型：

1）简化产品型成本领先战略。企业可以通过两种方法来实现产品简化，达到成本降低的目的。其一是只提供基本的、无附加功能的产品或服务，从而削减产品的多用途和服务的多选择所带来的成本费用；其二将核心集中在有限的产品或服务之上，以消除产品或服务的各种延伸或变形所带来的成本。

2）设计改进型成本领先战略。企业利用计算机辅助设计技术，简化产品设计，减少产品零部件和配件，将各种模型和款式的零配件标准化，转向"易于制造、易于配置、易于替换"的设计方式。

3）材料节约型成本领先战略。这是指寻找各种途径来避免使用高成本的原材料和零部件以节约成本。

4）费用降低型成本领先战略。企业将各种生产设施布置在更靠近供应商和消费者的地方，以减少入厂和出厂成本，或者使用"直接到达最终用户"的销售策略，削减由于中间商而产生的成本费用。同时，采用无纸化办公体系、电子通信技术和企业内部网络来传播信息和协调沟通。

5）生产创新及自动化型成本领先战略。企业通过合并一些工作步骤，去掉附加价值低的生产经营活动，使生产流程转向更简单的、资本密集度更低的或者更简便、更灵活的技术过程。

实施成本领先战略的企业虽然可以利用低成本优势，对抗现有竞争对手；与实力强大的买主交易时占据主动；面对强有力的供应商时有更多的灵活空间；与替代品竞争时，比竞争对手更有优势。

然而，总成本领先战略也存在较大的风险，其一是低成本经营通常依赖较高的市场占有率和较大规模的产品生产与销售，而大量生产与销售必然使产品的品种单一，这将不可避免地影响和降低产品对顾客需求的满足程度。当顾客对需求的满足程度比对产品价格更重视的情况下，低成本战略将失去市场优势。其二是企业为了有效实施总成本领先战略，维护成本优势和市场领导地位，需要购买和使用大量高效率的设备，而高效率的设备往往专用性较强。设备的高度专用性，使企业产品变型和更新换代缓慢，产品制造中适应市场变化进行调整的灵活性差，当市场需求发生变化时，企业可能出现危机。

2. 差别化策略

差别化战略是将产品或公司提供的服务有别于其他企业，树立起一些全产业范围中具有独特性的经营特色，从而在竞争中获取有利地位。企业采用差别化策略，利用产品设计、使用功能、外观、包装、品牌、服务、推销方式等途径，形成在同行业中别具一格的企业形象。最理想的情况是公司在几个方面都有其差别化特点。例如，海尔公司不仅以其优质耐用的产品质量享有盛誉，而且以其"五星"售后服务著称。根据企业资源、市场地位和目标市场的不同，我们把差异化战略概括为如下五种主要类型：

（1）产品差异化。在同行业中，产品的核心价值基本相同，所不同的主要是有形价值和附加价值。在满足顾客基本需要的情况下，谁的产品更具实用性特色谁就更能够脱颖而出赢得顾客。如果产品本身在质量、性能、功能和创新等方面明显优于其竞争对手的同类产品，就可以在市场上独占鳌头。不同的产品差异化战略使不同企业特色鲜明，各自又获得了不同的顾客群。如我国通领科技集团有限公司开发的 GFCI（接地、故障、漏电、保护的英文缩写）系列产品，采用电磁脱扣和电磁复位原理实现自动控制的漏电保护技术，具有极高的性价比，在美国市场取得了不俗的业绩。

（2）服务差异化。当竞争对手之间在客户共性需求方面势均力敌的时候，影响客户购买决策的因素往往就是更能满足客户需要的个性化特色。这些特色往往是产品本身无法满足的，而需要通过产品附加的服务来满足，即通常所说的"服务能提高产品附加值"。服务差异化主要通过送货、安装、顾客培训、咨询服务等元素实现。

（3）市场差异化。这是指通过产品的销售价格、分销渠道、售后服务等符合具体市场环境条件而形成差异。

（4）形象差异化。这是指在产品的核心部分与竞争者类同的情况下塑造不同的产品形象以获得差别优势。企业可以通过强化品牌意识、成功实施 CI 战略，在消费者心目中形成关于企业的独特形象，并对其产品产生购买偏好。如果说，产品差异化是以内在品质服务于顾客的话，那么形象差异化就是以诚信和别具一格的外在形象来占据消费者心目中最好的位置。

（5）人事差异化战略。这是指企业通过聘用和培训比竞争者更为优秀的人员以获取差别优势。训练有素的员工应能体现出下面的五个特征：胜任工作、礼貌待人、诚信可靠、反应敏捷和善于交流。

如果一个企业能够取得并保持自己的差别化优势，并使消费者乐意接受其产品和服务较高的价格，那么这种价格足以弥补其形成自身特色而发生的额外成本。差别化不是完全忽略成本，但低成本不是根本的战略目标。

推行差别化战略有时会与争取占有更大的市场份额的活动相矛盾。推行差别化战略往往要求公司对于这一战略的排他性有思想准备。这一战略与提高市场份额两者不可兼顾。在建立公司的差别化战略的活动中总是伴随着很高的成本代价，有时即便全产业范围的顾客都了解公司的独特优点，也并不是所有顾客都愿意或有能力支付公司要求的高价格。

企业在采用差异化战略时，存在两个方面的风险。一方面是竞争者的仿制，当企业费尽心力建立的"差异"取得市场成功并获得较高经济效益时，往往会有一些竞争者仿效这种"差异"，而使企业的"差异"消失或缩小，使企业的差异化优势丧失或削弱。同时，由于企业当初创立"差异"所花费的投资远远高于仿效所需投资，营销成本不言而喻高于这些竞争者。另一方面，如果为建立"差异"需要投入的资金过高，而顾客不愿为获得这种"差异"支付相应的高价格时，这种"差异"就成为无效"差异"，成为企业经营中的包袱。这两种情况，都将使企业在竞争中处于不利地位。

3. 聚焦策略

聚焦策略又称市场集中战略、专一化战略，是指企业将经营范围集中于行业内某一有限的细分市场，使企业有限的资源得以充分发挥效力，即在某一局部超过其他竞争者，主攻某个特殊的顾客群体、某产品线的一个细分区段或某一地区市场，以赢得竞争优势。

企业采用聚焦策略，利用完全适应自身能力的目标市场营销策略，达到原本并不拥有全面竞争优势的目标市场中的有利地位。聚焦策略的运用可以是着眼于企业目标市场上的成本优势，从某些细分市场上成本领先争取竞争优势，聚焦策略所获得的低成本或差别化优势，不是在整个市场上，而是在小的范围内或小的细分市场上；也可以着眼于在企业目标市场上取得差别化优势，从满足特定市场中消费者需求获取竞争优势。

当然，采用聚焦策略的企业所选定的目标市场如果和其他部分市场没有任何差异的话，那么这种竞争策略是无法获得成功的。事实上，在一般的市场范围中都会存在部分未能得到满足的消费需求，而聚焦策略就是帮助企业专门致力于为这部分市场服务，从而在与竞争对手目标市场的差异中获取竞争优势的。聚焦战略主要有以下主要形式：

（1）产品线重点集中战略。对于产品开发和工艺装备成本偏高的行业，例如，汽车工业和飞机制造业，通常以产品线的某一部分作为经营重点。

（2）用户重点集中战略。将经营重心放在不同需求的顾客群上，是用户重点集中战略的主要特点。有的厂家以市场中高收入顾客为重点，产品集中供应那些注重最佳质量而不计较价格高低的顾客。

（3）地区重点集中战略。细分市场，可以按地区为标准。如果一种产品能够按照特定地区的需要实行重点集中，也能获得竞争优势。此外，在经营地区有限情况下，建立地区重点集中战略，也易于取得成本优势。如砖瓦、水泥、板材等建材企业，由于运输成本很高，将经营范围集中在一定地区之内是十分有利的。

（4）低占有率的集中战略。市场占有率低的事业部，通常被视为"瘦狗"

类业务部门。对这些部门，往往采用放弃战略或彻底整顿的战略，以便提高其市场占有率。然而，市场占有率低的事业部，若善于运用重点集中战略，将企业的经营重点集中在较窄的领域，充分发挥自己的优势，注重利润而不是成长，也能建立不败的竞争优势。

综上所述，三种竞争战略各有利弊。企业要成功地运用这些竞争战略，需要根据自身产品特点和企业实力进行合理选择。企业一旦选择了某种竞争战略，就必须全力以赴，以求在市场中拥有某方面优势。如果企业没有把握住以上三种战略中的任何一种战略，那么，它将在竞争中处于劣势。但如果一个企业在三种战略中同时追求两个或两个以上的战略目标并成功也会非常困难。因为实施这三种竞争战略所要求的管理方式、组织形式、设备条件、技术水平和员工素质等有所不同。即使有企业同时采用不同的竞争战略，也往往是在不同的产品经营领域分别采用不同的战略。例如，汽车制造商可以在轿车经营中采用差异化战略，而同时在卡车的经营中采用总成本领先战略。

三、不同竞争地位的企业类型

竞争策略的核心问题是企业在市场上的相对地位，这种地位显示了企业是否具有竞争优势。一个地位选择得当的企业，即使在行业平均盈利水平不高的情况下，也能有较高的收益率。

在一个不完全竞争的市场上，企业一般可分为四种不同的类型：

1. 市场主导者

市场主导者是指在行业中占绝对竞争优势的企业，一般占有最大的市场份额，其营销行为会对市场产生很大影响。

2. 市场挑战者

市场挑战者是指在行业中仅次于市场领导者的一些企业，同样具有较强的竞争优势，有能力向市场领导者发起挑战，争取取代市场领导者的地位。

3. 市场追随者

市场追随者是指一大批在竞争实力上远远不如市场领导者或市场挑战者的企业。他们往往不可能以自己的行为去影响市场的发展趋势，而只能跟随市场竞争力强的企业去开展经营活动。

4. 市场补缺者

市场补缺者是指一些虽然竞争实力不强，但并不追随市场主流趋势，而选择市场上大多数企业所忽略的或不愿进入的市场为自己的目标市场的企业。市场弥缺者往往会因这样的市场无强大的竞争压力而获得经营上的成功。

这四种类型的企业实际上又可以分为两个层次：一是强势企业层次，主要由市场领导者和市场挑战者所组成。他们是对市场具有影响和控制能力的企业，所以也可将这一层次称为"市场控制层"。二是弱势企业层次，主要包括市场追随者和市场弥缺者。他们没有同强势企业直接抗衡的实力，而在策略上则可选择追随强势企业或避开强势企业两种不同的做法。

在竞争性市场上处于不同地位的各类企业其竞争策略显然也是各不相同的，企业必须根据自身的地位和市场的具体情况制定相应的竞争策略。

第四节　企业营销管理过程

战略规划是企业的总体规划，规定企业的基本任务和目标，企业的各职能部门、各项工作都必须以战略规划的要求为转移。而企业营销管理的目的在于使企业的营销活动与复杂多变的市场营销环境相适应，这是企业经营成败的关键。所谓营销管理过程，就是识别、分析、选择和发掘市场营销机会，目标市场的选择和市场定位、建立营销组合策略、编制营销计划、实施、评价、控制市场营销活动，以实现企业的战略任务和目标的管理过程，亦即企业与它最佳的市场机会相适应的过程。这个过程包括以下四个步骤：分析市场机会、选择目标市场、设计市场营销组合和管理营销活动。

一、分析市场机会

分析市场机会是企业营销管理过程的第一个步骤。其目的是选择既有发展潜力，又有比较优势的营销机会。所谓市场机会就是未满足的需要。哪里有未满足的需要，哪里就有做生意赚钱的机会。所谓企业营销机会，就是对这个企业的营销活动具有吸引力的、享有竞争优势的市场机会。

市场上一切未满足的需要是客观存在的市场机会，是否能成为企业的营销机会，要看它是否适合于企业的目标和资源（资金、技术、设备等），是否能使企业扬长避短，比竞争者和可能的竞争者为顾客提供更大的价值。因此，企业营销人员对于已发现和识别的市场机会，还要根据自己的目标和资源进行分析评估，从中选出对本企业最适合的营销机会。

企业不仅要注意抓住市场机会，还要注意发现环境威胁，即对企业营销不利因素的挑战。机会和挑战常是同时并存的，如果不能及时发现市场上的各种威胁，并采取有效应变措施，将可能造成巨大损失。

为了发掘市场机会，企业不仅需要对自己的微观环境和宏观环境进行调研和分析,同时还要具体分析各类市场的需求特点,以及购买者行为。这一切都需要企业建立必要的营销信息系统,并开展营销调研工作。

二、选择目标市场

经过分析和评估,选定了符合企业目标和资源的营销机会以后,还要对这一产业的市场容量和市场结构做进一步的分析,以便缩小选择范围,选出本企业准备为之服务的目标市场。这包括四个步骤:测量和预测市场需求、进行市场细分、在市场细分的基础上选择目标市场和实行市场定位。

对所选定的市场机会,首先要仔细衡量其现有的和未来的市场容量。如果对市场前景的预测看好,就要决定如何进入这个市场。一个市场是由多种类型的顾客和需求构成的,这就需要进一步分析市场结构,了解构成这一市场的各个部分,并确定哪个部分可提供达到目标的最佳机会。

市场上的顾客是复杂多样的,可从许多不同角度加以划分,每个顾客群都是根据地理、人口、心理和行为等方面的不同特征形成的。按照不同的需求特征把顾客分成若干部分,即把市场分成若干部分,称为市场细分。市场的每一个细分部分或称子市场,都是由那些对一定的营销刺激具有相似反应的顾客群构成的,每个市场都可划分为若干子市场,但不是每一种细分都有实际意义,对不同产品来说,细分的依据往往不同。例如,洗衣粉就没有必要细分男用或女用。

一般来说,一个企业不可能为所有子市场都提供最佳的服务,而应该根据自己的目标和资源,集中力量为一个或几个子市场服务。

在市场细分的基础上,选择一个或几个子市场作为自己的服务对象,这些被选中的子市场称为目标市场。企业根据自己的资源条件选择一定的目标市场进行经营,称为市场目标化或目标市场营销。

企业选定了自己的目标市场后,还需要实行市场定位,采取适当的定位战略。

所谓市场定位,就是企业在目标顾客心目中为自己的产品确立一定位置,形成一定的特色,即在目标市场上树立一定的产品形象和企业形象,以区别于竞争者。为此,必须先分析竞争者的产品在市场上的地位和份额,充分了解目标市场上现有产品和品牌在质量、功能及广告形式、价格水平等方面有些什么特点,了解现有品牌之间的竞争关系,以及它们对顾客需要的满足程度等,然后为自己选定一个适当的市场位置。一般地说,品牌之间的相似程度愈大,竞争愈激烈。

三、设计市场营销组合

在确定了企业经营目标和战略后，就需要设计实施战略的各种工具，即设计市场营销组合。市场营销组合是为了满足目标市场的需求，企业对自身可以控制的各种市场营销要素如质量、包装、价格、广告、销售渠道等的优化组合。

企业可控制的市场营销要素有很多，为了便于分析运用，最流行的分类方法是美国的 E. J. 麦卡锡教授提出的分类方法。他把各种市场营销要素归纳为四大类：产品（Product）、价格（Price）、地点（Place）、促销（Promotion），简称"4Ps"。所谓市场营销组合就是这四个"P"的搭配与组合。它体现了现代市场营销观念指导下的整体营销思想。市场营销组合作为企业一个非常重要的营销管理方法，具有以下特点。

1. 市场营销组合是一个变量组合

构成营销组合的"4Ps"的各个自变量，是最终影响和决定市场营销效益的决定性要素，而营销组合的最终结果就是这些变量的函数，即因变量。从这个关系看，市场营销组合是一个动态组合，只要改变其中的一个要素，就会出现一个新的组合，产生不同的营销效果。

2. 营销组合的层次

市场营销组合由许多层次组成，就整体而言，"4Ps"是一个大组合（参见图 4－10），其中每一个"P"又包括若干层次的要素。这样，企业在确定营销组合时，不仅更为具体和实用，而且相当灵活；不仅可以选择四个要素之间的最佳组合，而且可以恰当安排每个要素内部的组合。

3. 市场营销组合的整体协同作用

企业必须在准确地分析、判断特定的市场营销环境、企业资源及目标市场需求特点的基础上，才能制定出最佳的营销组合。所以，最佳的市场营销组合的作用，绝不是产品、价格、渠道、促销四个营销要素的简单数字相加，即 4Ps≠P＋P＋P＋P，而是使它们产生一种整体协同作用。从这个意义上讲，市场营销组合又是一种经营的艺术和技巧。

4. 市场营销组合必须具有充分的应变能力

市场营销组合作为企业营销管理的可控要素，一般来说，企业具有充分的决策权。例如，企业可以根据市场需求来选择产品结构，制定具有竞争力的价格，选择最恰当的销售渠道和促销媒体。但是，企业并不是在真空中制定市场营销组合。随着市场竞争和顾客需求特点及外界环境的变化，必须对营销组合随时纠正、调整，使其保持竞争力。总之，市场营销组合对外界环境必须具有充分的适应力和灵敏的应变能力。

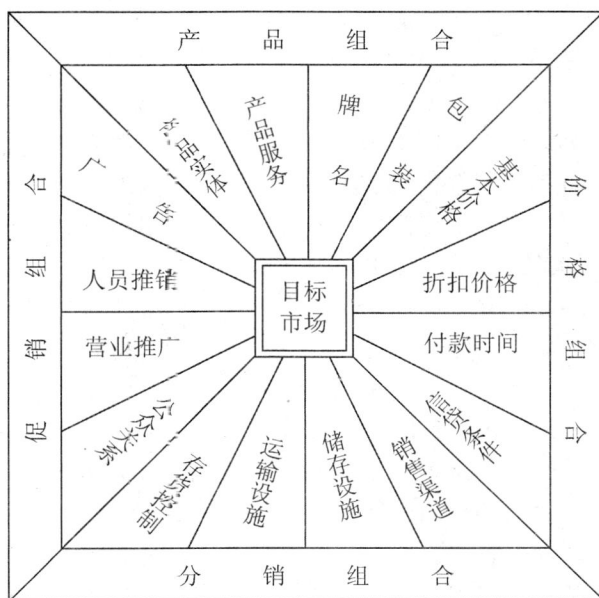

图 4—10　4Ps 营销大组合

四、管理营销活动

企业营销规划需要一系列的营销活动去实现，而实施营销活动需要管理。营销活动管理是一个 PDCA 的循环过程。PDCA 循环的概念最早是由美国质量管理专家戴明提出来的，所以又叫戴明环。它是管理学中的一个通用模型，同样适用于营销活动管理，即通过调研制定详细的营销活动计划（Plan）、执行（Do）营销活动计划、检查（Check）营销活动情况、营销活动持续改进（Action）。PDCA 是一个大环带小环的、有机的运转体系，是一个持续改进的阶梯式上升工作过程。

营销活动计划，就是确定营销活动目标、活动内容、活动方式计划方案，它隶属于企业的营销战略规划。制订企业营销活动计划关键要注意三点：一是加强营销调研、分析，这是计划的前提。二是善于运用 5W2H 七何分析法，即 Why——为什么？为什么要这么做？理由何在？原因是什么？ What——是什么？目的是什么？做什么工作？ Where——何处？在哪里做？从哪里入手？ When——何时？什么时间完成？什么时机最适宜？ Who——谁？由谁来承担？谁来完成？谁负责？ How ——怎么做？如何提高效率？如何实施？方法怎样？ How much——做多少？做到什么程度？数量如何？质量水平如何？费用产出

109

如何？这是计划的主体内容。三是善于运用 SMART 原则，即计划要有明确性（Specific）、可衡量性（Measurable）、可实现性（Attainable）、关联性（Relevant）、时间性（Time-based），这是衡量计划五条标准。

执行就是具体运作，实现计划中的内容，执行营销活动计划是管理营销活动的重要内容。对个人而言执行力就是办事能力；对团队而言执行力就是战斗力；对企业而言执行力就是经营能力。营销活动计划如何有效执行也要把握三个关键：一是营销活动团队要做正确的事情，要正确地做事情，意在营销活动执行要把握方向，要讲究工作的方式方法。二是执行计划要重操作规程，责任到人、实施到位，要注重细节、讲究质量、效率。三是加强沟通，营销活动涉及方方面面，不仅要注重营销团队内部沟通，还有注重上行沟通、平行沟通和下行沟通，通过沟通协调一致的企业营销活动行为。

检查就是要总结执行计划的结果，分清哪些对了，哪些错了，明确效果，找出问题。检查营销活动计划执行情况是管理营销活动不可或缺的环节。无论是日常检查还是定期检查，要把握两个关键点：一是对照应是原先计划设立的目标及其量化标准是否实现，是否出现偏差；二是分析问题要主次分明、思路清晰，要运用鱼刺图等工具找出问题的原因。

管理营销活动的最后一个环节就是针对前面检查存在的问题，进行持续改进。企业对每季度、每月、每周、每项营销活动进行综合评价、分析、总结、反馈，并对总结检查的结果进行处理，对成功的经验要加以肯定并适当推广、标准化；对失败的教训要加以检讨，以免重现；未解决的问题放到下一个 PDCA 循环，也就是针对不合格项目及其存在的问题，拟订纠正、持续改进策略，这也是下一营销活动计划方案。

第五节　市场营销管理系统

市场营销管理的最后一个程序是对营销活动的管理。因为，分析市场机会、选择目标市场、确定市场营销组合等活动，在实际的操作与运行中都不能离开营销管理系统的支持。对市场营销活动而言，需要加强市场信息、营销计划和控制工作，以确保战略规划的执行。

一、市场营销信息

市场营销信息系统（Marketing Information System，MIS），是指由人员、

设备和信息处理程序所构成的一种有组织的、持续与相互作用的系统。其任务是准确及时地对有关的信息进行收集、分类、分析、评估、传递和处理，以便于营销决策者制订市场营销计划，并保证营销计划组织、实施和控制的及时性、科学性和准确性。

营销信息可以分为内部营销信息和外部营销信息。内部营销信息主要包括：有关订单、装运、成本、存货、现金流程、应收应付账款和销售报告等各种反映企业经营现状的信息。外部营销信息主要是指市场信息，它集中反映了商品供需变化和市场的发展趋势。主要包括：市场需求信息、竞争信息、用户信息和合作伙伴信息。

市场营销信息系统（参见图4—11）由信息的使用者构建、最终服务于信息的使用者。在构建企业信息系统时，首先，由营销管理者确定他们需要信息的范围；其次，根据需要建立企业的内部报告系统、营销情报系统和营销调研系统；再次，由营销分析评估系统对所得到的信息进行处理，去伪存真，使其更有价值；最后，由营销信息系统按适当形式，在适当的时间将信息传递至营销管理者手中。

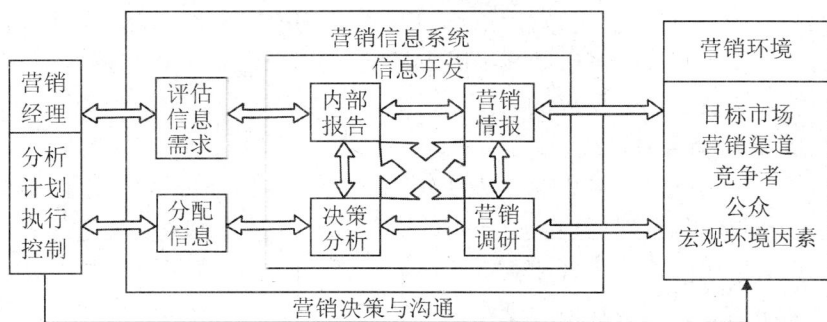

图4—11 营销信息系统

根据对市场营销信息系统的要求和市场信息系统收集、处理和利用各种资料的范围，营销信息系统基本框架一般由四个子系统构成。以下分别叙述营销信息系统各个子系统的功能。

1. 内部报告系统

内部报告系统是营销管理中使用最多、最基本的信息收集处理系统。该系统主要以企业的财务管理系统和统计系统为主，辅之以销售信息系统组成，主要向营销管理者呈报相关营销信息资料，包括订单、销售额、存货、成本费用、现金流量、应收应付账款等信息，主要为管理者提供参考资料，以利于对市场机会的把握和潜在问题的处理。

内部报告系统以订单——发货——账单的循环为核心。销售人员收取订单并传送至企业，企业负责订单管理的部门将有关订单的信息在企业内部有关部门传递，最后企业将货物和账单送至购买者手中。这是一般企业营销的常规操作程序，然而是否具有措施以保证这一循环中的各个步骤快速而准确地完成，则明显地反映着企业不同的营销能力和营销效率。

企业内部报告系统包括及时、全面、准确的销售报告。销售报告应该主动地为营销决策者提供他们认为需要的，以及他们暂还不了解但实际需要的信息，帮助营销决策者把握最佳的决策时机，提高企业的竞争优势。就现实情况而言，由于信息网络的普及，企业基本上都建立了比较健全的销售报告系统，完全有条件在瞬间就清晰地集中反映分散在各处的顾客、竞争者、分销商和关联企业过去及现在的销售和库存数据。

企业内部报告系统实质上是各种信息在此子系统中的传递，高效信息技术的运用，为企业内部报告系统的良性运行提供了技术保障。企业在设计内部报告系统时要具有针对性，应避免目标数据的非相关性，即信息要求准确且信息量少，减少营销管理者和决策者处理信息资料的繁杂程度，使其有更多精力投入到营销分析、营销战略和营销策略的处理和制定上。此外，企业内部报告系统的信息提供不宜过于敏感，减少因市场微小变动而给企业营销管理者和决策者带来的不必要的过分反应。

2. 市场营销情报系统

市场营销情报是市场中每天发生的有关市场营销环境发展变化的各种信息，如国家颁布的法律法规、市场新的流行潮流、技术创新、竞争者行为等，这些信息有助于企业决策者和营销管理者制订和调整市场营销计划，采取有针对性的策略措施，顺应环境的变化。

市场营销情报系统是企业日常收集和获取有关外部市场营销环境发展变化的动态信息的一整套程序和来源，通过企业的各级营销人员，中间商以及专职的市场营销信息收集人员完成。

市场营销情报系统是从企业自身运作和市场环境中收集数据，经过数据处理、研究和分析后输入到企业数据库中，通过建立情报处理模型，进行数据检索，输出产品、价格、分销、促销及市场要素组合的子系统，实现市场营销情报资源管理，支持企业决策者和营销管理者的日常工作和市场战略决策。一般而言，内部报告系统为企业决策者和营销管理者提供结果数据，而市场营销情报系统则为企业决策者和营销管理者提供正在发生的数据。

按照市场营销情报系统的研究对象来划分，可以将它们分为产品、顾客、竞争对手、营销战略、国家与政府经济政策等形式。

市场营销环境的变化与企业的营销活动密切相关，其中既可能潜伏着企业营销危机的早期警示信号，也可能孕育着企业发展的各种营销机会。企业可以通过广泛的途径获取相关信息，这是营销情报系统所特有的功能。企业要形成规范的情报循环网，提高市场营销情报系统收集的信息质量，帮助企业在营销活动中及时采取措施，或者能防患于未然，或者能领先一步抢占市场份额。

3. 市场营销调研系统

在企业营销管理活动中，营销管理者经常需要通过专门的调查研究收集有关信息。市场营销调研（Marketing Research）就是企业为了实现营销管理和做出营销决策，而对市场营销信息进行系统的设计、收集、分析和提出资料数据及提出与企业所面临的营销状况有关的调查研究结果的过程。市场营销调研系统是设计、收集、评估、分析和提供与特定的营销问题相关的数据资料的信息系统，其主要任务是针对确定的市场营销问题收集、分析和评价有关的信息资料，并对研究结果提出正式报告，供决策者针对性地用于解决特定问题，以减少由主观判断可能造成的决策失误。市场营销调研系统是营销信息系统的有机组成部分。除了收集内部会计信息和市场营销情报以外，企业管理人员有时需要对特定的问题或机会进行深入研究，这时，必须有针对性地开展市场营销调研活动。因各企业所面临的问题不同，所以需要进行市场研究的内容也不同。根据国外对企业市场营销调研的调查，发现主要有市场特性的确定、市场需求潜力的测量、市场占有率分析、销售分析、企业趋势研究、竞争产品研究、短期预测、新产品接受性和潜力研究、长期预测、定价研究等项内容，企业研究得比较普遍。

市场营销调研系统进行的是有计划、有步骤的市场营销信息收集和分析过程，应该注意克服盲目性。企业可以用自己的调研部门进行营销调研，也可以借助外部专业调研或咨询公司完成企业的部分或全部营销调研工作，企业是否利用其他企业调研取决于他自己的调研技术和资源。

4. 市场营销分析系统

市场营销情报系统的调研系统收集到的各类信息，通常还需要做进一步的分析和评估。市场营销分析系统是指一组用来分析市场资料和解决复杂的市场问题的技术和技巧。这个系统由统计分析模型（即统计工具库）和市场营销模型（即模型库）两个部分组成，前者是借助各种统计方法对所输入的市场信息进行分析的统计库；后者是专门用于协助企业决策者选择最佳的市场营销策略的模型。该系统的作用是利用科学的技术来分析市场营销信息，从中得出更为精确的研究结果，以帮助决策者更好地进行营销决策，故也称之为营销决策支持系统。

二、市场营销计划

企业的整体战略规划确定了企业的任务和目标以及各业务单位的发展战略，就每一个业务单位而言，还必须制订更为具体的职能计划，保证企业市场战略目标的实现。市场营销计划是企业各业务单位计划中最重要的计划之一，一般包括八项内容（见表4—2）。

表4—2　营销计划的内容

组成部分	内　容
内容概要	简述市场营销计划的目标及建议
营销现状分析	提供与市场、产品、竞争、分销以及现实环境有关的背景资料
机会与风险分析	概述主要的机会和威胁、优势和劣势，以及产品面临的问题
拟定营销目标	确定市场占有率、销售额等营销目标
营销策略	描述为实现计划目标而采用的主要营销方法
行动方案	说明每个营销环节做什么？谁来做？什么时候做？需要多少成本？
营销预算	描述计划所预期的财务收益情况
营销控制	说明如何对计划进行监控

1. 内容概要

内容概要是对主要营销目标和措施简明扼要的说明。目的是使高层主管迅速了解该计划的主要内容，抓住计划的要点，一般位于计划文本的前面。例如，某连锁超市年度营销计划的内容提要是："本年度计划销售额为8000万元，利润目标为1200万元，比上年增加4.5%。这个目标经过改进服务、和厂商密切合作、加强周末及特定时间促销，是能够实现的。为达到这个目标，今年的营销预算要达到180万元，占计划销售额的2.25%，比上年提高12%。"

2. 营销现状分析

营销计划的第一个主要部分是提供与宏观环境因素及市场、产品、竞争、分销等相关的营销状况的简要而明确的分析，位于计划文本中内容概要之后。具体内容有：宏观环境状况、市场状况、产品状况、竞争状况和分销状况等。

3. 机会与风险分析

营销计划中第二个主要内容是分析市场营销中能把握的主要机会和所面临

的主要威胁。"机会"是指营销环境中对企业营销的有利因素，即企业可取得竞争优势和差别利益的市场机会；"威胁"是指营销环境中存在着的对企业营销的不利因素。营销管理人员应对机会和威胁进行评估。

一个市场机会能否成为企业的营销机会，要看它是否符合企业的目标和资源。每个企业都在自己的任务和业务范围内追求一系列的目标，有些市场机会不符合上述的目标要求，因而不能成为企业的营销机会。例如，有些机会在短期内能提高利润率，但会造成不良影响，破坏企业的声誉，那是绝不可取的。还有些市场机会虽然符合企业的目标，但企业缺少成功所必需的资源，那也不能贸然取之。但如果能以合理的代价取得所必需的资源，也可能取得成功。首先，分析市场机会是否符合企业的目标，企业目标一般有：利润水平、销售水平、销售增长率、市场占有率以及企业形象和品牌形象等；其次，分析企业资源能否完成企业目标，包括资金、生产、技术、设备、分销渠道等方面资源。如果两个方面都合适则转入下一阶段，否则只能放弃。

4. 拟定营销目标

拟定营销目标是企业营销计划的核心内容，是在分析营销现状并预测未来的威胁和机会的基础上制定的。营销目标也是在本计划期内要达到的目标，主要是市场占有率、销售额、利润率、投资收益率等。

企业近期营销目标可以是增加销售量，提高市场份额，增加利润，进入新市场，放弃现有市场，以及采用新技术或调整产品结构。也许你想改善企业的形象，做广告或者促销努力，或者执行一种新价格战略或分配过程。

一般而言，这些目标要加以重新审视和重新集中。营销目标必须是明确的，是一种在执行中可以测量的行动。实际目标包含有特定的数字和时间限定。如销售额要提高 18％，市场占有率要提高 15％，成本费用要降低 16％等。

5. 营销策略

营销策略是指达到上述营销目标的途径或手段，包括目标市场的选择和市场定位策略、营销组合策略、营销费用策略等。

（1）目标市场：在营销策略中应首先明确企业的目标市场，即企业准备服务于哪个或哪几个细分市场，如何进行市场定位和确定何种市场形象等。

（2）营销组合：企业准备在各个细分市场采取哪些具体的营销策略，如产品、渠道、定价和促销等方面的策略。

（3）营销费用：根据上述营销策略确定营销费用水平。

6. 行动方案

营销策略还要转化成具体的活动程序，内容包括：要做些什么？何时开始，何时完成？由谁负责？需要多少成本？按上述问题把每项活动都列出详细的程序表，以便于执行和检查。

7. 营销预算

营销计划中还要编制各项收支的预算，在收入一方要说明预计销售量及平均单价，在支出一方要说明生产成本、实体分配成本及营销费用，收支的差额为预计的利润（或亏损）。上层管理者负责审批预算，预算一经批准，便成为购买原材料，安排生产、人事及营销活动的依据。

8. 营销控制

在整个计划实施过程中，建立监控目标实现的机制是非常必要的，这个起到支持作用的机制可以提供大量的反馈信息。依靠反馈系统，可以及时采取有效的纠正措施。

拥有营销计划并不能保证成功。没有一件事能取代好的管理决策。如果未能实现你的所有营销目标，不要把它看做是失败的计划，或者把它归咎于错误的计划。恰恰相反，这正是制订计划所关心的事，检查一下你的决策依据，调整策略，并开始下一轮的计划过程。

三、市场营销控制

营销部门的工作是计划、实施和控制营销活动，营销部门必须对营销和销售活动进行调节、管理和控制。营销控制是营销部门进行有效运作的基本保证。

1. 营销控制的内容

营销控制是指对营销战略和计划的实施效果进行衡量与评估，随时采取措施修正实施过程中的偏差，以确保营销目标实现的管理过程（参见表4-3）。

表4-3 营销控制步骤

内　　容	目　　　　的
经理摘要	使经理人迅速了解计划的内容
当前营销状况	提供与市场、产品、竞争、分配和宏观环境有关的背景数据
机会和背景分析	概述主要的机会和威胁、优势和劣势，以及在计划中必须要处理的问题及所面临的问题
目标	确定计划中想要达到的关于销售量、市场份额和利润等领域的目标
营销战略	描述为实现计划目标而采用的主要营销方法

内　容	目　的
行动方案	回答应该做什么？谁来做？什么时候做？需要多少成本？
预计的损益表	概述计划所预期的财政收益情况
控制	说明如何监控该计划
评估	对计划实施的结果怎样科学地评估

实践证明，企业的日常营销活动如果不加以控制，放任自流，再好的战略和计划也会落空。失控的后果是不堪设想的，损失是难以估量的。计划的制订与实施、组织与控制，是几种不同的管理职能，不可或缺，也不可互相替代。因为在营销计划的实施过程中，经常会出现一些难以事前预估的情况，同时，事前制定的战略和计划本身也难免有某些不符合实际的方面。这两类问题，都必须及时发现，及时解决，因此必须有营销控制。

营销控制包括年度计划控制、盈利能力控制、效率控制和战略控制等不同的控制过程。年度计划控制主要是检查营销活动的结果是否达到了年度计划的要求，并在必要时采取调整和纠正措施；盈利控制是为了确定在各种产品、地区、最终顾客群和分销渠道等方面的实际获利能力；效率控制是指企业寻求更有效的方法来管理和改进销售队伍和营销组合中绩效不佳的实体活动；战略控制则是审查企业的战略计划是否有效地抓住了市场机会，以及是否同迅速变化着的营销环境相适应。

2. 年度计划控制

所谓年度计划控制，是指企业在本年度内采取控制步骤，检查实际绩效与计划之间是否有偏差，并采取改进措施，以确保市场营销计划的实现与完成。年度计划控制的目的是确保年度计划中所制定的销售、利润和其他目标的实现。许多企业每年都制订有相当周密的计划，但执行的结果却往往与之有一定的差距。事实上，计划的结果不仅取决于计划制订得是否正确，还在于计划执行与控制的效率如何。可见，制订年度计划并付诸实施之后，搞好控制工作也是一项极其重要的任务。

控制过程分为四个步骤（参见图4—12）：第一，管理者要确定年度计划中的月份目标或季度目标；第二，管理者要监督营销计划的实施情况；第三，如果营销计划在实施中有较大的偏差，则需要找出发生的原因；第四，采取必要的补救或调整措施，以缩小计划与实际之间的差距。年度计划控制的内容主要是对销售额、市场占有率、费用率等进行控制。

确定目标	执行评估情况	诊断执行结果	采取纠正措施
要达到的目标是什么？	正在发生什么事情？	发生的原因是什么？	应当采取什么措施？

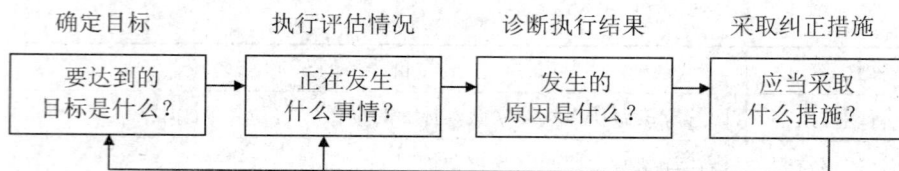

图4—12　年度计划控制步骤

3. 盈利控制

除了年度计划控制之外，企业还需要运用盈利能力控制来测定不同产品、不同销售区域、不同顾客群体、不同渠道以及不同订货规模的盈利能力。由盈利能力控制所获取的信息，有助于管理人员决定各种产品或市场营销活动是扩展、减少还是取消。

盈利能力分析的目的在于找出妨碍获利的因素，以便采取相应措施排除或削弱这些不利因素的影响。可供采用的调整措施有很多，企业必须在全面考虑之后作出最佳选择。以某小农具公司为例，如果仅仅根据渠道获利能力分析的结果，就决定把杂货商店和百货商店从销售渠道中剔除，而集中全力于专业商店一条销售渠道，那就未免过于简单化。营销管理者应当进一步深入研究，依据具体情况作出适当的决定。他们面临若干选择：不采取任何措施，任其自然发展，以观后效；取消亏损渠道中获利能力最差的中间商，增加新的中间商；采取特殊策略以鼓励顾客大量订货；或缩减百货商店和杂货商店的推销和广告等费用。为了有助于评估和控制营销活动，有些企业还专门设置了"营销控制员"。该人员需要在财务管理和市场营销方面受过良好的专门训练，可胜任复杂的财务分析及制订营销费用预算的工作。

4. 效率控制

假如盈利能力分析显示出企业关于某一产品、地区或市场所得的利润很差，那么紧接着下一个问题，便是有没有高效率来管理销售人员、广告、销售促进和分销。

效率控制的目的在于提高人员推销、广告、促销和分销等市场营销活动的效率，市场营销经理必须关注若干关键比率。这些比率表明上述市场营销职能执行的有效性，显示出应该如何采取措施以改进执行情况。

5. 战略控制

市场营销环境变化很快，往往会使企业制订的目标、策略、方案失去作用。因此，在企业市场营销战略实施过程中必然会出现战略控制问题。战略控制是指市场营销经理采取一系列行动，使实际市场营销工作与原规划尽可能一致，在控制中通过不断评审和信息反馈，对战略不断修正。

案例 4-2

通用汽车公司的战略调整

多年来，通用汽车一直把主要力量放在中档产品上。通用公司用诸如雪佛兰、庞蒂克、奥兹莫比尔、别克、凯迪拉克等各类车轻而易举地击退了福特、克莱斯勒和美国汽车公司的阵地进攻。于是，通用汽车主宰汽车市场一时竟成了传奇的故事。

"二战"后，通用汽车公司受到两次强有力的冲击，每次冲击都绕开了通用的"'马其诺'防线"。其一是日本人用低价格的小型车如丰田、大发、本田进入市场；其二是德国人用奔驰和宝马等高价格的豪华汽车进入市场。资料表明，除此之外，再也没有其他的行动能从通用汽车公司手上抢到大量市场。

由于日本和德国的汽车公司进攻得手，通用汽车公司被迫投入资源，以支持处于这两个市场夹击之下的市场。为了节省资金，保证利润，通用汽车公司做出一项重大的决策：用相同的车身生产各种不同中级车。这是典型的自上而下的战略决策。一时之间，人们再也分辨不出哪是雪佛兰，哪是庞蒂克，哪是别克，哪是奥兹莫比尔，它们看上去都一样。这一招大幅度削弱了通用在中档车市场上的实力，反而为福特敞开了进攻的大门，于是福特公司推出了具有欧洲风格的金牛与黑貂，并一举成功。

自下而上分析通用汽车公司的情况时，问题的战术性解决方法是显而易见的。通用汽车公司应给每一价格档次上的车赋予不同的车名和外形。把这一战术构筑成战略时，你会与阿尔弗雷德·P. 斯隆关于通用汽车的原始概念不谋而合。斯隆发展出来的想法，别人不该随意改动。

你或许会这么想，我们使用的是通用汽车系统这个概念，每一价格档次上我们都有不同的产品，只是没有给它们起不同的名字而已。我们给它们冠以公司名称是因为这么做能更行之有效。问题是我们如何用通用汽车去渗透市场？

答案是没有办法。你的战略并非由下往上建立起来的，它没有一个行得通的战术做基础。乍听起来，这只是件无足轻重的小事：赋予每种产品以不同的名字。但所有的战术都是从小事着眼的。如果说战略是铁锤，战术就是铁钉。请注意穿透的工作是铁钉而不是铁锤来完成的。你可以拥有世上最有力的铁锤（即销售战略），但如果它没敲打铁钉（即销售战术），那整个市场营销计划就行不通。

通用公司的全部战略力量不是要用一种叫别克莱塔的产品去挖宝马的墙脚。你可能认为，这只是个名称问题，是小事一桩。对，战术的确是小事一桩。但把战术转变为战略却是大事一桩了，经这种化腐朽为神奇的过程才会产生令人惊叹的市场营销上的成功。

资料来源：中国搜客网：《选定市场营销战略》，http：//www．sooker．com。

复习思考题：

1、什么是企业的战略规划？为什么要制定战略规划？战略规划一般包括几个步骤？

2．企业在规定自己的战略任务时，为什么应该是"市场导向"？试举例说明。

3．"明星"、"金牛"、"问题"和"瘦狗"类战略业务单位的含义是什么？对这四类业务单位应分别采用何种投资策略？

4．什么是行业吸引力和企业业务实力？它们是由哪些因素构成的？

5．企业在什么情况下采用密集性增长、一体化增长和多角化增长战略？

6．举例说明什么是后向一体化、前向一体化和横向一体化增长战略。

7．一个企业需要通过哪些系统来管理营销活动？各有什么职能？

第五章 目标市场营销

　　20世纪50年代中期美国营销学家温德尔·斯密提出，是整个营销学重要的概念之一。此概念为企业如何开发产品及产品的有效性提供了保证。

第一节　市场细分

　　第二次世界大战以后，殖着科技进步和社会经济发展，企业为了适应买方市场的需要，纷纷开始实行目标营销，即企业通过有效地识别不同购买群体的需求差异，有选择地确定一个或几个消费群体作为目标市场，发挥自己的资源优势，满足其全部或部分的需要。目标市场营销是现代营销的核心战略，主要包括三大步骤，即市场细分（Segmentation）、选择目标市场（Targeting）和定位（Positioning），因此，目标市场营销又常常被称为STP营销或STP战略，而市场细分是STP营销首要的，也是重要的一步。

一、市场细分的含义与意义

　　大众营销是生产和销售无差异的产品，满足人们共性的需求。目标营销是基于消费者的需求差异而进行的营销，市场细分是目标营销基本的业务活动，也是发现市场机会，开发适销对路产品，制定适当营销组合的适应竞争和赢得竞争。

1. 市场细分的含义

市场细分就是根据顾客不同的需求特性或需求差异，把整个市场总体市场划分为若干个子市场的过程。每个子市场也就是一个细分市场，都是由需要与愿望相同的顾客所组成，把总体市场划分为若干个顾客群，划分指标即细分变数，如需求差异、心理特征、文化特征及行为特征等。所以市场细分是选择目标市场的基础，市场细分意味着对消费者需求的一种划分，而不是对产品的划分，市场细分的优点在于能找到一个合适的顾客群。

市场细分的基础是消费者需求的异质性，需求可以分类，所以可以对市场进行划分，形成不同的顾客群。市场有两种类型：同质市场这部分顾客对某产品的需求是没有差异的，如食盐（只要价格便宜，方便）、原材料（水泥、钢铁）、大宗材料（包括某些能源），是不能也无须人为地细分的。绝大部分商品处于异质市场，消费者表现出来的需求是有差异的，如家用电器、服装、家具等产品，人们对其品牌、质量、式样、颜色、包装等产品要素，对基本价格、折扣价格、支付时间、支付方式等价格要素都有不同的要求，这些要求具有个性化。科特勒认为，只要这个市场上不是一个顾客，不是一个产品，就存在市场细分问题。异质市场中需求一致的顾客群，实质就是在异质市场中求同质。市场细分的目标是为了聚合，即在需求不同的市场中把需求相同的消费者聚合到一起。这一概念的提出，对于企业的发展具有重要的促进作用。

2. 市场细分的意义

（1）有利于选择目标市场和制订市场营销策略。市场细分后的子市场比较具体，比较容易了解消费者的需求，企业可以根据自己的经营思想、方针及生产技术和营销力量，确定自己的服务对象，即目标市场。针对着较小的目标市场，便于制订特殊的营销策略。同时，在细分的市场上，信息容易了解和反馈，一旦消费者的需求发生变化，企业可迅速改变营销策略，制定相应的对策，以适应市场需求的变化，提高企业的应变能力和竞争力。

（2）有利于发掘市场机会，开拓新市场。通过市场细分，企业可以对每一个细分市场的购买潜力、满足程度、竞争情况等进行分析对比，探索出有利于本企业的市场机会，使企业及时调整营销战略和营销组合，开拓新市场，以便更好适应市场的需要。

（3）有利于集中人力、物力投入目标市场。任何一个企业的资源、人力、物力、资金都是有限的。通过细分市场，选择了适合自己的目标市场，企业可以集中人、财、物及资源，去争取局部市场上的优势，然后再占领自己的目标市场。

上述三个方面的作用都能使企业提高经济效益。除此之外，企业通过市场细分后，企业可以面对自己的目标市场，生产出适销对路的产品，既能满足市场需要，又可增加企业的收入；产品适销对路可以加速商品流转，加大生产批量，降低企业的生产销售成本，提高生产工人的劳动熟练程度，提高产品质量，全面提高企业的经济效益。需要指出的是，细分市场是有一定客观条件的。只有商品经济发展到一定阶段，市场上商品供过于求，消费者需求多种多样，企业无法用大批量生产产品的方式或差异化产品策略有效地满足所有消费者需要的时候，细分市场的客观条件才具备。

二、市场细分的依据

市场是由购买者所组成的，而每一购买者的文化背景、收入状况、地理位置、购买习惯和消费偏好是不尽相同的，这些变量都可以用来作为市场细分的依据，或称为市场细分标准。一般情况下，购买者为数众多，购买需求和购买行为多样化，其细分的依据或标准也很多，这里分消费市场细分和组织市场细分两大类型进行探讨。

1. 消费者市场细分

一种产品的整体市场之所以可以细分，是由于消费者或用户的需求存在差异性。引起消费者需求差异的变量很多，实际中，企业一般是组合运用有关变量来细分市场，而不是单一采用某一变量。概括起来，细分消费者市场的变量主要有四类，即地理变量、人口变量、心理变量、行为变量。以这些变量为依据来细分市场就产生出地理细分、人口细分、心理细分和行为细分四种市场细分的基本形式。

（1）地理因素。按照消费者所处的地理位置、自然环境来细分市场，例如，根据国家、地区、城市规模、气候、人口密度、地形地貌等方面的差异将整体市场分为不同的小市场。地理变数之所以作为市场细分的依据，是因为处在不同地理环境下的消费者对于同一类产品往往有不同的需求与偏好，他们对企业采取的营销策略与措施会有不同的反应。例如，在我国南方沿海一些省份，某些海产品被视为上等佳肴，而内地的许多消费者则觉得味道平常。又如，由于居住环境的差异，城市居民与农村消费者在室内装饰用品的需求上大相径庭。

地理变量易于识别，是细分市场应予考虑的重要因素，但处于同一地理位置的消费者需求仍会有很大差异。在我国的一些大城市，如北京、上海，流动人口逾百万，这些流动人口本身就构成一个很大的市场，很显然，这一市场有许多不同于常住人口市场的需求特点。所以，简单地以某一地理特征区分市场，不一定能真实地反映消费者的需求共性与差异，企业在选择目标市场时，还需结合其他细分变量予以综合考虑。

（2）人口因素。按人口统计变量，如年龄、性别、家庭规模、家庭生命周期、收入、职业、教育程度、宗教、种族、国籍等为基础细分市场。消费者需求、偏好与人口统计变量有着很密切的关系，例如，只有收入水平很高的消费者才可能成为高档服装、名贵化妆品、高级珠宝等的经常买主。人口统计变量比较容易衡量，有关数据相对容易获取，由此构成了企业经常以它作为市场细分依据的重要原因。

1）性别。由于生理上的差别，男性与女性在产品需求与偏好上有很大不同，如在服饰、发型、生活必需品等方面均有差别。像美国的一些汽车制造商，过去一直是迎合男性要求设计汽车，现在，随着越来越多的女性参加工作和拥有自己的汽车，这些汽车制造商已经开始研究市场机会，设计具有吸引女性消费者特点的汽车。

2）年龄。不同年龄的消费者有不同的需求特点，如青年人对服饰的需求，与老年人的需求差异较大。青年人需要鲜艳、时髦的服装，老年人需要端庄素雅的服饰。

3）收入。高收入消费者与低收入消费者在产品选择、休闲时间的安排、社会交际与交往等方面都会有所不同。例如，同是外出旅游，在交通工具以及食宿地点的选择上，高收入者与低收入者会有很大的不同。正因为收入是引起需求差别的一个直接而重要的因素，在诸如服装、化妆品、旅游服务等领域根据收入细分市场相当普遍。

4）职业与教育。职业与教育是指按消费者职业的不同，所受教育的不同以及由此引起的需求差别细分市场。例如，农民购买自行车偏好载重自行车，而学生、教师则是喜欢轻型的、样式美观的自行车；又如，由于消费者所受教育水平的差异所引起的审美观具有很大的差异，不同消费者对居室装修用品的品种、颜色等会有不同的偏好。

5）家庭生命周期。一个家庭，按年龄、婚姻和子女状况，可划分为七个阶段。在不同阶段，家庭购买力、家庭人员对商品的兴趣与偏好会有较大差别。

单身阶段：年轻，单身，几乎没有经济负担，新消费观念的带头人，娱乐导向型购买。

新婚阶段：年轻夫妻，无子女，经济条件比最近的将来要好。购买力强，对耐用品、大件商品的欲望、要求强烈。

满巢阶段Ⅰ：年轻夫妻，有6岁以下子女，家庭用品购买的高峰期。不满足现有的经济状况，注意储蓄，购买较多的儿童用品。

满巢阶段Ⅱ：年轻夫妻，有6岁以上未成年子女。经济状况较好。购买趋向理智型，受广告及其他市场营销刺激的影响相对减少。注重档次较高的商品及子女的教育投资。

满巢阶段Ⅲ：年长的夫妇与尚未独立的成年子女同住。经济状况仍然较好，妻子或子女皆有工作。注重储蓄，购买冷静、理智。

空巢阶段：年长夫妇，子女离家自立。前期收入较高。购买力达到高峰期，较多购买老年人用品，如医疗保健品。娱乐及服务性消费支出增加。后期退休收入减少。

孤独阶段：单身老人独居，收入锐减。特别注重情感、关注等需要及安全保障。

除了上述方面，经常压于市场细分的人口变数还有家庭规模、国籍、种族、宗教等。实际上，大多数公司通常是采用两个或两个以上人口统计变量来细分市场。

（3）心理因素。根据购买者所处的社会阶层、生活方式、个性特点等心理因素细分市场就叫心理细分。

1）社会阶层。社会阶层是指在某一社会中具有相对同质性和持久性的群体。处于同一阶层的成员具有类似的价值观、兴趣爱好和行为方式，不同阶层的成员则在上述方面存在较大的差异。很显然，识别不同社会阶层的消费者所具有不同的特点，对于很多产品的市场细分将提供重要的依据。

2）生活方式。通俗地讲，生活方式是指一个人怎样生活。人们追求的生活方式各不相同，如有的追求新潮时髦，有的追求恬静、简朴；有的追求刺激、冒险，有的追求稳定、安逸。西方的一些服装生产企业，为"简朴的妇女"、"时髦的妇女"和"有男子气的妇女"分别设计不同服装；烟草公司针对"挑战型吸烟者"、"随和型吸烟者"及"谨慎型吸烟者"推出不同品牌的香烟，均是依据生活方式细分市场。

3）个性。个性是指一个人比较稳定的心理倾向与心理特征，它会导致一个人对其所处环境作出相对一致和持续不断的反应。俗话说："人心不同，各如其面"，每个人的个性都会有所不同。通常，个性会通过自信、自主、支配、顺从、保守、适应等性格特征表现出来。因此，个性可以按这些性格特征进行分类，从而为企业细分市场提供依据。在西方国家，对诸如化妆品、香烟、啤酒，保险之类的产品，有些企业以个性特征为基础进行市场细分并取得了成功。

（4）行为因素。根据购买者对产品的了解程度、态度、使用情况及反应等将他们划分成不同的群体，叫行为细分。许多人认为，行为变数能更直接地反映消费者的需求差异，因而成为市场细分的最佳起点。按行为变量细分市场主要包括：

1）购买时机。根据消费者提出需要、购买和使用产品的不同时机，将他们划分成不同的群体。例如，城市公共汽车运输公司可根据上班高峰时期和非高峰时期乘客的需求特点划分不同的细分市场并制订不同的营销策略；生产果珍之类清凉解暑饮料的企业，可以根据消费者在一年四季对果珍饮料口味的不同，将果珍市场消费者划分为不同的子市场。

2）追求利益。消费者购买某种产品总是为了解决某类问题，满足某种需要。然而，产品提供的利益往往并不是单一的，而是多方面的。消费者对这些利益的追求时有侧重，如对购买手表有的追求经济实惠、价格低廉，有的追求耐用可靠和使用维修方便，还有的则偏向于使用显示出社会地位等不一而足。

3）使用者状况。根据顾客是否使用和使用程度细分市场。通常可分为经常购买者、首次购买者、潜在购买者、非购买者。大公司往往注重将潜在使用者变为实际使用者，较小的公司则注重于保持现有使用者，并设法吸引使用竞争产品的顾客转而使用本公司产品。

4）使用数量。根据消费者使用某一产品的数量大小细分市场。通常可分为大量使用者、中度使用者和轻度使用者。大量使用者人数可能并不多，但他们的消费量在全部消费量中占很大的比重。美国一家公司发现，美国啤酒的80%是被50%的顾客消费掉的，另外一半的顾客的消耗量只占消耗总量的12%。因此，啤酒公司宁愿吸引重度饮用啤酒者，而放弃轻度饮用啤酒者，并把重度饮用啤酒者作目标市场。公司还进一步了解到大量喝啤酒的人多是工人，年龄在 25～50 岁，喜欢观看体育节目，每天看电视的时间在 3～5 小时。很显然，根据这些信息，企业可以大大改进其在定价、广告传播等方面的策略。

5）品牌忠诚程度。企业还可根据消费者对产品的忠诚程度细分市场。有些消费者经常变换品牌，另外一些消费者则在较长时期内专注于某一个或少数几个品牌。通过了解消费者品牌忠诚情况和品牌忠诚者与品牌转换者的各种行为与心理特征，不仅可为企业细分市场提供一个基础，同时也有助于企业了解为什么有些消费者忠诚于本企业产品，而另外一些消费者则忠诚于竞争企业的产品，从而为企业选择目标市场提供启示。

6）购买的准备阶段。消费者对各种产品了解程度往往因人而异。有的消费者可能对某一产品有需要，但并不知道该产品的存在；还有的消费者虽已知道产品的存在，但对产品的价值、稳定性等还存在疑虑；另外一些消费者则可能正在考虑购买。针对处于不同购买阶段的消费群体，企业进行市场细分并采用不同的营销策略。

7) 态度。企业还可根据市场上顾客对产品的热心程度来细分市场。不同消费者对同一产品的态度可能有很大差异，如有的很喜欢持肯定态度，有的持否定态度，还有的则处于既不肯定也不否定的无所谓态度。针对持不同态度的消费群体进行市场细分，并在广告、促销等方面应当有所不同。

2. 生产者市场细分

许多用来细分消费者市场的标准，同样可用于细分生产者市场。如根据地理、追求的利益和使用率等变量加以细分。不过，因为生产者与消费者在购买动机与行为上存在差别，所以，除了运用前述消费者市场细分标准外，还可用一些新的标准来细分生产者市场。

（1）用户规模。在生产者市场中，有的用户购买量很大，而另外一些用户购买量很小。以钢材市场为列，像建筑公司、造船公司、汽车制造公司对钢材需求量很大，动辄数万吨的购买，而一些小的机械加工企业，一年的购买量也不过几吨或几十吨。企业应当根据用户规模大小来细分市场，并根据用户或客户的规模不同，企业的营销组合方案也应有所不同。例如，对于大客户，宜于直接联系，直接供应，在价格、信用等方面给予更多优惠；而对众多的小客户，则宜于使产品进入商业渠道，由批发商或零售商去组织供应。

（2）产品的最终用途。产品的最终用途不同也是工业者市场细分标准之一。工业品用户购买产品，一般都是供再加工之用，对所购产品通常都有特定的要求。例如，同是钢材用户，有的需要圆钢，有的需要带钢；有的需要普通钢材，有的需要硅钢、钨钢或其他特种钢。企业此时可根据用户要求，将要求大体相同的用户集合成群，并据此设计出不同的营销策略组合。

（3）工业者购买状况。根据工业者购买方式来细分市场。工业者购买的主要方式如前所述包括直接重购、修正重购及新任务购买。不同的购买方式的采购程度、决策过程等不相同，因而可将整体市场细分为不同的小市场群。

三、市场细分的原则、程序

市场细分的依据很多，但并非所有的市场细分都是有效的。对某种产品有意义的细分变量可能对另一些产品毫无意义，如通常要按照性别来细分服装市场，但对食盐的市场、电视机的市场按性别细分却不起作用，因此，市场细分要讲求原则、程序和方法。

1. 市场细分的原则

（1）可衡量性。可衡量性是指细分的市场是可以识别和衡量的，亦即细分出来的市场不仅范围明确，而且对其容量大小也能大致作出判断。有些细分变量，如具有"依赖心理"的青年人，在实际中是很难测量的，以此为依据细分市场就不一定有意义。

（2）可进入性。可进入性是指细分出来的市场应是企业营销活动能够抵达的，亦即是企业通过努力能够使产品进入并对顾客施加影响的市场。一方面，有关产品的信息能够通过一定媒体顺利传递给该市场的大多数消费者；另一方面，企业在一定时期内有可能将产品通过一定的分销渠道运送到该市场。否则，该细分市场的价值就不大。例如，生产冰激凌的企业，如果将我国中西部农村作为一个细分市场，恐怕在一个较长时期内都难以进入。

（3）有效性。有效性即细分出来的市场，其容量或规模要大到足以使企业获利。进行市场细分时，企业必须考虑细分市场上顾客的数量，以及他们的购买能力和购买产品的频率。如果细分市场的规模过小，市场容量太小，细分工作烦琐，成本耗费大，获利小，就不值得去细分。

（4）差异性。差异性指各细分市场的消费者对同一市场营销组合方案会有差异性反应，或者说对营销组合方案的变动，不同细分市场会有不同的反应。如果不同细分市场顾客对产品需求差异不大，行为上的同质性远大于其异质性，此时，企业就不必费力对市场进行细分。另外，对于细分出来的市场，企业应当分别制订出独立的营销方案。如果无法制订出这样的方案，或其中某几个细分市场对是否采用不同的营销方案不会有大的差异性反应，便不必进行市场细分。

2. 市场细分的程序

市场细分是一项营销活动过程，其程序可分为选定产品市场范围、列举潜在顾客需求、了解顾客不同需求、识别顾客不同需求、根据差异区分市场、分析细分市场特点和估计每一市场规模七个步骤（参见图5—1）。

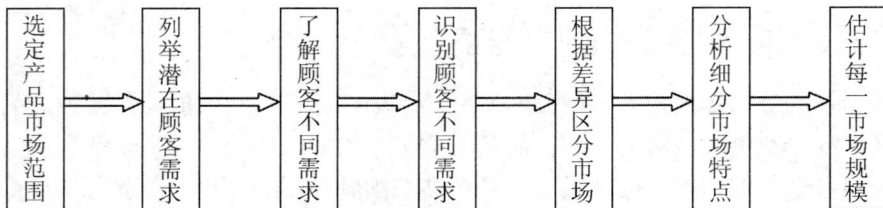

图5—1 市场细分程序

（1）选定产品市场范围。选定产品市场范围即确定进入什么行业，生产什么产品。产品市场范围应以顾客的需求，而不是产品本身特性来确定。例如，某一房地产公司打算在乡间建造一幢简朴的住宅，若只考虑产品特征，该公司可能认为这幢住宅的出租对象是低收入顾客，但从市场需求角度看，高收入者也可能是这幢住宅的潜在顾客。因为高收入者在住腻了高楼大厦之后，恰恰可能向往乡间的清静，从而可能成为这种住宅的顾客。

（2）列举潜在顾客需求。公司可以通过调查，了解潜在消费者对前述住宅的基本需求。这些需求可能包括：遮风挡雨，安全、方便、宁静，设计合理，室内陈设完备，工程质量好，等等。

（3）了解顾客不同需求。对于列举出来的基本需求，不同顾客强调的侧重点可能会存在差异。例如，经济、安全、遮风挡雨是所有顾客共同强调的，但有的用户可能特别重视生活的方便，另外一类用户则对环境的安静、内部装修等有很高的要求。通过这种差异比较，不同的顾客群体即可初步被识别出来。

（4）识别顾客不同需求。抽掉潜在顾客的共同要求，而以特殊需求作为细分标准：上述所列购房的共同要求固然重要，但不能作为市场细分的基础。如遮风挡雨、安全是每位用户的要求，就不能作为细分市场的标准，因此应该剔出。

（5）根据差异区分市场。潜在顾客基本需求上的差异方面，将其划分为不同的群体或子市场，并赋予每一子市场一定的名称。例如，西方房地产公司常把购房的顾客分为好动者、老成者、新婚者、度假者等多个子市场，并据此采用不同的营销策略。

（6）分析细分市场特点。进一步分析每一细分市场需求与购买行为特点，并分析其原因，以便在此基础上决定是否可以对这些细分出来的市场进行合并，或作进一步细分。

（7）估计每一市场规模。估计每一细分市场的规模即在调查基础上，估计每一细分市场的顾客数量、购买频率、平均每次的购买数量等，并对细分市场上产品竞争状况及发展趋势作出分析。

案例 5—1

某琴厂的市场细分

我国南方某琴厂经过调查发现，各地的中小学及幼儿园教师迫切需要一种音色优于风琴的、功能较多、便于携带和维修的教学电子琴取代原有的老式风琴，因此，该厂决定进入这个市场。但是，在这个市场上已有几家企业生产电子琴了，竞争相当激烈。那么，怎样才能使自己的产品更具特色，更有吸引力呢？该厂通过进一步调查分析，中小学和幼儿园的音乐教师在购买电子琴时，除了关心其音色及质量外，由于单位财务条件的约束，更为关心的是乐器的价格。当时市场上已存在的厂家，虽然其产品在功能、音色方面都不错，但是普遍价格昂贵，因此销路不是十分好。根据这些信息，这家企业做出了"价格较低廉、结构较简单"的决策。要求产品在质量和性能上达到优于风琴的水平；功能简单，但至少有一个风琴音色和一个欣赏音色，弹奏方面要与风琴一样，以适应教师的弹奏习惯。在达到这几个条件的基础上，力求降低成本，保证商品零售价不超过200元。这个200元的价格界限，是该厂市场定位的又一个精彩之处。当时，市面上一台风琴的价格在200元左右。所以，中小学校和幼儿园在将原来的老式风琴更新换代时就会遇到两种选择：风琴和电子琴。而电子琴在质量和性能上都超过了风琴，所以，电子琴的优势一下子就凸显出来了。该厂的另一个煞费苦心之处是，考虑到当时的财务规定，中小学和幼儿园的领导在财务审批方面的最高限额为200元，这样，买一台电子琴，完全可以由本单位领导自己决策，而不必要向上级审批。由此可见，在市场定位方面要考虑的方面实在是太多了。

资料来源：营销在线：《市场定位三要素》，http：//www. yeewe. com。

第二节 目标市场选择策略

在市场营销活动中，任何企业都应确定自己的目标市场。因为就企业来说，并非所有的市场机会都具有同等的吸引力，或者说并不是每一个子市场都是企业所愿意进入和能够进入的。同时，一个企业总是无法提供市场内所有买主所需要的产品与劳务。由于资源有限，企业的营销活动必然限定在一定范围内。在制订市场营销策略时，企业必须在纷繁复杂的市场中，发现最适于销售它的产品，购买者都是哪些人，购买者的地域分布、需要、爱好及其他购买行为的特征是什么？这就是说，现代企业在营销决策之前，必须确定具体的服务对象，即选定目标市场。

一、选择目标市场的条件

现代企业对市场的认识，仅仅停留在市场细分上是远远不够的。因为这样划分的市场范围较广，中间包含了很多异质因素，企业难以决定经营方向。为此，企业必须根据调研资料和一定的标准，将包含着异质的全部市场细分成基本特性趋于一致的若干子市场，以便根据主客观条件，具体确定企业应当生产什么产品，往哪里销售，主要的目标市场放在哪里等具体问题。一般来说，一个细分市场要能成为企业的目标市场，必须具备以下三个条件：

1. 评估细分市场

（1）根据市场特性评估。

1）市场有没有"适当"的规模。"适当"的规模是个相对的概念，大企业一般重视销售量大的细分市场，小企业却经常会选择一些小的细分市场，但总的来说，根据企业自身的条件，衡量细分市场的规模是否值得去开发，即开发这样的市场是否会由于规模过于小而不能给企业带来所期望的销售额和利润。

2）市场有没有预期的发展前景。一个细分市场是否值得开发，除了应具备规模因素外，我们还要考察市场有没有相应的发展前景。发展前景通常是一种期望值，因为企业总是希望销售额和利润能不断上升。但要注意，竞争对手会迅速地抢占正在发展的细分市场，从而抑制本企业的盈利水平。

（2）根据企业目标和资源评估。某细分市场具有适合企业的规模、良好的发展前景和富有吸引力的结构，能否作为企业的目标市场，企业仍需结合自己的目标和资源进行考虑。企业有时会放弃一些有吸引力的细分市场，因为它们不符合企业的长远目标。当细分市场符合企业的目标时，企业还必须考虑自己是否拥有足够的资源，能保证在细分市场上取得成功。即使具备了必要的能力，公司还需要发展自己的独特优势。只有当企业能够提供具有高价值的产品和服务时，才可以进入这个目标市场。

2. 选择目标市场的要求

（1）拥有一定的购买力，有足够的销售量及营业额。

（2）有尚未满足的消费需要，有充分发展的潜在购买力，以作为企业市场营销发展的方向。

（3）市场竞争还不激烈，竞争对手未能控制市场，有可能乘势开拓市场营销并占有一定的市场份额，在市场竞争中取胜。

3. 选择目标市场影响因素

前面所述的三种目标市场策略各有其长处和不足，企业应根据具体的情况加于选择。企业在确定采用何种目标市场策略时应考虑如下因素：

（1）企业资源。企业的资源包括企业的人力、物力、财力、信息、技术等方面。当企业资源多，实力雄厚，可运用无差异性或差异性市场策略；当企业资源少，实力不足，最好采用密集性市场策略。

（2）产品的同质性。生产同质性高的产品的企业，如大米、食盐等，由于其差异较少，企业可用无差异性市场策略；生产同质性低的产品，如衣服、照相机、化妆品、汽车等，对于这类产品，消费者认为产品各个方面的差别较大，在购买时需要挑选比较，企业适宜采用差异性市场策略去满足不同消费者的需求。

（3）产品所处的生命周期阶段。产品处于生命周期不同的阶段，由于市场的环境发生变化，企业应采用不同的市场策略。在产品的投入期和成长期前期，由于没有或竞争对手很少，一般应采用无差异性市场策略；在成长期后期、成熟期，由于竞争对手多，企业应采取差异性市场策略，开拓新的市场。在衰退期，则可用密集性的市场策略，集中企业有限的资源。

（4）市场的同质性。如果各个细分市场的消费者对某种产品的需求和偏好基本一致，对市场营销刺激的反应也相似，则说明这市场是同质或相似的，这一产品的目标市场策略最好采用无差异性市场策略。如我国的电力，无论是北方市场或南方市场、城市市场或农村市场、沿海地区市场或是内陆地区市场，其需求是一致的，都需要 220V、50Hz 的照明电，电力应采用无差异市场策略。如果各个细分市场的消费者对同种产品需求的差异性大，则这种产品的市场同质性低，应采用差异性市场策略。如洗衣机市场，城市消费者与农村消费者的需求不同，南方消费者与北方消费者的需求不同，高收入阶层与低收入阶层的需求也会不同。

（5）竞争状况。首先应考虑竞争对手的数量。如果竞争对手的数目多，应采用差异性市场策略，发挥自己的优势，提高竞争力；如果竞争对手少，则采用无差异性市场策略，去占领整体市场，增加产品的销售量。其次应考虑竞争对手采取的策略。如果竞争对手已积极进行市场细分，并已选用差异性市场策略时，企业应采用更有效的市场细分，并采用差异性市场策略或密集性市场策略，寻找新的市场机会。如果竞争对手采用无差异性市场策略，企业可用差异性市场策略或密集性市场策略与之抗衡，如果竞争对手较弱，企业也可以实行无差异性市场策略。

二、确定目标市场范围

市场经过细分、评价后，可能得出若干可供进军的细分市场，企业是向某一个市场进军还是向多个市场进军呢？这就需要确定目标市场的范围。企业可以在五种目标市场类型中进行选择（参见图 5—2）。

1. 市场集中化

企业选择一个细分市场作为目标市场，企业只生产一种产品来满足这一市

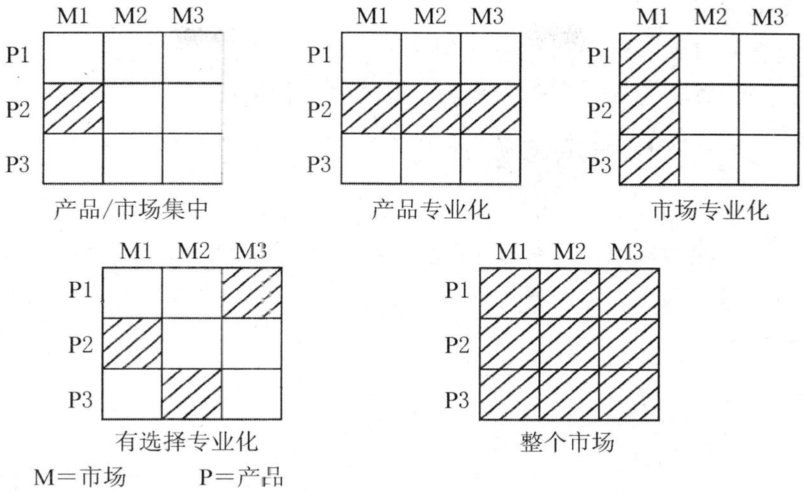

图 5-2　五种目标市场选择类型

场消费者的需求。这种策略的优点主要是能集中企业的有限资源，通过生产、销售和促销等专业化分工，能提高经济效益。一般适应实力较弱的小企业，与其在大市场里平庸无奇，倒不如集中在小市场，变小市场为大市场。但存在着较大的潜在风险，如消费者的爱好突然发生变化，或有强大的竞争对手进入这个细分市场，企业很容易受到损害。

2. 产品专业化

企业选择几个细分市场作为目标市场，企业只生产一种产品来分别满足不同目标市场消费者的需求。这种策略可使企业在某个产品树立起很高的声誉，扩大产品的销售，但如果这种产品被全新技术产品所取代，其销量就会大幅下降。

3. 市场专业化

企业选择一个细分市场作为目标市场，并生产多种产品来满足这一市场消费者的需求。企业提供一系列产品专门为这个目标市场服务，容易获得这些消费者的信赖，产生良好的声誉，打开产品的销路。但如果这个消费群体的购买力下降，就会减少购买产品的数量，企业就会产生滑坡的危险。

4. 有选择专业化

企业选择若干个互不相关的细分市场作为目标市场，并根据每个目标市场消费者的需求，向其提供相应的产品。这种策略的前提就是每个市场必须是最有前景、最具经济效益的市场。

5. 整体市场

企业把所有细分市场都作为目标市场,并生产不同的产品满足各种不同的目标市场消费者的需求。只有大企业才能选用这种策略。

三、进入目标市场策略

企业通过对市场进行细分,发现一些潜在需求或未被满足的需求,并结合企业自身的目标和资源,分析竞争的情况,寻找到理想的市场机会,这就是目标市场的选择。企业决定选择哪些细分市场为目标市场,有三种目标策略可供选择(参见图5—3)。

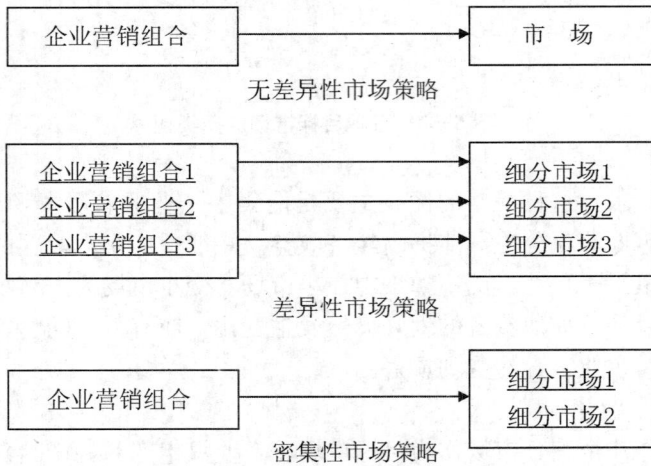

图5—3 三种不同的目标市场策略

1. 无差异市场营销

无差异市场营销指企业在市场营销细分之后,不考虑各子市场的特性,而注重子市场的共性,决定只推出单一产品,运用单一的市场营销组合,力求在一定程度上满足尽可能多的顾客需求。优点是产品的品种、规格、款式简单,有利于标准化与大规模生产,有利于降低生产、存货、运输、研究、促销等成本费用。但缺点是单一产品要以同样的方式广泛销售,很难得到需求多样性的广大客户的满意。特别是当时同行业中有若干家企业实行无差异营销时,在较大的子市场中的竞争将会日趋激烈,而在较小的子市场中将会出现供不应求,往往出现子市场越大,利润反而越小的情况。

2. 差异市场营销

差异市场营销指企业决定同时为几个子市场服务，设计、研制不同的产品，并在渠道、促销、定价等方面采取相应的措施，以适应于各市场的需要。优点是企业的产品种类如果同时在几个子市场都占有优势，就会提高消费者对企业的信任感，进而提高重复购买率。而且，通过多样化的渠道和多种形式销售，亦会大大增加企业的总销售额。但缺点是会使企业的生产成本和日常营销费用（包括产品改进成本、生产成本、管理费用、存货成本、促销成本等）增加。

3. 密集市场营销

密集市场营销指企业中所有力量，以一个或少数几个性质相似的子市场作为目标市场，以便在较少的子市场上占有较大的市场占有率。优点是有利于为顾客服务，有利于在生产和市场营销方面实现专业化，有利于企业在特定市场取得优势地位，获得较高的投资收益率，但缺点是实行密集市场营销有较大风险，因为目标市场比较狭窄，一旦市场情况突然恶化，企业可能陷入困境。

第三节　市场定位

企业进行市场细分，确定目标市场之后，紧接着应考虑目标市场各个方位的竞争情况。因为在企业准备进入的目标市场中往往存在一些捷足先登的竞争者，有些竞争者在市场中已占有一席之地，并树立了独特的形象。新进入的企业如何使自己的产品与现存的竞争者产品在市场形象上相区别，这就是市场定位的问题。

一、市场定位的含义及作用

目标市场范围确定后，企业就要在目标市场上进行定位了。市场定位是指企业全面地了解、分析竞争者在目标市场上的位置后，确定自己的产品如何接近顾客的营销活动。

1. 市场定位的含义

市场定位是 20 世纪 70 年代由美国学者阿尔·赖斯提出的一个重要营销学概念。所谓市场定位就是企业根据目标市场上同类产品竞争状况，针对顾客对该类产品某些特征或属性的重视程度，为本企业产品塑造强有力的、与众不同的鲜明个性，并将其形象生动地传递给顾客，求得顾客认同。市场定位的实质是使本企业与其他企业严格区分开来，使顾客明显感觉和认识到这种差别，从而在顾客心目中占有特殊的位置（参见图5-4）。

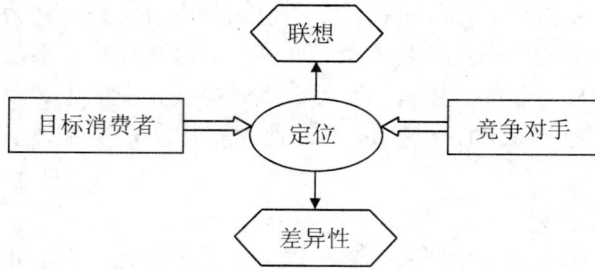

图5-4　市场定位

　　传统的观念认为，市场定位就是在每一个细分市场上生产不同的产品，实行产品差异化。事实上，市场定位与产品差异化尽管关系密切，但有着本质的区别。市场定位是通过为自己的产品创立鲜明的个性，从而塑造出独特的市场形象来实现的。一项产品是多个因素的综合反映，包括性能、构造、成分、包装、形状、质量等，市场定位就是要强化或放大某些产品因素，从而形成与众不同的独特形象。产品差异化乃是实现市场定位的手段，但并不是市场定位的全部内容。市场定位不仅强调产品差异，而且要通过产品差异建立独特的市场形象，赢得顾客的认同。

　　需要指出的是，市场定位中所指的产品差异化与传统的产品差异化概念有本质区别，它不是从生产者角度出发单纯追求产品变异，而是在对市场分析和细分化的基础上，寻求建立某种产品特色，因此它是现代市场营销观念的体现。市场定位的概念提出来以后，受到企业界的广泛重视。越来越多的企业运用市场定位，参与竞争、扩大市场。

2. 市场定位的作用

　　市场定位有利于建立企业及产品的市场特色，是参与现代市场竞争的有力武器。在现代社会中，许多市场都存在严重的供大于求的现象，众多生产同类产品的厂家争夺有限的顾客，市场竞争异常激烈。为了使自己生产经营的产品获得稳定销路，防止被其他厂家的产品所替代，企业必须从各方面树立起一定的市场形象，以期在顾客心目中形成一定的偏爱。美国摩托罗拉公司在世界电信设备市场上，成功地塑造了质量领先的形象，从而在激烈的市场竞争中居于领先地位。在十年不到的时间内，由一家小公司上升到世界十大"名牌"公司之一。

市场定位决策是企业制定市场营销组合策略的基础。企业的市场营销结合要受到企业市场定位的制约，例如，假设某企业决定生产销售优质低价的产品，那么这样的定位就决定了：产品的质量要高；价格要定得低；广告宣传的内容要突出强调企业产品质优价廉的特点，要让目标顾客相信货真价实，低价也能买到好产品；分销储运效率要高，保证低价出售仍能获利。也就是说，企业的市场定位决定了企业必须设计和发展与之相适应的市场营销组合。

二、市场定位的原则和内容

1. 市场定位的原则

各个企业经营的产品不同，面对的顾客也不同，所处的竞争环境也不同，因此市场定位所依据的原则也不同。总的来讲，市场定位所依据的原则有以下四点：

（1）根据具体的产品特点定位。构成产品内在特色的许多因素都可以作为市场定位所依据的原则。七如所含成分、材料、质量、价格等。"七喜"汽水的定位是"非可乐"，强调它是不含咖啡因的饮料，与可乐类饮料不同。"泰宁诺"止痛药的定位是"非阿司匹林的止痛药"，显示药物成分与以往的止痛药有本质的差异。一件仿皮支衣与一件真正的水貂皮衣的市场定位自然不会一样，同样，不锈钢餐具若与纯银餐具定位相同，也是难以令人置信的。

（2）根据特定的使用场合及用途定位。为老产品找到一种新用途，是为该产品创造新的市场定位的好方法。小苏打曾一度被广泛地用作家庭的刷牙剂、除臭剂和烘焙配料，现在已有不少的新产品代替了小苏打的上述一些功能。如今小苏打可以定位为冰箱除臭剂，另外还有家公司把它当作调味汁和肉卤的配料，更有一家公司发现它可以作为冬季流行性感冒患者的饮料。我国曾有一家生产"曲奇饼干"的厂家最初将其产品定位为家庭休闲食品，后来又发现不少顾客购买是为了馈赠，又将之定位为礼品。

（3）根据顾客得到的利益定位。产品提供给顾客的利益是顾客最能切实体验到的，也可以作为定位的依据。世界上各大汽车巨头的定位也各有特色，劳斯莱斯车豪华气派、丰田车物美价廉、沃尔沃则结实耐用。又如，王老吉原先的定位是一种由中草药熬制，具有清热去湿等功效的"药茶"，现在定位是"预防上火的饮料"。

（4）根据使用者类型定位。企业常常试图将其产品指向某一类特定的使用者，以便根据这些顾客的看法塑造恰当的形象。美国米勒啤酒公司曾将其原来唯一的品牌"高生"啤酒定位于"啤酒中的香槟"，吸引了许多不常饮用啤酒的高收入妇女。后来发现，占30%的狂饮者大约消费了啤酒销量的80%，于是，该公司在广告中展示石油工人钻井成功后狂欢的镜头，还有年轻人在沙滩上冲刺后开怀畅饮的镜头，塑造了一个"精力充沛的形象"。在广告中提出"有空就喝米勒"，从而成功占领啤酒狂饮者市场达 10 年之久。

2. 市场定位的内容

（1）市场定位，就是确定企业的目标顾客群。

（2）形象定位，就是确认企业在顾客心目中的地位。

（3）产品定位，就是确定具体的产品线和产品项目的档次、质量、花色等。

（4）竞争定位，确定企业相对于竞争者的市场位置。

三、市场定位的策略

企业进行市场定位的依据的原则往往不止一个，而是多个原则同时使用。因为要体现企业及其产品的形象，市场定位必须是多维度的、多侧面的，因此定位策略也是多种选择。具体来讲主要有下列三种。

1. 避强定位

这是一种避开强有力的竞争对手进行市场定位的模式。企业不与对手直接对抗，将自己置定于某个市场"空隙"，发展目前市场上没有的特色产品，可拓新的市场领域。

这种定位的优点是：能够迅速地在市场上站稳脚跟，并在消费者心中尽快树立起一定形象。由于这种定位方式市场风险较小，成功率较高，常常为多数企业所采用。例如，美国的 Aims 牌牙膏专门对准儿童市场这个空隙，因而能在 Crest（克蕾丝，宝洁公司出品）和 Colgate（高露洁）两大品牌统霸的世界牙膏市场上占有 10％的市场份额。

2. 迎头定位

这是一种与在市场上居支配地位的竞争对手"对着干"的定位方式，即企业选择与竞争对手重合的市场位置，争取同样的目标顾客，彼此在产品、价格、分销、供给等方面少有差别。企业根据自身的实力，为占据较佳的市场位置，不惜与市场上占支配地位的、实力最强或较强的竞争者发生正面竞争，从而使自己的产品进入与对手相同的市场位置。这种定位的方式有时会产生激烈的市场竞争，有较大的市场风险，但不少企业认为由于竞争者强大，能够激励自己奋发上进，一旦成功就会取得取得巨大的市场优势，且在竞争过程中往往能产生轰动效应，可以让消费者很快了解企业及其产品，企业易于树立市场形象。如可口可乐与百事可乐之间持续不断的争斗，肯德基与麦当劳对着干等。实行对抗性定位，必须知己知彼，应清醒估计自己的实力，不一定要压垮对方，只要能够平分秋色就是巨大的成功。

在世界饮料市场上，作为后起的百事可乐进入市场时，就采用过这种方式，"你是可乐，我也是可乐"，与可口可乐展开面对面的较量。实行迎头定位，企业必须做到知己知彼，应该了解市场上是否可以容纳两个或两个以上的竞争者，自己是否拥有比竞争者更多的资源和能力，是不是可以比竞争对手做得更好。否则，迎头定位可能会成为一种非常危险的战术，将企业引入歧途。当然，也有些企业认为这是一种更能激发自己奋发向上的定位尝试，一旦成功就能取得巨大的市场份额。

3. 重新定位

重新定位通常是指对那些销路少、市场反应差的产品进行二次定位。初次定位后，随着时间的推移，新的竞争者进入市场，选择与本企业相近的市场位置，致使本企业原来的市场占有率下降；或者，由于顾客需求偏好发生转移，原来喜欢本企业产品的人转而喜欢其他企业的产品，因而市场对本企业产品的需求减少。在这些情况下，企业就需要对其产品进行重新定位。所以，一般来讲，重新定位是企业为了摆脱经营困境，寻求重新获得竞争力和增长的手段。不过，重新定位也可作为一种战术策略，并不一定是因为陷入了困境，相反，可能是由于发现新的产品市场范围引起的。例如，某些专门为青年人设计的产品在中老年人中也开始流行后，这种产品就需要重新定位。

案例 5-2

麦当劳的市场定位

早在 1959 年，年销售收入不过 243 万美元的麦当劳公司就以每月 500 美元的费用聘请芝加哥的一家公关公司作广告。到 1973 年，麦当劳各店平均营业额高达 62.1 万美元时，负责麦当劳广告的伊登广告公司针对不同的市场——儿童、青少年、青年及中年，提出不同的销售主张，但在任何一项销售主张中，都以欢乐、温暖和亲切为广告设计的主题。

伊登为麦当劳策划了一整套的儿童故事："汉堡神偷"（Hamburglar）、"芝士汉堡市长"（Mayor McOheese）、"巨无霸警长"（Officer Big Mac）和"奶昔小精灵"（Grimace）。他们都成为麦当劳餐厅中最受欢迎的人物，也是许多麦当劳广告中的主角。他建造麦当劳儿童乐园在快餐业同行中亦为少见，自从 20 世纪 60 年代以来在美国国内推出"麦当劳儿童乐园"后，它已成为麦当劳餐厅中最主要的特色之一。现在全球 30％的麦当劳餐厅中都设有"儿童乐园"。

1960 年，美国广播公司（NBC）的华盛顿台开始一个新的儿童节目——"波索马戏团"，这是一个联播节目，在全国各地由不同的演员扮演同一小丑——波索，在各地方演出。麦当劳独具慧眼，独家赞助波索去华盛顿地区的演出，因为这个节目非常吸引麦当劳的主要顾客——儿童。扮演波特小丑的斯科特很有办法吸引儿童，因此节目很受欢迎。斯科特扮演的波特毫不含糊地每周在电视上对着小朋友说："叫爸爸妈妈带你们去麦当劳哟！"他快乐、真挚的声调完全吸引了小观众。

波索于是被邀请去麦当劳餐厅进餐，他受欢迎的程度，连麦当劳自己都感到吃惊。波索不仅成为华盛顿地区的明星级人物，同时也成为麦当劳的代言人。

1963 年初，美国电视网突然决定停播波索马戏团的节目，麦当劳决心自创小丑，这便有了现今世界各地都见得到的"麦当劳叔叔"。"麦当劳叔叔"是一个非常商业化的小丑：帽子是一顶放着汉堡包、奶昔和薯条的托盘，鞋子像两块大面包，鼻子上装着一只麦当劳杯子。麦当劳叔叔虽然是大人，却只做小孩子喜欢做的事情：溜冰、打球、游泳，他是和儿童站在一起，而非父亲型人物。

麦当劳花费巨资用各种广告媒介塑造"麦当劳叔叔"的形象，使它成为麦当劳连锁的代言人。结果这一形象深受儿童欢迎，"麦当劳叔叔"的声势不仅在同行中无与伦比，就算在食品业以外，大概也只有圣诞老人可以与它竞争在儿童心目中的位置了。而打动了儿童的心，就可以让他们带动他们的父母进麦当劳了。

麦当劳为了进一步突出"演出"的效果，还不断想出各种花招来吸引儿童，如在商店里设置了儿童乐园，在周末，麦当劳为 100 位在这天过生日的"幸运儿童"举办生日聚会，给他们免费提供食物，有大姐姐专门带他们游戏，餐厅里专门为他们点歌……

麦当劳就通过这些手法为进餐者提供情趣和舞台，标榜自己是娱乐业，为自己塑造了一个"欢乐"的形象。

资料来源：百度文库，《市场定位》，http://wenku.baidu.com/view/73ae95748e9951e79b8927da.html。

复习思考题：

1. 谈谈为什么要进行市场细分？
2. 怎样进行市场细分？

3. 进行有效市场细分应具备哪些条件？

4. 细分市场能否成为目标市场？应从哪几方面进行评价？

5. 企业进行定位时有哪几种策略可供选择？

6. 企业定位不理想时应做何种处理？

7. 在作出对抗性定位时，企业应把握的问题是什么？

8. 有人说："当企业为其产品推出较多的优越性（利益点）时，可能会变得令人难以相信，并失去一个明确的定位。"你是否同意这一说法？能否找出一些现实生活中观察到的实例来说明。

第六章　产品策略

教学目的

　　通过教学使学生正确理解产品概念并把握产品三个层次的内涵，了解产品组合的相关概念以及产品组合策略，把握产品生命周期各阶段的特点及其营销对策，掌握新产品开发原则、开发流程及其策略，认识包装的作用、设计原则并掌握包装策略，强化品牌营销观念并掌握品牌建设的决策技巧。

第一节　产品概述

　　企业营销的根本任务是满足顾客潜在的和现实的需求，而顾客需求的满足需要依靠提供适合的产品来实现。没有产品其价格、分销和促销便没有标的物而无法进行，因此，在企业的营销过程中，产品成为最主要、决定性的因素。在供过于求的"买方市场"条件下，企业必须站在顾客的立场上考虑问题，在确定了所要服务的目标市场之后，认真分析顾客眼中的产品，按照顾客的要求制定产品策略，因为这些直接关系到企业在市场竞争的成败。

一、产品的含义

　　产品通常有狭义和广义之分。狭义的产品是指生产者通过劳动而生产出来的、用于满足消费者需要的有形实体。这一概念强调产品是有形的物品，在生产观念盛行的时代极为流行。广义产品是能够提供给市场以引起人们注意，让人们获取、使用或消费，从而满足人们某种欲望或需要的一切东西。这里的产品具有两种形态：一是实体产品（有形产品），呈现在市场上具有一定的物质形态，如汽车、房屋、食品、衣服等；二是软体产品（无形产品），指各种劳务或销售服务，如运输、通信、保险等劳务以及产品的送货服务、维修服务，等等。

市场营销学对产品的界定，从内涵看更为丰富，从外延看涵盖面十分宽泛。现代市场营销学认为，产品不仅是指有具体物质形态的、有形的物品，还包括非物质形态的服务、事件、人员、地点、观念、组织、体验、经历或这些因素的组合。按照菲利普·科特勒的定义："产品是指能提供给市场以引起人们关注、获得使用或消费，从而满足某种欲望或需要的任何东西。"

市场营销学认为，产品的概念是一个整体概念，它包含有核心产品、形式产品和附加产品三个层次（参见图6—1），核心产品、形式产品和附加产品是三位一体的，是相互依存的。核心产品、形式产品、附加产品作为产品的三个层次是不可分割和紧密相连的，它们构成了产品的整体概念。其中，核心产品是基础，是本质；核心产品必须转变为形式产品才能得到实现；在提供形式产品的同时还要提供更广泛的服务和附加利益，形成附加产品。由此可见，产品的整体概念以核心产品为中心，也就是以顾客的需求为出发点。企业在充分考虑消费者需要的前提下，产品决策将核心产品转变为形式产品，并在此基础上附加多种利益，进一步满足消费者的需要。

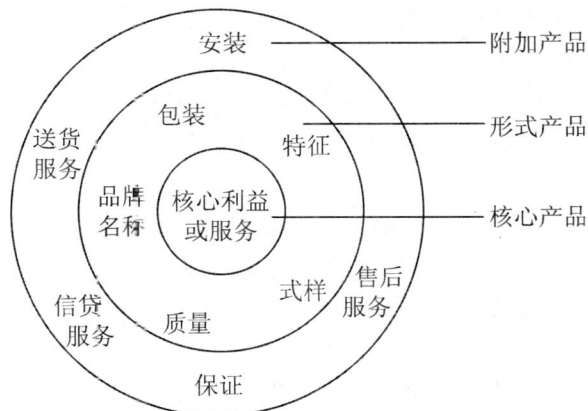

图6—1　产品整体概念

1. 核心产品

核心产品也叫实质产品，是指产品能给购买者带来的基本利益和效用，即产品的使用价值，是构成产品本质的核心部分。例如，房屋的核心是为了居住，食物的核心是营养。顾客购买某种产品的目的并不是为了获得产品的本身，而是通过对产品的消费来满足某种核心利益的需要。顾客是为了获得产品的使用价值而买，但同一产品使用价值并非单一。一般来说，产品的使用价值有原始的使用价值和派生的使用价值之分，如房屋原始使用价值就是为了居住，派生的使用价值就有很多，如身份的象征、成功的标志、财富的显示、货币的保值和投资的增值等。顾客对同一产品使用价值的偏好也不尽相同，往往是在保证原使用价值的同时，还会关注某一或多个派生的使用价值。企业设计和开发产品时，要充分了解顾客对产品购买的真正的核心利益需要，特别是隐性的派生使用价值的潜在需要，努力使产品核心利益满足顾客购买需要，并使其满意。否则，产品也就不可能受到市场的欢迎。

2. 形式产品

形式产品是产品的第二个层次，是指产品的具体形态，通过产品的外观、质量、特色、包装和品牌等特征表现出来。产品设计者必须将核心产品转变为形式产品，才能使顾客得到产品所带来的核心利益。可以说，形式产品是核心产品的物质载体，也是产品的表现形式。产品的基本效用必须通过形式产品有效地实现，才能更好地满足顾客的需要，一方面，同一核心产品内容的形式产品是多式多样，如具有彰显个性的服装，可以通过不同的品牌、款式、色彩、型号等形式产品去承载，使市场变得多姿多彩；另一方面，形式产品的呈现是顾客识别产品、选购商品的直观依据。因此，企业的形式产品设计和开发有两个极其重要的任务：一是形式产品开发一定要符合其核心产品的需要，换言之，形式产品要能够有效、很好地表现核心产品的功能效用和价值；二是形式产品要能够有效地促进客户识别产品、购买产品。

3. 附加产品

附加产品，也称为延伸产品，是产品的第三个层次，是指顾客购买产品所得到的附件利益的总和，如质量保证、信息服务、送货上门、免费安装、使用培训等。附加产品能带给顾客更多的利益和更大的满足，它指消费者购买产品时所能得到的附加服务和附加利益的总和。例如，购买计算机产品，获得的不仅是计算机本身，即主机、显示器、音响设备等硬件，而且得到使用说明书、软件系统、安装调试、维修服务以及保证等。附加产品不是可有可无的，而是产品整体概念中不可或缺的重要的组成部分。一方面是因为顾客购买的目的是为了满足某种需要，他们希望得到与满足这一需要有关的一切，企业要通过附加产品保障核心产品的使用价值，同时为客户提供一些附加的、额外的利益；另一方面也是企业赢得顾客、赢得竞争、赢得市场的利器。

二、产品的分类

产品多种多样、异彩纷呈。企业可以根据产品的各种特点将产品分成不同的类型，并依此制定与之相适应的产品策略。根据产品最终用途的不同，可将社会总产品分为生产资料产品（也称为工业品）和消费资料产品（也称为消费品）。这里着重讲解四种分类方法。

1. 按产品形态分类

（1）有形产品。有形产品又称形体产品、货物产品，是指具有某种效用和长宽高三维性的产品，如衣食住行的服装、食品、房屋、汽车等。市场上有形产品种类众多，琳琅满目，且都有着一个共同的特点，就是产品有一定的物质外形，让顾客看得见、摸得着。

（2）无形产品。无形产品是指对一切有形资源通过物化和非物化转化形式使其具有价值和使用价值属性的非物质的劳动产品，如旅游、医疗、美容美发、交通运输、金融服务、会计服务、律师服务、信息服务等。无形产品具有无形性，生产、销售和消费的不可分离性，产品质量的可变性和不可储存性等特点。

2. 按产品用途分类

（1）产业用品（工业品）。产业用品（工业品）是指购买后用于制造其他产品或服务，用于促进企业经营或向其他消费者转售的产品。如主要设备、辅助设备、零部件、加工材料、原材料、消耗品和服务等。

（2）消费品。消费品是指用来满足消费者个人需求的产品。有时按照预期用途，同一个产品会既被定义为产业用品又被定义为消费品，如灯泡、纸张、笔等。

3. 按产品耐用性分类

（1）非耐用品。属有形产品，通常只能使用一次或少数几次，如火柴、香皂、食品等。这类产品往往购买频率较高，因此经营者应考虑如何使消费者购买更便利，产品售价讲求薄利多销，充分利用各种促销手段以吸引消费者使用。

（2）耐用品。耐用品也属有形产品，可重复使用，这类产品单位价值较非耐用品高，如电视机、冰箱、汽车等。经营销售时应较多地提供各种服务。

4. 按消费者购买习惯分类

（1）日用品。日用品是指那些顾客购买频繁，且购买时只花最小的精力去比较的产品，如牙膏、香皂、报纸等。这类产品往往需要做大量的广告宣传和促销活动，且销售网点应该较多。

（2）选购品。选购品是指顾客在购买过程中，对产品的质量、价格、款式、色泽等基本属性方面作有针对性的比较的产品，如服装、家电等。选购品经营者应提供较多的花色品种，以满足不同消费者的需求，这比细微的价格差别将更有效。

（3）特殊品。特殊品是指具有一定特征或商标标记的产品，对这类产品大部分购买者一般愿意花费较大的成本进行选择，如高档时装、高级音响、个人喜好的收藏品等。这类商品经营者不必考虑销售地点是否方便，但必须尽可能为消费者提供具体的购货地点。

（4）非渴求品。非渴求品是指消费者未曾听说过，或即使听说过也不想购买的产品，如保险、某些工具书等。这类商品经营者往往要花大力气进行广告宣传和人员推销。

按消费者购买习惯的产品分类参见图 6-2。

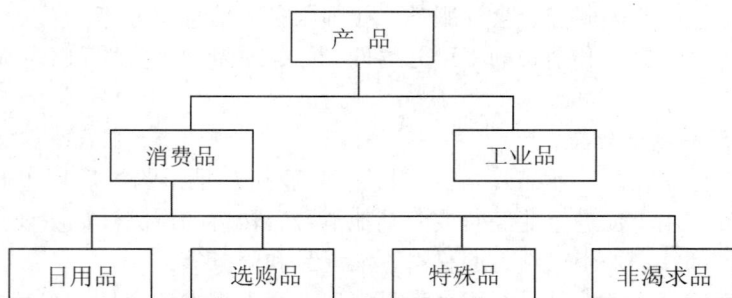

```
            ┌─────────┐
            │  产  品  │
            └─────────┘
          ┌──────┴──────┐
      ┌───────┐      ┌───────┐
      │ 消费品 │      │ 工业品 │
      └───────┘      └───────┘
   ┌────┬────┴────┬────────┐
┌──────┐┌──────┐┌──────┐┌────────┐
│日用品 ││选购品 ││特殊品 ││非渴求品 │
└──────┘└──────┘└──────┘└────────┘
```

图 6-2　按消费者购买习惯的产品分类

第二节　产品组合

不同的产品有着不同的顾客群，同一顾客群对同一产品也有需要差异。企业要想争取更大的市场，就必须进行产品组合。现代社会化大生产和市场经济条件下，很少有企业只生产单一产品，大多数企业进行产品组合，以满足消费者的不同需求。

一、产品组合的基本概念

产品组合又称产品结构、产品搭配，是指企业生产或经营的全部产品线和产品项目的有机组合方式，是企业的经营范围。

1. 产品线

产品线又称产品系列、产品品类、产品大类，是指一组密切相关的产品。所谓密切相关，指这些产品或者能够满足同种需求；或者必须配套使用，销售给同类顾客；或者经由相同的渠道销售；或者在同一价格范围内出售。国际上通常将家用电器分为白色家电、黑色家电、米色家电。海尔的经营范围就拥有白色家电冰箱、洗衣机、空调、微波炉、取暖器等生产线，黑色家电拥有电视机、家庭影院、DVD播放机，还拥有米色家电计算机的生产线。

2. 产品项目

产品项目指在同一产品线或产品系列下不同型号、规格、款式、质地、颜色、品牌、价位的具体品类或产品单位。每一产品线下包含有若干产品项目，如服装类按消费对象可分为男装、女装、童装等品类，按生产工艺可分为针织服装、梭织服装等品类，其下还可细分很多具体的品类。

二、产品组合维度

企业产品组合是一门艺术，是一项系统工程，其策略千变万化，异彩纷呈，古今中外，无论是成功的产品组合，还是失败的产品组合，无不集中反映在四个变数，即产品组合的广度、产品组合的长度、产品组合的深度和产品组合的关联度。

1. 产品组合的广度

产品组合广度又称产品组合的宽度，指企业生产经营的产品线的数量。大中型的多元化经营的企业集团产品组合的广度较宽，而专业化的企业和专营性商店生产和经营的产品品类较少，产品组合的广度较窄。

2. 产品组合的长度

产品组合长度指企业生产经营的全部产品线中所包含的产品项目总数，即产品线的总长度。表6-1所示的宝洁公司产品项目总数是32，这就是产品线的总长度。每条产品线的平均长度，即企业全部产品项目数除以全部产品线所得的商，在此表中是6.4（32/5），说明平均每条产品线中有6.4个品牌的产品。企业产品的项目总数越多，即产品线越长，反之则越短。

表 6—1　宝洁公司的产品组合

产品组合	产品组合的宽度					
	洗涤剂	牙膏	香皂	尿布	纸巾	洗发水
产品组合的长度	象牙雪 洁拂 汰渍 快乐 奥克多 达士 大胆 吉思 黎明	格里 佳洁士 登奎尔	象牙 柯克斯 拉瓦 佳美 爵士 舒肤佳 海岸 玉兰油	帮宝适 露肤	媚人 白云 普夫 旗帜 怡人	潘婷 海飞丝 飘柔 沙宣 伊卡璐

3. 产品组合的深度

产品组合的深度指企业生产经营的每条产品线中,每种产品品牌所包含的产品项目的数量。一个企业每条产品线中所包含的产品品牌数往往各不相同,每一产品品牌下又有不同的品种、规格、型号、花色的产品项目,同一产品种类中规格、品种、花色、款式较为齐全,产品组合的深度较深。如表 6—1 所示,宝洁公司洗涤剂的品牌项目有 9 个,那么它的深度就是 9,尿布产品线最短,经营的品牌品类只有 2 个。

4. 产品组合的关联度

产品组合的关联度又称产品组合的密度或相关性,指企业生产和经营的各条产品线的产品在最终用途、生产条件、销售渠道及其他方面相互联系的密切程度。表 6—1 中宝洁公司的产品组合主要集中在日用化工产品方面,产品的最终用途相同,可以通过相同的分销渠道销售,其关联度较为密切。一般而言,实行多元化经营的企业,因同时涉及几个不相关联的行业,各产品之间相互关联的程度较为松散;而实行专业化经营的企业,各产品之间相互关联的程度则较为密切。

企业产品组合的广度、长度、深度和关联度不同,就构成不同的产品组合。分析企业产品组合,具体而言就是分析产品组合的广度、长度、深度及关联度的现状、相互结合运作及发展态势。在一般情况下,扩大产品组合的广度有利于拓展企业的生产和经营范围,有助于扩大市场覆盖面;加强产品组合的深度,在同一产品线上增加更多花色、品种、规格、型号、款式的产品,可以使企业产品更加丰富多彩,满足更广泛的市场需求,增强行业竞争力;加强产品组合的相关性，可以强化企业各条产品线之间的相互支持，协同满足消费者，有利于资源共享，降低成本，可以使企业在某一特定的市场领域内增强竞争力和市场地位，赢得良好的企业声誉。

三、产品组合分析

产品组合状况直接关系到企业的销售额和利润水平，企业必须在产品组合形成以后，对产品组合及其对未来销售额、利润水平的发展和影响进行系统客观的分析和评估，并对是否增加或剔除某些产品线或产品项目作出决策，以实现产品组合的优化。常用的产品组合分析方法主要有以下两种：

1. 产品处境分析法

产品处境分析法由美国市场营销学者杜拉克首先提出，他将企业现有产品分为六个层次，然后分析研究各个层次产品在未来销售成长中的潜力，以此来决定现行产品组合的调整。

（1）目前的主要产品，其策略是稳定市场地位，以增加企业利润收入。

（2）未来的主要产品，其策略是作为企业投资和保护的重点，促使发展和壮大。

（3）过去的主要产品，由于目前市场需求下降，销售萎缩，其策略是或者对产品进行改进，如多功能开发以求东山再起，或者予以淘汰。

（4）需改进的产品，应根据市场需求和竞争对手产品的变化，加紧改进提高，力促成为今天或明天的主要产品。

（5）需维持的产品，则继续经营，保持市场，争取创造更多利润。

（6）失去销路的产品，应立即转产或淘汰，以便集中企业资源生产经营盈利丰厚的产品或者有发展前途的产品。

2. 产品线销售额和利润分析法

产品线销售额和利润分析法是对现行产品线上不同产品项目所提供的销售额和利润水平进行分析和评价，以此为依据制定产品线的调整决策。比如某公司拥有一条五个产品项目的产品线（参见图6－3），按五个项目的销售额和利润的比例排列。可以看出，产品项目A的销售额和利润分别占整条产品线销售额和利润的42％和35％，产品项目B的销售额和利润分别占整条产品线30％和25％，这两个产品项目占了整条产品线销售额和利润的72％和60％，显然是这条产品线中的主要产品。如果这两个产品项目突然受到竞争者的打击或遇市场疲软，产品线的销售额和利润就会迅速下降。因此，该条产品线销售额和盈利高度集中在A、B两个产品项目上，则意味着该产品线比较脆弱。据市场调研和预测显示，由于这两个产品进入成熟期，市场竞争激烈，未来的销售额和利润呈下降趋势。为此，企业必须制定强有效的竞争对策，以巩固A、

B 两个产品项目的市场份额和获利水平。同时，还应根据市场需求的发展态势，加强产品项目 C、D 的营销力度。产品项目 E 只占整条产品线销售额和利润的 3％和 5％，若市场前景不佳，则可考虑舍弃。

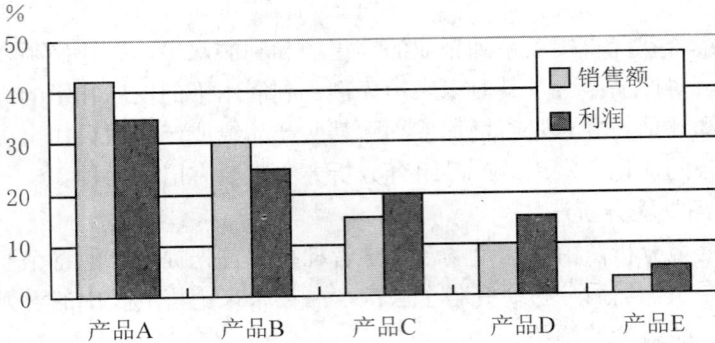

图 6—3　某产品线的产品项目分析

四、产品组合策略

产品组合策略是制定其他各项决策的基础，产品组合确定之后，企业的投资组合、定价、分销渠道、促销以及各项资源的配置都基本确定。企业对产品组合进行选择既不是一味追求宽、深、长，也不是越专业化越好，而是立足于准确的市场调研，全面考虑市场需求、竞争态势、外部环境以及企业自身实力和营销目标，遵循有利于促进销售、提高总利润的原则，正确决策，慎重行动。常见的产品组合策略有以下六种：

1. 全线全面型组合

全线全面型组合是指企业生产经营多条产品线，每一条产品线中又有多个产品项目，产品项目的宽度和深度都较大，各条产品线之间的关联度可松可紧。该策略的特点是力争向尽可能多的顾客提供他们所需要的多种产品，满足他们尽可能多的需求，以占领较为广阔的市场。只有规模巨大、实力雄厚、资源丰富的企业才能做到。如美国宝洁公司就有洗涤剂、牙膏、洗发水、香皂、除臭剂、润肤液、婴儿尿布和饮料等多条产品线，并且都是日常生活用品，各条产品线之间的关联度较强。而中国的联想集团现在不仅生产计算机，还生产手机，并且进军房地产，各条产品线之间的关联度就较弱。

2. 市场专业型组合

市场专业型组合是指企业以某一特定市场为目标市场，为该市场的消费者群体提供多条产品线和多个产品项目，以满足他们多方面的需求。这种组合策略的特点是宽度和深度大，而关联度较小，并且能全面了解本企业目标顾客的各类需求，以全面牢固地占领本企业目标市场为目的。这种组合策略仍是规模较大的企业才适用，如金利来主要是专门为成功的男士生产西服、领带、皮具、领带夹、香水等用品。

3. 系列专业型组合

产品系列专业型组合是指企业生产相互之间关联度较强的少数几条产品线中的几个产品项目，以满足不同消费者对这几类产品的差异需求。这种组合策略的特点是宽度和深度小而关联度密切，产品的技术要求接近，生产专业化程度高，有利于延伸技术优势提高生产效率。如科龙公司一直致力于制冷产品的生产，只拥有空调、冰箱等少数几条产品线，每一条产品线的产品项目也较为有限，而生产量较大。

4. 系列集中型组合

产品系列集中型是指企业集中各种资源，生产单一产品线中的几个产品项目，以便更有效地满足某一部分消费者对这一类产品的需求。该组合策略的特点是宽度最小、深度略大而关联度密切，且产品和目标市场都比较集中，有利于企业较好地占领市场。这是中小企业经常采用的组合策略。如格兰仕公司在创业初期和早期只生产微波炉这一大类产品，其花色、品种也较为有限。

5. 特殊产品专业型组合

特殊产品专业型组合是指企业凭借自己所拥有的特殊技术和生产条件，生产能满足某些特殊需求的产品。这一组合策略的特点是宽度、深度、长度都小，目标顾客具有特殊需求，生产的针对性、目标性都很强。很多情况下是根据顾客特殊的个性化需求定制产品。如某企业专门生产残疾人使用的假肢、轮椅、康复器械等。

6. 单一产品型组合

单一产品型组合是指企业只生产一种或为数不多的几个产品项目，以适应和满足单一的市场需求。这一组合策略的特点是产品线简化，生产过程单纯，能大批量生产，有利于提高劳动效率，降低成本；技术上也易于精益求精，有利于提高产品质量和档次。但是由于生产经营的产品单一，企业对产品的依赖性太强，因此对市场需求的适应性差，风险较大。

上述六种产品组合策略为企业制定决策提供了多种选择，企业在实际决策时要综合考虑企业资源、市场需求和市场竞争三个制约因素：

企业资源指的是企业的人、财、物及生产经营能力。任何企业无论规模多大，其资源总是有限的，都有自己的优势和不足之处。因此，并不是生产经营任何产品都是可能和有利的,要根据自身的资源状况决定生产什么产品和生产多少。

市场需求处在不断的变化之中,企业只能根据市场需求的发展变化趋势以及本企业在人、财、物方面的优势,拓宽或加强具有良好前景和获利潜力的产品系列。市场需求在诸制约因素中起主导的决定性作用。

如果新增加的产品系列遇到强大的竞争对手,利润的不确定性和风险性较大,则与其加宽产品系列,不如增加产品项目,加深原有的产品系列更为有利。如果关联度较为密切的产品系列竞争激烈,还不如选择既有市场需求,企业又有实力进入其他行业,朝多元化经营方向发展。

五、产品组合调整

对企业现行产品组合进行分析和评估之后,找出存在的问题,就要采取相应措施,调整产品组合,以求达到最佳的组合。产品组合的调整策略有以下四种:

1. 扩大产品组合

扩大产品组合是指扩展产品组合的广度或深度,增加产品系列或项目,扩大经营范围,生产经营更多的产品以满足市场的需要。当市场需求不断扩大,营销环境有利,企业资源条件优化时,就需要扩大企业产品组合以赢得更大发展。或者当企业预测到现行产品线的销售额和利润率在未来可能下降时,就必须及时考虑在现行产品组合中增加新的产品线,或加强其中有发展潜力的产品线。对生产企业而言,扩大产品组合策略的方式主要有三种:

(1)平行式扩展。平行式扩展是指生产企业在生产设备、技术力量允许的情况下,充分发挥生产潜能,向专业化和综合性方向扩展,增加产品系列,在产品线层次上平行延伸。

(2)系列式扩展。系列式扩展是指生产企业向产品的多规格、多型号、多款式发展,增加产品项目,在产品项目层次上向纵深扩展。

(3)综合利用式扩展。综合利用式扩展是指生产企业生产与原有产品系列不相关的异类产品,通常与综合利用原材料、处理废料、防止环境污染等结合进行。

2. 缩减产品组合

缩减产品组合是指降低产品组合的广度或深度,剔除那些不获利或获利能力小的产品线或产品项目,集中力量生产经营一个系列的产品或少数产品项目,提高专业化水平,力争从生产经营较少的产品中获得较多的利润。当市场不景气或原料、能源供给紧张,企业费用水平太高时,缩减产品线反而能使企业的总利润增加。缩减产品组合策略可采用以下三种方式:

(1)保持原产品的广度和深度,增加产品产量,降低成本,改革营销方式,加强促销工作。

（2）缩减产品线，即根据市场的变化，集中发挥企业的优势，减少生产经营的产品类别，只生产经营某一个或少数几个产品的系列。

（3）减少产品项目，即减少产品系列内不同品种、规格、款式、花色产品的生产和经营，淘汰薄利产品，尽量生产销路看好、利润较高的产品。

3. 高档产品策略

高档产品策略是指在同一产品线内增加生产高档次、高价格的产品项目，以提高企业现有产品的声望。实施这一策略有一定的风险。人们容易沿着企业原有中低档产品线的惯性思维，难以树立高档产品的独特形象。企业可以在下列情况下考虑实施高档产品策略：

（1）高档产品的市场销售形势看好，利润率高。

（2）高档产品市场上竞争者实力较弱，可以取而代之。

（3）企业的实力增加，希望发展高中低档各类产品。

4. 低档产品策略

低档产品策略是指在同一产品线内增加生产中低档次、价格低廉的产品项目，以利用高档名牌产品的声誉，吸引因经济条件所限而购买不起高档产品，但又羡慕和向往高档名牌的顾客。低档产品策略对企业也同样存在风险。因为在高档产品线中推出低档产品，容易影响和损害企业及原有品牌产品的形象，降低原有产品的档次，还可能刺激本来生产低档产品的企业进入高档产品市场，促使竞争加剧。低档产品策略适用于企业的下列情况：

（1）企业高档产品成长发展较慢，为了维持销售，占领和开拓市场，将产品线扩展，增加产品项目，增加中低档产品。

（2）企业的高档产品遇到了强硬的竞争对手，进入中低档产品市场可以获得回旋余地。

（3）企业进入高档产品市场，建立高品质名牌形象，扩大声誉的目的已经达到，生产中低档产品可以丰富产品品种，增加花色，扩大市场。

（4）填补市场空缺，抵制竞争者进入中低档产品市场同企业抗衡。

案例 6－1

宝马汽车的产品组合

宝马汽车公司位于德国南部的巴伐利亚州。宝马公司拥有 16 座制造工厂、10 万余名员工。公司汽车年产量 100 万辆，并且生产飞机引擎和摩托车。宝马集团（宝马汽车和宝马机车加上宝马控股的路华与越野路华公司，以及从事飞机引擎制造的宝马—劳斯莱斯公司）1994 年的总产值在全欧洲排第七，营业额排第五，成为全球十大交通运输工具生产厂商。

汽车工业自形成以来，一直稳定发展，现已成为全球最重要、规模最大的工业部门之一。但是，20 世纪 80 年代中期，美国国内汽车市场趋于饱和，竞争非常激烈，汽车行业出现不景气；90 年代之后，日本、欧洲的汽车制造业都发展缓慢，全球汽车行业进入了调整阶段。汽车行业需要新的经济增长点。而此时亚洲经济正以惊人的速度发展，被誉为"四小龙"的新加坡、中国香港、中国台湾、韩国的人均收入水平已接近中等发达国家水平。此外，中国、泰国、印尼等国的具有汽车购买能力的中产阶级的数量正飞速增长。世界汽车巨头都虎视着亚洲，尤其是东亚这块世界汽车业最后争夺的市场。宝马公司也将目标定向了亚洲。

宝马公司试图吸引新一代寻求经济和社会地位成功的亚洲商人。宝马的产品定位是：最完美的驾驶工具。宝马要传递给顾客创新、动力、美感的品牌魅力。这个诉求的三大支持是：设计、动力和科技。公司的所有促销活动都以这个定位为主题，并在上述三者中选取至少一项作为支持。每个要素的宣传都要考虑到宝马的顾客群，要使顾客感觉到宝马是"成功的新象征"。要实现这一目标，宝马公司欲采取两种手段，一是区别旧与新，使宝马从其他品牌中脱颖而出；二是明确哪些期望宝马成为自己成功和地位象征的车主有哪些需求，并去满足它。

宝马汽车种类繁多，分别以不同系列来设定。在亚洲地区，宝马公司根据亚洲顾客的需求，着重推销宝马三系列、宝马五系列、宝马七系列、宝马八系列。这几个车型的共同特点是：节能。

（1）宝马三系列。三系列原为中高级小型车，新三系列有三种车体变化：四门房车、双座跑车、敞篷车和三门小型车，共有七种引擎。车内空间宽敞舒适。

（2）宝马五系列。备有强力引擎的中型房车五系列是宝马的新发明。五系列除了在外形上比三系列大，它们的灵敏度是相似的。拥有两种车体设计的五系列配有 1800～4000 马力的引擎，四个、六个或八个汽缸。五系列提供多样化的车型，足以满足人们对各类大小汽车的所有需求。

（3）宝马七系列。七系列于 1994 年 9 月进军亚洲，无论是从外观还是内部看都属于宝马大型车等级。七系列房车的特点包括了优良品质、舒适与创新设计，已成为宝马汽车的象征。七系列除了有基本车体以外，还有加长车型可供选择。

（4）宝马八系列。八系列延续了宝马优质跑车的传统，造型独特、优雅。

资料来源：北京大学《市场营销学 60 例》案例精选，http://www.docin.com/p-117412381.html.

第三节 产品品牌策略

21世纪的市场竞争环境、手段与过去相比都发生了很大的变化。在这种新情况下，企业取胜的主要手段已不再单纯适应产品竞争、技术竞争，还包括品牌的竞争。可以说，未来市场竞争的主要形式将是品牌的竞争，品牌战略的优劣将成为企业在市场竞争中出奇制胜的法宝。事实上，许多知名企业往往都是把品牌发展看成是企业开拓市场的优先战略。谷歌、微软、可口可乐、百事可乐、麦当劳等无一不是先从抓品牌战略开始的，即创立属于自己的名牌产品，并把它作为一种开拓市场的手段，最终赢得了市场。

一、品牌及其相关概念

品牌是企业进入市场、占领市场的武器。特别是市场竞争已日趋激烈的今天，企业有没有建立自己的品牌战略，企业有没有自己的品牌，品牌形象如何已变得十分重要，因为品牌是市场竞争的利器。企业要加强品牌建设，首先需要了解品牌及其相关概念。

1. 品牌的一般概念

（1）品牌，俗称牌子，是用以和其他竞争者的产品或劳务相区分的名称、术语、象征、记号或者设计及其组合，是企业的无形资产。

（2）品牌名称是指品牌可以用文字表达并可念出来的那一部分，如奔驰、宝马等。

（3）品牌标志是指品牌可以被认出但不能被念出来的部分，如麦当劳黄色的双拱、耐克的红色对钩、苹果公司品牌一个被咬了一口的苹果、花花公子的兔小姐等。

（4）名牌，通俗地讲是知名的、著名的、驰名的牌子，是指消费者对某一享有较高声誉、在较大范围内拥有一定知名度及市场销售率的品牌或商标的习惯性称呼。

（5）商标是企业在政府有关主管部门注册登记后所享有的使用某个品牌名称或品牌标志的专用权，它受到法律的保护，其他任何企业都不得仿效使用。品牌与商标都是用来标识商品，起识别商品的作用；但是也存在许多区别：

1）商标更偏重于是一个法律概念，如注册商标；品牌更偏重于是一个管理概念，如传播企业或产品形象。

2）商标管理的重点在于组成商标的文字，图案，颜色或者其组合的设计和保护；而品牌管理的重点在于赋予品牌以形象意义和建立品牌权益。一般来说，商标管理是品牌管理的一个内容。

2. 品牌的完整含义

品牌不仅是一个标志或名称，实质上代表着卖者对交付给买者的产品特征、利益和服务的一贯承诺，最佳品牌就是质量的保证。对于营销人员来说不能只关注品牌属性，而还应关注其利益，同时还要了解品牌最持久的含义是它的价值、文化和个性，其整体含义有如下六个层次：

（1）属性。品牌首先使人想到某些特定的属性。例如，汽车的属性：昂贵、制造精良、耐用性、高的声誉、高的再售价值、快速等。

（2）利益。品牌反映出能带给消费者的利益。因为消费者购买的不是产品的属性而是产品所带来的利益。故需要把属性转化为功能型或情感型利益。例如，耐用性好（属性）——我这几年将不需要购买新车（功能型利益），价格昂贵（属性）——该车使我感到自己很重要和令人羡慕（情感型利益）。

（3）价值。品牌也能反映出该制造商的某些价值。例如，梅塞德斯—奔驰车包含的价值有：高绩效、安全和名声。品牌营销者必须分辨出对这些企业价值感兴趣或产生共鸣的顾客。

（4）文化。品牌可以表达一定的文化内涵。例如，梅塞德斯—奔驰车包含德国文化：组织性、效率和高质量。

（5）个性。品牌也可能反映出一定的个性。例如，如果把品牌联想为一个特定的个人，一头动物或一个物体的话，则梅塞德斯—奔驰车可能使人联想起一位不说废话的老板（人）；一头有权势的狮子（动物）；一座雄伟的宫殿（物体）。

（6）使用者。品牌建议或暗示购买或使用该产品的消费者类型。它反映出品牌的用户形象。例如，使用梅塞德斯—奔驰车的消费者应该是成功的人士。

3. 品牌的作用

（1）商品识别。品牌建立是由于竞争的需要，用来识别某个销售者的产品或服务。品牌设计应具有独特、鲜明的个性特征，品牌图案，文字应与竞争对手区别，反映并代表本企业的特点。同时，互不相同的品牌各自代表着不同的形式，不同质量，不同服务的产品，可为消费者或用户购买、使用提供借鉴。通过品牌人们可以认知产品，并依据品牌选择购买。

（2）质量保证。企业设计品牌、创立品牌、培养品牌目的是希望此品牌能变为名牌，不仅要在产品质量上下工夫，还要在售后服务上努力。品牌质量保证是指企业在品牌建设过程中，必须通过一系列先进的质量理念、质量标准、质量方针、质量管理，使人们确信其产品或服务能够满足购买要求。比如人们提到"海尔"品牌，就会联想到海尔家电的高质量、优质售后服务和良好的信誉保证。

（3）价值体现。品牌不仅有利于顾客识别，还有利于顾客通过使用对产品产生好感，从而重复购买，不断宣传，形成品牌忠诚。顾客通过品牌，通过对品牌产品的使用，形成满意，就会围绕品牌形成消费经验，存储在记忆中，为将来的消费决策形成依据。一些企业更为自己的品牌树立了良好的形象，赋予了美好的情感，或代表了一定的文化，使品牌及品牌产品在消费者或用户心目中形成了美好的记忆，比如"麦当劳"，人们对于这个品牌会产生质量、标准和卫生的联想，会感到一种美国文化、快餐文化的体验。

（4）竞争利器。当今市场不是产品与产品的竞争，而是品牌与品牌的竞争。品牌作为无形资产能给企业不断带来竞争力。这种竞争力是品牌所有者和品牌消费者共同创造的。消费者对一个品牌的认知度、参与度、忠诚度越强，品牌具有的竞争力就越强，竞争力越强，市场就越大，产品价格也卖得更高。如耐克运动鞋，比同等的其他运动鞋高出几百元。由此可见，品牌特别是名牌在市场上具有更大的竞争力。

二、品牌权益

20世纪80年代以来欧美营销学界面对当时某些市场的不景气，企业频繁使用的降价、促销手段虽然促进了销量的短期增长，却有损品牌的长期价值。为此，学者们提出品牌权益概念，呼吁用长远观点看待品牌投资，并把已有品牌进行延伸以获取长期利益。

1. 品牌权益

品牌权益，也称为品牌资产，是指只有品牌才能产生的市场效益，或者说，产品在有品牌时与无品牌时的市场效益之差。品牌权益，它属于企业的无形资产和长期资产，品牌知名度、品牌知觉质量、品牌联想（关联性）以及品牌忠诚度是品牌权益构成的重要来源。在市场上，有些品牌所显示的品牌知晓程度高，或品牌接受程度高，或品牌的顾客偏好程度高，或品牌的品牌忠诚度高，因此不同的品牌在市场上的竞争力和价值是不一样的。品牌权益的构成参见图6—4。

2. 品牌权益层次

研究表明，品牌权益与顾客态度认知有很大的相关性。把顾客对品牌的态度从低到高依次划分为五个层次。

（1）第一层次，顾客时常改变购买的品牌，特别是由于价格原因，这一层次无品牌忠诚可言。

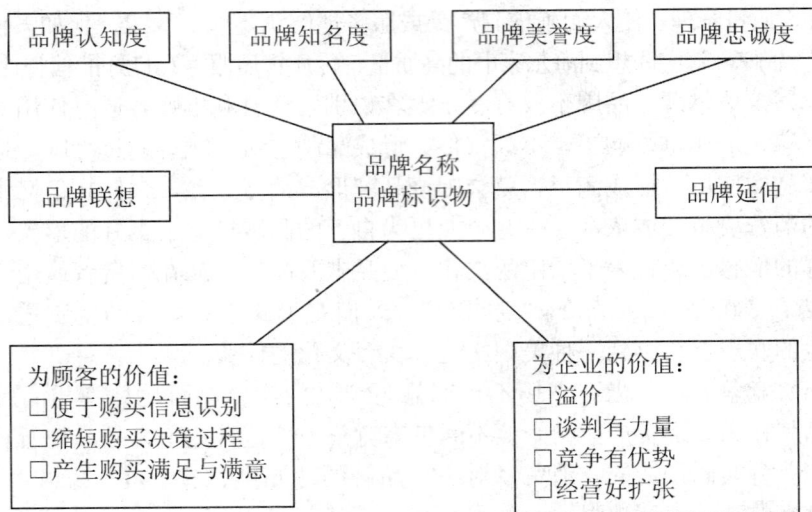

図 6—4　品牌权益构成

（2）第二层次，顾客基本满意，一般没有理由变化购买的品牌。

（3）第三层次，顾客满意，如若变化购买的品牌会产生成本。

（4）第四层次，顾客认识到该品牌的价值，并把它看成朋友。

（5）第五层次，顾客愿为该品牌作出贡献，体现出对品牌的高度忠诚。

3. 影响品牌权益的因素

（1）品牌名字的知晓度。

（2）认知的品牌质量。

（3）强烈的精神和感情联系。

（4）其他资产，如专利、商标和渠道关系等。

4. 品牌权益的价值

（1）由于其高水平的消费者品牌知晓和忠诚度，公司营销成本减少了。

（2）由于顾客希望分销商与零售商经营这些品牌，这加强了公司与经销商讨价还价的能力。

（3）由于该品牌有更高的感知品质，公司可比竞争者卖更高的价格。

（4）由于该品牌有高信誉度，公司可更容易地开展品牌拓展。

（5）在激烈的价格竞争中，品牌给公司提供了某些保护作用。

三、品牌化决策

在激烈的市场竞争中，是否给其产品规定品牌名称，是企业的市场营销人员首先要考虑的问题，这就是品牌化决策。世界各国的大多数产品都有品牌，虽然品牌化会使企业增加成本费用，但由于品牌化能给企业带来诸多的好处，因此，企业的营销人员仍在乐此不疲地进行着品牌化决策。

1. 品牌化决策意义

品牌给销售者带来的好处：

（1）有了品牌名称可以使销售者比较容易处理订单并发现问题。

（2）销售者的品牌名称和商标对产品独特的特性提供法律保护，否则就要被竞争者所仿制。

（3）品牌化给了销售者这样一个机会，即吸引忠实的和有利可图的顾客。品牌忠诚使销售者在竞争中得到某些保护，并使他们在规划市场营销活动时具有较大的控制能力。

（4）品牌化有助于销售者细分市场。不同的品牌对应不同的细分市场。

（5）强有力的品牌有助于建立公司形象，使它更容易地推出新品牌和获得分销商和消费者的信任和接受。

2. 品牌化决策流程

在现代营销活动中，企业必须十分重视品牌建设，品牌建设是一个系统的营销工作，其流程大体划分为品牌化决策、品牌归属决策、品牌类别决策、品牌战略决策、品牌再定位决策五大步骤（参见图6—5）。

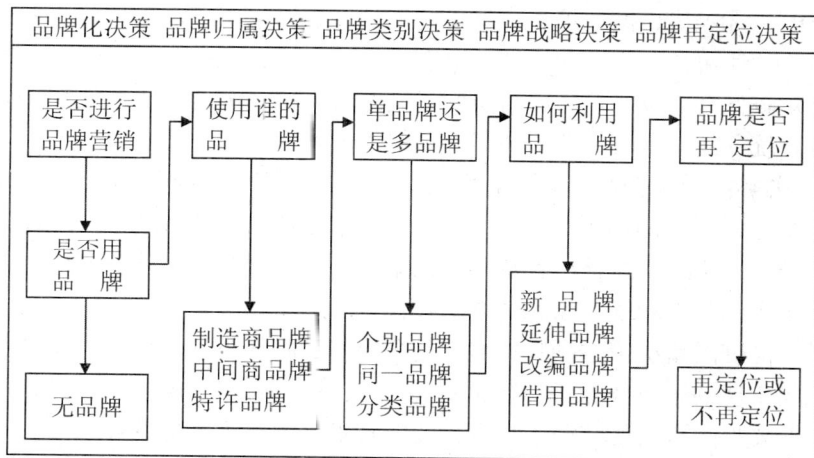

图6—5 品牌决策流程

（1）品牌化决策。品牌化决策是指公司是否一定要给产品加注品牌名称的决策，通常情况下，可供选择的策略有无品牌策略和有品牌策略，但随着商品经济的发展，有品牌的策略越来越受到企业的重视和采用。

（2）品牌归属决策。企业在决定了给其产品规定品牌之后，接下来要进行品牌归属决策，即企业是使用自己的品牌，还是将其产品大批量卖给中间商，再由中间商用自己的品牌将产品卖出去，或是企业可以决定有些产品使用自己的品牌，有些则使用中间商品牌。以企业的品牌归属决定可以有以下三种选择：

1）制造商品牌或全国品牌，如海尔、联想、长虹等。

2）分销商品牌，如沃尔玛、家乐福、国美、苏宁等。

3）特许品牌，如麦当劳分店、肯德基分店等。

（3）品牌类别决策。

1）个别品牌。个别品牌是指企业的各种不同的产品使用各自不同的品牌，如宝洁公司的产品项目都有各自不同的品牌。企业使用"个别品牌"的原因主要有两种：一是目标顾客需求有差异，二是着眼于制造厂商原有品牌的既有信誉，不必受到新产品是否被顾客接受的影响。如果不幸该产品失败，对制造厂商也不会有坏的影响，同时在产品定位，广告与促销等营销作业上，可以不受旧有品牌的牵制而有较大发挥的余地。当然，采用"个别品牌"战术，容易造成产品多品牌，管理品牌的难度加大，品牌促销推广的费用也比较大。

2）统一品牌。企业所有各类产品共同使用一个品牌，海尔集团生产的冰箱、彩电、洗衣机、微波炉、计算机等产品都用海尔，海尔既是企业名称又是品牌名称。使用统一品牌的好处主要有两个：一是企业宣传介绍新产品的费用开支相对较低；二是企业品牌名声好，其延伸产品畅销的可能性就大。值得注意的是，统一品牌具有一荣俱荣、一损俱损的两面性。

3）分类品牌。企业的每大类产品分别使用各自的家族品牌。如日本松下公司，其音像制品的品牌是 Panasonic、家用电器品牌是 National、立体音响品牌则是 Technics。这种品牌策略可以集合个别品牌和统一品牌的优点，同时又弥补了个别品牌和统一品牌的缺陷。

（4）品牌战略决策。品牌战略就是公司将品牌作为核心竞争力，以获取差别利润与价值的企业经营战略。品牌战略决策应该围绕企业的竞争实力来进行，企业要根据自己的情况，根据行业的特点，根据市场的发展，根据产品的特征，选择合适的品牌战略。下面我们将具体分析六种典型的品牌战略决策：单一品牌战略、产品系列扩展战略、品牌扩展战略、多品牌战略、新品牌战略、合作品牌或双重品牌战略。当谈到品牌战略时，企业至少可以有四种选择，如图6—6所示。

		产品种类：已有的	产品种类：新的
品牌名称	已有的	产品系列扩展	品牌扩展
品牌名称	新的	多个品牌	新品牌

图 6—6　品牌战略

1）单一品牌战略。单一品牌战略是指企业所生产的所有产品都同时使用一个品牌的情形。这样在企业不同的产品之间形成了一种最强的品牌结构协同，使品牌资产在完整意义上得到最充分的共享。单一品牌战略的优势不言而喻，商家可以集中力量塑造一个品牌形象，让一个成功的品牌附带若干种产品，使每一个产品都能够共享品牌的优势。比如“海尔”就是单一品牌战略的代表。

案例 6－2

海尔单一品牌战略

海尔品牌 2007 年以 786 亿元的品牌价值连续 6 年蝉联中国家电企业品牌价值榜首，比第二名高出 128 亿。海尔集团从 1984 年起开始推进自己的品牌战略，从产品名牌到企业名牌，发展到社会名牌，现在已经成功地树立了“海尔”的知名形象。海尔产品从 1984 年的单一冰箱发展到拥有白色家电、黑色家电、米色家电在内的 96 大门类 15100 多个规格的产品群，并出口到世界 100 多个国家和地区，使用的全部是单一的“海尔”品牌。不仅如此，海尔也作为企业名称和域名来使用，做到了“三位一体”。而作为消费者，我们可将海尔的“真诚到永远”的理念拓展到它名下的任何商品。一个成功的海尔品牌，使得海尔的上万种商品成为了名牌商品，单一品牌战略的优势尽显其中。

资料来源：百度百科：《品牌战略决赛》，http：//baike. baidu. com/view/5362584. htm。

2）产品系列扩展战略。产品系列扩展战略是指企业利用一种成功的品牌名称，在相同的产品种类中增加一个新的产品规格或品种。该新产品品种常常具有新的特性，如新的口味、形状、颜色、新成分、新包装、新规格等。企业可将公司产品系列扩展当成一种低成本、低风险的方法，用来推销新产品以满足消费者各种品位的要求，以及用来利用过剩的生产力，或是仅仅是为了从零售商那里取得更多的货架。但产品系列扩展也包含着一些风险，一个过分的扩张的品牌名称有可能会失去其特定的意义。

3）品牌扩展战略。品牌扩展战略是指企业利用一种成功的品牌名称的声誉，在一个新的产品种类里生产新的产品或经过改进的产品，以凭借现有名牌产品形成系列名牌产品的一种名牌创立策略。海尔通过品牌扩展，从电冰箱扩展到电冰柜、空调器、洗衣机、微波炉、彩电等 27 个门类的产品，成为国内企业实现多元化经营的成功典型。由于这种做法既节约了推出新品牌的促销费用，又可使新产品搭乘原品牌的声誉便车，得到消费者承认，起到"借船出海"、"借势造势"的作用，有人便形象地称之为"搭乘名牌列车"策略。正因为如此，品牌拓展策略被许多企业视为拓展经营范围、提高知名度的利器，纷纷采用。值得注意的是品牌扩展策略也会带来一定的风险。

4）多品牌战略。多品牌战略是指企业发展到一定程度后，利用自己创建起来的一个知名品牌延伸到开发发展出多个知名品牌的战略计划，并且多个品牌相互独立，但又存在一定的关联，而不是毫不相干、相互脱离的。多品牌战略是指企业对不同的产品线或同一产品线的不同产品项目采用多个不同的品牌战略，它为建立不同的产品特色和迎合不同购买动机的顾客提供了一条途径。如宝洁公司的洗发水、牙膏、香皂分别有不同的品牌，在同一系列产品中也有不同的品牌，如洗发水有海飞丝、潘婷、飘柔、沙宣、伊卡璐等品牌。值得注意的是，企业采用多品牌战略，因营销成本增加可能毫无利润或利润下降；可能造成资源分散，不能集中突出主品牌；还可能形成企业家族品牌自相残杀的不利局面。

5）新品牌战略。当公司在推出一个新产品类别或种类时，若对于该产品企业现有品牌中没有一个合适的，则企业可建立一个全新的品牌。采用新品牌战略的条件是：在推出一个新产品种类时，发现现有的品牌不适合市场，或现有的品牌形象与新产品的定位不一致时，最好创建新的品牌。通过新品牌对新产品进行定位，树立新品牌形象。同时为将来的产品线延伸和品牌扩展打下基础。企业在采用这种战略时需要考虑四个问题：引入新品牌的风险是否很大？产品将持续多久？避免使用现有品牌是最好的选择吗？新产品所带来的收益能补偿建立新品牌的费用吗？

6）合作品牌或双重品牌战略。企业有时在提供物或产品中同时结合采用两个或多个现存品牌。合作品牌的形式有多种，如零部件合作品牌（Fujitsu＋Intel＋Microsoft）；同一公司合作品牌；合资企业品牌（金松＝金鱼＋松下）；多发起人合作品牌（WILL＝松下＋索尼＋NEC＋其他三家企业）。采用合作品牌的动机是每一个品牌责任人期望另外一个品牌名称能加强消费者对品牌的偏好或购买意愿，或期望与另外的品牌联系来达到新的顾客。

（5）品牌再定位决策。某一个品牌在市场上的最初定位即使很好，随着时间的推移也必须考虑重新定立。其主要原因可能是有些情况发生了变化：竞争者推出一个品牌，把它定位于本企业的品牌旁边，侵占了本企业品牌的一部分市场，使本企业品牌的市场与有率下降，这种情况要求企业进行品牌重新定位；或者是有些消费者的偏好发生了变化，他们原来喜欢本企业的品牌，现在喜欢其他企业品牌，因此市场对于本企业品牌的需求减少，这也会引起企业考虑对品牌进行重新定位。

企业在作品牌重新定位时，要全面考虑两方面的因素：一方面，要全面考虑把自己的品牌从一个市场部分转移到另一个市场部分的成本费用，一般来说，重新定位距离越远，其成本费用就越高。另一方面，还要考虑把自己的品牌定在新的位置上所得收入的多少。而收入的多少又取决于这个市场部分或偏好群有多大，其平均购买率的大小，竞争对手的多少，以及自己品牌在这个市场上的销售价格定得多高等因素。

第四节 包装策略

众所周知，"佛要金装，人要衣装"，商品也需要包装，再好的商品，也可能因为包装不适而卖不出好价钱。包装是商品生产的继续，商品只有经过包装才能进入流通领域，实现其价值和使用价值。商品包装可以保护商品在流通过程中品质完好和数量完整，同时，还可以增加商品的价值，此外，良好的包装还有利于消费者挑选、携带和使用。产品包装在营销实践中已成为赢得竞争的一种重要手段。

一、包装的概念和作用

据有关统计，产品竞争力的 30% 来自包装。而随着人们生活水平的提高，对精神享受的要求也日益增长，在激烈的市场竞争中，包装对于顾客选择商品的影响越来越明显。包装是商品的"无声推销员"，其作用除了保护商品之外，还有助于商品的美化和宣传，激发消费者的购买欲望，增强商品在市场上的竞争力。

1. 包装的概念

产品包装有两层含义：一是指产品的容器和外部包扎，即包装器材；二是指采用不同形式的容器或物品对产品进行包装的操作过程，即包装方法。在实际工作中，二者往往难以分开，故统称为产品包装。

（1）包装的层级。

1）首要包装。这是指最接近产品的包装层次，即产品的直接包装。如牙膏皮，啤酒瓶等。

2）次要包装。这是指保护首要包装的包装物，当顾客使用该产品时，这一层次就要丢弃。如包装一定数量的牙膏的纸盒或纸板箱。首要包装和次要包装还可以对产品起到一定有促销作用，因此二者也可称为销售包装。

3）运输包装。这是指储存、辨认和运输产品时所必需的包装。

（2）包装的要素。

1）商标或品牌。商标或品牌是包装中最主要的构成要素，应在包装整体上占据突出位置。

2）包装形状。适宜的包装形状有利于储运和陈列，也有利于产品销售，因此，形状是包装中不可缺少的组合要素。

3）包装颜色。颜色是包装中最具有刺激销售作用的构成要素。突出商品特性的色调组合，不仅能够加强品牌特征，而且对顾客有强烈的感召力。

4）包装图案。图案在包装中如同广告的画面，其重要性、不可或缺性不言而喻。

5）包装材料。包装材料的选择不仅影响包装成本，而且也影响着商品的市场竞争力。开发和选用新型材料是包装设计中的一项重要工作。

6）产品标签。在标签上一般都印有包装内容和产品所包括的主要成分、品牌标志、产品质量等级、生产厂家、生产日期和有效期、使用方法等。有些标签上还印有彩色图案或实物照片，以促进销售。

2. 包装的作用

产品的包装最初是为了在运输、销售和使用过程中保护商品，而随着市场经济的发展，在现代市场营销中产品的包装作为产品整体的一部分，对产品陈列展示和销售日益重要，甚至许多营销人员把包装（Package）称为4Ps后的第5个P。一般来说，包装具有以下作用：

（1）保护商品。保证商品的内在质量和外部形状，使其从生产过程结束到转移至消费者手中，甚至被消费之前的整个过程中，商品不致损坏、散失和变质。包装是直接影响商品完整性的重要手段。特别是对于易腐、易碎、易燃、易蒸发的商品，如果有完善的包装，就能很好地保护其使用价值。由于过去我国的企业对包装不够重视，包装技术落后，因此每年造成的损失数以百亿计，令人触目惊心。根据中国包装技术协会的统计，我国每年因包装不善所造成的经济损失在 150 亿元以上，其中 70% 是由运输包装造成的。如水泥的破包率为 15%～20%，每年损失 300 万吨；玻璃的破损率平均为 20%，每年损失高达 4.5 亿元。

（2）便于储运。商品的包装要便于商品的储存、运输、装卸。如液体、气体、危险品等，如果没有合适的包装，商品储运就无法进行。包装还要便于消费者对商品的携带。

（3）促进销售。包装可谓是商品"无声的推销员"。通过包装，可以介绍商品的特性和使用方法，便于消费者识别，能够起到指导消费的作用。通过美观大方、漂亮得体的包装，还可以极大地改善商品的外观形象，吸引消费者购买。世界上最大的化学公司——杜邦公司的营销人员经过周密的市场调查后，发明了著名的杜邦定律，即 63% 的消费者是根据商品的包装和装潢而进行购买决策的；到超级市场购物的家庭主妇，由于精美包装和装潢的吸引，所购物品通常超过她们出门时打算购买数量的 45%。由此可以看出，包装是商品的"脸面"和"衣着"，作为商品的"第一印象"进入消费者的视野，影响着消费者购买与否的心理决策。

（4）增加利润。商品的包装是整体商品的一个重要组成部分。高档商品必须配以高档次的包装，精美的包装不仅能美化商品，还可以提高商品的身价。同时，由于包装降低了商品的损耗，提高了储存运输装卸的效率，从而增加了企业利润。我国许多传统的出口产品因包装问题给人以低档廉价的感觉，形成"一流产品、二流包装、三流促销、四流价格"的尴尬局面。精明的外商往往将产品买走后，只需换上精美的包装，就能使商品显得高档雅致，从而身价陡增，销路大开，外商赚取一大笔钱。

二、包装设计的原则

包装与其内在产品是紧密相连的，可以说是唇齿相依，在某种意义上又可说是形式与内容的关系。虽然内容决定形式，但形式反过来也会影响内容，所以，产品的包装设计应与内在产品联系在一起，两者相得益彰。

1. 执行国家的法律、法规

申请专利的包装设计，是作为知识产权受法律保护的。企业好的包装应尽早申请专利，避免被侵权。包装作为"无声的推销员"，有介绍商品的义务。我国保护消费者权益的法律法规规定一些商品的包装上必须注明商品名称、成分、用法、用量以及生产企业的名称、地址等；对食品、化妆品等与群众身体健康密切相关的产品，必须注明生产日期和保质期等。

2. 美观大方，突出特色

商品包装在保证安全功能和适于储运、便于携带和使用外，还应该具有美感。美观大方的包装能够给人以美的感受，有艺术感染力，从而成为激发消费者购买欲望的主要诱因。因此，商品包装设计要体现艺术性和产品个性，有助于实现产品差异化，满足消费者的某种心理要求。20世纪初鲁德先生以其女友的裙子造型为依据设计出的可口可乐玻璃瓶，就是神来之笔的成功之作。

3. 保护生态环境

随着消费者环保意识的增强，在包装的材料运用以及包装设计上要注意保护生态环境。努力减轻消费者的负担，节约社会资源，禁止使用有害包装材料，实施绿色包装战略。

4. 心理、文化适应原则

销往不同地区的商品，要注意使包装与当地的文化相适应。尤其在国际市场营销中要特别注意，切忌出现有损消费者宗教情感、容易引起消费者反感的颜色、图案和文字。消费者对商品包装的不同偏好，直接影响其购买行为，久而久之还会形成习惯性的购买心理。因此在商品包装的造型、体积、重量、色彩、图案等方面，应力求与消费者的个性心理相吻合，以取得包装与商品在情调上的协调，并使消费者在某种意象上去认识商品的特质。例如，女性用品包装要柔和雅洁、精巧别致，突出艺术性和流行性；男性用品包装则要刚劲粗犷、豪放潇洒，突出实用性和科学性；儿童用品包装要形象生动、色彩艳丽，突出趣味性和知识性，以诱发儿童的好奇心和求知欲；青年包装要美观大方、新颖别致，突出流行性和新颖性，以满足青年人求新、求异心理；老年用品包装则要朴实庄重、安全方便，突出实用性和传统性，尽量满足老年人的求实心理和习惯心理。

在商品的包装设计中，色彩的运用也十分重要，这是因为不同的色彩能引起人们不同的视觉反应，从而引起不同的心理活动。例如，黑色、红色、橙色给人以重的感觉，绿色、蓝色给人以轻的感觉，所以笨重的物品采取浅色包装，会使人觉得轻巧、大方；分量轻的物品采用浓重颜色的包装，给人以庄重结实的感觉。美国色彩研究中心曾经做过一个试验，研究人员将煮好的咖啡分别装在红、黄、绿三种颜色的咖啡杯内，让十几个人品尝比较。结果品尝者们一致认为咖啡的味道不同——绿色杯内的咖啡味酸，红色杯内的咖啡味美，黄色杯内的咖啡味淡。在系列试验的基础上专家们得出结论，包装的颜色能左右人们对商品的看法。药品适于用以白色为主的文字图案包装，表示干净、卫生、疗效可靠；化妆品宜于用中间色（如米黄、乳白、粉红等）包装，表示高雅富丽、质量上乘；食品适于用红色、黄色和橙色包装，表示色香味美、加工精细。另外，还需要指出的是，包装的色彩图案要考虑各民族不同的偏好和禁忌，特别是进入国际市场的商品更应如此。

三、包装策略

商品包装在市场营销中是一个强有力的竞争武器，良好的包装只有同科学的包装决策结合起来才能发挥其应有的作用，因此企业必须选择适当的包装策略。可供企业选择的包装策略有以下七种：

1. 类似包装策略

类似包装是指企业所生产经营的各种产品在包装上采用相同的图案、色彩或其他共有特征，从而使整个包装外形相类似，使公众容易认识到这是同一家企业生产的产品。这种策略的主要优点是：

（1）便于宣传和塑造企业产品形象，节省包装设计成本和促销费用。

（2）能增强企业声势，提高企业声誉。一系列格调统一的商品包装势必会使消费者受到反复的视觉冲击而形成深刻的印象。

（3）有利于推出新产品，通过类似包装可以利用企业已有声誉，使新产品能够迅速在市场上占有一席之地。即借助已成功的产品带动其他产品。

类似包装适用于质量水平档次类同的商品，不适于质量等级相差悬殊的商品，否则，会对高档优质产品产生不利影响，并危及企业声誉。其弊端还在于，如果某一个或几个商品出了问题，会对其他商品带来不利的影响，可谓"城门失火，殃及池鱼"。

2. 分类包装策略

分类包装是指企业依据产品的不同档次、用途、营销对象等采用不同的包装。比如把高档、中档、低档产品区别开来，对高档商品配以名贵精致的包装，使包装与其商品的品质相适应；对儿童使用的商品可配以色彩和卡通形象等来增强吸引力。

3. 综合包装策略

综合包装又称多种包装、配套包装，是指企业把相互关联的多种商品，置入同一个包装容器之内，一起出售。比如工具配套箱、家庭用各式药箱、百宝箱、化妆盒等。但要注意，在同一个包装物内必须是关联商品。如牙膏和牙刷组合包装、一组化妆品组合包装等。这种策略为消费者购买、携带、使用和保管提供了方便，又利于企业带动多种产品的销售，尤其有利于新产品的推销。

4. 再利用包装策略

再利用包装又称多用途包装，是指在包装容器内的商品使用完毕后，其包装并未作废，还可继续利用。可用于购买原来的产品，也可用于其他用途。比如啤酒瓶可再利用，饼干盒、糖果盒可用来装文具杂物，蜂蜜瓶作水杯用，塑料袋作手提包用等。这种策略增加了包装物的用途，刺激了消费者的消费欲

167

望，扩大了商品销售，同时带有企业标志的包装物在被使用过程中可起到广告载体的作用。这种商品的包装不仅与商品的身价相适应，有的还是可作为艺术品收藏。

5. 附赠品包装策略

附赠品包装是目前国际市场上比较流行的包装策略，在我国市场上现在运用也很广泛。这种策略是指企业在某商品的包装容器中附加一些赠品，以吸引购买的兴趣，诱发重复购买。比如儿童食品的包装中附赠玩具、连环画、卡通图片等，化妆品包装中附有美容赠券等。有些商品包装内附有奖券，中奖后可获得奖品；如果是用累积获奖的方式效果更明显。

6. 更新包装策略

更新包装是指企业为克服现有包装的缺点，适应市场需求，而采用新的包装材料、包装技术、包装形式的策略。在现代市场营销中，商品的改进也包括商品包装的改进，这对商品的销售起着重要作用。有的商品与同类商品的内在质量近似，但销路却不畅，可能就是因为包装设计不受欢迎，此时应考虑变换包装。推出富有新意的包装，可能会创造出优良的销售业绩。如把饮料的瓶装改为易拉罐装，把普通纸的包装改为锡纸包装，采用真空包装等。

7. 容量不同的包装策略

容量不同包装是指根据商品的性质、消费者的使用习惯，设计不同形式、不同重量、不同体积的包装，使商品的包装能够适应消费者的习惯，给消费者带来方便，刺激消费者的购买。比如以前四川人在销售其"拳头"产品——榨菜时，一开始是用大坛子、大篓子将其卖给上海人；精明的上海人将榨菜倒装在小坛子后，出口日本；在销路不好的情况下，日本商人又将从上海进口的榨菜原封不动地卖给了香港商人；而爱动脑子、富于创新精神的香港商人，以块、片、丝的形式分成真空小袋包装后，再返销日本。从榨菜"旅行"过程中，各方商人都赚了钱，但是靠包装赚"大钱"的还是香港商人。而今四川榨菜的包装已今非昔比，大有改观，极大地刺激市场需求，企业的利润也大幅度增长。

第五节　产品生命周期

由于科技进步和顾客需求的变化，企业不能期望产品永远畅销，其销售和利润并不是一成不变的，而是随着时间的推移而变化，这种变化就像生物的生命历程一样，形成一个生命周期。由于产品生命周期的存在，企业面临着严峻的挑战，要研究产品生命周期的市场特征，并制定产品生命各个阶段的营销策略，以增强企业的应变能力和竞争力。

一、产品生命周期阶段特点

产品生命周期是指产品从准备进入市场开始到被淘汰退出市场为止的全部运动过程，是由需求与技术的生产周期所决定。产品生命周期是指产品的市场寿命，而不是指产品的使用寿命。企业开展市场营销活动的出发点，是市场需求。而任何产品都只是作为满足特定需要或解决问题的特定方式而存在，不断会有领先产品出现，取代市场上的现有产品。一个产品的销售历史就像人的生命周期一样，要经历出生、成长、成熟、老化、死亡等阶段。具体可以分为介绍期、成长期、成熟期、衰退期四个阶段（参见图6—7）。

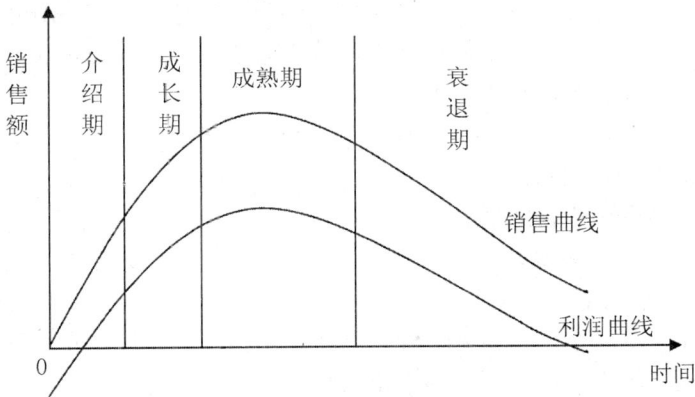

图6—7 产品生命周期阶段

1. 介绍期特点

产品生命周期的介绍期，又称为投入期，是产品进入市场的最初阶段，其主要特点是：

（1）生产成本高。新产品刚开始生产时，数量不大，技术尚不稳定、不成熟，废品次品率也较高，因此制造成本较高。

（2）营销费用大。新产品刚引进市场时，其性能、质量、使用价值、特征等还未被人们所了解。为了迅速打开销路，提高知名度，需进行大量的广告宣传及其他促销活动，促销费用很大。

（3）销售数量少，销售增长率低。因新产品还未赢得消费者的信赖，未被市场广泛接受，购买者较少，销售量小。

169

（4）竞争不激烈。因新产品刚引进市场，销路不畅，企业无利可图甚至亏损，生产者较少，竞争尚未真正开始。

2. 成长期特点

成长期是产品在市场上已经打开销路，销售量稳步上升的阶段。其主要特点是：

（1）购买者对商品已经比较熟悉，市场需求扩大，销售量迅速增加。早期采用者继续购买该产品，其他消费者也开始追随购买。

（2）生产和销售成本大幅度下降，大批量生产和大批量销售使单位产品成本减少。

（3）企业的利润增加。

（4）竞争者相继加入市场，分销网点数量增加，竞争趋向激烈。

3. 成熟期特点

成熟期是产品在市场上普及销售量达到高峰的饱和阶段。其主要特点是：

（1）产品已为绝大多数的消费者所认识与购买，销售量增长缓慢，处于相对稳定状态，并逐渐出现下降的趋势。

（2）整个行业的生产能力过剩，企业利润逐步下降。

（3）竞争十分激烈。

（4）商品销售价格降低。

（5）分销渠道密集。

4. 衰退期特点

衰退期是产品销售量持续下降，即将退出市场的阶段。在实践中，有的产品的衰退速度较为缓慢，逐渐地退出市场，如机电产品、化工产品等；而有的产品则很迅速，如流行产品、时令产品等。有的产品销售量很快就下降到零，也有的可能在一个低水平上持续多年。其主要特点是：

（1）消费者对产品已经没有兴趣，市场上出现了改进产品或换代产品，市场需求减少，销售量下降。

（2）行业生产能力过剩较多，同行企业为了减少存货损失，竞相降价销售，竞争异常激烈。

（3）企业利润不断降低。

二、产品生命周期阶段策略

产品生命周期是一个很重要的概念，它和企业制定产品策略以及营销策略有着直接的联系。营销者要想使他的产品有一个较长的生命周期，以便赚到足够的利润来补偿在推出该产品时所做出的一切努力和经受的一切风险，就必须认真研究和运用产品的产品生命周期理论。分析产品生命周期各阶段的特点只是一项基础性的工作，重要的也是最为关键的是制定产品生命周期各阶段的营销策略。

1. 介绍期策略

根据介绍期的市场特点，这一阶段的营销策略的主要目标，就是要突出一个"快"字，迅速将新产品打入市场，在尽可能短的时间内扩大产品的销售量。可采取的具体对策有：

（1）积极开展卓有成效的广告宣传，采用特殊的促销方式，如示范表演、现场操作、实物展销、免费赠送、小包装试销等，广泛传播商品信息，帮助消费者了解商品，提高认知程度，解除疑虑，培育市场。

（2）积极攻克产品制造中尚未解决的问题，稳定质量，并及时根据市场反馈，对产品进行改进。

（3）采取行之有效的价格与促销组合策略（参见表6-2），可供选择的价格与促销的组合策略有以下四种：

1）快速掠取策略，即企业以高价格和高促销费用推出新产品。成功地采用这一策略，可以使消费者更快地熟悉和了解新产品，迅速打开销路，还可以使企业赚取较大的利润，以尽快回收新产品开发的巨额投资。但企业采用这一策略，要注意必须具备一定的条件：产品有独特的功能或利益；目标顾客的求新心理强，并愿意付出高价 市场需要潜力较大；企业面临潜在竞争对手的威胁，须尽早建立产品的市场地位。

表6-2 介绍期的营销策略

策略		促销水平	
		高	低
价格水平	高	快速掠取策略	缓慢掠取策略
	低	快速渗透策略	缓慢渗透策略

2）缓慢掠取策略，即企业以高价格和低促销费用将新产品推向市场。高价格和低促销费用的结合有利于企业减少流通费用，降低成本，获取较大的利润。该策略适用于市场规模有限、产品需求弹性较小、潜在竞争威胁不大、能赢得大多数消费者相当程度的信任、适当的高价能被人们所接受的产品。

3）快速渗透策略，即企业以低价格和高促销费用将新产品推向市场。其目的是抢占先机，以尽可能快的速度将产品打入市场，赢得最大的市场渗透和最高的市场占有率，薄利多销，从多销中获取利润。该策略适用于市场容量颇大，潜在竞争较为激烈，潜在消费者对价格十分敏感，单位制造成本可随生产规模的扩大而迅速下降的产品。

4）缓慢渗透策略，即企业以低价格和低促销费用将新产品推向市场。低价格有利于消费者接受新产品，使产品较易于渗透市场，打开销路，并扩大销路。低促销费用有利于降低产品成本，树立"物美价廉"的形象。该策略适用面广，适用于市场容量大、促销效果不明显、需求的价格弹性较大、消费者对价格敏感度较高的产品。

2. 成长期对策

根据成长期的市场特点，这一阶段的营销策略的主要目标，就是要突出一个"稳"字，即稳定质量，在成长期，企业的主要营销目标是进一步扩大市场，提高市场占有率，以实现市场占有率的最大化。可采用的策略有：

（1）进一步提高产品质量，增加花色、品种、式样、规格，并改进产品包装。

（2）广告促销从介绍产品、提高知名度转为突出产品特色，建立良好形象，力创名牌，建立顾客对产品的偏好，提高忠诚度等。

（3）开辟新的分销渠道，扩大商业网点，进一步向市场渗透，拓展市场空间。

（4）在大量生产基础上，适时适度降价或采用其他有效的定价策略，以吸引更多的购买者。

3. 成熟期对策

在成熟期，企业的主要营销目标是要突出一个"占"字，即牢固地占领市场，保持市场占有率，防止与抵抗竞争对手的蚕食进攻，争取获得最大的利润。可采用的具体策略有：

（1）从广度和深度上拓展市场，争取新顾客，并刺激老顾客增加购买，以增加现有产品的使用频率和消费数量。如强生公司将婴儿爽身粉、婴儿润肤露等婴儿护肤用品扩展到母亲市场，成功地做大了市场"蛋糕"。

（2）进一步提高产品质量，进行产品多功能开发，创造新的产品特色，扩大产品的多功能性、安全性和便利性，增加产品的使用价值。

（3）改进营销组合策略，如调整价格、增加销售网点、开展多种广告宣传活动或采用以旧换新、有奖销售、竞猜、拍卖等进攻性的促销手段，以及强化各种服务等。

4. 衰退期对策

在衰退期，企业的主要营销目标是要突出一个"转"字，即尽快转移市场，退出市场，转向研制开发新产品或进入新的市场。可选用的策略有：

（1）持续策略，即企业继续生产衰退期产品，利用其他竞争者退出市场的机会，通过营销提高服务质量、降低价格等方法来维持销售，延长产品生命周期的时间。

（2）收缩策略，即企业大幅度降低促销水平，尽量减少销售和推销费用，尽量减少在该产品上的亏损，弥补企业整体的固定费用，以待该产品的市场复苏。

（3）集中策略，即企业通过集中优势资源用于某一相对优势产品，或某一市场领域内，建立市场生存优势。

（4）淘汰策略，也称舍弃策略，即企业停止生产衰退期产品，上马新产品或转产其他产品。

产品生命周期四个阶段，都有其各自的特点，其目标顾客、销售量、销售增长速度、成本、竞争是不尽相同，因此，针对市场采用的营销目标、价格策略也就因地制宜，分别采用不同的营销策略（参见表6—3）。

表 6—3　PLC 各阶段的特点与营销目标

	导入期	成长期	成熟期	衰退期
顾客	创新者	早期使用者	中间多数	落伍者
竞争	很少	增多	稳中有降	减少
销售量	低	剧增	最大	衰退
销售增长速度	缓慢	快速	减慢	负增长
成本	高	一般	低	回升
利润	亏损	提升	最大	减少
价格	高	回落	稳定	回落
营销目标	加强推广，鼓励试用和重购	稳定质量，尽快扩大现有市场	保护市场，争取最大利润	压缩开支，市场转向，延长周期

第六节 新产品开发策略

在当今企业激烈竞争的环境下,大多数企业面临着产品生命周期越来越短的压力。企业要在同行业中保持竞争力并能够占有市场份额,就必须不断地开发出新产品,并快速推向市场,满足多变的市场需求。若新产品不能成功地占领市场,则将使企业丧失市场份额,最终失去获利能力和竞争优势地位。创新已经成为时代发展的主旋律。对企业而言,开发新产品具有十分重要的战略意义,它是企业生存与发展的重要支柱。

一、新产品概念

从市场营销学角度来看的新产品,与从纯技术角度来看的新产品在内涵与外延上都不相同,前者比后者的内容要宽泛得多。市场营销学认为,产品只要在功能或形态上得到改进,与原有产品产生差异,不论任何一部分的创新或变革,为顾客带来了新的利益,或者企业向市场提供过去未生产的产品或采用新的品牌的产品都可以称为新产品。新产品的"新",是相对而言的,相对于一定的时间、地点和企业而言。此外,新产品的"新",不仅是生产者、更重要的是得到消费者认可和接受的"新"属性、"新"功能、"新"用途、"新"特点等。

1. 新产品的类型

(1) 全新产品。全新产品是指应用新技术、新原理、新工艺、新结构、新材料研制而成的前所未有的产品,是企业率先发明创造出来的。在这种新产品问世之前,市场上没有相同或类似的产品,如汽车、电视机、电灯、计算机等产品最初上市均属全新产品。全新产品的研制生产,往往是重大科学技术取得突破的成果,适合于人们的新需求,并且对人类的生产和生活都会产生深远的影响。对绝大多数企业来说,独立自主开发全新产品十分困难,需要耗费较长的时间、巨大的人力和资金投入,成功率较低,风险很大。

(2) 换代新产品。换代新产品是指在原有产品的基础上,部分采用新技术、新材料、新结构制成,在性能上有显著提高的产品。如半自动单缸洗衣机→半自动双缸洗衣机→全自动洗衣机,黑白电视机→彩色电视机→液晶电视机等都是换代新产品。开发换代新产品相比较全新产品相对容易,并且不需要花费巨额资金,企业风险不大。

（3）改进新产品是指采用各种改进技术，对原有产品的品质、特点、花色、式样及包装等做一定改变与更新的产品。改进后的产品或者性能更佳，或者结构更合理，或者精度更加提高，或者特征更加突出，或者功能更加齐全。如增加了照相、影视、收音、录音等功能的手机，改变了风格、花色、款式的各式新款服装等。改进新产品与换代新产品都是以原有产品为基础进行研制与开发，对企业各方面资源要求不高，风险较小，开发出的新产品容易为市场所接受，是广大企业特别是中小企业开发新产品的重点。

（4）仿制新产品是指模仿国内外市场上已有的产品而企业自己首次生产，又称为企业新产品。采用这种模式可以是自主开发为主，也可采用技术引进和联合开发方式。开发生产仿制新产品可以有效利用其他企业的成功经验和技术，风险较小，但产品进入市场的时机通常要滞后。

2. 新产品的动因

（1）顾客需求变化。随着生产的发展和人们生活水平的提高，消费需求也发生了很大变化，方便、健康、轻巧、快捷的产品越来越受到消费者的欢迎。消费结构的变化加快，消费选择更加多样化，产品生命周期日益缩短。这一方面给企业带来了威胁，企业不得不淘汰难以适应消费者需求的老产品，另一方面也给企业提供了开发新产品、适应市场变化的机会。

（2）科学技术进步。科学技术的迅速发展导致许多高科技新型产品的出现，并加快了产品更新换代的速度，科技的进步有利于企业淘汰旧产品，生产性能更优越的新产品，并将其推向市场。企业只有不断运用新的科学技术改造自己的产品，开发新产品，才不至于被挤出市场的大门。

（3）市场竞争激烈。现代市场中，企业间的竞争越来越激烈，企业要想在市场上保持竞争优势，只有不断创新，开发新产品，才能在市场上占据领先地位，增强企业活力。另外，企业定期推出新产品，可以提高企业在市场上的信誉和地位，并促进新产品的销售。

3. 新产品的特征

（1）创新性。新产品往往具有新的原理、新的构思和设计、由新的材料和新元器件构成，具有新的性能、用途等创新或改进内容。

（2）先进性。新产品必须在技术上先进，性能、质量、能耗等技术经济指标要比老产品有明显的提高。

（3）继承性。任何发明创造或新产品，都是在以往知识积累的基础上孕育产生的，尊重和传承顾客的消费习惯。

4. 新产品的意义

（1）巩固和扩大市场份额。在知识经济时代，新技术转化为新产品的速度加快，产品的市场寿命越来越短，企业得以生存和发展的关键在于不断地创造新产品和改造旧产品。创新是使企业永葆青春的唯一途径。一个产品、一种型号在市场上畅销几年的时代一去不复返了。顾客需求趋向离散和多样化，客观上要求企业不断进行产品更新换代。因此，企业必须审时度势，不失时机地开发新产品。研究表明，市场先入者凭借先入为主的优势占有市场份额，相对于从竞争对手中抢夺市场份额要容易得多。在市场上，谁开发产品快，谁就掌握市场的主动权，就能在竞争中处于有利地位。相反，则不仅难以开发新市场，而且会失去现有市场。

（2）开拓新的经营领域。顾客需求的变化需要不断开发新产品。消费者市场需求具有无限的扩展性，也就是说，人们的需求是无止境的，永远不会停留在一个水平上。随着社会经济的发展和消费者收入的提高，对商品和服务的需求也将不断地向前发展。开发新产品，打开新的经营领域是企业竞争力的要素之一，企业在单一产品方向上开发新产品和系列产品虽然可以扩大生产规模，但单一产品的市场容量毕竟有限，这样就会限制企业的发展。因此，就需要企业通过开发新的产品进入新的领域，寻求新的发展空间，提高企业抵御市场风险的能力，形成新的利润增长点。开发新的产品，进入新的领域，拓宽经营范围，做到"东边不亮西边亮"，可以降低经营风险。

（3）快速适应市场竞争。企业根据市场需要，加强新产品开发，通过自主创新，加快适销对路新产品开发的速度是企业提高市场占有率，增强顾客忠诚度，提高企业持续竞争优势的有力武器，可以成为竞争优势的源泉。新产品开发可以加强战略优势，有利于保持企业研究开发能力。如果拥有快速使新产品市场的资源能力，即使竞争对手意想不到地突然宣布新产品进入了市场，企业快速地作出适当反应，至少可以减少作为市场晚入者所处的不利地位而带来的竞争劣势。

（4）创立行业技术标准。科学技术的发展推动着企业不断开发新产品。科学技术是第一生产力，是影响人类前途和命运的伟大力量。科学技术一旦与生产密切结合起来，就会对国民经济各部门产生重大的影响，伴随而来的是新兴产业的出现、传统产业的被改造和落后产业的被淘汰，从而使企业面临新的机会和挑战。对于创新型的产品来说，先进入市场的企业可以享有制定本行业标准的特权。这样的做法等于为竞争对手制造了进入壁垒，延迟业内竞争的到来。例如，微软公司凭借着 Windows 视窗操作系统先入为主的优势，已经成功地成为操作系统软件的行业标准。

二、新产品开发原则与方式

新产品的研制开发对企业的生存与发展至关重要，然而成功地开发新产品并非易事，它是一个系统工程。为了提高新产品开发的成功率，企业在研制和开发新产品时，应该遵循基本原则，讲究开发方式。

1. 新产品开发原则

（1）因需开发。企业产品开发的目的是为了满足消费者尚未得到充分满足的需求，这是产品开发动因，也是新产品开发成功与否的关键。因此，必须通过深入的市场调研和科学的预测，分析消费者需求变化的趋势以及对产品的品质、性能、款式、包装等方面的要求，研制开发满足市场需求的新产品。

（2）量力而行。企业要根据自身的资源、设备条件和技术实力来确定产品的开发方向。有的产品，尽管市场需求相当大，但如果企业缺乏研制开发和市场开发能力，也不能盲目跟风，必须量力而行。

（3）特色鲜明。产品开发贵在与众不同，新颖别致，才能形成自己的特色优势。这种特色可以表现在功能、造型上，也可以表现在其他方面，以满足不同消费者的特殊爱好，激发其购买欲望。

（4）注重效益。开发新产品必须以经济效益为中心，这是企业的经济性所决定的。企业对拟开发的产品项目，必须进行技术经济分析和可行性研究，以保证产品开发的投资回收，能获得预期的利润。不能为企业创造任何利润的产品，其研制开发对企业来说没有任何经济意义。

2. 新产品开发方式

（1）独创方式。从长远考虑，企业开发新产品最根本的途径是自行设计、自行研制，即所谓独创方式。采用这种方式开发新产品，有利于产品更新换代及形成企业的技术优势，也有利于产品竞争。自行研制、开发产品需要企业建立一支实力雄厚的研发队伍、一个深厚的技术平台和一个科学、高效率的产品开发流程。

（2）引进方式。引进是开发新产品的一种常用方式。引进就是购买，购买的标的物是新产品的设计方案，或新产品的开发技术。企业采用这种方式可以很快地掌握新产品制造技术，减少研制经费和投入的力量，从而赢得时间，缩短与其他企业的差距。

（3）协作方式。开发新产品可利用社会资源，形成协作双方优势互补，减少投资风险，开发周期短，将来的收益要共同分享。企业开发新产品可聘请专家、教授、研究员、工程师作顾问，也可与研究院所、大专院校组成联合设计小组，共同进行新产品开发研究。

（4）结合方式。结合方式是独创与引进相结合方式。

三、新产品开发程序

开发新产品对企业满足消费者需求，赢得市场竞争并不断发展壮大至关重要。同时新产品开发又是一项艰巨复杂、风险大、成功率较低的工作。为了提高新产品开发的成功率，为企业创造较大的经济利益，企业开发新产品必须遵循科学的程序，严格执行和管理。新产品的开发程序是指从寻求产品创意开始到产品正式上市大体上可以分为八个阶段（参见图6-8）。

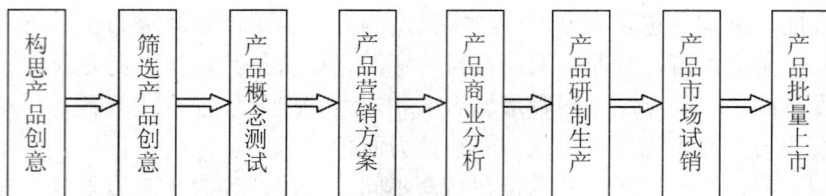

图6-8 新产品开发程序

1. 构思产品创意

新产品构思是指为满足一种新需求而提出的富有新意、创造性的设想。一个成功的新产品，首先来自于一个既有创见又符合市场需求的构思。新产品构思的创意越多，则从中挑选出最合适、最有发展希望的构思的可能性也就越大。因此，这一阶段企业营销部门的主要任务是：广开言路，集思广益，努力挖掘顾客的产品需求，积极鼓励公司员工提出产品创意；从中捕捉开发新产品的机会，是成功开发新产品的第一步。产品构思的来源可以归纳为如下五个方面：

（1）消费者和用户。他们的需求是新产品构思的主要来源。企业可以通过直接向用户进行问卷调查、深度访谈、接待用户来信来访、倾听用户的意见与投诉等途径，来准确把握他们的欲望和需求，从中发现新产品的构思。

（2）经销商。他们与消费者和用户有密切的联系，消费者和用户有什么需求，首先会直接反馈给经销商。而且多数经销商同时销售多类别产品和多种竞争产品，掌握的信息比较丰富，能够提出可行的新产品设想及改进建议。

（3）科研机构和高等院校。他们是新技术和新发明的发源地，每年都有大量的科研成果需要转化为新产品，企业加强与他们的联系，可以获得许多有创意有价值的新产品设想。

（4）企业员工。包括企业的中高层管理人员、营销人员、产品研制开发人员以及普通员工，企业应该建立起鼓励创新的企业文化和相关的规章制度，打破年龄、地位、资历等阻碍因素，调动所有员工的积极性和创造性，使他们热爱企业，关心企业，为改进企业产品、服务和生产流程献计献策。

（5）竞争对手。竞争对手产品的成败得失可以为企业的新产品构思提供借鉴和参考，也是新产品构思的重要来源之一。企业可以通过各种途径了解竞争对手开发投放的新产品，或购买竞争对手的现有产品进行剖析，找出不足并加以改进，有助于开发出更胜一筹的新产品。

2. 筛选产品创意

在广泛收集各种新产品构思创意的基础上，企业要根据发展目标对自身的资源条件进行筛选，摒弃那些可行性小或获利较少的构思。筛选过程分两步进行：一是确定筛选目标的标准；二是选择科学的方式与方法，既要避免漏选掉具有潜在价值的构思，又要避免误选市场前景不佳的构思。为此，企业可以通过制定新产品构思评审表（参见表6—4），对表中所列举的各项因素逐一进行评审打分，确定分数等级，保留可行的产品构思。

表6—4　新产品构思评审表

产品成功的必要条件	权重（A）	公司能力水平（B）											得分数（A）×（B）
		0	0.1	0.2	0.3	0.4	0.5	0.6	0.7	0.8	0.9	1.0	
公司信誉	0.20							√					0.120
市场营销	0.20										√		0.180
研究与开发	0.20								√				0.140
人员	0.15							√					0.090
财务	0.10										√		0.090
生产	0.05									√			0.040
销售地点	0.05				√								0.015
采购与供应	0.05										√		0.045
总计	1.00												0.720

注：分数等级0～0.40为"劣"，0.41～0.75为"中"，0.76～1.00为"良"。目前可以接受的最低分数为0.70。

表中第一栏是新产品成功地实现商业化所必须具备的主要条件；第二栏是根据这些条件对新产品成功的重要程度分别给予不同的权重；第三栏是对企业新产品成功的几项重要条件所具备的能力给予不同的评分；第四栏是企业能力水平与各项成功因素权重的乘积，相加后得到该构思是否符合本企业的目标与战略的综合评分。最后根据评分等级的标准划分等级。表 6－4 中构思的得分总数为 0.72，略高于该评定表设定的最低合格值 0.70，说明该构思可以保留。

3. 产品概念测试

产品概念测试这一步骤分为两个环节：一是形成产品概念；二是产品概念测试。形成产品概念是指筛选出的构思需要形成具体的准确的产品概念，即可以将已经成型的产品构思，用文字、图像、模型等加以清晰地描述，使之成为对消费者而言有意义的产品方案，有确定特性的潜在产品形象。一个产品构思能够转化为若干个产品概念。

产品概念测试是指新产品概念形成以后，还需要了解顾客的意见，进行产品概念测试。产品概念测试一般采用概念说明书的方式，说明新产品的功能、效用、特性、规格、包装、售价等，如有需要还应附上图片或模型，连同问卷提交给有代表性的消费者进行测试和评估。测试所获得的信息使企业进一步充实产品概念，以确定吸引力最强的产品概念。

4. 产品营销方案

通过测试选择了最佳的新产品概念之后，就要制订一个该产品引入市场的初步市场营销方案，并随着产品研发的逐步推进不断地加以完善。新产品营销方案主要包括三方面的内容：

（1）描述目标市场的主体规模、结构，消费者的购买行为和特点；产品的市场定位以及短期（如三个月）的销售量；市场占有率以及开始几年的利润率预期等。

（2）概述产品在第一年的预期价格、分销渠道、策略及营销预算。

（3）概述较长时期（如 3～5 年）的销售额和利润目标，以及不同阶段的营销组合策略等。

5. 产品商业分析

产品商业分析就是从经济效益方面对新产品概念进行可行性分析，进一步考察新产品概念是否符合企业的盈利性目标，是否具有商业吸引力，具体包括预测销售额和推算成本利润两个步骤。

对新产品销售额的预测可参照市场上同类产品的销售发展历史，并考虑各种竞争因素、市场规模、市场潜量，分析新产品的市场地位、市场占有率，以此推测新产品可能获得的销售额。此外，还应考虑产品的再购率，即新产品是一定时期内顾客购买一次的耐用品，还是购买频率不高的产品，或是购买频率很高的产品。不同的购买频率，会使产品销售量在时间上有所区别。

预测产品一定时期内的销售量以后，就可预算该时期的产品成本和利润收益。产品成本主要包括新产品研制开发费用、市场调研费用、生产费用、销售推广费用等。根据已预测出的销售额和费用额，就可以推算出企业的利润收益以及投资回报率等。

6. 产品研制生产

产品研制生产是指通过商业分析的新产品概念送交生产部门研制出模型或样品，使产品概念转化为产品实体。同时还要进行包装的研制和品牌商标的设计，对产品进行严格的功能测试和消费者测试。前者主要测试新产品是否安全可靠、性能质量是否达到规定的标准、制造工艺是否先进合理等。后者则是请消费者加以试用，征集他们对产品的意见。在测试的基础上对样品作进一步改进并定型，以确保具有产品概念所规定的所有特征，并达到质量标准。

产品研制是新产品开发程序中最有实质意义的一个重要步骤。只有通过产品研制，投入资金、设备、劳动力、技术等各种资源，才能使产品概念实体化，若发现产品概念存在的不足和问题，继续改进设计，直至证明新产品概念在技术上和商业上的可行性。如果某一新产品概念因技术上不过关或成本过高等原因而被否定，则该项产品的开发过程便终止。

7. 产品市场试销

经过测试合格的样品即为正式的新产品，在大批量投放市场之前，还要选择具有代表性的小规模市场进行试销。新产品试销有助于企业了解市场情况，又能进一步检测产品包装、价格、数量、广告的效果，还能发现产品性能的不足之处，为产品正式投入市场打好基础，为企业是否大批量生产该产品提供决策依据。新产品市场试销的主要决策涉及：

（1）试销地点。应具有企业目标市场的基本特征，地区范围不宜过大。

（2）试销时间。时间长短要综合考虑产品特征、平均重复购买率、竞争者状况和试销费用等因素决定。再购买率高的新产品，试销时间应长一些，至少应经历1～2个购买周期，因为只有重复购买才能说明消费者喜欢新产品。

（3）试销应取得的资料。在试销过程中，企业要注意收集新产品的试用率、再购买率以及销售趋势、购买者是谁、消费者对产品质量、品牌、包装的意见等。

（4）试销所需要的费用开支。

（5）试销的营销策略以及试销成功后应进一步采取的战略行动（参见表6—5）。

表 6—5　新产品试销策略

新产品		重购率	
		高	低
试购率	高	扩大生产 扩大销售	改进产品 改进宣传
	低	加大宣传 扩大生产	双重改进 舍弃

市场试销需要耗费较多的投资，特别是试销时间如果太长还容易让竞争对手抢占先机。并非所有的新产品都需要试销，当产品的成本很低，新产品由比较简单的产品线扩展而来或是模仿竞争者的产品而生产时，企业可以不进行或只进行少量的试销就批量上市。

8. 产品批量上市

新产品试销成功后，便可批量生产，正式推向市场，实现新产品的商业化。为确保新产品批量上市成功，企业要注意下列三个问题：

（1）正确选择目标市场。新产品不一定立即向全国市场投放，可以先集中在某一地区市场开展公关宣传和广告促销活动，以打开销路，拥有一定市场份额后，再逐渐向其他地区拓展。最理想的目标市场应是最有潜力的消费者群体，一般具备如下特征：最早采用该新产品的带头购买者；大量购买该新产品的顾客；其购买行为具有一定的传播影响力的消费者等。

（2）正确选择投放时机。一般而言，季节性产品适宜于在使用季节到来之前投放市场；日用消费品适宜于在每年的销售高峰（如"五一"、"十一"、元旦、春节等）到来之前投放市场；替代性较强的产品应在企业被替代产品库存较少的情况下投放市场；尚需改进的新产品则应等到产品进一步完善之后再投放市场，切忌匆忙上市而造成初战失利陷入被动。

（3）正确组合营销策略。新产品批量上市时，不仅正确地选择市场、时机十分重要，而且还要正确制定消费者愿意接受的营销组合，制定合适的价格，选择合适的分销渠道，实施多种多样、行之有效的、富有创意的促销措施，以使新产品能在市场上迅速提高知名度和美誉度，扩大销路。

四、新产品开发的趋势

在现代市场竞争中，新产品开发已经成为企业的生命线。能否成功地研制开发出适销对路的新产品，直接关系到企业的生死存亡和发展壮大。综观当今世界，新产品开发的方向如下：

1. 多能化

多能化是要求新产品具有多种功能，做到一物多用。既可以节省消费者开支，又可以节省使用空间。例如，带有字典、信息存储、翻译、太阳能等功能的手表；既可洗手、洗澡、洗碗，也可供房间取暖之用的多功能热水器。

2. 微型化

微型化是要求新产品体积小、重量轻、方便携带。例如，日本在 20 世纪 70 年代以后开始的全员质量运动中，成功地实施"轻、薄、短、小"的形象设计战略，把欧美"重、厚、长、大"之类的商品打得"只有招架之功，而无还手之力"，从而使日本的汽车、家用电器、手表等产品成为国际市场的畅销品。

3. 方便化

方便化是要求新产品结构简单，方便使用、方便维修。这是为了适应现代忙碌的生活节奏，节省时间，就是节约金钱。例如，方便食品、方便鞋；电器尽量采用插件板，一旦烧坏，更换插件板即可，维修方便。

4. 系列化

系列化是要求新产品有多个品种规格、多个档次、多种款式，以适应不同场合、不同爱好、不同层次消费者的需要，扩大产品的覆盖面。

5. 节能化

节能化是要求新产品的使用能耗低，这对消费者、企业、社会都有益。消费者可以减少能耗开支，利于更好地安排生活；企业可以降低产品成本、降低售价，增强产品的市场竞争力；整个人类社会可以缓解能源紧缺状况，利于可持续发展。

6. 绿色化

绿色化是要求新产品是绿色产品，也就是无公害、低污染、符合环保要求的产品。保护环境，控制、减低甚至消除环境污染，是企业应该担负的社会责任。世界各国的企业都在积极地开发绿色产品，抢占绿色市场。绿色食品、绿色纸尿片、环保汽车、环保电池等，绿色营销方兴未艾。

案例6-3

新可乐的失败

自从 1886 年亚特兰大药剂师约翰·潘伯顿发明神奇的可口可乐配方以来，

可口可乐在全球开拓市场可谓无往不胜。1985年4月23日，可口可乐为了迎战百事可乐，宣布更改其行销99年的饮料配方，此事被《纽约时报》称为美国商界100年来最重大的失误之一。

在20世纪80年代，可口可乐在饮料市场的领导者地位受到了挑战，其在市场上的增长速度从每年递增13％下降到只有2％。在巨人踌躇不前之际，百事可乐却创造着令人注目的奇迹。它首先提出"百事可乐新一代"的口号，继续强调百事可乐的"青春形象"，使百事可乐在美国的饮料市场份额从6％猛升至14％。

可口可乐公司不相信这一事实，也立即组织了口感测试，结果与"百事挑战"中的一样，人们更喜爱百事可乐的口味。市场调查部的研究也表明，可口可乐独霸饮料市场的格局正在转变为可口可乐与百事可乐分庭抗礼。70年代18％饮料消费者只认可可口可乐这一品牌，认同百事可乐的只有4％；到了80年代只有12％的消费者忠于可口可乐，而只喝百事可乐的消费者则上升到11％达到几乎与可口可乐持平的水平。而在此期间，无论是广告费用的支出还是销售网络，可口可乐公司都比百事可乐公司多得多。它拥有两倍于百事的自动售货机、优质的矿泉水、更多的货架空间以及更具竞争力的价格，但是为什么它仍然失去了原属自己的市场份额呢？

面对百事可乐的挑战，1980年5月，可口可乐董事会接受了奥斯丁和伍德拉夫的推荐，任命戈伊祖艾塔为总经理。在戈伊祖艾塔于1981年3月成为公司的董事长之后，唐纳德·基奥接任总经理。不久，戈伊祖艾塔带领公司管理团队开始将注意力转移到调查研究产品本身的问题上来，证据日益明显地表明，味道是导致可口可乐衰落的唯一重要的因素，已经使用了99年的配方，似乎已经经不上今天消费者的口感要求了。在这种情况下，公司开始实施堪萨斯计划——改变可口可乐的口味。

可口可乐公司在研制新可乐之前，秘密进行了代号"堪萨斯工程"的市场调查行动，它出动了2000名市场调查员在10个主要城市调查顾客是否接受一种全新的可口可乐，问题包括：可口可乐配方中将增加一种新成分使它喝起来更柔和，你愿意吗？你想试试一种新饮料吗？调查结果表明只有10％～12％的顾客对新口味的可口可乐表示不安，而且其中一半表示会适应新的可口可乐，这表明顾客们愿意尝试新口味的可口可乐。但是另外一些测试却提供了一些相反情况，大小不同的消费者团体分别表明了强烈的赞成和不赞成的情绪。

1984年9月，可口可乐公司技术部门决定开发出一种全新口感、更惬意的可口可乐，并且最终拿出了样品，这种"新可乐"比可口可乐更甜、气泡更少，因为它采用了比蔗糖含糖量更多的谷物糖浆，是一种带有柔和的刺激味的新饮料。公司立即对它进行了无标记味道测试，测试的结果令可口可乐公司兴奋不已，顾客对新可乐的满意度超过了百事可乐，市场调查人员认为这种新配方的可乐至少可以将可口可乐的市场占有率推高1％~2％，这就意味着多增加2亿~4亿美元的销售额。

为了确保万无一失，在采用新口味之前，可口可乐公司投入400万美元，进行前所未有的大规模口味测试。在13个城市中约19.1万人被邀请参加了无标记的不同配方的可口可乐的比较。55％的参加者更喜欢新可乐，这表明可口可乐击败了百事可乐。调查研究的结果似乎证明，支持新配方是不容置疑。在反复研究以后，公司的高级经理们一致同意改变可口可乐的味道，并把旧可乐撤出市场。

1985年4月23日，可口可乐公司董事长戈伊祖艾塔宣布经过99年的发展，可口可乐公司决定放弃它一成不变的传统配方，原因是现在的消费者更偏好口味更甜的软饮料，为了迎合这一需要，可口可乐公司决定更改配方调整口味，推出新一代可口可乐。为了介绍新可乐，戈伊祖艾塔和基奥在纽约城的林肯中心举行了一次记者招待会。请柬被送往全国各地的新闻媒介机构，大约有200家的报纸、杂志和电视台的记者出席了记者招待会，但他们大多数人并未信服新可口可乐的优点，他们的报道一般都持否定态度。新闻媒介的这种怀疑态度，在以后的日子里，更加剧了公众拒绝接受新可口可乐的心理。

消息迅速地传播开来，81％的美国人在24小时内知道了这种转变，这一数字超过了1969年7月知道尼尔·阿姆斯特朗在月球上行走的人数。1.5亿人试用了新可口可乐，这已超过了以往任何一种新产品的试用记录，大多数的评论持赞同态度，瓶装商的需求量达到5年来的最高点。决策的正确性看来是无可怀疑了，但这一切都是昙花一现：在新可乐上市4小时之内，接到抗议更改可乐口味的电话达650个；到5月中旬，批评电话每天多达5000个；6月份这个数字上升为8000多个。由于宣传媒介的煽动，怒气迅速扩展到全国。对一种具有99年历史的饮料配方的改变，本来是无足轻重的，可如今却变成了对人们爱国心的侮辱。甚萨斯大学社会学家罗伯特·安东尼奥论述道："有些人感到一种神圣的象征被粗暴地践踏了。"甚至戈伊祖艾塔的父亲也从一开始就反对这种改变。他告诫他的儿子说这种改变是失败的前奏，并开玩笑地威胁说要与儿子脱离关系。公司的领导们开始担心消费者联合起来抵制。

他们看到的是灾难性的上市效果："我感到十分悲伤，因为我知道不仅我自己不能再享用可口可乐，我的子孙们也都喝不到了……我想他们只能从我这里听说这一名词了。"人们纷纷指责可口可乐作为美国的一个象征和一个老朋友，突然之间就背叛了他们。有些人威胁说以后不喝可口可乐而代之以茶或白开水，要订的将是百事可乐而不是可口可乐。

在那个春季和夏季里，可口可乐公司收到的这样的信件超过了 4 万封。在西雅图，一些激进的忠诚者（他们称自己为美国喝可口可乐的人）成立"美国老可口可乐饮用者"组织来威胁可口可乐公司：如果不按老配方生产，就要提出控告。在美国各地，人们开始囤积已停产的老可口可乐，导致这一"紧俏饮料"的价格一涨再涨。当 7 月份的销售额没有像公司预料的那样得到增长以后，瓶装商们要求供应老可乐。

资料来源：百度文库：《新可乐的失败》，http://wenku.baidu.com/view/e339941810a6f524ccbf85d1.html。

复习思考题：

1. 产品组合的策略有哪几种？如何选择？
2. 怎样对产品线进行销售额和利润分析？
3. 产品生命周期各阶段应采取什么样的营销策略？
4. 产品生命周期理论对企业实践有什么重要意义？
5. 开发新产品应遵循哪些原则、程序和策略？
6. 产品包装的功能和策略有哪些？

第七章　价格策略

教学目的

　　通过教学使学生了解价格决策价格定义、功能及其定价流程的原理，正确认识价格影响因素，熟练掌握需求导向定价法、成本导向定价法、竞争导向定价法和心理导向定价法，正确制定产品生命周期不同阶段的价格策略，运用价格调整方法与技巧。

第一节　价格原理

　　价格是市场十分敏感的重要因素，它直接影响到需求量的增加或减少以及利润的高低。价格是市场竞争、市场调节的重要工具，是市场营销组合的最基本的要素之一。企业如果希望近期或长期获得利益最大化，适当的价格策略，乃是达到这一目标的重要手段，而正确运用价格原理是制定价格策略的基础。

一、价格的定义

　　价格是多学科交叉研究的领域，政治经济学、商业心理学、市场营销学分别从不同的角度进行定义，其含义也就不尽相同。

　　1. 政治经济学的定义

　　价格是一种从属于价值并由价值决定的货币表现形式，是产品在流通过程中的价值转化形式，价格的基础是生产产品的社会必要劳动时间。

　　2. 商业心理学的定义

　　价格是交易双方愿意接受的货币单位。这个货币单位不是一个铁定的常数，而是一个域限。在这个域限里，买卖双方都有权并乐于讨价还价，使产品的价格具有较大的灵活性和可变性。定价是需求价格与供给价格相互影响、相互制约的矛盾运动的过程。

（1）需求价格。需求价格就是买方在一定时期内对一定数量的产品所愿意和能够支付的最高价格，它的高低，取决于顾客对产品的需求强度和产品的稀有程度。需求的欲望越强，产品的稀有程度越大，顾客心目中的效用和自拟价格意识也就越高，愿意接受或乐意付出的价格也就越高，反之，只愿意接受较低的价格，以求得心理平衡。

（2）供给价格。供给价格就是卖方对一定数量的产品转让使用价值所愿意接受的最低价格，它的高低取决于定价意图和成本、利润、税收等价格要素。

值得注意的是，产品的供给价格与需求价格是两个完全不等的量。这两个量便构成了讨价还价的域限，下限是需求价格，上限是供给价格，市场实际交换价格，是产品的供给者和需求者在价格域限内，心理相互影响、相互制约的矛盾运动的结果。

3. 市场营销学的定义

价格是由市场竞争和供求关系所决定的货币表现形式。这是实际价格，反映在成本基础上影响价格变动的主要因素。产品定价，既要从价格理论、价格心理角度去考虑，更多的是要从市场角度去思考。具体地讲，生产成本，即社会必要的物化劳动和活劳动消耗是产品价格的最低临界点，也叫盈亏点或保本点。在交易磋商过程中，价格受市场竞争和供求关系的影响，围绕价值这个中心上下波动，至于波动幅度的大小，必须以最终消费者和用户心理能够承受为前提，在一般情形下，市场价格表现下列三种情形：

（1）市场供大于求时价格下降，当市场供不应求时价格上升。

（2）当卖方竞争激烈时，价格下降，当买方竞争激烈时价格上升。

（3）当供求平衡时，价格小幅波动，表现为均衡价格。

二、价格的功能

价格是市场敏感的因素，它不仅具有衡量产品价值的功能，具有满足顾客欲望的心理功能，还具有调节供求矛盾的心理功能。

1. 价格具有衡量产品价值的功能

（1）价格是产品价值的货币表现形式。众所周知，价格是随着价值的大小变化而变化，价值的大小取决于生产这种产品的社会必要劳动时间，产品的价值取决于国际社会必要劳动时间，这种时间花费得越多，价值也就越大，价格也就越高；反之价值就越小，价格也越便宜。譬如说同一产品花费的劳动时间较多，故价格也相应地高一些，随着生产效率的提高，到了增长期或成熟期，花费的必要劳动时间相对减少，价格也相对的低一些。而在实际交易过程中，买方无法准确地把握产品的价值的大小、性能的优劣、功能的好坏，因此，他常常借助于价格去增强自己的判断。一般地说，质量越好、适用性越强，价格也就越高，所以顾客在长期的购买的感知、思维和体验过程中，都自觉或不自觉地把价格同价值、品质和效用联系起来。

（2）价格是顾客了解产品的重要途径。顾客认识产品的一个重要途径，便是价格。俗话说的"一分钱一分货"、"好货不便宜"、"便宜无好货"，就是这种心理的具体反映。换句话说，价格能帮助顾客认识产品的价值和使用价值。在现代激烈竞争的市场上，由于科技革命和科技进步，产品的生产能力不断提高，产品的种类也日益增多，产品的生命周期也越来越短，新产品和各种代用品也大量应市，使得一般消费者难以了解、认识产品的社会价值，加之消费者一般表现为非专家购买，不太内行，因此，就不能根据价值去推算价格，而往往通过价格去帮助他认识产品的内在价值和使用价值。

2. 价格具有满足顾客欲望的心理功能

（1）顾客的自拟价格意识。产品价格不仅具有认识产品价格的心理功能，还具有反映顾客的价格意识，满足人们社会价值欲望的功能。自拟价格意识是顾客从习惯或经验、或产品的某个特征或功能出发，在心理形成的该产品值多少钱，并作为判断昂贵、便宜、合适与否的自我意识标准。在一般情况下，消费者意识到价格贵而又无法忍受时，便压制需求而持币待购；当意识到太便宜时，又会认为"不是好货"，不到万不得已，不会采取购买行动。只有实际售价与消费者的价格意识基本相符或相差无几时，消费者才乐意购买。由此可见，研究顾客的自我价格意识非常重要。

（2）顾客价格的比拟意识。顾客不仅有价格意识，而且还与其愿望情感、兴趣、爱好、性格等个性特征相联系，反映出种种心理状态，诸如时尚心理、好奇心理、好胜心理、求新心理、求美心理、求廉心理等。为此，消费者的价格意识不仅是某产品值多少钱，而且还反映他应购买、消费某价格档次的产品，以显示其社会地位，炫耀其事业成功，表明其经济收入，反映其文化素养，体现其生活情操，满足其心理欲求。这也就是说，产品的价格具有一种社会政治地位、经济地位和文化素养的比拟作用。这种比拟有时是无意识进行的，有时是有意识进行的，但共同点都是从社会生活出发，重视价格的社会价值意义。

3. 价格具有调节供求矛盾的心理功能

市场上的价格运动虽然异彩纷呈，有时也表现为光怪陆离，但仍有一定的规律可循。研究发现，价格的变动与需求的变动是互动的。在其他条件不变的情况下，当某种产品涨价时，消费者的需求量会减少；反之需求量则增加，诚如马克思所说："需求按照价格相反方向运动，如果价格跌落，需求就增加，相反价格提高，需求就减少。"

价格对需求量的大小，受产品的需求弹性的影响。不同的产品需求弹性是不同的。生活必需品，需求弹性小；非生活必需品，需求弹性大。不同需求弹性的产品，对价格十分敏感，价格降低会刺激需求的急剧膨胀，价格上涨，会抑制需求的迅速增长；无弹性需求的产品，对价格反应相对迟钝一些，即令很便宜也不会多买，就算是昂贵也不能不买。

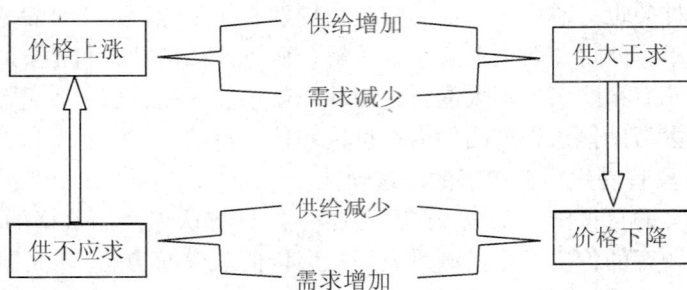

图 7—1　价格与供求互动规律

值得注意的是，一般情况下，需求按价格的反方向运动，但有时价格上涨，会刺激需求，因为人们害怕价格再涨；有时价格下跌，并不一定能激发需求，因为人们在期待着价格再跌而表现为持币待购。

第二节　价格决策流程

企业在为产品制定价格时，必须考虑影响定价的一些主要因素。这些因素包括：产品成本；产品需求和供给的价格弹性；市场竞争；中间商；政府干预和调控等。企业要通过这些因素与产品价格之间相互作用的关系的分析和研究，为产品确定恰当的定价方法，制定出产品的价格。企业定价的步骤主要包括：确定定价目标；了解价格需求；估计产品成本；分析竞争者的产品及价格；选择定价方法；拟定价格方案；确定最终价格（参见图 7—2）。

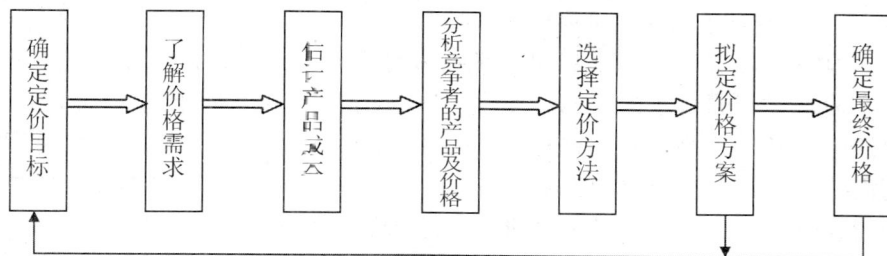

图7—2 价格决策流程

一、确定定价目标

定价目标是指企业要达到的定价目的。企业的定价目标是从属于企业经营目标的。企业的定价目标是以满足市场需要和实现企业盈利为基础的，它是实现企业经营总目标的保证和手段。同时，又是企业定价策略和定价方法的依据。企业面临的市场环境和竞争条件不同，企业的目标会有差别，不同的企业定价目标也不尽相同。同一企业在不同的发展时期，面对不同市场环境也会有不同的定价目标。

1. 以获得利润为定价目标

企业要提高经济效益为中心，利润是企业所企求、所期待的主要的经营目的，而定价常常是达到这一目的的重要手段。所以，当某种产品在市场上占绝对优势时，如有专卖权、主要产地、率先上市等，可采用高价的取脂策略，以获得厚利或尽快收回投资。可是，要注意的是高价会激起中间商和消费者的不满和强有力的反抗，如需求萎缩或转移，代用品应运而生，消费者的反感和抗议等，也会使竞争者通过低价抢走市场。因此，如没有垄断地位，没有强大的竞争实力，高价是一种短期行为。值得注意的是，获利并不必然导致高价，高价不是获得长远利益的良策。应该看到，规模出效益、薄利多销，产品的价格稍高于生产价格或成本价格或边际成本价格，常常是获得利润的基本方法。

2. 以提高市场占有率为定价目标

市场占有率的高低，是企业经营能力和产品竞争力的综合反映，它影响或决定企业和产品在目标市场的知名度和信赖度，常常关系到企业的兴衰。为了提高市场占有率，就必须提高增长率。在这种价格意图的影响下，企业常常施以低价或稳定价格来招引、诱导顾客的注意、兴趣、愿望和行动，配合产品的分销和促销，从而达到稳定销售、扩大销售，使销售额稳步增长，提高市场份额。

3. 以适应竞争力为定价目标

竞争是市场经济的基本规律，优胜劣汰已成为公理。面对激烈竞争的市场，产品定价既是攻击的手段，又是防御的工具。目前，属于纯粹自由竞争和垄断独占价格的产品是极少数的，绝大多数属于不完全自由竞争价格的产品。竞争定价大体可划分为三种策略。一是攻击性的竞争定价，在市场上做价格领袖，率先出低价，使竞争对手受到震惊而纷纷仿效，或使竞争对手无法维持经营而自动退出竞争，从而确立市场地位，维护其利益。二是防御性的竞争定价，它一般是在竞争对手采取攻势之后，为了应付竞争被动地保持与竞争对手相同或相近的价格，可减少竞争带来的经济损失，又可以避免买主和竞争者对差别定价引起的反感和非议。三是预防性的竞争定价，它一般是在产品进入市场之初，为了防止竞争者的介入，把价格定在不高不低的水平上，因为价格不高以减少市场对竞争对手的吸引力，同时又因为价格不低，限制了市场需求的急剧膨胀。

二、了解价格需求

市场需求是影响企业定价的重要因素。当产品高于某一水平时，将无人购买，因此市场需求决定了产品价格的上限。一般地，市场需求随着产品价格的上升而减少，随着价格的下降而增加。但是也有一些产品的需求和价格之间呈同方向变化的关系，如能代表一定社会地位和身份的装饰品及有价值的收藏品等。

1. 需求的价格弹性

在正常情况下，市场需求会按照与价格相反的方向变动。价格上升，需求减少；价格降低，需求增加，所以需求曲线是向下倾斜的。就声望高的产品来说，需求曲线有时呈正斜率。例如，香水提价后，其销售量却有可能增加。当然，如果提得太高，需求将会减少。企业定价时必须依据需求的价格弹性，即消费者对价格变动的反应性或敏感性。

$$价格需求弹性 = \frac{需求变动百分比}{价格变动百分比}$$

（1）当需求价格弹性大于1时，称为需求富有弹性，表明价格的变动直接反方向影响需求量。

（2）当需求价格弹性等于1时，称为需求单位弹性，表明价格的变动直接同比影响需求量。

（3）当需求价格弹性小于1时，称为需求缺乏弹性，表明价格的变动对需求量影响较小。

2. 影响需求价格弹性的因素

价格受多种因素影响，价格需要弹性的因素也很多，概括起来主要有以下六种。

（1）消费者对产品的需要程度。消费者对生活必需品的需要强度大且比较稳定，因此生活必需品的需求弹性小；消费者对高档消费品和奢侈品的需求强度小且不稳定，因此高档消费品、奢侈品的需求弹性大。

（2）产品的重要性。某种产品的支出在消费者的总支出中所占比例较小，那么该产品的价格变动对消费者的影响较小，因此其需求的价格弹性也较小；反之，需求的价格弹性较大。

（3）产品替代品数目和可替代程度。一种产品的替代品越多，可替代的程度越高，其需求弹性就越大；反之，需求弹性就越小。

（4）产品用途的广泛性。一般地，产品的用途越多，其需求弹性就越大。

（5）产品的耐用程度。一般情况下，耐用品的需求弹性大，而非耐用品的需求弹性小。

（6）消费者的收入水平。同一产品对不同收入水平的人来说，需求弹性是不同的。因为一种产品对于高收入水平的人来说可能是必需品，需求弹性小，但对于低收入水平的人来说则可能是奢侈品，需求弹性大。

3. 价格弹性与产品定价

由于不同产品的需求弹性不同，同一产品在不同价格水平上的需求弹性也可能不同，因此，企业为产品定价时应该考虑需求的价格弹性，当需求富有弹性时，应该降低价格以刺激需求，扩大销售，增加收益。这时虽然由于价格下降，单位产品的销售收入减少，但由于需求增加的幅度大于价格下降的幅度，因此由于需求增加、销售扩大而增加的收益在弥补由于价格降低减少的收益后还有剩余，企业的总收益会增加。对于需求富有弹性的产品，如果提高价格，反而会造成总收益的减少。当需求缺乏弹性时，企业可以适当提高产品售价，这时由于提价的幅度大于需求减少的幅度，会增加企业的总收益。对于需求缺乏弹性的产品，降价会减少企业的总收益。

三、估计产品成本

产品成本是指企业为了生产产品而发生的各种耗费，是企业收益的减项，是企业生产经营管理的一项综合指标，也是产品价值的重要组成部分。任何产品的价格都应高于所发生的成本费用，在生产经营过程中的耗费才能从销售收入中得到补偿，企业才能获得利润，生产经营活动才能继续进行。所以，估计产品成本是价格决策中的一个重要的步骤和环节，降低成本是提高企业经济效益的有效途径之一。

1. 成本类型

（1）总成本是指企业生产经营的总耗费。用公式表示如下：

总成本＝固定成本＋可变成本

（2）固定成本，是在短期内不随企业产量和销售收入变化而变化的生产费用。如厂房设备的折旧费、租金、利息、行政人员薪金等。与企业的生产水平无关。

（3）可变成本，也成为变动成本，是随产量变化而直接变化的成本。如原材料费、工资等，企业不开工生产，可变成本等于零。

2. 盈亏平衡点

盈亏平衡点，又称零利润点、保本点、盈亏临界点、损益分歧点、收益转折点。通常是指全部销售收入等于全部成本时（销售收入线与总成本线的交点）的产量。以盈亏平衡点的界限，当销售收入高于盈亏平衡点时企业盈利，反之，企业就亏损。盈亏平衡点可以以销售量来表示，即亏平衡点的销售量；也可以用销售额来表示，即盈亏平衡点的销售额（参见图 7－3）。

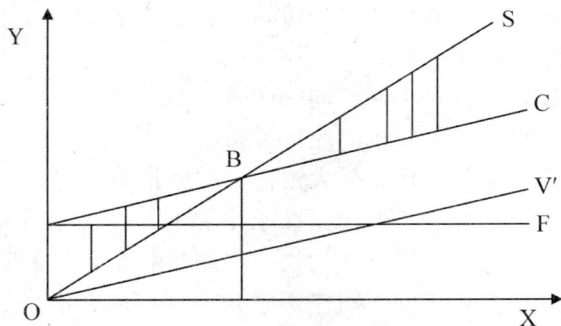

图 7－3　盈亏平衡点分析图

图 7－3 中，F 为不随产量变化的固定成本线；V′为随产量变化的变动成本线；S 为销售收入线；C 为总成本线；S 线和 C 线的交点 B 为盈亏平衡点。

盈亏平衡点将 S 线和 C 线所夹的范围分为盈与亏两个区。B 点的右面，销售收入高于总成本，形成盈利区；B 点的左面，销售收入低于总成本，形成亏损区。当项目产量为 Q 时 S＝C，收入与支出相等，项目不盈不亏。

（1）按实物单位计算：

盈亏平衡点＝固定成本／（单位产品销售收入－单位产品变动成本）

（2）按金额计算：

盈亏平衡点＝固定成本/（1－变动成本/销售收入）＝固定成本/贡献毛利率

四、分析竞争者的产品及价格

企业制定价格不仅要了解自身的成本，还要了解顾客的需求和竞争对手的价格决策动向。知己知彼，百战不殆。通过分析竞争者的产品和价格，有利于发现市场机会与威胁，也有利于为价格决策提供依据。

1. 分析竞争者的产品

企业进行价格决策时要进行产品定位，要了解竞争产品的优势与劣势及其市场地位、市场份额。这里所说的竞争产品是广义的竞争产品，它应包括现有竞争者的产品、潜在进入者的产品以及可替代产品。

2. 分析竞争者的价格

企业可以将竞争者的产品及其价格作为企业产品定价的参考。如果企业的产品和竞争者的同种产品质量差不多，那么两者的价格也应大体一样；如果企业的产品不如竞争者的产品那么产品价格就应定低些；如果企业的产品优于竞争者的产品，那么价格就可以适当定高些。分析竞争者的价格要分两步走。

（1）了解竞争者的现行的价格水平及其现状。

（2）研判竞争者未来的价格策略动向及其对本企业价格策略的反应。

五、选择定价方法

影响企业定价的因素有很多，其中最基本的因素是成本，它规定了价格的下限；市场需求或顾客对企业产品独特的特点的评价，它规定价格的上限；竞争者产品的价格和替代品的价格，它确定了在最高价格和最低价格之间，企业产品的标价点；另外消费者心理因素也会给定价造成影响。企业产品定价时，主要是通过考虑这四种因素中的一个或几个选择定价方法。一般来说，企业定价主要有四种方法可供选择：需求导向定价法、成本导向定价法、竞争导向定价法和心理导向定价法。

1. 需求导向定价法

需求导向定价法是指企业在定价时不再以成本为基础，而是以消费者对产品价值的理解和需求强度为依据，确定自己产品的价格。

（1）声望定价法。企业在市场上有了声望，品牌被推崇为名牌，中间商和消费者便对它产生信任感，并以拥有它而觉得荣耀。在这种思想的支配下，实行高价策略，不但不影响销路，反而使身价倍增，引来众多的慕名而求的崇拜者。如拜尔药房的阿司匹林，行销世界各地几十年，虽然价格较高，但仍受中间商和患者的欢迎。企业对高档消费品、奢侈品、选购品，定价应高出成本加平均利润，或高于同类产品的市场价格。运用这种定价策略时要注意两个重要的心理现象：一是价格越高，顾客越信赖，越觉得值得和自豪；二是声望越高的买主，行动越慷慨，越需要较高价格的产品来烘托，越舍得付价钱。运用这种定价策略的心理基础，就是充分利用顾客的求名心理、求胜心理。运用这种策略时应注意的心理问题，是这种定价有圈套的风险，用得不细心不慎重，会有可能失去顾客的信任和市场的份额。

（2）理解价值定价法。理解价值定价法也称觉察价值定价法，是以消费者对商品价值的感受及理解程度作为定价的基本依据。把买方的价值判断与卖方的成本费用相比较，定价时更应侧重考虑前者。因为消费者购买商品时总会在同类商品之间进行比较，选购那些既能满足其消费需要，又符合其支付标准的商品。消费者对商品价值的理解不同，会形成不同的价格限度。这个限度就是消费者宁愿付货款而不愿失去这次购买机会的价格。如果价格刚好定在这一限度内，消费者就会顺利购买。

（3）反向定价法。反向定价法又称产品价格倒推法，是指企业根据产品的市场需求状况，通过价格预测和试销、评估，先确定消费者可以接受和理解的零售价格，然后倒推批发价格和出厂价格的定价方法。这种定价方法的依据不是产品的成本，而是市场的需求定价，力求使价格为消费者所接受。分销渠道中的批发商和零售商多采取这种定价方法。其计算公式为：

出厂价格＝市场可销零售价格×（1－批零差价率）×（1－销进差率）

采用反向定价法的关键在于正确测定市场可销零售价格水平，采用这一定价法时，企业的目标利润是确定的，需要对产品的市场容量和商品的价格弹性有一个大体的估计。

2. 成本导向定价法

成本导向定价法是以产品成本为基础，加上预期利润，结合销售量等有关情况，确定价格水平，是企业最基本、最普遍的定价方法。根据企业的成本导向的应用不同，有以下具体方法：

（1）成本加成定价法。成本加成定价法也称顺加成定价法，加成的基础是成本，其加成率的计算式是加成率＝毛利/销售成本。产品单价计算公式为：

产品单价＝单位产品总成本×（1＋加成率）

单位产品总成本＝分摊固定成本＋单位变动成本

分摊固定成本＝年固定成本÷年产量

例如，某公司预测到 2010 年度的固定成本总额为 450 万元，预计 A、B、C、D 四大产品的变动成本分别为 160 元、130 元、95 元、60 元，其年销量分别是 10 万、15 万、15 万、20 万件套/件，若按成本加成率 20％计算，售价应分别是多少？

根据上述三个公式进行计算，A、B、C、D 的产品售价应分别为 201 元、165 元、123 元、81 元。由此可见，这种方法的优点是简便易行，加之各企业的成本和目标利润率差不大，制定出的价格差异不大，能够避免价格出现过度竞争。不过这种定价方法只考虑到成本，忽视了市场需求、竞争者的价格政策、顾客的心理因素，在一定程度上制约产品的销售。

（2）售价加成定价法。售价加成定价法也称价格加成定价法，加成率的计算式是加成率＝毛利/销售收入。售价加成定价法的产品价格的计算公式为：

产品单价＝单位产品总成本÷（1－加成率）

例如，某公司预测到 2010 年度的固定成本总额为 450 万元，预计 A、B、C、D 四大产品的变动成本分别为 160 元、130 元、95 元、60 元，其年销量分别是 10 万、15 万、15 万、20 万件套/件，若按价格加成率 20％计算，售价应分别是多少？

根据上述三个公式进行计算，A、B、C、D 的产品售价应分别为 209.4 元、171.9 元、128.1 元、84.4 元。由此可见，这种方法与成本加成定价法具有同样的特点，并在同样加成率的情况下，能获得较成本加成法更为可观的经济效益。

（3）边际成本定价法。边际成本定价法也称边际贡献定价法，就是不考虑产品固定成本分摊的定价法。边际成本是指产品销售收入与产品变动成本的差额，单位产品边际成本指产品单价与单位产品变动成本的差额。边际成本计算公式：

$$边际成本＝\frac{总成本每次增加差额}{总产量每次增加差额}$$

一般来说，边际成本的变化规律是先下降后上升，即在一定的产量限度以内是下降的，而超过一定的限量又呈上升趋势。边际成本在企业决定其产量时起着关键作用。完全竞争性的企业面对市场上已确定的价格，可以增加其产量；直到边际成本等于价格，这时的产量就是企业取得的最佳利润点。不完全竞争性企业，则通过边际成本等于边际收入来取得最高利润。

3. 竞争导向定价法

竞争导向定价以市场上相互竞争的同类商品价格为定价基本依据，以随竞争状况的变化确定和调整价格水平为特征，主要有随行就市定价法、密封投标定价法、公开叫价定价法等。

（1）随行就市定价法。随行就市定价法也叫现行市价法，即依据本行业通行的价格水平或平均价格水平制定价格的方法。它要求企业制定的产品价格与同类的平均价格保持一致。在有许多同行相互竞争的情况下，当企业生产的产品大致相似时（如钢铁、粮食等），如企业产品价格高于别人，会造成产品积压；价格低于别人又会损失应得的利润，并引起同行间竞相降价，两败俱伤。因此，在产品差异很小的行业，往往采取这种定价方法。另外，对于一些难以核算成本的产品，或者打算与同行和平共处，或者企业难以准确把握竞争对手和顾客反应的，也往往采取这种定价办法。

（2）密封投标定价法。密封投标定价法又称投标竞争定价法，是指在招标竞标的情况下，企业在对其竞争对手了解的基础上定价。这种价格是企业根据对其竞争对手报价的估计确定的，其目的在于签订合同，所以它的报价应低于竞争对手的报价。买方在报刊上登广告或发出函件，说明采购的产品的品种、数量、规格等要求，邀请卖方在规定的期限内投标。买方在规定的时间开标，在保证质量的前提下，选择报价最低、最有利的卖方成交，签订采购合同。所以，密封投标价格不能只看本企业的成本，还要考虑竞争者的报价。一般情况下，只有价格低于竞争者才有中标的机会。

（3）公开叫价定价法。企业直接引进竞争机制，在特定的时间、地点，要求众多的购买者参加现场公开叫价，如拍卖会定价。叫价有"低开高走"和"高开低走"之分，一般采用"低开高走"叫价。无论哪种叫价，现场叫价的高低是决定成交的唯一依据，现场的人气是决定成交成败的关键。公开叫价定价法适用的情形主要有下列四种：

1）产品价值难以估量。

2）产品的质量高度标准化。

3）产品具有稀有性。

4）产品急于变现。

4. 心理导向定价法

价格作为刺激物，能够引起顾客相应的心理反应。在一般条件下，人们通过价格的高低，知觉产品的品质和市场的供求竞争状态。现代心理学研究表明，由于顾客对产品存在着物美价廉的主观愿望，总习惯且喜欢朝自己好的方面去想象理解，因此，心理导向定价法是为迎合顾客心理需要，采取的定价策略和方法。

（1）奇数定价法，又称为尾数定价。在市场经营活动中，大多数顾客都有这样一种心理，即见到所要买的产品或样品的标价或目录单上的价格，或所接到的报价，对带有尾数的，便认为这是精确的、是实实在在的、是没有虚假的，买这样的产品是划算的。如皮手套 80 元/双，顾客往往会想怎么恰好是一种整数？说不定有假，于是，会跟你讨价还价或持币待购，或找别的卖主去货比三家。而当你若改报皮手套 79.5 元/双或 79.9 元/双时，便使顾客产生不到 80 元的便宜之感。据调查一件产品标价 79.5 元/双或 79.9 元/双，不但销量比标价 80 元/双要大得多，甚至比 78 元/双的标价销路还要好。因此，尾数定价给顾客低一位的便宜的错觉，博得顾客的信任和好感。

（2）整数定价法。整数定价法是指同类产品在市场上生产者众多，花色、式样各异。顾客往往以价格作辨认产品品质的主要心理依据，特别是一些高档产品、名牌产品或顾客对成本不太了解的难以测定的产品，顾客常出于"贱的不好，好的不贱"、"一分钱一分货"的心理。其理由是，只有错买的，没有错卖的，较高的价格，意味着上乘的品质，不过购买者无论是行家还是非行家，他们购买产品时，心里总有一个价格意识作参考标准。如一部高级时尚手机市场行情是 3000 元，若运用奇数定价，标价为 2999 元/部，或 2999.99 元/部是不合适的，因为，高档产品、名牌产品个位数为"0"，有时百位数"0"，这会使人产生价格高、品质好、具有成就感和社会地位等意识。

（3）期望定价法。期望定价法就是把价格的数字的经济意义，同交易当事人期望的心理意义结合起来的定价方法。如人们喜欢用六、八、九等数字来表达、扩散出他们某种良好的期望。具体地说，见"六"便联想到"禄"，见"八"便期望着"发财"，见"九"便象征着友情或发家利市天长地久。而不大喜欢"四"，因为"四"会使人产生不安、厌恶、忌讳的情绪，引发不期望的不吉利的联想。这种对数码字的心理习惯，源远流长，往往与民族文化风俗人情紧密相连。因此，卖方欲求扩大销售，提高经济效益，不仅要使产品适应目标市场的消费习惯，而且价格也要注意利用市场的消费习惯，投其所好，避其所讳，符合其期望，诱发积极购买的情感。

（4）误会定价法。误会定价法是有意干扰顾客的价格心理，使之产生误会的一种定价方法。达到这种效果的方法是多种多样的，例如，利用小计量单位计价，假定市场上苹果的价格水平是 4.00 元/kg，而你改报 2.00 元/500g，前后价格实质是一致的，但后者较之前者可能给对方大为便宜的知觉。又如数字排列的不同，也会造成不同的价格印象，心理学家认为，单价数字排列，不仅仅是个经济问题，也是一个十分重要的心理问题。研究结果表明，数字由小到大的顺序排列，如 1.23 元、34.5 元、567 元……会给人涨价或高价的感受，而数字由大到小的组合，如 543 元、76.5 元、9.87 元……会给人以降价或便宜的印象，当然，在定价时我们不能做文字游戏，弄巧成拙，会给人华而不实的感觉。

（5）摊牌定价法。摊牌定价法是指企业向顾客开诚布公地摊牌，说明所报的价格，减去成本、费用和税金后所剩无几，低于一般经营的手续费或劳务费，从而博取顾客理解、赞同的一种定价方法。这种定价只能与市场价格持平或稍高一点，这已经是最低的了，不能再降，无法再减让了。以此来得到对方的理解和接受。运用摊牌定价法，一般得具备以下几个心理条件：一是探测到对方确有购物诚意；二是得知摊牌价格与顾客的价格意识基本相符，对方的心理是可以承受的；三是摊牌后，应坚决不让步，以不变应万变。不可否认摊牌所运用的加成定价法，有较强的说服力，但加成的百分比，一般不宜超过贸易的常规，否则就会事与愿违。

第三节　产品定价策略

企业需要依据自身条件和市场环境变化，决定采取何种定价策略。其中最重要的有：企业定价目标、产品的需求弹性、企业自身的经营状况和竞争对手的状况等。企业在选择定价策略时，要把各种因素综合起来考察。同时，企业还要不断地根据市场的变化、竞争对手策略的变化、消费者消费的心理的变化、本企业经营状况的变化等来调整自己的定价策略。

一、攻击型的竞争定价

所谓攻击型的竞争定价，就是在市场上率先降价或率先提价，从而确立市场主导地位，做价格领袖的定价策略。这种策略有两种基本定价方法：一是率先出低价使竞争者受到震惊而纷纷仿效，或使竞争者无法维持经营而自动退出竞争；二是率先提价，维护其利益并提高其效益，并让竞争者跟进。一般情况下，攻击型的竞争定价是指率先降价。

1. 薄利多销定价

薄利多销定价策略是指产品定价时，有意识地压低单位利润水平，以相对低廉的价格刺激需求，增大和提高市场占有率，实现长时期的总利润的一种定价策略。对于社会需求量大，资源有保证，生产有潜力，价格与成本弹性又较大的产品，适宜采用这种定价策略。

（1）薄利多销的三个约束性条件。

1）从企业内部看，生产条件或库存条件允许产量或销量的扩大，能满足降低价格所引起的需求量的增加。反之，将蒙受"薄利"的损失。

2）需求的价格弹性大于1，即一定的价格下降幅度能引起更大的需求上升幅度，否则，会得不偿失。

3）销售额增加量扣除上交税金的增量后尚大于成本的增量。即如果企业原有价格下的生产与销售是有利润的话，能增加利润额，如果原来是亏损的，则能减少损额。

（2）薄利多销的两种情形。

1）提高产品或服务质量，努力使产品深受顾客欢迎，使需求曲线上升，但价格维持在原有水平上，如铁路火车五次大提速，提速不提价以此来吸引客源。

2）由于技术和市场原因，使产品成本有所增大时，企业仍维持原价，让利于客户，授惠于消费者，实行薄利多销。

2. 厚利限销定价

厚利限销定价策略是与薄利多销相对的，是指企业对某些产品有意识地率先提价，实行高价策略，以获取厚利的策略。厚利是该策略的目的，限销是该策略的手段。厚利限销策略的适用范围：使用稀缺资源的生产（生活）必需品；有较大心理价值和观赏价值的声望性产品；消费者急需，但受经济或技术条件限制不能短期内迅速增长的产品。运用厚利限销定价策略注意"厚利"与"限销"之间应相互适应，适当把握。"厚利"并非利越厚越好，它必须控制在市场能容纳预期销售量和一定的市场供求状况联系起来，并能实现较佳的经济效益。

（1）厚利限销的三个约束性条件。

1）产品具有一定的垄断优势。在市场上无十分相近的竞争者，以至于能维持厚利价格局面。

2）产品属于无弹性或缺乏弹性的需求。

3）通过降价增加的销售收入，扣除成本和税金后的利润增量不及直接提价、减少销量所多得的利润。

（2）厚利限销的两种情形。

1）既定需求状况下，通过减少产量、销量，防止恶性竞争，以提高或维持市场成交价格，提高其利润率。如欧佩克组织的石油价格策略。

2）如果有一个更高的需求状况出现，薄利多销没有直接提价有利，商家往往会顺水推舟涨价，以提高其利润率。如五一黄金周、十一黄金周的旅游价格，春运的车票、机票价格。

二、防御型的竞争定价

防御型的竞争定价一般是在竞争对手采取攻势之后，为了应付竞争，被动地保持与竞争对手相同或相近的价格，以减少竞争带来的经济损失，同时避免买主和竞争者对差别定价引起的反感和非议的一种跟随性的定价策略。

1. 随行就市定价

企业按照行业的平均现行价格水平来定价。此法常用于下列情形：难以估算成本；企业打算与同行和平共处；如果另行定价，难以估计购买者和竞争者的反应。

2. 随行就市调价

企业确定基本价格后，根据产品需求状态和竞争者的价格政策来相应调整产品的价格定位，做出适当提价或降价的调整方案。此法常用于下列情形：市场原有的供求平衡状态已经打破；竞争者根据市场已经率先做出反应；市场存在认同调价的理由。

三、预防型的竞争定价

预防型的竞争定价一般是在产品进入市场之初，为了防止竞争者的介入，把价格定在不高不低的水平上，因为价格不高以减少市场对竞争对手的吸引力，同时又因为价格不低，限制了市场需求的急剧膨胀。

1. 限定竞争者加入定价

价格是把双刃剑，具有刺激市场竞争和限制市场竞争的作用，由于利益的驱动，价格定得高，利润率就高，必然会激发现实竞争者、潜在竞争者和替代产品竞争者的经营的积极性，招致激烈的卖方间的竞争。据此，预防竞争的定价策略一般是把价格定在毛利率15％以内，甚至更低一些。运用这种策略的适用条件：

（1）市场广大。

（2）产品处于投入期，竞争者少。

（3）企业经营资源丰富。

（4）产品促销策略是低调的。

2. 限定购买者加入定价

作为经济杠杆的价格，具有刺激需求和抑制需求的功能。在具有需求弹性的条件下，限定购买者加入定价就是高定价，通过高价平衡市场需求，抑制顾客的购买热情，同时又能获得丰厚回报的定价策略，但值得注意的是，高利润会引起竞争者纷至沓来。据此可以认为，限定购买者加入定价与限定竞争者加入定价，是完全相反的定价策略。运用这种策略的适用条件：

（1）市场有限。

（2）企业资源或生产能力有限。

（3）产品独特。

（4）市场具有一定的垄断性。

四、阶段型定价策略

阶段型定价策略，就是企业根据产品所处市场生命周期的不同阶段来制定价格的策略。这一定价策略主要是根据不同阶段的成本、供求关系、竞争情况等的变化特点，以及市场接受程度等，采取不同的定价策略，以增强产品的竞争能力，扩大市场占有率，从而为企业争取尽可能大的利润。

1. 介绍期定价策略

由于产品在介绍期刚投入市场，顾客尚不熟悉，因此销量低，没有竞争者或竞争者很少。为了打开新产品的销路，这一阶段主要有两种策略可供运用：一是高价策略，也称为取脂策略或撇脂策略；二是低价策略，也称为渗透策略（参见表7-1）。

表7-1　介绍期定价策略

价格策略＼促销费用	高	低
高	取脂策略	取脂策略
低	渗透策略	渗透策略

（1）取脂（高价）定价策略：就是把产品的价格定在高于甚至远远高于成本之上的价格策略。这种定价策略有快取脂策略和慢取脂策略之分，意义在于尽快收回投资，尽量缩短介绍期的时间，同时，为以后适当降价打击竞争者保留有后续手段。这种定价策略适用于如下情况：

1）技术具有专利权，产品具有一定垄断性。

2）产品具有寿命周期短，需求弹性小，花色、款式翻新较快的时尚产品特点。

3）目标市场是收入较高、且愿意出高价的消费者。

（2）渗透（低价）定价策略：与高价策略的相反，有意把产品价格压得很低，必要时甚至低于成本出售。这种定价策略也有快渗透策略和慢渗透策略之分，意义在于以多销产品达到渗透市场，迅速扩大市场占有率的目的。这种定价策略适用于如下情况：

1）产品需求富于弹性，低价能够相应扩大销量。

2）市场潜力巨大，能够从多销中获得利润。

3）实施成本领先的发展战略，通过低价多销获得规模效益。

2. 成长期定价策略

产品进入成长期后，随着企业产量扩大，销量迅速增长，利润随之增加，竞争者也随之变得越来越多。基于这一阶段的成本和市场特性，一般是选择适合竞争条件，能保证企业实现目标利润或目标报酬率的目标定价策略，常常采用较之介绍期适当减价的策略，其理由有三：

（1）由于劳动者熟练程度的提高，劳动力的成本降低，在目标利润一定的条件下，价格可以降低。

（2）由于产量、销量的提高，单位产品分摊的固定成本减少，根据价格原理，价格应该降低。

（3）降低价格后的产品，不仅能有效地打击竞争对手，而且还可以刺激需求、扩大销量，通过薄利多销，让利于人，得到更大的利润。

3. 成熟期定价策略

产品进入成熟期后，市场需求呈饱和状态，销量已达顶点，并开始呈下降趋势，市场竞争日趋尖锐激烈，仿制品和替代品日益增多，利润达到顶点。在这个阶段，一般采用竞争定价策略：常用的手段是将产品价格定得低于同类产品，以排斥竞争者，维持销售额的稳定或进一步增大。采取竞争定价策略时，正确掌握降价的依据和降价幅度是非常重要的，一般应视具体情况而定。如果可以成功地使产品具有明显特色从而拥有忠诚的顾客，仍可维持原价；如果产品无特色则可采用降价方法进行竞争，但降价要小心，以免引起价格战或导致企业亏损。

4. 衰退期定价策略

衰退期是产品市场生命周期的最后阶段。在衰退期，产品的市场需求和企业销售量开始大幅度下降，市场已发现了新的替代品，利润也日益缩减。这一阶段常采用的定价策略有维持定价策略和驱逐定价策略。

（1）维持定价策略。维持定价策略是指维持产品在成熟期的价格水平或将之稍作降低的策略。企业采取这种定价策略一是希望产品在消费者心目中继续留有好的影响；二是希望企业继续获得一定的利润。对于需求弹性较小的产品，多数企业会采用这种定价策略。维持性价格的成功与否，取决于新的替代品的供给状况。如果新的替代品供应充足，消费者会转向替代品。这样会加速老产品退出市场。

（2）驱逐定价策略。对于需求弹性大的产品，企业则可采取驱逐定价策略，有意将价格降低到无利可图的水平，从中将竞争者驱逐出市场。尽量扩大企业的市场占有率，以保证销量，回收投资。驱逐价格一般只在成本水平上定价，有必要时，价格可降到等于生产产品的可变成本与税费之和。需要注意的是，运用这种价格策略在国际市场上有倾销之嫌，面临着反倾销的风险。

案例 7-1

古玩钟的故事

有一对夫妻，花了 3 个月时间才找到了一只他们非常喜爱的古玩钟，他们商定只要售价不超过 600 美元就买下来。但是，当他们看清上面的标价时，丈夫却犹豫了。"哎哟，"丈夫低声说，"上面的标价是 800 美元，你还记得吗？我们说好了不超过 600 美元，我们还是回去吧。""我记得，"妻子说，"不过我们可以试一试，看店主能不能卖便宜点。毕竟我们已经寻找了这么久才找到了。"夫妻俩私下商量了一下，由妻子出面，试着与店方讨价还价，尽管她认定 600 美元买到这只钟的希望非常小。妻子鼓起勇气，对钟表售货员说："我看到你们有只小钟要卖。我看了上面的标价，我还看到价标上有一层尘土，这给小钟增添了几许古董的色彩。"停顿了一下，她接着说："我告诉你我想干什么吧，我想给你的钟出个价，只出一个价。我肯定这会使你震惊的，你准备好了吗？"她停下来看了一下售货员的反应，又接着说："哎，我只能给你 300 美元。"钟表售货员听了这个价后，连眼睛也没眨一下就爽快地说："好！给你，卖啦！"你猜妻子的反应怎样？夫妻俩欣喜若狂了吗？不，事实的结果是你难以想象的。"我真是太傻了，这钟本来恐怕就值不了几个钱……或者肯定是里面缺少了零件，要不为什么那么轻呢？再要么就是质量低劣……"妻子越想越懊恼。尽管后来夫妻俩还是把钟摆到了家中的客厅里，而且看上去效果很好，美极了，似乎走得也不错，但是她和丈夫总觉得不放心，而且他们一直被这种感觉所笼罩。等他们退休后，这种不放心的感觉愈发强烈了，夫妻俩每晚都要起来三四次，为什么呢？因为他们断定自己没有听到钟声。日夜不安的结果使他们的身体渐渐地垮了，还患了高血压。为什么会出现这种结果呢？其中原因就是那个钟表售货员居然以 300 美元把那只钟卖给他们了，售货员这种爽快的行为使这对夫妻认为那钟不值 300 美元。是那位售货员造成了这个悲剧。如果他是一个富有同情心的钟表售货员，他就应该决不让步，他应该寸步不让地与妻子讨价还价，最后在 797 元成交。妻子将会因为自己省了 3 元钱而高兴，他也能够得到更高的利润，双方都会感到非常满意。由于售货员的失误，买钟的夫妇省了 500 元钱，但他们没有从购买行为中获得一种价值感，也就是人们常说的这个价买这东西值了；相反，而是感觉上当受骗了。

资料来源：东北财经大学：《市场营销学案例全集》，http://classroom.dufe.edu.cn/C1007/Asp/Root/Index.asp? Mode=1&Url。

第四节　价格调整策略

价格不是铁定的，价格是动态的。企业为了增强竞争力，常常要对所制定的基本价格进行修正。究其原因：一是市场是瞬息万变的，当时制定基本价格的条件，如竞争状态、供求关系发生了变化，价格要相应调整。二是不同区域、不同顾客的购买力、购买偏好、购买欲望等是有差异的，据此，价格也应有所差别。三是在营销组合中，为了配合促销，企业也大多对价格做些让步和调整。如何进行价格调整？既是一个理论课题，又是一个实践问题。纵观世界500强乃至更多的企业，价格调整主要有提高价格、降低价格和差别价格之分。

一、提高价格

提高价格的调整策略就是涨价，提价是企业高兴的事。但价格不应是企业单方面做出的，它应该得到市场理解与认同。因此，提价要有理由，提价也要讲求策略和技巧。

1. 提价原因

（1）社会原因。由于通货膨胀和国家价格指导政策的影响，导致产品原材料、零部件成本大幅度上升，在这种形势下调高价格是保持或维持利润水平的重要手段。

（2）市场原因。基本价格是根据特定时空条件下供求关系制定的，但供求关系平衡是相对的，不平衡是绝对的。一旦市场上出现供不应求的状态时，依照价值规律和供需规律，企业应该通过提高价格来遏制市场过度需求，同时企业还可获得较高的利润，为战略发展创造条件。

（3）产品原因。产品的技术含量提高；产品的生产经营成本上升；产品成长为名牌；产品供销两旺。

2. 提价方法

（1）直接提价。企业在产品质量、成本相同的情况下，把价格提高。一般价格提高 10％便能产生涨价的感觉。

（2）变相提价。在市场价格不变的情况下，一是降低产品成本；二是降低产品质量；三是降低或减少产品的服务。值得注意的是，变相提价的这三种方法，特别是后两种是非常危险的。

二、降低价格

降低价格是与提高价格相反的价格调整策略，降低价格就是产品现行价格比原来同类同级产品的价格卖得低。虽然这是企业不愿意的事情，但这是对前期失衡供求关系的一次修正，是不得已而为之的明智选择。

1. 降价原因

（1）社会原因。国家鼓励消费；政策性的降价。

（2）市场原因。市场疲软，供大于求；同类产品在市场上已率先降价；市场上有新的具有先进性、优越性的新产品出现。

（3）产品原因。产品处于生命周期的后期；产品老化；产品有质量问题；产品由于规模经营导致成本下降等。

2. 降价方法

（1）直接降价。企业在产品质量、成本相同的情况下，却把价格降低。一般价格降低 10％便能产生降价的感觉。

（2）变相降价。在市场价格不变的情况下，一是增加了服务；二是增加单位产品的数量；三是提质不提价。

三、差别价格

差别定价是指企业以两种或两种以上反映成本费用的比例差异的价格来销售一种产品或服务，即价格的不同并不是基于成本的不同，而是企业为满足不同消费层次的要求而构建的价格结构。差别定价法在消费者心目中树立起不同的产品形象，进而根据自身特点，选取低于或高于竞争者的价格作为本企业产品的价格。因此，产品差别定价法是一种进攻性的定价方法。

差别定价法实际上不单纯考虑产品的生产成本和费用水平，还要以顾客的感知作为定价的主要依据，用得好，企业会得到期望的利润，顾客也会各取所需，便于选择符合愿望的价格与产品。但用得不好，会事与愿违，引起价格认知的混乱。所以，用这种定价方法时，应该是一个预测并满足顾客价格需求的复杂过程，而不是一个简单的数字加减问题，它应该具备一定的适用的心理条件：一是市场要能够细分，且细分市场要能够分辨出需求程度的差别；二是要注意防止低价细分市场的买主向高价细分市场转售产品；三是要确知高价细分市场的竞争者不可能以较低价格竞销；四是不能引起顾客不满和反感；五是差别定价所期待的额外所得必须大于市场细分所花销的费用。

1. 品质差价

品质差价，就是在同一时间、同一目标市场的不同品质的同种产品的价格之间要定出一定的差额。它包括品种差价、规格差异、式样差价、花色差价、等级差价、牌号差价、新陈差价、包装差价、鲜度差价、造型差价、含量差价等。形成品质差价的客观依据，是不同品质的同种产品所花费的社会必要劳动时间是不等的。形成品质差价的心理基础，是顾客的"一分钱一分货"的价格意识。合理的品质差价，是按质论价、优质优价、劣质低价、同质同价的对外作价原则的具体表现。从心理意义上讲，这种定价方法，不仅有利于经营者提高品质，增加花色品种，增强适销对路的能力，满足经营者盈利的需要和成就的需要，而且还有助于增进顾客的理解和信任，排除价格疑虑，减轻思想压力，坚定购买信心，维护顾客的合法利益，满足不同层次的顾客需要。

2. 时间差价

时间差价就是同一产品、同一市场在不同的时间，有不同的成交价格。如时令差价、淡旺差价、早晚市差价等。其形成的客观原因是常年生产、季节性销售或季节性生产，常年销售的产品，由于储存所支付的仓储费、产品资金利息，损耗和经营费用水平的不同，要求在价格中得以补偿的金额也有一定的差异。其形成的主观原因是，产品因销售时间——季节、月份、日期，甚至是时、刻、分的不同，其顾客的需求强度也会发生变化，错过了某一特定的时间，这个时间有时长一些，有时短一些，甚至是一瞬间，顾客的购买注意、兴趣、欲望就会增强或减弱。

3. 地理差价

地理差价，是产品因目标市场或位置场所的不同而存在着一定数额的价格差异。如国别差价、区域差价、城乡差价、楼座差价等。造成这种差价的客观条件是地理远近而造成的储运成本的差异，或成本根本不存在差别，如影剧院的座次因顾客光顾的频率大小不同。造成这种差价的心理基础是，顾客对储运成本的估价不同，或对不同位置产品的需求强度不同的缘故。

4. 顾客差价

顾客差价就是企业把同一种商品或服务按照不同的价格卖给不同的顾客，换言之，就是不同顾客购买同样的产品时支付不同的价格。例如，公园、旅游景点、博物馆将顾客分为学生、年长者和一般顾客，对学生和年长者收取较低的费用；铁路公司对学生、军人售票的价格往往低于一般乘客；自来水公司根据需要把用水分为生活用水、生产用水，并收取不同的费用；电力公司将电分为居民用电、商业用电、工业用电，对不同的用电收取不同的电费。同时酒水在超市卖和酒店、歌厅等娱乐场所卖就不是一个价。形成这种差别的心理基础，是不同的顾客对同一产品品质的评价、认知程度和价格自拟意识的不同。

四、折扣价格

折扣就是让利、减价，是卖方给买方的价格优惠，是在一定的市场范围内，以目标价格为标准根据市场上的具体情况和购买条件，以某种优惠为手段，对中间商、消费者进行营业推广，以便扩大销量、提高市场份额、实现薄利多销的一种价格策略。通常为企业采用的折扣策略有以下四种：

1. 现金折扣

企业对及时付清账款、或使用现金付款的购买者给予一定比例的价格折扣。购买者支付账款的方式有现付与赊欠之分，企业为了加快资金回笼，加快资金周转，减少银行利息，同时也是回避信用风险，企业对能现付货款或提前支付货款的顾客往往会给予一定幅度的价格折扣。在银根紧缩的时期，在需要回避汇兑换风险的时候，企业对能用现金结算的顾客，会根据具体情况给予一定比例价格回扣。

2. 数量折扣

数量折扣是对企业对达到一定数额的购买者给予的折扣，鼓励其多买的一种价格策略。实行这种折扣理由有二：一是对厂家、商家而言，刺激需求、扩大销售量，从而可以降低单位产品的生产成本、运费，减少其仓储费用和银行利息，在适当降低利润率的同时，实现利润总量的提高。二是对消费者而言，得到相同品牌、品质的产品或服务，只需付出相对低廉的价位。这种有利于厂家、商家，也有利于消费者的双赢的价格策略，一般来说，购买的数量越大，折扣也就越大。数量折扣在营业推广过程中常用的有两种形式：一是累积数量折扣，是指在一定时期内购买的累计总额达到一定数量时，按总量给予的一定折扣；二是一次性数量折扣，也称为单票数量折扣，是指一次性在某商场、某柜台购买某品牌数量的多少，即单张发票的数量或金额而给予的一定折扣的策略。值得注意的是，要决定最佳的批量和合理的折扣率往往比较复杂，也比较困难。

3. 功能折扣

在产品分销过程中，企业对批发、零售不同功能的中间商给予不同的折扣称为功能折扣。中间商在产品分销过程中所处的环节不同，其所承担的功能、责任和风险也不同。对生产性用户的价格折扣也属于一种功能折扣。功能折扣的比例，主要考虑中间商在分销渠道中的地位、对生产企业产品销售的重要性、购买批量、完成的促销功能、承担的风险、服务水平、履行的商业责任以及产品在分销中所经历的层次和在市场上的最终售价，等等。功能折扣的结果是形成购销差价和批零差价。鼓励中间商大批量订货，扩大销售，争取顾客，并与生产企业建立长期、稳定、良好的合作关系是实行功能折扣的一个主要目标。功能折扣的另一个目的是对中间商经营的有关产品的成本和费用进行补偿，并让中间商有一定的盈利。

4. 推销折扣

推销折扣是厂家给中间商的一种价格优惠，以此提高经销、代销的忠诚度，鼓励多卖产品的价格策略。因中间商有经销和代理之分，推销折扣也相应区分为两类：一是对批发商、零售商的折扣，让其在经销活动中用以补偿人员销售、广告以及推销活动的经费并实现盈利；二是对代理人、经纪人的佣金，让代理商在代理活动中补偿介绍业务的费用支出，并得到一定比例劳动报酬。

案例 7-2

沃尔玛在德国的价格战

众所周知，平价或降价是美国零售业巨人沃尔玛商店（Wal-Mart Stores）抢占市场份额惯用的竞争手法。它所到之处，其当地同行不得不面临一个痛苦的选择：要么跟随降价，打一场肉搏战，比一比谁的实力更强；要么退避三舍，坐视消费者流失，拱手让出自己的市场份额。一段时间以来，德国各大超级市场便饱尝了沃尔玛平价战略的苦头。

据德国《明镜》周刊报道，从 2001 年 5 月中旬开始，沃尔玛在德国发动了一轮声势浩大的价格攻势：遍布各地的沃尔玛超市（共 95 家）同时推出笼络人心的"优惠方案"（Smart Programs）。大幅降低了家庭主妇十分重视的奶粉、面粉、白糖、饮料、肉类等 80 种商品的售价。与德国零售商阿尔迪（Aldi）、利德尔（Lidl）、普鲁斯（Plus）和诺尔玛（Norma）的标价相比，沃尔玛标出的优惠价（Smart-Price）明显便宜一大截。一时间，消费者趋之若鹜，有的沃尔玛超市甚至出现了德国罕见的抢购人潮。

沃尔玛似乎并不想掩饰其优惠方案的挑衅意味。例如，在杜塞尔多夫散布的宣传单上，它直言不讳地打出了这样一个咄咄逼人的标题："这些商品干吗非要去阿尔迪买？我们的更便宜！"姑且不论这样指名道姓地做比较广告是否违反德国法律，有一点是肯定的：沃尔玛要跟阿尔迪在价格上较量较量。

阿尔迪是德国最大的连锁食品超市，多年来一直是德国家庭主妇的购物天堂。既然被沃尔玛点名下了挑战书，当然没有退缩的道理。沃尔玛母公司虽然是全球最大的零售企业，综合实力异常强大，但它 1997 年才进入德国，在德国的年营业额刚刚迈到 55 亿马克，还不能与阿尔迪的市场份额相提并论。再说，沃尔玛大幅降价有违反德国反不正当竞争法律的嫌疑，作为德国超市的领袖，阿尔迪也应当站出来主持正义。

于是，从6月初阿尔迪开始了"从所有枪口还击"。据德国《食品报》报道，当自己的市场份额和声誉受到威胁的时候，阿尔迪准备拿出几亿马克应付价格战。沃尔玛不是声称自己的面粉便宜吗？阿尔迪把自己的价格搞得更便宜：每公斤面粉只售39芬尼，这个价格甚至低于德国数一数二的大零售商梅特罗（Metro）和雷威（Rewe）44～52芬尼的进货价！沃尔玛不是声称本店的牛奶便宜吗？阿尔迪的回答是"我们这里的更便宜"：全脂牛奶每升售价从95芬尼降为89芬尼，脱脂牛奶从79芬尼降为75芬尼。除此之外，除尔迪还把每公斤白糖的售价下调了10芬尼，降为1.59马克。39芬尼/罐的可乐本不算贵，但为了应战也下调10芬尼，只售29芬尼！

无独有偶，为了捍卫市场的份额，利德尔、普鲁斯和诺尔玛把本店出售的商品降价25%，即一律以七五折的优惠价出售。由于其分店遍布德国各地，于是，到处都在降价，德国的零售市场呈现一派空前热闹、空前混乱的景象。一直袖手旁观的德国零售巨人梅特罗开始担心价格战火蔓延会给自己造成损失。它给自己算了一笔账，如果把牛奶售价与阿尔迪拉平，一年下来将少收4000万马克；把白糖价格拉平的代价亦不小，一年将损失约800万马克。据德国一位专家估算，1999年德国的食品交易因打价格战已损失约10亿马克的收入。雷威公司也忧心忡忡地关注着价格战的发展。该公司负责商品工作的董事奥托·卡姆巴赫评论说："优惠价和超值价表明，有几个竞争者在争夺顾客过程中，定价不计损失。"

毫无疑问，愈演愈烈的价格战最终必然导致政府的介入。6月底，设在波恩的德国卡特局开始对沃尔玛是否违反《反不正当竞争法》进行调查。一同被调查的还有德国超市阿卡迪、利德尔、普鲁斯和诺尔玛。根据1999年1月修订的有关法律，商家持续以低于成本销售商品是违法行为，违者将被罚款或吊销营业执照。然而，德国卡特尔局官员在沃尔玛公司扑了个空。在检查了所有优惠商品的进货价之后，卡特尔局局长乌尔夫·波格7月4日宣布，没有发现足够的违反竞争法律的证据。在80种优惠商品中，50种商品的销售价没有低于进货价，另外30种商品还需要进一步调查。分析家指出，即便发现个别商品的销售价低于进货价，德国当局也不可能对沃尔玛进行处罚。根据德国法律，暂时低于进货价销售商品是合法的。例如，雷威公司就成功逃脱过巨额罚款，它声称，本公司以低于进货价推销商品，是对竞争对手低价倾销不得不做出的反应。

沃尔玛是目前这场价格战的赢家。在75000种商品中，沃尔玛精选出有代表性的 80 种商品以优惠的价格推出，就能把德国零售市场搅得天翻地覆，自己的知名度相应得到提高。花钱少，收益高，而且还不让官方抓住把柄，可谓高明之极。德国消费者当然也能从价格战中受益。不过，德国食品零售商协会主席盖尔德·荷里希指出，消费者最终将沦为输家，因为，当强者"把市场扫荡干净后，价格将重新上升"。

　　资料来源：东北财经大学：《市场营销学案例全集》，http：//classroom. dufe. edu. cn/C1007/Asp/Root/Index. asp？Mode＝1&Url。

复习思考题：

1. 企业定价的主要影响因素和主要依据有哪些？
2. 企业定价目标和定价流程是什么？
3. 什么是需求导向定价法，具体定价方法有哪些？
4. 什么是成本导向定价法，具体定价方法有哪些？
5. 什么是竞争导向定价法，具体定价方法有哪些？
6. 什么是心理导向定价法，具体定价方法有哪些？
7. 企业如何进行价格调整？

第八章 分销渠道策略

教学目的

　　通过本章的学习，使学生了解分销渠道决策的过程和内容，掌握企业可能采用的分销渠道的类型及各自的利弊，掌握主要的分销策略及其选择时的影响因素，了解企业如何对中间商进行评价和挑选，了解物流的职能，掌握运输方式选择策略和仓储策略。

第一节　分销渠道及结构

　　分销渠道是市场营销 4Ps 营销组合重要因素之一。市场营销学中的分销渠道，不仅是指商品实物形态的运动路线，还包括完成商品运动的交换结构和形态。生产商利用各种中间商和营销服务设施，以便有效地将产品和服务提供给目标市场。生产商必须了解各种类型的零售商、批发商和从事实体分销的公司以及他们是如何进行决策的，并从消费者的角度来考虑渠道建设，为消费者提供方便。分销策略是个复杂的系统工程，不仅仅是观念的改变，更涉及流程重组、组织重组和渠道构建。

一、分销渠道概述

　　渠道为王、终端制胜。在现代社会大生产过程中，大多数生产企业并不直接出售产品，而是通过一系列的中间环节实现的，这些中间环节就是分销渠道。因此，面对市场需求变化和市场激烈的竞争，企业必须认真研究分销渠道，进一步加强和改善分销渠道的建设、维护和管理，努力提高市场覆盖率和市场占有率。

1. 分销渠道的含义

分销渠道，也称为营销渠道、贸易渠道、商品流通渠道，美国市场营销协会所属的定义委员会，在1960年将分销渠道定义为：公司内部单位以及公司外部代理商和经销商的组织机构，通过这些组织，商品才得以上市营销。而美国市场学者爱德华·肯迪夫（Edward W. Candiff）和理查德·斯蒂尔（Richard R. Still）认为，分销渠道是指：当产品从生产者向最后消费者和产业用户移动时，直接或间接转移所有权经过的途径。

菲利普·科特勒认为：分销渠道是指某种货物或劳务从生产者向消费者移动时，取得这种货物或劳务的所有权或帮助转移其所有权的所有企业和个人。它主要包括商人中间商，代理中间商，以及处于渠道起点和终点的生产者与消费者。在商品经济条件下，产品必须通过交换，发生价值形式的运动，使产品从一个所有者转移到另一个所有者，直至消费者手中，这称为商流，同时，伴随着商流，还有产品实体的空间移动，称之为物流。商流与物流相结合，使产品从生产者到达消费者手中，便是分销渠道或分配途径。

2. 分销渠道的特点

（1）分销渠道是一个由不同企业或人员构成的整体。分销渠道是由渠道成员组成的，这些渠道成员是产品流转所经过通道中的各类中介机构，其中包括生产者自身的销售机构，以及中间代理商、批发商、零售商和承担实体分配的物流商，正是通过这些中介机构网络，产品才能上市行销。处于分销渠道两端的生产者和消费者及各种职能的中介组织被统称为渠道成员，渠道成员可以是企业，也可以是个人，它们共同的职责是帮助生产商完成产品的所有权转移。

（2）分销渠道是产品从起点到终点的通道。产品分销渠道不管渠道的长与短，也不管渠道的宽与窄，其起点是生产者，而终点是能最终实现产品价值的消费者或用户。完整的分销渠道是指产品自始至终流通的全过程，而不是产品流通过程中的某一阶段。

（3）分销渠道的途径是由产品流转环节衔接。分销渠道是产品从生产者转移到消费者或用户的途径，而这一途径是由各流转环节所衔接的。如某一生产商的产品，厂商销售机构卖给批发商，批发商又卖给零售商，消费者又从零售商购得产品，这就是某一产品的分销途径。由此看来，当渠道成员间发生购销活动时，产品流转的环节就彼此连接成一体，推动产品由生产者到消费者的流动，从而形成了产品分销的通道。

（4）分销渠道的分布呈现网络形态。分销渠道是由承担不同职能的渠道成员所构成的，这些成员分布于各个区域范围内，形成星罗棋布的网络状态，所以，到20世纪90年代中期，人们就把分销渠道称为分销网络。著名的未来学家斯托夫认为，未来的市场，只不过是一个张开的网，谁掌握了网络，谁就掌握了市场。中外企业都十分重视分销网络建设，已经不是简单地从产品转移的通道去思考分销问题，而是从企业整个营销体系运作系统来策划渠道建设，从物流、现金流、信息流、所有权流来构思厂商与顾客之间的通道，从而提高企业整体运作能力，达到提高企业竞争力的目的。

3. 分销渠道的功能

分销渠道是生产者之间、生产者和消费者之间商品交换的媒介，传统的观点认为它具有集中商品、平衡供求、扩散商品三大功能。现代营销观点认为，具有以下七大功能：

(1) 所有权转移。分销渠道最本质功能就是完成产品从生产到消费者的所有权转移。在这个过程中，生产者出售了他的产品，获得了销售收入，消费者付出了货币，取得了所需要的产品。企业营销目的是通过满足消费者的需求，实现利润目标。企业要实现这一目标不仅取决于产品是否适销对路，更重要的是取决于这些产品能否通过分销渠道及时地销售出去。只有选择合理、适当的分销渠道，才能及时、有效地把产品传送给消费者手中。

(2) 沟通信息。收集并发布关于市场营销环境中现有的和潜在的消费者、竞争者及其他影响者和影响力量的信息。分销渠道的选择直接影响到商品的销售成本，从而影响到产品的价格、产品的竞争力。只有选择合理的分销渠道，配置好中间商，保证产品及时销售出去，才能加快资金的周转，提高资金的使用效益。同时也能节约销售费用，降低产品成本，从而来降低产品的销售价格，必然能提高产品的市场竞争能力。

(3) 促进销售。企业通过人员推销、广告、公关活动及其他促销方式吸引和说服顾客和潜在顾客，同时，若选择了合适的分销渠道会收到事半功倍的效果。在商品流通中，促销是一项重要的营销活动，是影响和吸引消费者购买的策略手段。就一般促销活动而言，它需要场地、氛围的渲染、人力的投入。相比之下，零售商在产品促销方面更有场地条件，具有丰富经验。为此，选择熟悉市场需求，熟悉产品性能，具有丰富促销经验的中间商，有利于企业的促销活动的开展，有利于开拓市场，推动企业发展。

(4) 洽谈生意。渠道成员之间达成有关产品的价格、采购条件、进货条件以及售后服务的协议，并提出订单。许多渠道成员执行着销售专业技能，拥有生产商所不具备的优势。例如，作为渠道成员的中间商，无论经销商、代理商，还是批发商、零售商，它们都有广泛的顾客和客户关系，都有丰富的市场知识和接近客户的地理位置，还拥有交易场地和仓储空间，生产企业与中间商结成亲密的渠道伙伴关系，可以综合利用中间商的优势为己服务，使企业产品更贴近市场。

（5）资金融通。中间商购进产品并保持存货需要投入资金，这部分投入在产品实际抵达消费者之前就已经垫支，保证了厂商的再生产活动。所以，中间商购进产品行为实际是一种融资方式。许多生产企业实际上缺乏直接将产品卖给最终消费者的人力、物力和财力，特别是一些规模较小的企业。即使是大企业，通常也会因为其顾客分布太广，购买太分散而不得不选择中间商作渠道成员，帮助分销。如海尔集团、联想集团等企业市场遍布世界各地，国内零售网点几万家，公司不可能完全靠自己投资建这么多零售点，使用中间商分销就可以利用他们现有的网络，节省市场网络建设费用。

（6）实体分配。分销渠道除了完成产品交易过程外，同时，还要完成产品实体从生产者到消费者的空间移动，消费才能成为现实的消费。作为生产商总希望其产品更快、更多地通过销售渠道到达最终消费者（顾客）手中，而能够帮助生产商实现这个目标的只有中间商。通过中间商的营销网络，可以使生产商的产品在广泛的市场上销售，得到大规模分销的经济利益。所以，企业市场的开拓，其实质就是渠道成员之间的网络构建。为此，许多企业都把渠道成员之间的网络视为企业的重要无形资产。

（7）风险承担。产品从生产领域到消费领域转移过程中会面临许多不确定因素和物质实体的损耗，如市场需求变动、不可抗拒的天灾人祸、运输、存储和装卸过程中的商品破损等。这些风险均要由分销渠道成员承担。

二、分销渠道的结构

由于我国个人消费者与生产性团体用户消费的主要商品不同，消费目的与购买特点等具有差异性，客观上使我国企业的分销渠道构成两种基本模式：企业对生产性团体用户的销售渠道模式和企业对个人消费者销售渠道模式，这两种基本模式还可以根据不同的划分标准区分为不同的渠道结构。

1. 直接渠道与间接渠道

根据有无中间商参与交换活动，可以将上述两种模式中的所有通道，归纳为两种最基本的销售渠道类型：直接分销渠道和间接分销渠道。

（1）直接分销渠道。直接分销渠道是指生产企业不通过中间商环节，直接将产品销售给消费者。直接渠道是工业品分销的主要类型。例如大型设备、专用工具及技术复杂需要提供专门服务的产品，都采用直接分销，消费品的直接渠道也有扩大优势。直接渠道的具体形式有以下几种：生产者直接销售产品、派销售员上门推销、邮寄、电话销售、电视销售和网上销售。直接渠道优点有：商品销售及时；直接了解市场，便于产销沟通；提供售后服务；节省流通费用；有利于控制商品价格。不足之处有：生产者在产品销售上需要花费一定的物力、人力、财力，使销售范围受到较大限制，从而影响销售量。

（2）间接分销渠道。间接分销渠道是指生产企业通过中间商环节把产品传送到消费者手中。间接分销是一种多层次的分销，也是消费品分销的主要类型，如顾客需要的日用品、选购品都采用间接分销类型。有些工业品也采用间接渠道。间接渠道的优点是：可以使交易次数减少，节约流通领域的人力、物力、财力和流通时间，降低销售费用；可以使生产者集中精力搞好生产，而且可以扩大流通范围和产品销售。不足之处有：由于中间商的介入，生产者和消费者不能直接沟通信息，生产者不易准确地掌握消费者的需求，消费者也不易了解生产者供应情况和产品性能特点。

2. 分销渠道的长与短

分销渠道按其有无中间环节和中间环节的多少，也就是渠道的长度不同，分为四种基本形态（参见图8—1），显而易见，直接渠道最短，三层渠道最长。

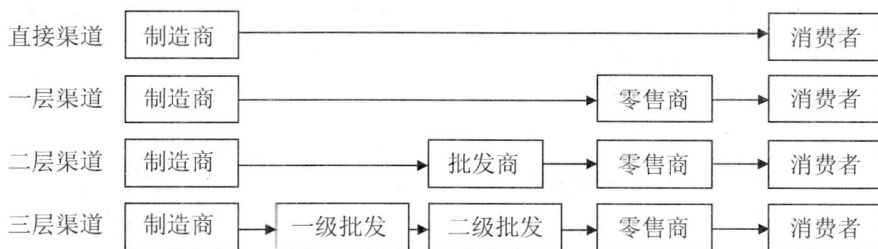

图8—1 消费者市场分销渠道

（1）长渠道。长渠道是指生产者利用两个或两个以上的中间商，把产品销售给消费者或用户。图8—1中的二层、三层渠道是长渠道。一般销售量较大、销售范围广的产品要采用长渠道，通过批发商或代理商，再由零售商销售给消费者。长渠道可以使生产者在产品销售中充分利用各类中间商的职能，发挥他们各自的优势，扩大销售，生产企业本身可以更好地集中精力搞好生产。但其缺点是流通费用增加，不利于减轻消费者的价格负担。

（2）短渠道。短渠道是指生产者利用一个中间环节或自己销售产品。图8—1中的直接渠道是短渠道。

直接渠道是指生产者不经过任何中间环节，将产品直接销售给最终消费者或用户的分销渠道，一般销售批量大，市场比较集中或产品本身技术复杂、价格较高的适用短渠道，具体销售形式有设店销售、上门推销、邮购、网购等，其优点是产销直接见面，环节少，有利于降低流通费用，及时了解市场行情，便于生产企业开展维护服务等。其不足表现在：因为生产企业自办销售直接为用户服务，所以必须承担销售所需的全部人力、物力和财力；在市场相对分散的情况下，将使企业背上沉重的负担，会给企业的生产经营活动带来不利影响。

3. 分销渠道的宽与窄

渠道的宽与窄是指渠道每个环节中使用同类型中间商数目多少来划分，多的称之为宽渠道，少的称之为窄渠道。企业使用的同类中间商越多，产品在市场上的分销面可能越广，称为宽渠道。

企业使用的同类中间商少，分销渠道窄，称为窄渠道，它一般适用于专业性强的产品，或贵重耐用消费品，由一家中间商统包，几家经销。它使生产企业容易控制分销，但市场分销面受到限制。

（1）宽渠道。宽渠道是指生产商在某一区域目标市场上尽可能多地选择中间商来销售自己的产品。宽渠道的优点是：通过多家中间商，分销广泛，可以迅速地把产品推入流通领域，使消费者随时随地买到需要的产品，促使中间商展开竞争，使生产者有一定的选择余地，提高产品的销售效率。不足之处在于：由于每个层次的同类中间商较多，使得各个中间商推销某一商品不专一，不愿意花费更多的促销精力；生产者与中间商之间是一种松散关系，在遇到某些情况时关系容易僵化，不利于合作。

（2）窄渠道。窄渠道是指生产商在某一区域目标市场上只选择少数几个中间商来销售自己的产品。被选择的中间商在当地市场有一定的地位和声誉。这种渠道生产商与中间商容易合作，有利于生产商借助中间商的信誉和形象提高产品的销售能力。不足之处在于中间商要求折扣较大，生产商开拓市场费用比一般要高。又称独家分销，是指厂商在某一区域目标市场上只选择一家中间商销售其产品。

三、分销渠道的流程

分销渠道成员的活动主要包括实体转移、所有权转移、促销、谈判、资金流动、风险转移、订货和付款等。成员的上述活动在运行中形成各种不同种类营销渠道的流程，这些流程将组成渠道的各类组织机构贯穿联系起来。最主要的流程包括信息流、实物流、所有权流、促销流、资金流等。

1. 信息流

信息流是各成员之间相互传递信息的流程。这一流程在渠道的每一环节均必不可少。通常分销渠道中两个相邻的机构之间要进行信息交流，互不相邻的机构之间有时也会有一定的信息交流。

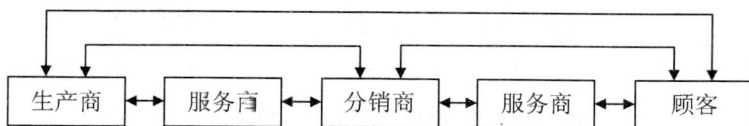

图 8—2　信息流

2. 促销流

促销流是渠道成员的促销活动流程，具体而言，是指通过广告、人员推销、宣传报道、销售促进等活动由一个渠道成员对另一个渠道成员施加影响的过程。促销流从生产商流向中间商，称为贸易促销，直接流向最终消费者则称为最终使用者促销。所有渠道成员都有对顾客的促销责任，既可以采用广告、公共关系和营业推广等大规模促销方式，也可以采用人员推销等针对个人的促销方式。

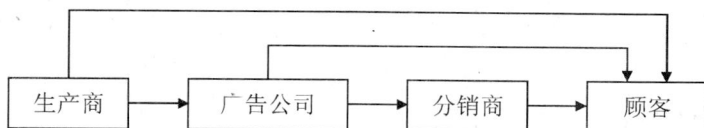

图 8—3　促销流

3. 实体流

产品实体在渠道中从生产商向消费者转移的运动过程，其主要部分是产品运输和储存。物流的持续、有效是渠道保证运行质量与效率的重要条件。一般来说，渠道成员在任何时候都要持有存货，但过量存货又会造成过高的备货成本。因此，合理组织商品储运或物流，是提高分销渠道效率和效益的关键之一。

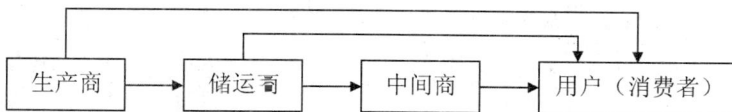

图 8—4　实体流

4. 所有权流

所有权流是指产品所有权或持有权从一个渠道成员转到另一成员手中的流转过程。这一流程通常伴随购销环节在渠道中向前移动。在租赁业务中，该流程转移的是持有权和使用权。

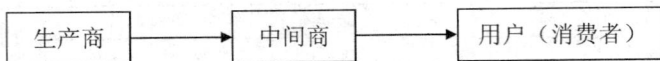

图 8—5　所有权流

5. 资金流

在分销渠道各成员间伴随所有权转移所形成的资金交付流程。例如，客户通过银行账户向代理商支付货款账单，代理商扣除佣金后再付给生产商，并支付运费和仓储费。

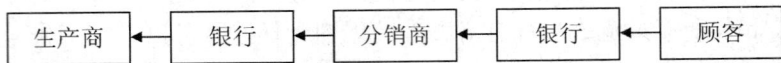

图 8—6　资金流

案例 8—1

苏宁电器渠道体系

南京的苏宁电器股份有限公司（简称苏宁电器），是我国著名的家用电器分销商。近些年苏宁发展迅速，已成为中国三大家用电器分销商。苏宁在通路扩张时，按照城市人口、面积、人均 GDP 等标准，把全国市场进行分类，不同市场采取不同的进入方式和分销渠道（见表 8—1）。

表 8—1　苏宁电器的分销渠道体系

分类	一、城市人口；二、城市面积；三、人均 GDP；四、电器市场容量；五、竞争状况						
分类市场进入策略	市场	包括城市	市场特征	进入方式	经营门类	连锁数量	单位面积
	A	北京、上海、广州	家电消费能力强，但拥有量也高；消费者购买心理成熟，强调品牌、功能、服务、价格以及产品个性；家电的消费已由初次购买逐步转向更新换代；经销商实力较强，竞争经验丰富，有着较强的品牌意识	直营连锁	综合家电	3家左右	1500～3000 m²

220

续表

分类	一、城市人口；二、城市面积；三、人均 GDP；四、电器市场容量；五、竞争状况						
	市场	包括城市	市场特征	进入方式	经营门类	连锁数量	单位面积
分类市场进入策略	B	11 个重要省会城市及直辖市	需求增长快，消费档次多；厂商可以在一定的程度上引导消费需求；经销商竞争的能力较强，有一定的品牌意识，在多年的发展中积累了一定的经验和资本，但还难以打破地域的限制	直营连锁或控股合资合作	综合家电	1～2 家	1500～3000 m²
	C	70 余个地级市	数量众多，地区间发展不平衡；电器需求一般处于上升阶段；城市内的商家个体实力较弱，缺乏与厂家直接谈判的能力和引导市场消费的能力，在经营方式的选择上跟风心理较强	特许加盟，不控股合资合作	综合家电或品类专营		
	D	全国有进入价值的 1000 余个县	城市规模小，人口少，经济不发达；电器需求有限；经销商规模小，资金能力弱，完全不具备引导消费的能力，大多只能跟着产品自身的品牌拉力	特许加盟，不控股合资合作	综合家电或品类专营		

资料来源：MBA 智库，http://doc.mbalib.com。

第二节　批发商与零售商

20 世纪六七十年代以来，零售商借助于其销售网点的增加和经营面积的扩大，特别是在实行连锁经营后，企业规模迅速扩大，市场地位越来越高。为了提高市场占有率，零售商开始实行独立的、"以我为主"的市场营销手段。这种市场力量对比逐步向零售商倾斜的倾向在 20 世纪 80 年代以后更为明显，原因在于通过零售商业态创新、国际化进程的加快以及世界范围内的收购兼并等，市场力量越来越集中于处于价值链末端的零售商身上。科技的发展、基础设施的完善、高效的物流系统的建立更是强化了这一趋势。零售商自有品牌的开发和管理就是在这种背景下出现的，可以说它是生产商和零售商之间垂直竞争加剧的产物。零售商自有品牌的成功一方面是生产商和零售商垂直竞争的结果，另一方面它反过来又对生产商品牌从而对生产商本身提出了强有力的挑战，这一过程加剧了市场力量向零售商倾斜的趋势。

一、批发和批发商

批发是指一切将物品或服务销售给为转卖或商业用途而购买的组织或个人的活动。批发商是指那些主要从事批发业务的公司，主要有三种类型：

1. 商人批发商

商人批发商是指自己进货，取得商品所有权后再批发售出的商业单位，它自己拥有商品所有权，赚取购销差价。商人批发商又称为独立批发商。

（1）按照经营商品的范围，商人批发商主要分为三种类型（参见表8-2）。

表8-2　按照经营商品分类的批发商

经营商品分类	经营特点	经营对象
一般商品批发商	经营一般货色而且经营商品范围很广、种类繁多	普通商店、药房、电器商店和小百货商店以及五金商店等
单一种类或整类商品批发商	某一大类商品，但这一类商品的花色、品种、规格、厂牌齐全，同时还经营一些与这类商品密切关联的商品	食品杂货、药品、小五金等行业的独立零售商；"产业经销商"，其顾客包括大小产业用户
专业批发商	专门经营某类商品中的某种商品的商人批发商	这类批发商的顾客主要是专业商店

（2）按照职能和提供的服务是否完全，商人批发商又可分为两种类型（参见表8-3）。

表8—3　职能及服务分类的批发商

职能及服务分类	职能	服务
完全职能或完全服务批发商	执行批发商业全部职能的批发商	提供服务主要有保持存货、雇用固定的销售人员、提供信贷、送货和协助管理等
有限职能或有限服务批发商	执行批发商业的一部分职能和提供一部分服务的商人批发商	现购自运的批发商、直运批发商、卡车批发商、货架批发商、邮购批发商

2. 商品代理商

商品代理商是指从事赊买或销售或两者兼备的洽商工作，但不取得商品所有权的商业单位。商品代理商与商人批发商最大的区别是，商品代理商对于其经营的商品没有所有权，所提供的服务更有限，其职能为促成交易，并以此赚取佣金。商品代理商的形式主要有以下七种：

（1）经纪人。不实际控制商品，受委托人委托进行购销谈判的代理商。他们联系面广，认识许多买主和卖主，了解哪些卖主要卖什么，哪些买主要买什么，牵线搭桥，促成交易。成交后，由卖主把货物直接运给买主，由委托人向经纪人支付一定的佣金。

（2）制造代理商。在签订合同的基础上，为生产商销售商品的代理商。通常在某一地区专卖，销售非竞争而又相关的商品，对商品售价及条件的决定权力有限，可能被指定销售其委托人总产品的特定部分。生产商通常用这种代理商推销机器设备、汽车产品、电子器材、家具等商品。这种代理商通常和几个生产商签订长期代理合同，在一定地区，按照这些生产商规定的销售价格或价格幅度及其他销售条件，替这些生产商代销全部或部分产品；生产商则按销售额的一定百分比付给佣金。

在西方国家，生产商通常在以下情形中使用这种代理商：一是自己没有推销员的小生产商和新公司以及产品种类很少的生产商；二是自己有推销员的大生产商在潜在买主不多，生意较少的地区，因为使用自己的推销员去推销不合算，往往委托生产商的代理商去推销产品；三是有些生产商往往使用这种代理商在某一地区开辟新市场。

（3）销售代理商。这是指在签订合同的基础上，为委托人销售某些特定商品或全部商品的代理商，对价格、条款及其交易条件可全权处理。这种代理商在纺织、木材、某些金属产品、某些食品、服装等行业中常见。在这些行业中，竞争非常激烈，产品销路对企业能否生存至关重要。销售代理商与制造代理商一样，签订长期代理合同，替这些生产商代销产品。但他们之间也有显著的区别。

1）一般情况下，每一个生产商只能使用一个销售代理商，而且生产商将其全部销售工作委托给某一销售代理商，办理委托以后，不得再委托其他代理商代销产品，也不得再雇用推销员去推销产品，而每个生产商可以同时使用制造代理商，此外，生产商还可以设置自己的推销机构。

2）销售代理商通常替委托人代销全部产品，没有销售地区限定，在规定销售价格和其他销售条件方面有较大的权力；制造代理商则要按照委托人规定的销售价格或价格幅度及其他销售条件，在一定地区内替委托人代销一部分或全部产品。所以，销售代理商实际上就是委托人的独家全权销售代理人。

（4）佣金商。这是指对商品的实体具有控制力并参与商品销售协商的代理商。在英、美等西方国家，多数佣金商从事农副产品的代销业务。农场主将生产的蔬菜、水果等农副产品委托佣金商代销，付给一定的佣金。这种委托人与佣金商的业务关系一般只包括一个收获和销售季节。

（5）拍卖行。这是指为买卖双方提供交易场所，组织买卖成交，并从中收取规定的手续费和佣金的代理商。一些艺术品、珠宝、古董、文物等常用公开拍卖方式出售，有些私人房地产采取公开拍卖方式出售。但是，拍卖在零售业中并不普遍，主要是在批发商业中采取公开拍卖方式。通过拍卖行以公开方式拍卖的大宗商品，主要是蔬菜、水果、茶叶、烟草、羊毛等农产品。

（6）住宅区购买者与购买者代理商。与上述代理商不同，住宅区购买者和购买者代理商属进货代理商，而上述几种代理商均属替生产者寻找买主的卖主代理商。购买代理商是经营产业用品的独立代理商，他们专门为产业用户寻找产业用品供应来源；而住宅区购买者主要经营服装、家具等消费品。住宅区购买者是一种独立的进货代理商，他们在市场中心设有办事处，备有样货，专门为郊区住宅零售商店采购时尚商品等，然后向其委托人收取一定代购手续费和佣金。

（7）进口和出口代理商。这是指在主要口岸设有办事处，专门替委托人从国外寻找供应来源和向国外推销产品的代理商。

3. 生产商的分销机构和销售办事处

生产商的分销机构和销售办事处，是指属于生产商所有、专门经营产品批发销售业务的商业机构。分销机构和销售办事处在职能方面有所不同，前者主要执行产品储存、销售、送货和产品服务等职能；后者没有仓储设施，主要从事产品的销售业务。

二、零售与零售商

零售是指所有向最终消费者直接销售产品和服务，用于个人及非商业性用途的活动。许多机构，如生产商、批发商和零售商都从事零售。但是大多数零售都是由零售商来完成的。

零售商指那些销售量主要来自零售的商业企业。零售商类型千变万化，新组织形式层出不穷。一般分为商店零售商、无门市零售商和零售组织。

1. 商店零售商

商店零售商即在固定的营业场所内开展零售经营的中间商，它是零售商的基本类型。包括百货商店、专业商店、超级市场、便利店、仓储商店、折扣商店等几种形式（参见表8—4）。

表8—4 商店零售商基本形式

类型	经营特色	举例
百货商店	产品组合广而深，对每一条产品线都作为一个独立部门实施专业管理，规模一般较大。百货商店大多设在城市繁华区和郊区购物中心，店内装饰富丽堂皇，橱窗陈列琳琅满目。经营的商品主要是优质、时尚的高档商品和名牌商品，其价格也高于一般的专业店和超级市场，经营的目标顾客是中产阶层及其以上阶层。	大洋百货
专业商店	专门经营某一类或几类专业商品的商店。其产品线比较窄，但规格式样品种齐全，一般以经营的主要商品类别为店名招牌。	精益眼镜店
超级市场	超级市场的特点是规模庞大、薄利多销、一次结算，消费者购物量多而且自我服务。这里售出的商品——注明分量、定价、包装整齐地陈列在货架上或悬挂起来，顾客可自选自取，然后统一计价付款。此外，超级市场还对购买量大的顾客实行折扣优惠，并开辟大型停车场，提供购物小推车。	家乐福中商平价
便利店	经营最基本的日常消费用品为主，规模相对较小，位于住宅区附近的综合商店。便利店营业时间较长，很多是全天24小时营业，便利店一般经营周转较快的方便产品，如日用百货、药品、应急商品、方便食品等。由于便利店能随时满足消费者即时需要，所以商品的价格相对较高。	联合一百超市

续表

类型	经营特色	举例
仓储商店	仓储商店的特点是店堂装饰简单、产品价格低廉、服务有限，商品既有家具等体积较大、比较笨重的用品，也有各种日常生活用品等。	中百仓储
折扣商店	折扣商店是百货公司的一种，是第二次世界大战后在美国出现的一种有影响的零售商店，因其价格具有吸引力，深受消费者喜爱。商品以日常用品为主，同一商品有两种价格，一是牌价，二是折扣价，消费者按折扣价购买。	耐克工厂店
销品茂	"销品茂"是英文 SHOPPING MALL 的音译，不同商业业态和业种的总汇和集聚，包含百货店、大卖场以及众多专业连锁店和各种服务功能在内的超级商业中心。	武汉徐东销品茂

2. 非商店零售商

非商店零售商，即销售商品不在固定的场所内进行，能为消费者提供方便的零售商。近年来非商店零售发展得比较快，其主要有三种形式（参见表8—5）。

表8—5　非商店零售商基本形式

形式	经营方式
直复营销	通过多种广告媒体传播商品信息，以便广告信息所到之处迅速产生需求反应，并最终达成交易的销售系统。直复营销者利用广告介绍产品，顾客可电话订货、网络订货，订购时货物一般通过邮寄、快递交货，顾客可选用汇款、信用卡或银行账户等方式付款，也可用选择提货时现付。
直接销售	挨门挨户推销、逐个办公室推销和举办家庭销售会推销等形式。由于需要支付雇用、训练、管理和激励销售人员的费用，因此直接销售的成本费用很高。
自动售货	利用自动售货机进行商品销售。由于自动售货机向顾客提供全天候售货服务、要经常给相当分散的售货机补充存货、机器常遭破坏、失窃率高等原因，自动售货的成本很高，因此商品的销售价格比一般水平要高 15%～20%。但是，售货机被广泛安置在工厂、办公室、大型零售商店、加油站、街道等地方，方便了人们的购买。

第三节 分销渠道设计策略

渠道设计是指企业为建立市场营销渠道或对已经存在的渠道进行变更的策略活动。企业在进行渠道设计决策时，应该确定理想的渠道、可行的渠道和适用的渠道。为此，企业需要分析客户需要的服务水平，建立渠道目标和限制因素，识别主要的渠道选择方案，并做出评价。

一、分销渠道设计的基本内容

分销渠道管理要从分销渠道设计开始。在市场竞争日趋激烈的今天，企业不仅对现有的销售渠道进行管理，而且还要对未来的分销渠道进行策划、设计和管理，以不断地提升企业竞争力和可持续发展的能力。由此可见，明确渠道设计意义、把握渠道设计内容显得尤为重要。渠道设计一般包括，影响分销渠道的因素、渠道设计的目标、拟定渠道初步方案、评估和确定渠道方案等内容。

1. 影响分销渠道的因素

设计渠道的第一步是理解其所选择目标市场的潜在客户需要的服务水平。企业应该充分了解客户习惯购买的商品及其购买的地点、原因、时间和方式，从而明确渠道应对客户购买商品提供何种解决方案，即为目标客户设计的服务供应水平。影响分销渠道的因素大体分为四类（参见表8-6）。

表8-6 影响渠道设计的因素

主要因素	影响要素
市场特性	①经济发展形势。②市场潜量和购买力。③消费者的购买习惯。④市场竞争状况。
产品特性	①产品的耐腐性。②产品的时尚性。③产品的单位价值。④产品的体积和重量。⑤产品的标准化程度。⑥产品的技术性和售后服务。⑦产品的生命周期。
中间商特性	①可供利用的中间商种类和数量。②利用中间商所需要的成本。③中间商的能力。④中间商可提供的服务。
企业特性	①企业的规模。②企业的基本目标。③企业的管理能力。④产品组合。

（1）市场特性。渠道设计受市场特性影响特别大。一般来说，当顾客人数多时，生产者倾向于利用每一层次都有许多中间商的长渠道。如果顾客经常零星购买、小批量购买，则需采用较长且宽的分销渠道为其供货。某些行业的生产者希望在与竞争者相同或相近的经销处与竞争者的产品抗衡。当经济萧条时，生产者都希望采用能使最后顾客以廉价购买的方式将其产品送到市场。这也意味着使用较短的渠道，并免除那些会提高产品最终售价但并不必要的服务。

（2）产品特性。渠道设计要充分考虑到产品特性。一般来说，易腐烂的产品为了避免拖延时间及重复处理增加腐烂的风险，通常需要直接营销。那些与其价值相比体积较大的产品，需要通过生产者到最终用户搬运距离最短、搬运次数最少的渠道来分销。非标准化产品，通常由企业推销员直接销售，需要安装、维修的产品经常由企业自己或授权独家专售特许商来负责销售和保养。单位价值高的产品则应由企业推销人员而不通过中间商销售。

（3）中间商特性。设计渠道时还必须考虑执行不同任务的市场营销中间机构的优缺点特性。每一层级中间商的经营规模、信用、财务状况、经营能力、服务水平、敬业精神和专业技能是不尽相同的，每一类产品对中间商的素质要求也有差异。一般来讲，中间商在特定区有其客户群，渠道设计要善于借力，利用和发挥好中间商帮助生产企业开发市场的优势。

（4）企业特性。企业特性在渠道选择中扮演着十分重要的角色。一般来说，企业的总体规模决定了其市场范围、较大客户的规模以及强制中间商合作的能力。企业的财务能力决定了哪些市场营销职能可由自己执行，哪些应交给中间商执行。财务薄弱的企业，一般都采用"佣金制"的分销方法，并且尽力利用愿意并且能够吸收部分储存、运输以及融资等成本费用的中间商。企业产品组合的宽度越大，则与顾客直接交易的能力越大；产品组合的深度越大，则使用独家专售或选择性代理商就越有利；产品组合的关联性越强，则越应使用性质相同或相似的市场营销渠道。企业现行的市场营销政策也会影响渠道的设计。例如，对最后购买者提供快速交货服务的政策，会影响到生产者对中间商所执行的职能、最终经销商的数目与存货水平以及所采用的运输系统的要求。

2. 渠道设计的目标

渠道目标是渠道设计者对渠道功能的预期，体现渠道设计者的战略意图。分销渠道目标的确定首先必须是以顾客需求为核心。渠道设计的目标主要有以下六个方面：

（1）顾客便利：销售网点的建立和维护，使顾客方便购买。

（2）流通顺畅：通过渠道分销，保证产品以最短的时间送到顾客手中。

（3）开拓市场：有利于增加新顾客、发现新用途。

（4）提高效率：分销渠道高效率、低成本，增强经营效益。

（5）提高市场占有率：有助于增加新顾客、提高重复购买率、激活休眠客户。

（6）扩大品牌知名度：增强顾客对产品的认知，树立产品在顾客心目中的地位。

3. 拟定渠道初步方案

了解渠道设计的影响因素之后，企业要明确各种可能的渠道设计方案。渠道设计方案一般包括三方面的基本内容：中间商的基本类型（渠道长度）、中间商的数目（渠道宽度）以及各中间商的特定任务和责任。

（1）确定中间商类型。企业要明确能够完成渠道工作的各种中间商的类型，即决定渠道的长度，明确如何以有效的方式将特定的产品送达用户市场。企业在选择中间商时，常常会面临若干个可行的方案，但概括起来主要有以下两类方案：

1）直接渠道，即企业通过设店销售、人员推销、邮购、网购等方式，直接把产品销售给消费者或用户。运用企业现有的推销人员，借助直接邮寄和商业杂志。

2）间接渠道，即企业通过寻找中间商进行产品销售。间接渠道又有一层渠道、二层渠道和三层渠道之分。一般来说，消费品的分销渠道较长，工业品分销渠道相对较短。

（2）确定中间商的数目。企业必须决定每个渠道层次使用中间商的数目，也就是渠道的宽度，是企业追求市场覆盖面和销量的表现。渠道宽度一般有三种策略可供选择：独家分销、选择分销和密集分销。从独家分销到选择分销，再到密集分销，渠道的宽度逐步增加，企业的市场覆盖面也在提高，但不同产品适合的市场覆盖面不同。

1）独家分销。即生产在某一市场（地区）仅仅选择一家中间商为其推销产品（参见图8-7）。双方签订独家分销合同，规定该经销商不得经营竞争性产品，以促进生产商产品的销售。这种模式适用于技术含量较高，需要售后服务的专用产品的营销，如机械产品、耐用消费品、汽车、特殊商品等产品。

独家分销是一种最窄的分销渠道，其优点主要是：中间商能获得企业给定的产品的优惠价格，不能再代销其他竞争性的相关产品。对于独家经销商而言，经营有名气的企业产品，可凭名牌产品树立自己在市场上的声望和地

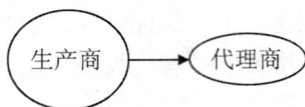

图 8—7　独家分销模式

位，同时可获得生产商广泛的支持，所以能提高中间商的积极性。对于企业而言，易于控制产品的零售价格，易取得独家经销商的合作。其缺点则有：因缺乏竞争，顾客的满意度可能会受到影响，经销商对生产商的反控力较强。

2）选择分销。即生产商在某一市场（地区）仅通过少数几个经过精心挑选的、最合适的中间商推销其产品。选择分销适用性很广，几乎适用于所有产品。相对而言，消费品中的选购品和特殊品最适宜选择分销。

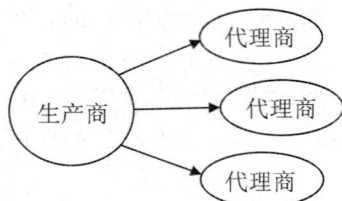

图 8—8　选择分销模式

选择分销是一种精选式分销，其主要的优点是：比密集营销能取得经销商更大的支持，同时又比独家分销能够给顾客购物带来更大的方便，一般来说，消费品中的选购品和特殊品适宜采用选择分销渠道。其缺点有：中间商的竞争较独家分销渠道时激烈，而且选择符合要求的中间商较困难。顾客在选购商品时会进行商品的比较，所以没有密集分销渠道那么方便顾客。

3）密集分销。也称为广泛分销，即生产商尽可能多地利用有能力和有责任感的批发商和零售商推销其产品，争取最大的市场覆盖率（参见图 8—9）。例如，消费品中的香烟、水果、日用品等便利品和产业用品中的办公文具等供应品，通常都采用密集分销，使广大消费者和用户能够随时随地方便地买到，而高档品则宜短而窄的渠道（参见表 8—7）。

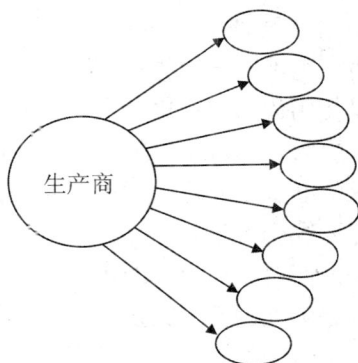

图 8—9　密集分销模式

表 8—7　分销渠道宽度的三种模式

	密集分销策略	选择分销策略	独家分销策略
渠道的长度、宽度	长而宽	较短而窄	短而窄
中间商数量	尽可能多的中间商	有限中间商	一个地区一个中间商
销售成本	高	较低	较低
销售成本	高	较低	较低
商品类别	便利品、消费品	选购品、特殊品	高价品、特色商品

密集分销是一种最宽的渠道形式，其主要优点是：市场覆盖率高、便利顾客。其缺点是：市场竞争激烈，价格竞争激烈，导致市场混乱，有时会破坏厂家的营销意图；渠道的管理成本与维护费很高。

（3）渠道成员的特定任务和责任。在将产品由生产者转移到目标市场的过程中，需要完成运输（将产品运送至目标市场）、广告（通过广告媒介通知并影响购买者）、储存（准备接受订货的货物存储）和接触（寻找购买者并与购买者协商交易条件的推销工作）等主要任务。企业应该将这些任务一一列出，然后根据渠道成员不同类型的差异和执行任务时的优势和劣势，合理安排，避免冲突。在进行渠道成员的责任分配时，应考虑到责权利的一致性。

4. 评估和确定渠道方案

企业对以上各种可能的渠道方案进行评价，确定最能够对渠道任务做出相对合理的分配，并满足企业长期目标的方案。评估标准有三个：即经济性标准、控制性标准和适应性标准。

（1）经济性标准。渠道方案评估要考核经济性标准，即渠道的成本和效益。每一种渠道方案都将产生不同的销售量和成本。企业要比较是利用公司的销售队伍销售量大，还是使用代理商销售量大。大多数营销经理认为，使用公司自己的推销队伍销售量更大，但成本可能很高，在成本方面，利用中间商的固定成本比企业组建自己的办事处要低。但中间商要分流部分利润。渠道方案评估时，经济性的标准需要综合考量。

（2）控制性标准。生产商对渠道成员的销售活动是否符合规范和企业利益要加强监管，监管程度称之为控制性，其指标、考核细则即为控制性标准。中间商是一个有着独立经济利益的组织，它关心的是自己的利润最大化。因此，中间商往往更加关注对自己利润贡献最大的产品，而不是对某个特定企业的产品感兴趣。控制性标准重点要激发中间商的积极性，要防止经而不销，代而不理的情景发生。

（3）适应性标准。适应性标准考核渠道适应环境变化的能力，即应变能力如何。但是，任何渠道方案都会有一定的稳定性，即在合约有效期内，即使采用其他销售法会更有利，生产商也不得任意取消合约。所以，当涉及一项长期承诺的渠道合约时，企业一定要慎重，在经济性和控制性方面都很优越的前提下，才考虑承诺。

二、分销渠道发展趋势

时代在进步，市场在变化，分销渠道并非一成不变，新型的批发和零售机构不断涌现，全新的渠道系统正在逐步形成。可以从直销的发展、渠道联合、渠道多样化等方面来分析分销渠道的发展趋势。

1. 直销的发展

直销指产品的所有权直接从生产者手中转移到用户或消费者手中，省去传统市场营销渠道中的诸多中间环节。直销即指无库房销售，近年来发展迅速。

"无固定场所销售"（Non-store Retailing）是一种不经过门市而直接向客户推销商品或客户自动选购商品的销售方式。常见的无店铺销售有以下四种类型：直复营销、自动售货、购货服务和人员直销（参见图 8－10）。

通常人员直销根据销售进行方式、组织和佣金结构的不同可以分成两大类，即单层次人员直销和多层次人员直销。无论何种人员直销都是以"人"为主的销售，是通过与客户和潜在客户的人际口头沟通，说服其购买产品或服务的过程。这种双向沟通渠道有许多优势：客户可以讨论、讨价还价，有及时互动的反应，公司可以及时获得反馈并可针对个别客户的特殊需求调整营销策略。

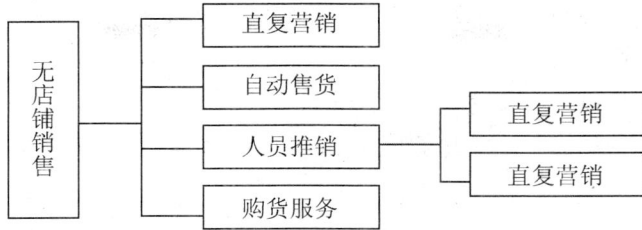

图8－10　无店铺销售

在市场竞争日益激烈的今天，渠道扁平化是趋势。无店铺销售由于具有以下特征受到厂商的关注。直销商替代批发商和零售商的职能，减少了销售环节，降低了流通费用，使产品价格更具有市场竞争力。直销商不通过店铺销售，节约了拥有或租用店铺的成本和装修、美化、陈列商品的开支，进一步降低流通费用。为客户提供主动、方便的面对面服务，减少客户购物的时间、精力成本，还可以提供个性化服务。直销避开了传统的货架竞争，其特点和适用商品与形式（参见表8－8）。

表8－8　无店铺销售四种形式

	特点	适用商品及形式
直复营销	获得可度量的反应和/或达成交易而使用的一种或者多种广告媒体的交互作用的营销体系	直邮销售、直接广告（在媒体上刊登答卷式布告）、电话销售、网络销售、电视购物，以及目录销售等
自动售货	客户使用硬币或电脑记录卡，当即可以获得货物或服务	日用品或零食为主，包括香烟、饮料、糖果、点心、报纸、车票等；一般服务包括自动洗衣、电动游戏、行李存放、自动计时停车等
购货服务	特定的客户为服务对象	大企业、医院、学校等为购物会员，会员可以凭证向事前约定的商店购买打折商品，商店向购物服务中心付佣金
人员直销	推销人员逐户零售或以家庭销售聚会的方式出售商品	人员推销来达成销售商品或服务给客户的目的。其流程为：生产商（直销公司）—直销人员（直销商）—客户

2. 多种分销系统

20世纪80年代以来，分销渠道系统突破了由生产者、批发商、零售商和消费者组成的传统模式和类型，有了新的发展，如垂直渠道系统、水平渠道系统、多渠道营销系统等。

（1）垂直渠道系统。这是由生产企业、批发商和零售商组成的统一系统。垂直分销渠道的特点是专业化管理、集中计划，销售系统中的各成员为共同的利益目标，都采用不同程度的一体化经营或联合经营。它主要有三种形式：

1）公司式垂直系统。公司式垂直系统是指一家公司拥有和统一管理若干工厂、批发机构和零售机构，控制分销渠道的若干层次甚至整个分销渠道，综合经营生产、批发、零售业务。这种渠道系统又分为两类：工商一体化经营和商工一体化经营。工商一体化是指大工业公司拥有、统一管理若干生产单位、商业机构，如美国火石轮胎橡胶公司拥有橡胶种植园，拥有轮胎制造厂，还拥有轮胎系列的批发机构和零售机构，其销售门市部（网点）遍布全国。工商一体化是指由大零售公司拥有和管理若干生产单位。

2）管理式垂直系统。管理式垂直系统是指生产商和零售商共同协商销售管理业务，其业务涉及销售促进、库存管理、定价、商品陈列、购销活动等，如宝洁公司与其零售商共定商品陈列、货架位置、促销、定价。

3）契约式垂直系统。契约式垂直系统是指不同层次的独立生产商和经销商为了获得单独经营达不到的经济利益，而以契约为基础实行的联合体。它主要分为三种形式（参见表8-9）。

表8-9　契约式垂直系统的三种形式

形式	行业	举例
生产商倡办的零售特许经营或代理商特许经营	消费品行业、代理商特许，多见于生产资料行业	丰田公司与某个经销商签订销售合同后，赋予经销商销售本公司产品的权力而不再与其他经销商签约，同时也规定该经销商只能销售丰田牌子的汽车，实行专卖
生产商倡办的批发商特许经营系统	饮食业	可口可乐、百事可乐，与某些瓶装厂商签订合同，授予在某一地区分装的特许权，和向零售商发运可口可乐等的特许权
服务企业倡办的零售商特许经营系统	快餐业、汽车出租业等	肯德基

（2）水平渠道系统。水平渠道系统是指分销渠道的横向联合，通常是指两个以上的生产商联合开发共同的分销渠道所建立的分销系统。这种横向联合又

可分为松散型联合和固定型联合两种形式。如美国的百万市场报纸公司就是一家为五家报纸实施分销业务并为它们所共有的销售公司。水平分销系统可以较好地集中各有关企业在分销方面的相对优势，更有利开展分销活动，扩大各企业的市场覆盖面，减少各企业在分销渠道方面的投资，提高分销活动的整体效益。

（3）多渠道营销系统。多渠道营销系统是指对同一或不同的分市场采用多条渠道营销系统。这种系统一般分为两种形式：一种是生产企业通过多种渠道销售同一商标的产品，这种形式易引起不同渠道间激烈的竞争；另一种是生产企业通过多渠道销售不同商标的产品。

第四节　分销渠道管理策略

分销渠道管理是企业营销工作的重要过程。主要是包括渠道成员的选择，解决渠道成员的冲突及日常的渠道管理工作，渠道成员选择是一个双向互动的过程。选择怎样的营销渠道成员作为厂商的合作伙伴，直接影响到厂商生产的产品是否能够及时地、准确地转移到消费者手中；影响到厂商分销的成本和厂商的服务质量；影响到厂商制订的营销目标的顺利实现；影响到产品及厂商在消费者心目中的形象。

一、渠道成员的管理

营销渠道成员的选择必须严格、谨慎，必须与厂商自身的渠道设计一脉相承。优秀的渠道成员可以为厂商今后的渠道管理打下坚实的基础，而由优秀渠道成员所构建起来的强大的销售网络则可以为厂商出色地完成分销任务。营销渠道成员选择的重要性与厂商选择的分销密度高度相关。分销密度越小，比如选择独家分销，则渠道成员的选择越重要；反之，若分销密度越大，比如选择密集分销，则渠道成员选择的重要性就相应地减小。营销渠道成员选择的原则及标准如下：

1. 选择渠道成员

如果企业选择间接渠道进入市场，便面临选择中间商的决策。中间商选择是否得当直接关系着企业的市场营销业绩。选择中间商要广泛收集有关中间商的业务经营、资信、市场范围、服务水平等方面的信息，然后进行比较，确定最恰当的人选。通常，选择中间商必须考虑的条件（如表8-10所示）：

表 8－10　考核中间商的条件

中间商选择要素	中间商的考核指标
目标市场	备选中间商的服务对象与企业的潜在目标客户群是否一致
产品政策	产品种类及其组合情况：企业要考虑中间商产品组合的宽度（即有多少产品线），以及所承销的产品是竞争性产品，还是促销性产品
地理区位优势	零售商最理想的地理位置是潜在客户流量较大的地点；选择批发商则要考虑是否有利于产品的批量存储与运输，通常以处于交通枢纽为宜
产品知识	对所销售的产品有专门的经验和知识是企业选择中间商的基本条件；根据产品特征选择具有专门经验的中间商有利于企业尽快取得市场销售的增长
财务状况及管理水平	中间商的财务状况决定了其能否按时结算，或在预付货款，甚至融资等方面的实力；其销售管理是否高效、规范则决定了中间商的业绩水平
促销政策和技术	企业还应考虑中间商是否愿意承担一定的促销费用，以及有没有必要的物质、技术基础和相应的人才
合作意愿	中间商的合作意愿是中间商全力以赴地帮助企业销售产品的前提。条件再好、实力再强的中间商，如果没有强烈的合作意愿，并不是企业理想的选择
综合服务能力	中间商所提供的综合服务项目与服务能力应与企业产品销售所需要的服务要求相一致

2. 激励渠道成员

激励渠道成员是指激发渠道成员的动机，使其产生内在动力，朝着所期望的目标前进的活动过程，目的是调动渠道成员的积极性，促进产品的销售。

（1）了解渠道成员。激励渠道成员使其有良好的表现必须从了解中间商的需要及心理入手。理论研究表明，中间商和生产商虽然同属一条供应链，却存在着显著不同。

1）中间商具有相对独立性，中间商并非受雇于企业，作为其分销链中的环节，而是有自己的经营方式和利益目标的独立组织。

2）与帮助企业分销产品相比，中间商更愿意担任其客户的采购代理人的角色，因为有客户想买某种商品，他们才会对销售某种产品感兴趣。

3）中间商往往会把他销售的产品当一个整体来看。他关心的是整个产品组合的销量，而不是单个商品种类的销量。

4）如果没有一定的激励，中间商不会记录其销售的各种品牌的销售情况。生产商无法从中间商非标准化记录中获得有关产品开发、定价、包装或者促销计划的信息。有时候，中间商还会故意隐瞒实际情况。由于中间商和生产商是各自独立的实体，有各自的利益。他们之间是合作的关系，而不是上下级之间的命令关系，因此，生产商要想管理好中间商，不能靠行政命令，应该采取"胡萝卜加大棒"的政策。

（2）激励渠道成员的方法。产品从生产商到用户的整个过程需要催化剂，有效的激励措施就是这种催化剂。对于生产商而言，催化剂的目的无非就是希望中间商多提货、早回款，希望增加抵御风险的能力等。因此，了解中间商需求只是激励的第一步，然后应该采取有效的激励措施。激励中间商的形式多种多样，但大体上可以分为两种：间接激励和直接激励。间接激励指的是通过帮助中间商获得更好的管理、销售的方法，从而提高销售绩效。直接激励指的是通过给予中间商物质、金钱的奖励来激发中间商的积极性，其主要有以下六种形式：

1）返利政策。在制定返利政策时一定要考虑到如下因素。返利的标准。一定要分清品种、数量、返利额度。制定时，一要参考竞争对手的情况，二要考虑现实性，三要防止抛售、倒货等。返利的形式：是现价返，还是以货物返，还是二者结合，一定要注明；货物能否作为下月任务数，也要注明。返利的时间：是月返、季返还是年返，应根据产品特性、货物流转周期而定。应在返利兑现的时间内完成返利的结算，否则时间一长，搞成一团糊涂账，对双方都不利。返利的附属条件：为了能使返利这种形式促进销售，而不是相反（如倒货），一定要加上一些附属条件，比如严禁跨区域销售、严禁擅自降价、严禁拖欠货款等，一经发现，取消返利。

2）价格折扣。价格折扣包括五种形式（参见表8-11）。

表8-11 价格折扣的形式

价格折扣形式	特点
数量折扣	销售数量越多、金额越大，折扣越丰厚
等级折扣	中间商依据自己在渠道中的等级，享受相应待遇
现金折扣	回款时间越早，折扣力度越大
季节折扣	旺季转入淡季时鼓励中间商多进货，减少厂家仓储和保管压力；进入旺季之前，加快折扣的递增速度，促使渠道进货，达到一定的市场铺货率，以抢占热销先机

237

续表

价格折扣形式	特　　点
提货量折扣	根据提货量，给予一定的返点，返点频率可根据产品特征、市场销货等情况而定

3）开展促销活动。一般而言，促销措施会很受中间商的欢迎。促销费用一般可由生产商负担，生产企业还应经常派人前往一些主要的分销商那里，协助安排商品陈列，举办产品展览和操作表演，训练业务人员，或根据中间商的推销业绩给予相应的激励。

4）提供市场基金。即市场启动基金。给经销商一个市场报销的额度，用于调动经销商在各个环节的能动性。

5）设立奖项。在渠道成员间设立奖项，如合作奖、开拓奖、回款奖、专售奖、信息奖、销货奖等。

6）补贴。生产商可给予中间商协助力度与库存补贴。激励措施的最佳效果就是使对方心甘情愿地做你希望他做的事情，这个过程没有任何强制或胁迫的成分。虽然达到这一境界并非易事，但如果激励措施到位，厂家会发现收获颇多。

在市场机制日益成熟的今天，直接激励的作用在不断地削弱。生产商们越来越意识到间接激励的重要性。间接激励，就是通过帮助中间商进行销售管理，如帮助经销商建立进销存报表、帮助零售商进行零售终端管理系统、帮助中间商建立客户档案，为中间商提供技术支持和广告支持等，以提高销售的效率和效果来激发中间商的积极性。激励措施都存在一定的短期性，从长远看，应该实施伙伴关系管理，也就是生产商和中间商结成合作伙伴，风险共担，利益共享。

3. 评估渠道成员

生产者除了选择和激励渠道成员外，还必须定期评估他们的绩效。通常的评估指标主要有：销售配额的完成情况、平均存货水平、向顾客交货时间、对损坏或遗失商品的处理情况、与企业促销和培训的合作情况等。如果某一渠道成员的绩效过分低于既定标准，需找出主要原因，同时还应考虑可能的补救方法。当放弃或更换中间商将会导致更坏结果时，生产者只好容忍这种令人不满的局面。当不致出现更坏的结果时，生产者应要求工作成绩欠佳的中间商在一定时期内有所改进，否则，就要取消它的资格。

（1）契约约束与销售配额。如果一开始生产者与中间商就签订了有关绩效标准与奖惩条件的契约，就可避免种种不愉快。在契约中应明确经销商的责任，如销售强度、平均存货水平、送货时间、次品与遗失品的处理方法、中间商必须提供的顾客服务等。

除了针对中间商绩效责任签订契约外，生产者还应定期发布销售配额，以确定目前的预期绩效。生产者可以在一定时期内列出各中间商的销售额，并依销售额大小排出先后名次。这样可促使后进中间商为了自己的荣誉而奋力上进；也可促使先进的中间商努力保持已有的荣誉，百尺竿头，更进一步。需要注意的是，在排列名次时，不仅要看各中间商销售水平的绝对值，而且需考虑到它们各自面临的各种不同的环境变化，考虑生产者的产品大类在各中间商的全部产品中的相对重要程度。

（2）测量中间商绩效的主要方法。将每一个中间商的销售绩效与上期绩效进行比较，并以整个群体的升降百分比作为评价标准。对低于该群体平均水平的中间商必须加强评估与激励措施。对后进中间商的环境因素加以调查，看是否存在客观原因，如当地经济衰退、某些顾客不可避免地失去、主力推销员退休或"跳槽"等，并明确哪些因素可在下一期弥补过来。生产商不应因这些因素而对经销商采取任何惩罚措施。

将各中间商的绩效与该地区基于销售潜量分析所设立的配额相比较。在销售期过后，根据中间商的实际销售额与其潜在销售额的比率，将各中间商按先后名次排列。这样，企业的调整与激励措施可以集中用于那些未达既定比率的中间商。

二、常规的渠道管理工作

分销渠道管理是一项系统工程，既有渠道设计的专项工作，也有包括渠道沟通、工作协调、处理冲突、分销激励等日常的常规管理。

1. 销售服务

分销渠道一旦设计完成后，就把厂家、中间商、用户（消费者）连接起来，要发挥渠道的功能，就必须加强和完善销售服务，进行全方位的服务营销。向工厂提供的服务：市场需求与竞争消息、产品开发方向、以市场为导向产品设计、建议弹性生产等；向用户提供的服务：售前、售中、售后服务，让顾客买得放心、用得踏实；向中间商提供的服务：存货管理、培训、促销员管理、促销活动组织与实施、资金管理、现代营销意识传播等。

2. 解决窜货

窜货又称倒货或冲货，是经销网络中的企业分支机构或中间商受到利益驱动，使所经销的产品跨地区销售，造成市场价格混乱，从而使其他经销商对产品失去信心，消费者对品牌失去信任的营销现象。窜货很大程度上在于利益驱使。跨区销售行为与市场发育程度具有十分密切的联系。许多海外著名的公司，已经在窜货控制方面为我们提供了可供借鉴的经验。这些经验集中到一点，便是经销管理到位、管理方法严谨、经销策略严密周到，特别是在对经销商、对市场的管理方面比较到位。

3. 处理冲突

渠道冲突是指某渠道成员从事的活动阻碍或者不利于本组织实现自身的目标，进而发生的种种矛盾和纠纷。分销渠道的设计是渠道成员在不同角度、不同利益和不同方法等多因素的影响下完成的，因此，渠道冲突是不可避免的（参见表 8—12）。

表 8—12　渠道成员的冲突

冲突的形式	水平冲突	垂直冲突	交叉冲突
冲突的内容	降价、跨区域销售、承诺不兑现等		
冲突的原因	角色错位目标差异观点差异沟通困难决策权分歧期望差异资源稀缺		
处理冲突预防型方法	第一时间控制冲突：在冲突的低级层次上就能将冲突控制，防止其演化升级到更高层次的冲突，这通常是通过建立制度化机制来解决		
处理冲突的治理型方法	显性冲突出现后，采取某种行为方式来解决冲突，比如迁就、回避、妥协、合作等行为		

（1）水平渠道冲突。水平渠道冲突是指同一渠道模式中或同一渠道层次中间商之间的冲突。产生水平冲突的原因大多是生产企业没有对目标市场的中间商数量分管区域作出合理的规划，使中间商为各自的利益互相倾轧。这是因为在生产企业开拓了一定的目标市场后，中间商为了获取更多的利益必然要争取更多的市场份额。例如，某一地区经营 A 家企业产品的中间商，可能认为同一地区经营 A 家企业产品的另一家中间商在定价、促销和售后服务等方面过于进取，抢了他们的生意。如果发生了这类矛盾，生产企业应及时采取有效措施，缓和并协调这些矛盾，否则，就会影响渠道成员的合作及产品的销售。另外，生产企业应未雨绸缪，采取相应措施防止这些情况的出现。

（2）垂直渠道冲突。垂直渠道冲突也称做渠道上下游冲突，是指同一渠道中不同层次渠道成员之间的冲突，这种冲突较之水平渠道冲突更常见。例如，某些批发商可能会抱怨生产企业在价格方面控制太紧，留给自己的利润空间太小，而提供的广告，培训等服务太少；零售商对批发商或生产企业，可能也存在类似的不满。垂直渠道冲突表现在：一方面，越来越多的中间商从自身利益出发，采取直销与分销相结合的方式销售商品，这就不可避免要同下游经销商争夺客户，大大挫伤了下游渠道的积极性；另一方面，当下游经销商的实力增强以后，不满足目前所处的地位，希望在渠道系统中有更大的权利，向上游渠道发起了挑战。在某些情况下，生产企业为了推广自己的产品，越过一级经销商直接向二级经销商供货，使上下游渠道间产生矛盾。因此，生产企业必须从全局着手，妥善解决垂直渠道冲突，促进渠道成员间更好地合作。

（3）交叉渠道冲突。交叉渠道冲突是指随着顾客细分市场和可利用的渠道不断增加，越来越多的企业采用多渠道营销系统即运用渠道组合、整合。不同渠道类型、不同渠道服务、不同渠道待遇集合在一起难免产生冲突。例如，美国的李维牌牛仔裤原来通过特约经销商销售，当它决定将西尔斯百货公司和彭尼公司也纳为自己的经销伙伴时，结果原特约经销商表示了强烈的不满。

三、渠道管理的八种主流模式

在工业经济发展过程中，规模化的集中生产、社会需求的广泛分布、政治与商业的流动性空前增强等，都导致现代企业规模急剧扩张、销售体系快速膨胀。业内人士普遍认为，当代企业已经由传统意义上的生产时代进入到一个全新的分销时代。在这样一个分销时代，如何准确把握多变的市场动向、如何快速提高分销体系的运作效率、如何把脉和提升企业核心竞争力已经成为现代企业管理者们最关心的问题。以企业分支机构职能为划分标准，归纳了中国分销渠道管理的八种主流模式。

1. 办事处模式

该模式的特点是异地商务、集中结算，由办事处完成销售中的商流和物流，客户与总部直接结算。采用此模式的优势在于总部可以严格控制库存，占压资金较少、运输费用较低，但同时出现的是仓储费用较高，结算周期长，容易引起税务纠纷。这种模式的典型案例是澳柯玛和方太。

2. 分公司模式

该模式的特点是异地结算、异地商务、异地物流，总部与分公司直接结算，对分公司的发货视同销售，分公司可以独立完成对外客户的商流、物流和资金流。采用此模式优势在于高效的区域市场、低额的配送费用，但是由此而起的权利高度分散，不容易形成整体优势，而且资金周转较慢。国内耗材分销龙头企业泛凌公司采用的就是这种模式。

3. 分公司＋办事处模式

分公司与办事处两种模式组合起来，业务向下延伸，总部下分公司与办事处并存，分公司下设办事处，多级次的营销管理模式。此模式是对特定市场的特定策略，容易得到高效的局域市场，但是由于管理层较多，机构调整频繁，导致资金回笼慢。这种模式的典型案例是鲁花公司。

4. 产品事业部模式

这是企业根据产品特征，按产品大类划分多个事业部，在全国共用一套销售平台，即分支机构负责所有事业部产品的商流、物流和资金流，分支机构与各事业部之间是内部结算关系，既按照产品考核事业部的业绩，同时也考核每个分支机构的业绩。这种模式渠道共用，人员规模和费用规模都容易控制在较低水平，但对专业产品的专业服务能力要求很高，售后服务的压力较大。草原兴发目前采用的就是这种模式。

5. 独立事业部模式

各事业部在同一地区根据各自产品特点和市场特点分别建立销售渠道，并与客户结算。当有两个以上的事业部在同一地区设立了分支机构时，公司将统一在这个地区设立分公司，并负责管理所属的财务部门和本地各个事业部所属办事处的财务核算和商品核算工作，以及各个事业部办事处的事务性工作。这种模式专业分工明晰，能准确地贯彻单事业部产品策略，但是人员规模大，销售费用高，不容易形成合力。伊利乳业采取的就是这种模式。

6. 制造业连锁专卖模式

企业自行生产，按地理区域设立分公司，分公司负责发展当地的直营和连锁零售机构，在没有分公司的区域，由总部的专业部门负责加盟店的管理。总部与分公司、分公司与客户之间的商流、物流、资金流形成完整的闭环。直营店、直营专柜相当于分公司的派出机构，商流、物流和资金流由分公司掌控。这种模式可以以较低的成本实现稳健的扩张，灵活的区域市场策略可以快速实现对产品策略的调整，但是相应地，库存的广泛分布容易导致积压，直营与加盟的并立使得价格策略难以统一。波司登、奥康和谭木匠都是使用的这种模式。

7. 流通业连锁零售模式

企业统一采购，通过总部各区域配送中心为各地分销商、加盟店、直营店进行物流配送。加盟店、直营店直接归总部管理，分公司或办事处只负责所在地渠道的开拓和管理，物流由总部配送中心完成，由分公司和客户进行结算。这种模式按业务类型区分渠道模式，保证渠道扩张质量，以专业配送替代混合物流，节约了采购和储运成本，但是只适合数量较少的加盟店和连锁店管理，到达一定级别后，配送中心的配送能力和总部的管理能力将面临重大挑战。江阴医药和重庆移动就选用该种模式。

8. 商流物流分离的办事处模式

商流、物流和资金流完全分离，按照产品特性的不同，分别成立销售公司，每个销售公司均在当地设立区域销售公司完成商流，外管部同时在当地设立一个办事处负责物流。与客户的结算由总部的结算中心统一完成。这样严格的监控体系、高度的专业分工、统一的业务流程，可以降低非法侵占、挪用货款的风险，提高库存周转率，降低库存资金占压，减少无效运输，降低物流管理成本。我国中成药制药龙头企业太极集团就采用了此种模式。

根据分析，在这八种模式当中，商流物流分离模式将成为未来渠道发展的趋势，但同时也存在着一定的缺陷：同一地域需要设立多重机构，直接管理费用增高；业务流程变长，一旦机构之间协同不力，或者没有有力的信息化系统支持造成机构间歇等困难，则会严重影响交货及时性，进而危及整个通路的稳定性。所以，专家建议，要设立分销渠道的企业可以根据自身的特点和实际情况选择更为适合、有效的模式，在此基础上根据企业的发展再进行调整、优化。

第五节　产品实体分配策略

市场营销不仅要发掘、刺激消费者或用户的需求和欲望，而且还要适时、适地、适量地提供产品给消费者或用户，以满足他们的需求。为此，要进行仓储和运输，即物流管理。制定正确的物流策略，对于降低成本、增强竞争力、提供优质服务、促进和便利顾客购买、提高效益，均具有重要意义。

一、实体分配的职能

实体分配指对原料和最终产品从原点向使用点转移，以满足顾客需要，并从中获利的实物流通的计划、实施和控制。也称为实体流或物流，即产品通过从生产者手中运到消费者手中的空间移动，在需要的地点，需要的时间里，达到消费者手中。实体分配职能，又称为物资转移的职能，是指为了满足顾客的需求，将产品从产地运到消费地期间，从生产期保管到消费时期的运输、保管及其相关的一系列经济活动。实体分配的任务必须解决好如何处理订货单、商品储存地点应该设在何处、手头应该有多少储备商品、如何运送商品，实体分配的目标就是妥善处理这四个问题。

1. 订单处理

实体分配开始于顾客的订货。订货部门备有各种多联单，分发给各部门。

仓库中缺货的商品品目以后补交，发运的商品要附上发运和开单凭证并将单据副本送至各部门。物流系统最初阶段的订单处理就是接受和发送销售及订货信息。订单处理一系列活动看似简单，容易被忽视，然而高效率的订单处理却能使产品顺利流通，并增加再订货订单和利益。

一般来说，订单处理包括订货的受理、订购品的出货和订购品的配送三项业务。这些业务的开展涉及企业的许多相关部门，所以需要各部门予以高度重视，积极协作，迅速作出反应。当企业订单受理部门接到顾客订单后，一旦受理其订单，就要将其订货信息传达给仓库，由仓库确认是否有其产品。接下来就由订单受理部门检验和确认价格及其交易条件、顾客的信用度。如果订购品没有库存，就必须将制造指令书传送工厂或征求顾客意见，是否可用代替品取而代之。

订单处理可以反映一个企业对市场信息的反应能力和企业的管理效率。

2. 仓储

仓库数目多，就意味着能够较快将货品送达顾客处，但是，仓储成本也将增加，因此数目必须在顾客服务水平和分销成本之间取得平衡。可选择的仓库包括：私人仓库、公共仓库、储备仓库、中转仓库、旧式的多层建筑仓库，新式的单层的自动化仓库。

3. 存货控制

存货水平代表了另一个影响顾客满意程度的实体分配决策。存货决策的制定包括何时进货和进多少货，其主要指标是最佳订货量。最佳订货量可以通过观察在不同的可能订货水平上订货处理成本与存货维持成本之和的情况来决定。

（1）存货管理。存货控制是实施运用科学程序，经常性地检查存货水平，并与有关存货参数进行对照，确定何时订货以及订多少货的工作过程。存货控制的责任是要测定特定地点现有存货的单位数和跟踪基本存货数量的增减。这种测量和跟踪可以手工完成，也可以通过计算机技术完成。其主要的区别是速度、精确性和成本。存货管理方法和特点参见表8—13和图8—11。

表8—13　存货管理

存货管理方法	特　点
现代化库存管理系统	现场库存、出货电子计数器直接与中央计算机系统相连接，即时掌握库存和销售额等情况，并作出补充货物或下达生产指令等相应的反应

存货管理方法	特　　点
将 Just in Time 用于库存管理	保持必要的、最低限度的库存，这样可以避免浪费，大幅度减少库存费用
运用 80/20 法则	经营品种的 20% 占了销售额的 80%。因此，在库存管理上必须差别对待，即周转率高的 20% 的品种要保持充足的库存，以免发生缺货现象，但对周转缓慢的品种，其库存量应控制在最小限度

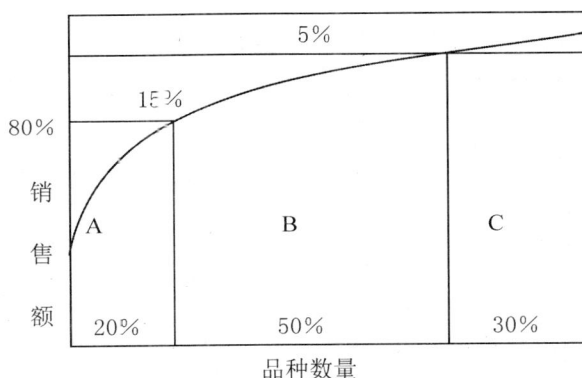

图 8—11　产品 80/20 分析

（2）订货点的决定。这是存货管理者要做的两个重要决定之一。所谓订货点，就是指重新开始订货时的库存水平，即库存达到何种水平时开始订货。决定订货时库存水平因素有三：一是从订货到产品入库所需天数；二是每天平均销量；三是防止断货的最低保有量。

订货点的计算公式为：

$Q = dt + q$

Q：订货点库存量

d：每天平均销量

t：从订货到入库的时间

q：最低保有量

（3）最佳订货量（或经济订货量）的决定。这是存货管理者的另一重要决定。所谓最佳订货量，是指库存订货总费用最小的订货量。最佳订货量可以用下式求得：

最佳订货量（EOQ）＝$\sqrt{(2RU/I)}$

R：年采购额

U：每次订货费用

I：库存费用率（计划年度库存费/平均库存额）

例如，某产品年采购额为 1000000 元，每次订货费 1800 元，库存费用率为 9％，请问最佳订货量是多少？

EOQ＝200000 元

最佳订货次数＝1000000 元÷200000 元＝5（次）

订货费＝1800 元×5＝9000 元

库存费＝（平均库存）×0.09＝9000 元

最佳订货模型参见图 8－12。

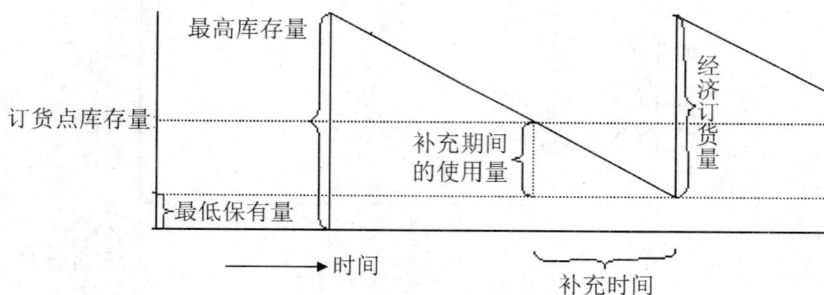

图 8－12　最佳订货量模型

4. 物流运输

公司可以选择的运输方式包括：铁路、公路、水路、管道、航空运输、集装箱联运。在为某一项特定产品选择运输方式时，托运人应该考虑这样一些标准，如速度、次数、安全、容量、有效性和费用。如果托运人追求速度，空运和卡车就是主要的竞争对手；如果以费用低为目标，那么水路运输和管道运输就成为最重要的选择对象。卡车在大多数标准上都是名列前茅的，这正说明了它在运输量中的比重日益上升。

二、实体分配的策略

在设计实体分配系统时，常常要在几种不同的战略中进行选择，一般来讲，可供选择的战略主要有以下三种：

1. 单一工厂，单一市场

这些单一工厂通常设在所服务的市场的中央，这样可以节省运费，但是，设在离市场较远的地方，也可能获得低廉的工地、劳动力、能源和原料成本。企业在两个设厂地点进行选择时，不仅应审慎地估计目前各战略的成本，更须考虑到未来各战略的成本。

2. 单一工厂，多个市场

（1）直接运送产品至顾客。直接运送产品至顾客必须考虑：该产品的特性（如单位、易腐性和季节性）；所需运费与成本；顾客订货多少与重量；地理位置与方向。

（2）大批整车运送到靠近市场的仓库。与直运相比，将成品大批运送到靠近市场的仓库，再从那里根据每一订单运送给顾客的方式，要比直运费用少。一般来说，增加新地区仓储所节约的运费与所能增加的顾客惠顾利益如大于建立仓储所增加的成本，那么就应在这一地区增设仓储。如果考虑用仓库，应租赁还是自建？租赁的弹性较大，风险较小，在多数情况下比较有利，只有在市场规模很大而且市场需求稳定时，自建仓库才有意义。

（3）将零件运到靠近市场的装配厂。建立装配分厂的最大好处是运费较低。有利于增加销售额；不利之处是要增加资金成本和固定的维持费用。建厂必须考虑该地区未来销售量是否稳定，以及数量是否会多到足以保证扣除这些固定成本后仍有利可图。

（4）建立地区性制造厂。在诸多因素中，最重要的是该行业必须具有大规模生产的经济性，在需要大量投资的行业中，工厂规模必须较大才能得到经济的生产成本。

3. 多个工厂，多个市场

企业有两种选择目标：一是短期最佳化，即在既定的工厂和仓库位置上制定一系列由工厂到仓库的运输方案，使运输成本最低；二是长期最佳化，即决定设备的数量与区位，使总分配成本最低。短期最佳化的有效工具是线性规划技术；而长期最佳化的有效工具是系统模拟技术。

案例 8－2

麦德龙自运配销

德国麦德龙是世界上仅次于美国沃尔玛的国际商业联销集团，1995 年 7 月与上海锦江（集团）有限公司共同斥资 5500 万美元，建立了上海锦江麦德龙的购物中心有限公司，并于第二年 10 月底在上海普陀区开了亚洲地区第一家大型仓储式会员制商场。据设在上海的麦德龙集团中国总部透露，随着中国"入世"在即，麦德龙也将加快在中国发展的步伐，继在榕城开出福州分店之后，又将在上海浦东新区开出其在中国的第 8 家分店（这也是该集团在上海开出的第 4 家连锁店）。预计 2001 年麦德龙在中国开设的分店将会达到 20 家，遍布杭州、济南、青岛、大连、沈阳、天津、西安、南昌、武汉、重庆、成都等大城市。

麦德龙以其雄厚的资本实力和良好的品牌优势抢滩上海，麦德龙不仅给国内商业带来了先进的管理技术、经营理念和浓郁的竞争氛围，而且以商品多、价格低、环境好而受到顾客欢迎。

麦德龙的现购自运配销制是全世界最成功的。它向供应商提供订货单，供应商直接送货，顾客进商场购物，现金结算。这种配销制的主要特征就是进销价位较低，现金结算，勤进快出，顾客自备运输工具；在供应商、麦德龙、零售商或顾客之间，构建了一种提货都要现金支付的关系，使商品在三者之间能以最低的成本和最短的资金占用时间完成流通，从而减少经营风险。难怪业内人士将这位超市巨头比喻为企业的"利润之源"。

麦德龙集团采用世界统一的经营模式，从众多的消费对象中确定了自己特定的消费群体，顾客对象主要有：专业客户（如中小型企业、餐厅、酒店、娱乐场所）和公共机构（如学校、机关、医院、团体），直接为企事业单位、中小零售商、宾馆等法人团体服务，间接为普通消费者服务，顾客一律凭"会员证"入场。这种市场定位，与中国极大多数的商业企业相比，是一种差异化的市场定位，因为它不在一个消费层面上与中国的商业争夺同一个消费群，由此为自己赢得了市场发展的空间。正是在这种准确的市场定位的基础上，用会员制把目标顾客锁定，从而进行长期、稳定、深入的交易，取得了惊人的成功。

自从在中国设分店以来，麦德龙每家分店达到了日均销售额 200 多万元的良好业绩。而他们特定的货仓式超市形式，也迎合了供需双方的需要。

麦德龙的主要顾客是那些小型的零售商，并为缺乏经营经验的私人小企业提供专业性的服务。你如果想开一家小超市或杂货店，麦德龙会提供你目前市场上最畅销的商品并帮助你配货，让你用最少的现金配最齐全的货物；如果你想开一家小型装修队，他们会为你配齐所需要的电动工具和手动工具，提供相应装修材料的商品建议清单；若想开一家小饭店，则有餐具套餐、酒水套具等供选择。

据有关资料统计，上海商业系统从业人员在 100 人以下的企业占 97%，资金在 100 万以下的企业占 92.5%。可见，麦德龙所选择的目标市场是很有潜力的，这也是麦德龙在中国成功的经验所在。

资料来源：北京大学《市场营销学 60 例》案例精选，http://www.docin.com/p-117412381.html。

复习思考题：

1. 分销渠道的主要职能有哪些？

2. 影响分销渠道设计的因素有哪些？

3. 批发商与零售商、经销商与代理商有何异同？

4. 怎样有效地进行渠道设计？

5. 企业如何进行确定过货点和进货量？

6. 你以为，如何进行企业的分销渠道管理？

第九章　促销策略

教学目的

　　通过本章学习使学生认识到促进销售任务、实质、基本原理和重要性，了解促销推拉策略的主要内容和运作程序，掌握人员推销策略和技巧，熟练掌握营业推广、广告和公共关系的作用和策略，善于运用促进销售的组合策略。

第一节　促销概述

　　在现代市场营销环境中，企业不仅需要开发适销对路的产品，塑造良好的企业形象，制定吸引潜在消费者的合理价格，构建畅通的分销渠道，还要通过各种方式和目标市场之间双向传递企业、产品的相关信息，进行必要的促销活动。企业的营销力特别体现为企业的促销能力。

一、促销的概念

　　成功的市场营销活动，不仅需要制定适当的价格、选择合适的分销渠道向市场提供令消费者满意的产品，而且需要采取适当的方式进行促销。

　　1. 促销的含义

　　促销是促进产品销售的简称，是企业通过各种方式和目标市场之间双向传递商品或服务的存在及其性能、特征等信息，以启发、推动和创造对企业产品的需求，激发消费者购买欲望和购买行为的综合性活动。促销本质上是一种通知、说服和沟通活动。促销的含义有广义和狭义之分。

　　（1）广义的促销。是指企业应用各种信息沟通方式与手段，向消费者传递企业及其产品或服务的信息，通过信息沟通，使消费者对企业及其产品或服务产生兴趣、建立好感与信任，从而做出购买决策，产生购买行为的活动。广义的促销与产品策略、价格策略、渠道策略并称为4Ps策略。广义促销有以下三层含义：

1）促销的核心是沟通信息。

2）促销的目的是引发、刺激消费者产生购买行为。

3）促销的方式有人员促销和非人员促销两大类。

（2）狭义的促销。为了与广义促销相区别，常常翻译成销售促进或营业推广。美国市场营销学会给促销下的定义是：促销是人员推销、广告和公共关系之外的，用以增进消费者购买和交易效益的那些促销活动，如抽奖、展示会等非周期性发生的销售努力。菲利普·科特勒认为：促销是刺激消费者或中间商迅速或大量购买某一特定产品的促销手段，包含了各种短期的促销工具，是构成促销组合的一个重要因素。

2. 促销的作用

消费者购买行为的产生，需要是"内因"，促销只是"外因"，外因通过内因发挥作用，起催化、加速、促成、激励购买的作用。其作用可概括成下列四个方面：

（1）传递供给信息，指导顾客消费。企业把进入市场或即将进入市场的产品或服务的有关信息传递给目标市场的购买者，引起他们的注意，使他们明确何时、何地、以何价格水平，能够买到多大数量、多高质量，何种规格型号、什么特色、哪一品牌、能解决消费者什么问题的产品，从而使在市场上潜在买主成为现实顾客。

（2）突出产品特点，激发消费需求。促销突出本企业产品不同于竞争对手产品的特点，以及它给消费者或用户带来的特殊利益，这就有助于加深顾客和公众对本企业产品的了解，建立起本企业产品的形象。有效的促销活动通过介绍产品（尤其是新产品）的性能、用途、特征等，能够诱导和激发需求，在一定条件下还可以创造需求。

（3）强调心理促销，激励购买行为。企业常常以"攻势强大"、"软硬兼施"、体现"攻心为上"、"先予后取"等心理战略、战术，使目标市场上的消费者心动，"心动"是购买的基础，只有"心动"才可能有购买的"行动"，无论哪一种促销方式，从本质上来说，无不是一种打动人心、催人购买的活动。

（4）树立企业形象，赢得顾客信任。促销活动有时并不以立即产生购买行为为目的，它可能是"曲线救国"，也就是企图通过促销活动树立企业及其产品在市场上的良好形象，给消费者留下深刻的印象，形成消费者根深蒂固的特殊偏好，与企业结下深厚的情谊，一旦产生购买欲望与需求时，就会马上联想到企业的产品。此时，这是企业促销追求的远期效益。

3. 促销的目标

促销目标可以是短期的，也可以是长期的。短期促销目标是指在一年或更短的时间内实现的目标，而长期目标需要花更长时间来实现。短期促销目标是对行动的召唤，可以从购买者那里得到立即的反应。每一种促销手段都会在客户心中产生一种特定的反应，但并不是所有的促销手段都可以创造销售。一般来说，可以通过促销实现下列目标：

（1）销售产品或服务，告诉客户有关你的产品或服务的信息。

（2）寻找潜在的客户，使他们对你的产品或服务感兴趣。

（3）强化销售，提高销售量或销售额。

（4）打入某一特定的细分市场或区域市场。

（5）宣告新产品或新产品组合，增加特殊产品或服务的销售。

（6）使客户对公司产生意识或认知，提升知名度。

二、促销步骤

促销是企业借助科学的、创新的营销理念，对目标市场进行理性的分析，追求把企业及产品的有关信息传递给目标受众，以达到最佳的促销效果的活动过程。企业促销要有步骤、有计划、有阶段地进行，具体来讲，其流程大体上可分为六大步骤（参见图9-1）。

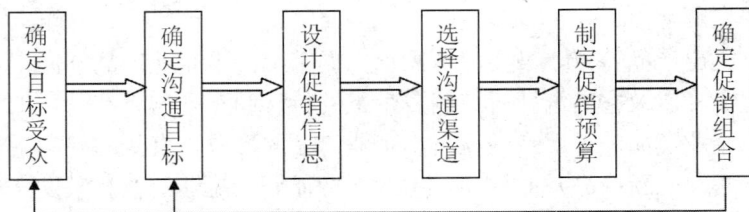

确定目标受众 → 确定沟通目标 → 设计促销信息 → 选择沟通渠道 → 制定促销预算 → 确定促销组合

图9-1　促销流程的步骤

1. 确定目标受众

企业在促销开始时就要明确目标受众是谁，是潜在购买者还是正在使用者，是老人还是儿童，是男性还是女性，是高收入者还是低收入者。确定目标受众是促销的基础，它决定了企业传播信息应该说什么（信息内容），怎么说（信息结构和形式），什么时间说（信息发布时间），通过什么说（传播媒体）和由谁说（信息来源），使促销活动有的放矢。

2. 确定沟通目标

确定沟通目标就是确定沟通所希望得到的反应。沟通者应明确目标受众处于购买过程的哪个阶段，并将促使消费者进入下一个阶段作为沟通的目标。消费者的购买过程一般包括六个阶段：

（1）知晓。当目标受众还不了解产品时，促销的首要任务是引起注意并使其知晓。这时沟通的简单方法是反复重复企业或产品的名称。

（2）认识。当目标受众对企业和产品已经知晓但所知不多时，企业应将建立目标受众对企业或产品的清晰认识作为沟通目标。

（3）喜欢。当目标受众对企业或产品的感觉不深刻或印象不佳时，促销的目标是着重宣传企业或产品的特色和优势，使之产生好感。

（4）偏好。当目标受众已喜欢企业或产品，但没有特殊的偏好时，促销的目标是建立受众对本企业或产品的偏好，这是形成顾客忠诚的前提。这需要特别宣传企业或产品较其他同类企业或产品的优越性。

（5）确信。如果目标受众对企业或产品已经形成偏好，但还没有发展到购买它的信念，这时促销的目标就是促使他们作出或强化购买决策，并确信这种决策是最佳决策。

（6）购买。如果目标受众已决定购买但还没有购买时，促销的目标是促进购买行为的实现。

3. 设计促销信息

设计促销信息，需要解决四个问题：信息内容、信息结构、信息形式和信息来源。

（1）信息内容。信息内容是信息所要表达的主题，也被称为诉求。其目的是促使受众作出有利于企业的良好反应。一般有三种诉求方式：

1）理性诉求。针对受众的兴趣指出产品能够产生的功能效用及给购买者带来的利益。如洗衣粉宣传去污力强，空调宣传制冷效果好，冰箱突出保鲜等。一般工业品购买者对理性诉求的反应最为敏感，消费者特别在购买高价物品时也容易对质量、价格、性能等诉求作出反应。

2）情感诉求。通过使受众产生正面或反面的情感，来激励其购买行为的一种诉求方式。如使用幽默、喜爱、欢乐等促进购买和消费，也可使用恐惧、羞耻等促使人们去做应该做的事（如刷牙、健康检查等）或停止做不该做的事（如吸烟、酗酒）等。

3）道德诉求。诉求于人们心目中的道德规范，促使人们分清是非，弃恶从善，如遵守交通规则，保护环境，尊老爱幼等。这种诉求方式特别用在企业的形象宣传中。

（2）信息结构。信息结构也就是信息的逻辑安排，主要解决三个问题：一是是否作出结论，即提出明确结论还是由受众自己作出结论；二是单面论证还是双面论证，即只宣传商品的优点还是既说优点也说不足；三是表达顺序，即沟通信息中把重要的论点放在开头还是结尾。

（3）信息形式。信息形式的选择对信息的传播效果具有至关重要的作用。如在印刷广告中，传播者必须决定标题、文案、插图和色彩，以及信息的版面位置；通过广播媒体传达的信息，传播者要充分考虑音质、音色和语调；通过电视媒体传达的信息，传播者除要考虑广播媒体的因素外，还必须考虑仪表、服装、手势、发型等体语因素；若信息经过产品及包装传达，则特别要注意包装的质地、气味、色彩和大小等因素。

（4）信息来源。由谁来传播信息对信息的传播效果具有重要影响。如果信息传播者本身是接受者信赖甚至崇拜的对象，受众就容易对信息产生注意和信赖。比如玩具公司请儿童教育专家推荐玩具，牙膏企业请牙科医生推荐品牌，都是比较好的选择。

4. 选择沟通渠道

促销的信息沟通渠道通常分为两类：人员沟通与非人员沟通。

（1）人员沟通渠道。人员沟通渠道是指涉及两个或更多的人相互间的直接沟通。人员沟通可以是当面交流，也可以通过电话、信件甚至 QQ 网络聊天等方式进行。这是一种双向沟通，能立即得到对方的反馈，并能够与沟通对象进行情感渗透，因此效率较高。在产品昂贵、风险较大或不常购买及产品具有显著的社会地位标志时，人员的影响尤为重要。

人员沟通渠道可进一步分为倡导者渠道、专家渠道和社会渠道。倡导者渠道由企业的销售人员在目标市场上寻找顾客；专家渠道通过有一定专业知识和技能的人员的意见和行为影响目标顾客；社会渠道通过邻居、同事、朋友等影响目标顾客，从而形成一种口碑。在广告竞争日益激烈、广告的促销效果呈下降趋势的情况下，口碑营销成为企业越来越重视的一种促销方式。

（2）非人员沟通渠道。非人员沟通渠道指不经人员接触和交流而进行的一种信息沟通方式，是一种单向沟通方式，包括大众传播媒体、气氛和事件等。大众传播媒体面对广大的受众，传播范围广；气氛指设计良好的环境因素制造氛围，如商品陈列、POP 广告、营业场所的布置等，促使消费者产生购买欲望并导致购买行动；事件指为了吸引受众注意而制造或利用的具有一定新闻价值的活动，如新闻发布会、展销会等。

5. 制定促销预算

预算是企业面临的最难作的营销决策之一。行业之间、企业之间的促销预算差别相当大。在化妆品行业，促销费用可能达到销售额的 20%～30%，甚至 30%～50%，而在机械制造行业中仅为 10%～20%。不同的行业有不同的促销预算水平，不同的企业也有不同的促销预算方法。

（1）量力支出法。这是一种量力而行的预算方法，即企业以本身的支付能力为基础确定促销活动的费用。这种方法简单易行，但忽略了促销与销售量的因果关系，而且企业每年财力不一，从而促销预算也经常波动。

（2）销售额百分比法。这是依照销售额的一定百分比来制定促销费用的预算方法。其公式为：促销预算＝销售额×百分比。如企业今年实现销售额 100 万元，如果将今年销售额的 10% 作为明年的促销费用，则明年的促销费用就为 10 万元。

（3）竞争对等法。竞争对等法主要根据竞争者的促销费用来确定企业自身的促销预算。

（4）目标任务法。企业首先确定促销目标，然后确定达到目标所要完成的任务，最后估算完成这些任务所需的费用，这种预算方法即为目标任务法。

6. 确定促销组合

现代市场营销学认为，促销的具体方式包括人员推销、广告、公共关系、营业推广和整合营销等。企业把各种促销形式有机结合起来，综合运用，形成一种组合策略或技巧，即为促销组合。

企业在确定了促销总费用后，面临的重要问题就是如何将促销费用合理地分配于各种促销方式的促销活动。促销方式各有优势和不足，既可以相互替代，又可以相互促进，相互补充。所以，许多企业都综合运用各种促销方式达到既定目标。这使企业的促销活动更具有生动性和艺术性，当然也增加了企业设计营销组合的难度。

三、促销策略

促销策略是市场营销组合的基本策略之一。促销策略是指企业如何通过人员推销、广告、公共关系和营业推广等各种促销方式，向消费者或用户传递产品信息，引起他们的注意和兴趣，激发他们的购买欲望和购买行为，以达到扩大销售的目的。促销策略一般有以下三种选择。

1. 推式策略

推式策略是指利用推销人员与中间商促销，将产品推进到目标市场的策略。这一策略需利用大量的推销人员推销产品，它适用于生产者和中间商对产品前景看法一致的产品。推式策略风险小、推销周期短、资金回收快，但其前提条件是须有中间商的共识和配合（参见图 9—2）。

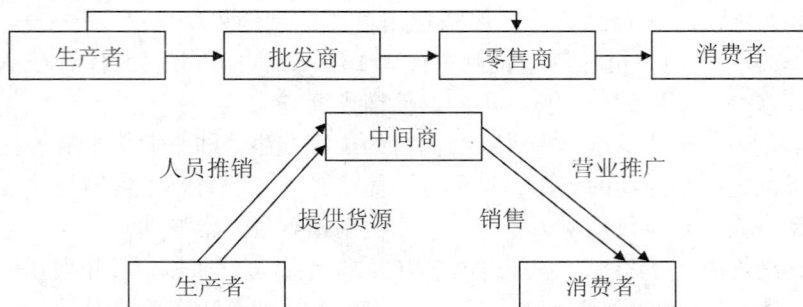

图 9—2　推式策略

推式策略常用方式有：派出推销人员上门推销产品，提供各种售前、售中、售后服务促销等。

2. 拉式策略

拉式策略是企业针对最终消费者展开广告攻势，把产品信息介绍给目标市场的消费者，使人产生强烈的购买欲望，形成急切的市场需求，然后"拉引"中间商纷纷要求经销这种产品（参见图 9—3）。

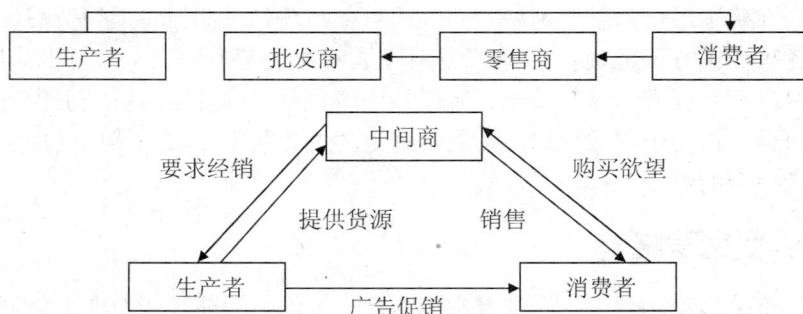

图 9—3　拉式策略

在市场营销过程中，由于中间商与生产者对某些新产品的市场前景常有不同的看法，因此，很多新产品上市时，中间商往往因过高估计市场风险而不愿经销。在这种情况下，生产者只能先向消费者直接推销，然后拉引中间商经销。拉式策略常用的方式有：价格促销、广告、展览促销、代销、试销等。

3. 推拉结合策略

在通常情况下，企业也可以把上述两种策略配合起来运用，在向中间商进行大力促销的同时，通过广告刺激市场需求。其程序如图 9—4 所示。

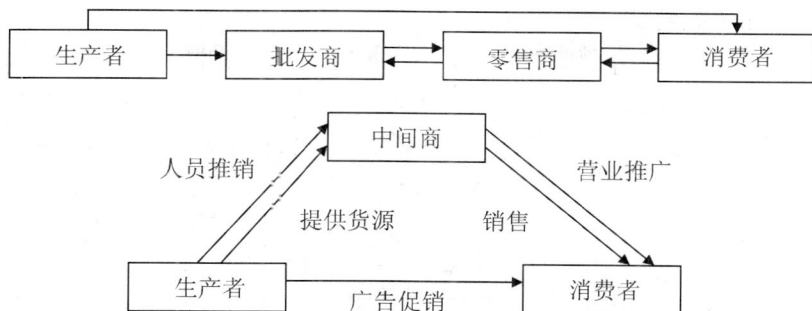

图 9—4　推拉结合策略

　　在"推式"促销的同时进行"拉式"促销，用双向的促销努力把商品推向市场，这比单独地利用推式策略或拉式策略更为有效。

四、影响促销策略的因素

　　由于不同的促销手段具有不同的特点，企业要想制定出最佳组合策略，就必须对促销组合进行选择。企业在选择最佳促销组合时，应考虑以下因素。

1. 产品类型

　　产品类型不同，购买差异就很大，不同类型的产品应采用不同的促销策略。社会产品根据最终用途的不同划分为生产资料和消费资料两大类。一般来说，生产资料主要依靠人员推销，然后是公共关系、营业推广和广告；消费资料主要依靠广告，然后是营业推广、公共关系和人员推销（参见图 9—5）。

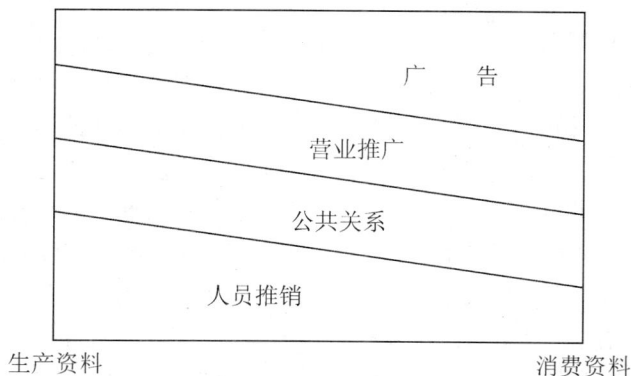

图 9—5　不同产品类型各种促销方式的相对重要性

257

2. 产品生命周期

处在生命周期不同阶段的产品，有不同的市场需求和目标群体，因此，不同产品类型、不同生命周期阶段，促销的重点目标不同，所以采用的促销方式也有所区别（见表9－1）。在导入期和成熟期，促销活动十分重要，而在衰退期则可降低促销费用支出，缩小促销规模，以保证足够的利润收入。

表 9－1　产品生命周期与促销方式

产品生命周期	促销的主要目的	促销的主要方法
导入期	使消费者认识商品，使中间商愿意经营	广告介绍，对中间商用人员推销
成长期成熟期	使消费者感兴趣，扩大市场占有率，使消费者成为"偏爱"	扩大广告宣传，搞好营业推销和广告宣传
衰退期	保持市场占有率，保持老顾客和用户推陈出新	适当的销售促进，辅之广告，减价

3. 市场状况

市场需求情况不同，企业应采取的促销组合也不同。一般来说，市场范围小，潜在顾客较少以及产品专用程度较高的市场，应以人员推销为主；而对于无差异市场，因其用户分散、范围广，则应以广告宣传为主。

4. 最佳促销组合模型

通过上述分析可以看出，企业要想收到理想的促销效果，必须根据目标市场合理安排促销组合，也就是对四种促销工具进行有机地配合、运用，以取得最好的促销效果。西方市场营销学者提出了各种促销组合模型，如期摩博恩模型、布恩—布尔茨模型、麦卡锡模型、科特勒模型等。在此，我们介绍一种新式的促销组合模型：阿布莱特—韦斯惠曾模型（见图9－6）。

此模型是南非共和国的两位学者罗素·阿布莱特和布莱恩·韦斯惠曾在1987年提出的。他们在约翰内斯堡等城市选择了具有代表性的25家大公司作为战略业务单位，并将其划分为五个部门：快速流转消费品部门（如食品及其连带产品）、耐用消费品部门（如家具、电器、汽车）、服务部门（如银行、出租汽车公司）、产业用品部门（如原材料、零部件等）、资本品部门（如重型机械设备），然后对他们的促销组合及促销费用支出情况进行了调查，得出企业应采用的最佳促销组合模型。

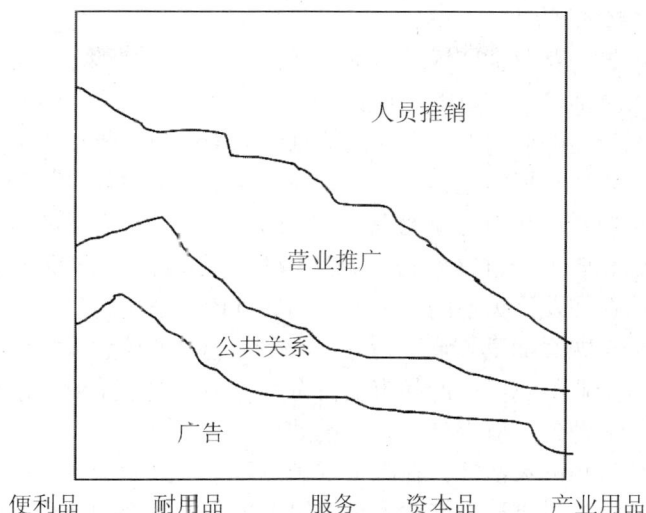

图 9—6 新式促销组合的最佳模型

第二节 人员推销策略

人员推销是企业营销体系中不可分割的一部分，市场竞争需要大量的能够有效地寻找顾客、接近顾客、理解顾客、说服顾客，并赢得顾客的专业营销人员。人员推销对于整个社会以及厂商都起着重要的作用，企业也常常通过人员推销进行促进销售工作以开拓市场。

一、人员推销及其特点

人员推销是一种古老而有效的推销方式，也是一种非常有效的推销方式。

1. 人员推销及要素

根据美国市场营销协会的定义，人员推销是指企业通过派出销售人员与一个或一个以上的潜在消费者交谈，作口头陈述，以推销商品，促进和扩大销售的活动。推销主体、推销客体和推销对象构成推销活动的三个基本要素。人员推销就是企业派出专职或兼职的推销人员，运用各种推销手段，说服推销对象接受推销客体的过程。

2. 人员推销的特点

相对于广告、营业推广等其他促销形式，人员推销具有无法比拟的优势。归纳起来，人员推销具有以下特点：

（1）信息传递的双向性。双向的信息沟通交流是人员推销区别于其他促销手段的重要标志。在推销过程中，一方面，推销人员注重人际关系，与推销对象（顾客）直接对话，面对面地观察对方的态度，了解对方的需求，并及时采用适当的措施和语言来排除顾虑、解答疑问，尽可能多方面地为顾客提供服务，在建立信任和友谊关系的基础上达到促进产品销售的目的。另一方面，推销人员必须把从顾客那里了解到的有关产品和企业的信息（如顾客对产品的意见、要求；对企业的态度；产品市场占有率等）反馈给企业，以便更好地满足顾客需求，扩大销售，取得良好的营销效果。

（2）推销过程的灵活性。在人员推销过程中，买卖双方直接联系、现场洽谈、互动灵活、反应迅速。推销人员可以根据各类顾客的态度、反映和特殊需求，从顾客感兴趣的角度设计有针对性的推销策略，激发顾客的购买欲望，抓住有利时机促成购买。同时应注意，即使未能达成交易，推销人员也必须与顾客之间保持和建立起良好的人际关系。

（3）推销功能的双重性。在人员推销活动中，推销人员一方面要推介企业、推销产品，另一方面要满足顾客需要，建立同顾客的情感友谊和良好关系，以利于开展"关系营销"。人员推销的双重功能是相辅相成、相互联系的。

（4）满足需求的多样性。人员推销满足顾客的需求是多种多样的。通过推销人员有针对性的宣传、介绍，满足顾客对商品信息的需求；通过直接销售方式，满足顾客方便购买的需求；通过为顾客提供售前、售中、售后服务，满足顾客在技术服务方面的需求；通过推销人员礼貌、真诚、热情的服务，满足顾客消费心理上的需求；最重要的还是通过产品的使用效能来满足顾客对商品使用价值的需求。

（5）促成购买的针对性。人员推销往往带有一定的倾向性拜访顾客，目标明确，可以有针对性地对未来顾客作一番研究，拟定具体的推销方案、策略、技巧等，以提高推销成功率。广告等其他促销方式则难以达到这样的目的。

尽管人员推销有上述优点，但并不意味着在所有的场合都适用这一方式。市场密集度高，买主较为集中（如有些生产资料市场），人员销售可扮演重要角色；反之，在市场范围广泛，买主较为分散的状态下，人员推销成本费用较高，则不宜采用。此外，由于人员销售可以提供较详细的资料，还可以配合顾客需求情况，提供其他服务，所以它最适于推销那些技术性较强的产品或新产品；而一般标准化产品则不必利用人员销售，以免增加不必要的支出。

二、企业的人员推销决策

人是企业的重要资源。企业要加强销售队伍建设，因为销售队伍是企业实现经营目标的实际承载者，一方面，高效的销售队伍可以把企业的形象有效地传递给客户，把企业中运作策略思想传递给客户，向客户展示企业的形象，可以帮助企业实现超越竞争对手的目标；另一方面，销售队伍最终要实现产品的销售并收回产品或服务的款项，同时还要确保顾客满意。总之，通过塑造良好口碑和影响力来促使客户持续地购买企业的产品或服务，这就是销售队伍的核心作用（参见图9—7）。企业进行人员推销，必须做好以下决策：

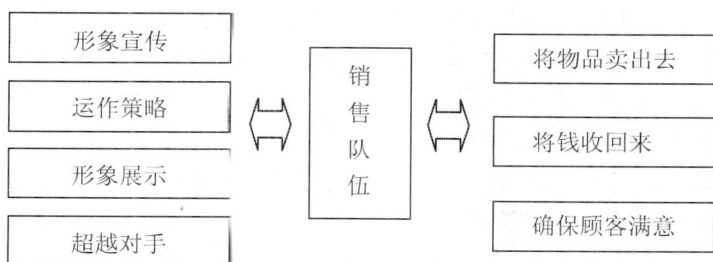

图9—7　销售队伍核心作用示意图

1. 确定推销目标

人员推销是有目的、目标的活动过程，不同的行业、不同企业的人员推销有不同的目标，但归纳起来，人员推销的目标主要包括以下六个：

（1）发现并培养新顾客。

（2）将企业有关产品和服务的信息传递给顾客。

（3）将产品推销给顾客，包括接近顾客，介绍产品，解答顾客的疑问以及达成交易。

（4）为顾客提供服务。

（5）进行市场调研，收集市场情报。

（6）分配货源，即当企业的某种产品短缺不能满足所有顾客的需要时，分析和评估各类顾客，然后向企业提出如何分配短缺产品和安排发货顺序的建议。

人员推销具体目标的确定，取决于企业面临的市场环境，以及产品生命周期的不同阶段。如某些企业规定销售人员须有80%的时间满足老顾客的需要，20%的时间去开发新顾客；或者用80%时间推销现有产品，而用20%的时间

261

推销新产品。

2. 选择推销方式

人员推销主要有以下方式：

（1）推销员对单个顾客。推销员当面或通过电话等形式向某个顾客推销产品。

（2）推销员对采购小组。一个推销员对一个采购小组介绍并推销产品。

（3）推销小组对采购小组。一个推销小组向一个采购小组推销产品。

（4）会议推销。由企业主管人员或推销人员举行洽谈会、研讨会、推介会、培训会等，集中向顾客介绍某种新产品、新技术或新的经营举措。通过实施促销措施，以促成交易。

（5）展销会推销。企业参加综合性或专业性的展销会，通过展台和人员推销结合的方式，向老客户介绍企业的最新成果，向新客户介绍企业的基本情况和特点，促进本企业的产品销售。

3. 确定推销组织结构

一般来说，可供选择的推销组织形式有以下四种：

（1）区域性结构。这是指每一个（组）推销员负责一定区域的推销业务。这适用于产品和市场都比较单纯的企业。主要优点是：第一，推销员责任明确，便于考核；第二，推销员活动地域稳定，便于与当地建立密切联系；第三，推销员活动范围小，节约差旅费用；第四，容易熟悉当地市场，便于制定有针对性的推销策略；第五，售后服务能做得比较到位。

（2）产品型结构。每个推销员（组）负责某种或某类产品的推销业务。其最大优点是能为顾客提供相对比较专业的服务。这种结构适用于产品技术性比较强、工艺复杂、营销技术要求比较高的企业。

（3）顾客型结构。企业按行业或顾客类型来组织销售队伍。根据不同类型的顾客配备不同的推销人员，其主要优点销售人员更加熟悉和了解自己顾客及其需求特点，能更深入地为顾客提供差异化的服务；其缺点是如果顾客分布广泛，就会增加企业的营销费用。

（4）复合式结构。企业销售区域广阔，顾客类型多样，可以采用复合式结构。即将上述两种或三种结构形式混合运用，有机结合。如按照"区域—产品"、"产品—顾客"、"区域—顾客"，甚至"区域—产品—顾客"的形式进行组合，配备推销员。其优点是能吸收上述三种形式的优点，从企业整体营销效益出发开展营销活动。这种形式比较适合那些顾客种类复杂、区域分散、产品也比较多样化的企业。

4. 建立推销队伍

（1）确定推销队伍的规模。推销人员的多少直接影响企业的销售业绩。一般而言，推销人员越多，企业的销售业绩越好，但营销成本费用也会越高，因此推销队伍的规模必须适当。西方企业一般采用工作负荷量法确定推销队伍的规模。假设某企业有 250 个客户，其中 A 类客户 80 个，B 类客户 90 个，C 类客户 80 个，若 A 类客户每年平均需要 36 次登门推销，B 类客户每年平均需要 20 次，C 类客户每年平均需要 10 次登门推销，则登门推销全年就需要 5480 次登门推销。若平均每个推销员每年能上门推销 500 次，那么该企业就需要 11 名推销员。

（2）选拔推销员。推销人员的积极性和素质决定着人员推销的投入产出效果，企业必须采用严格的标准精心选拔推销人员。一个合格的推销人员，必须具备强烈的事业心、丰富的专业技术知识、良好的个人气质、熟练的推销技术等条件。西方营销专家麦克墨里给超级推销员列出了五项特质："精力异常充沛，充满自信，经常渴望金钱，勤奋成性，并有把各种异议、阻力和障碍看做是挑战的心理状态。"企业在确定了推销人员的挑选标准之后就可着手招聘。企业招聘推销人员主要有两个途径：

1）内部选拔。内部选拔即企业从内部职工中挑选推销人员。采用这种形式，由于被选人员对企业的内部情况比较了解，因此可以减少培训时间和费用，迅速充实推销人员队伍。

2）外部招聘。外部招聘即企业面向社会公开招聘推销人员。企业外部招聘推销人员的过程中，就必须履行对应聘人员进行的手续。以便深入地了解应聘者的情况，为推销人员的选拔提供依据。

（3）培训推销人员。从社会公开招聘来的推销人员，必须经过一段时间的系统培训才能从事推销工作。企业原有的推销人员，也应每隔一段时间进行一次轮训，以便提高业务水平，适应企业发展与市场变化的需要。企业培训推销人员，可以采用短期集中培训、专项实习、岗位传授和委托代培等多种方式进行。推销人员培训的内容主要有：

1）企业资料。使推销人员了解企业历史、发展宗旨、经营目标、组织结构、规章制度等情况。

2）产品情况和技术知识。让推销人员掌握所要推销产品及产品组合的生产过程、技术特色、性能、用途、价格、包装、使用方法、维修等方面的知识，了解新技术应用和产品未来发展趋势等情况。

3）市场情况。向推销人员详细介绍市场行情、竞争程度、需求分布、国内外经济形势以及市场发展趋势等情况，以使推销人员增加开展推销工作的主动性和预见性。

4）消费者的购买行为。包括购买者特性、购买动机、需求习惯、消费层次等情况，以使推销人员把握推销时机，提高推销效率。

5）推销技术。向推销人员介绍如何发现顾客、接近顾客，如何克服心理障碍，如何面对顾客、进行洽谈、达成交易，如何与用户保持联系、建立巩固的战略伙伴关系等。

6）法律常识。有关国家的法律、法规和经济政策，相关的市场营销的条例、规定等。

（4）推销员的评价和激励。对推销员的合理评价决定了推销员的积极性。企业必须建立一套合理的评估指标体系，并随时注意收集有关的信息和资料。

合理的报酬制度是调动推销员积极性的关键。确定推销员的报酬应以推销绩效为主要依据，一般有以下三种形式：固定工资制、提成制、固定工资加提成制。由于推销工作的复杂性，固定工资加提成制是一种比较理想的选择。调动推销员的积极性除了对推销员的绩效的合理评价以及合理的报酬制度外，对推销员的激励也必不可少。一般企业对推销员的激励手段主要有晋职、晋级、表扬、奖励、培训机会等。

总之，推销人员不仅要熟悉商业知识、推销技巧和法律常识，要善于分析和抓住顾客心理，还应该成为技术行家。推销活动还要特别注意遵守商业道德和遵纪守法。

三、人员推销的策略和步骤

人员推销是一项专业性很强的工作，是一种互惠互利的推销活动，它必须同时满足买卖双方的不同需求，解决各自不同的问题，而不能只注意片面的产品推销。尽管买卖双方的交易目的大不相同，但总可以达成一些双方都可以接受的协议。人员推销不仅是卖的过程，而且是买的过程，即帮助顾客购买的过程。人员推销要讲求策略和技巧。

1. 人员推销的策略

人员推销具有很强的灵活性，需要运用大量的策略和技巧。在推销过程中，有经验的推销人员善于审时度势，并巧妙地运用推销策略，促成交易。人员推销的策略主要有以下三种：

（1）试探性策略。试探性策略即"刺激—反应"策略，是推销人员利用刺激性的方法引发顾客的购买行为。推销人员通过事先设计好的能够引起顾客兴趣，刺激顾客购买欲望的推销语言，投石问路地对顾客进行试探，观察其反应，然后采取相应的措施。因此，运用试探性策略的关键是要引起顾客的积极反应，激发顾客的购买欲望。

（2）针对性策略。针对性策略即"配方—成交"策略，是通过推销人员利用针对性较强的说服方法，促成顾客购买行为的发生。针对性的前提必须是推销人员事先已基本掌握了顾客的需求状况和消费心理，这样才能够有效地设计好推销措施和语言，做到言辞恳切，实事求是，有目的地宣传、展示和介绍商品，说服顾客购买。让顾客感到推销员的确是真正为自己服务，从而愉快地成交。因此，运用针对性策略的关键是促使顾客产生强烈的信任感。

（3）诱导性策略。诱导性策略即"诱发—满足"策略，是推销人员通过运用能激起顾客某种欲望的说服方法，唤起顾客的潜在需求，诱导顾客采取购买行为。运用诱导性策略的关键是推销人员要有较高的推销技巧和艺术，能够诱发顾客产生某方面的需求，然后抓住时机，向顾客介绍产品的功效，说明所推销的产品正好能满足顾客的需要，从而诱导顾客购买。

2. 人员推销的步骤

在众多人员推销理论中，应用较为广泛的是"程序化推销"理论。这种理论将推销过程分为七个不同的步骤（参见图9—8）：

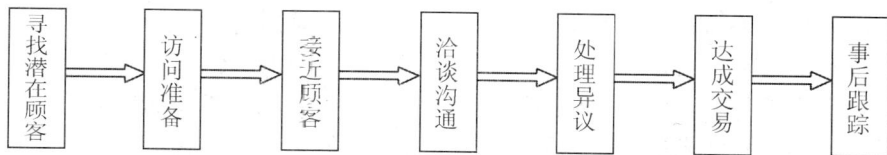

图9—8　程序化推销步骤

（1）寻找潜在顾客。潜在顾客是一个"MAN"，MAN 分别表示潜在顾客，也叫准顾客的三个要素。M 表示购买力（Money）、A 表示购买决策权（Authority），N 表示购买欲望（Need），所以，潜在顾客"MAN"就是具有购买需求、购买力和购买决策的人。寻找潜在顾客线索的方法主要有（参见图9—9）：

1）向现有顾客打听潜在顾客的信息。

2）培养其他能提供潜在顾客线索的来源，如供应商、经销商等。

3）加入潜在顾客所在的组织。

4）查找各种资料来源（工商企业名录、电话号码黄页等）。

5）用电话或邮件追踪线索，等等。

在这个阶段，识别需要产品并能够支付的顾客是非常重要的。所以，开发一个系统（筛选和调查）来识别潜在的顾客是一个销售经理工作的重要组成部分。

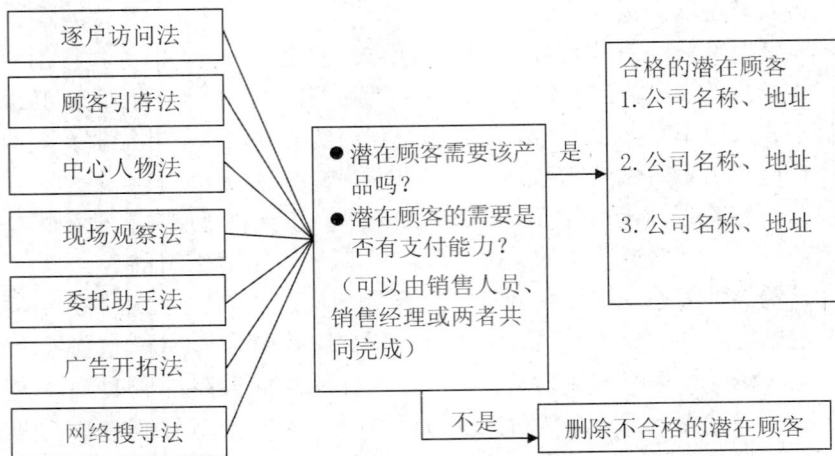

图 9—9　寻找顾客的方法

（2）访问准备。在拜访潜在顾客之前，推销员必须做好必要的准备。具体包括了解顾客基本信息、了解和熟悉顾客需求、了解竞争者及其产品、确定推销目标、制定推销的具体方案以及心理调适。不打无准备之仗，充分的准备是推销成功的必要前提。

（3）接近顾客。接近顾客是推销员征求顾客同意接见洽谈的过程。接近顾客能否成功是推销成功的先决条件。推销接近要达到三个目标：给潜在顾客一个良好的印象；验证在准备阶段所得到的信息；为推销洽谈打下基础。

在本阶段，研究顾客的相关情况，顾客的需求和公司最近存在的问题或取得成功的要素，当前的购买操作以及负责购买决策的人员的背景情况对接近潜在顾客的决策者以及提高销售人员的自信来说是必要的。接近阶段的七个基本方法可以进行思考并使用。

1）介绍式的接近。销售人员介绍自己以及他/她所代表的公司。这种方法使用的频率很高，但也是最弱的方式，它无法保证销售成功。

2）评估式的接近。评估式的接近是潜在的客户对产品的需求没能得到完全地量化时使用。销售人员询问信息或得到允许去调查公司的问题，作为一个顾问，销售人员为一个完整的介绍提供一个开场。

3）产品式的接近。把产品（或者模型或者宣传材料）展示给顾客。如果顾客对产品没有需求，销售人员将迅速被告知；当产品很独特并且一见面能够产生兴趣的时候，这种方法很有用。

4）顾客利益式的接近。销售人员选择可能被顾客接受的利益基于对公司

266

情况了解的基础上选择利益，并强调产品带来的利益。

5）参考式的接近。销售人员得到了过去/当前顾客的允许，使用他们的名字作为参考；满意顾客的简短信件可能使销售人员作为潜在客户的公司，并可能提供联络的方式。

6）顾问式的接近。销售人员这时不是卖方，而是作为一个专家和问题解决者，通过鼓励顾客谈论他/她在某一领域的困难并使用销售人员的产品知识来打开销售："告诉我你的维护系统，也许我可以帮助你进行一些改进。"

7）馈赠接近法。推销人员利用小赠品来引起顾客注意和兴趣，为随后的沟通奠定基础。

推销员接近顾客时，一定要信心十足，面带微笑。国外推销人员平时非常注意微笑训练，甚至有人发明了所谓"G字微笑练习法"，即每天早晨起床后对着镜子念英文字母 G，以训练笑脸，把微笑变成一件十分自然的事情。

（4）洽谈沟通。这是推销过程的中心。推销员向准客户介绍商品，不能仅限于让客户了解你的商品，最重要的是要激起客户的需求，产生购买的行为。养成"JEB"的商品说明习惯，能使推销事半功倍。"JEB"，简而言之，就是首先说明商品的事实状况（Just fact），然后将这些状况中具有的性质加以解释说明（Explanation），最后再阐述它的利益（Benefit）及带给客户的利益。熟练掌握商品推销的三段论法，能让推销变得非常有说服力。

在向顾客介绍商品时要注意运用"FFAB"推销法，即突出强调产品或解决方法的特点（Feature）；突出强调因特点而带来的功能（Function）；突出强调这些功能的优势（Acvantage）；突出强调这些优点带来的利益（Benefits）。推销人员应记住，顾客始终是因你所提供的产品和服务能给他们带来利益，而不是因对你的产品和服务本身感兴趣而购买。

（5）处理异议。异议就是顾客表示出的不同意见。真正的营销从处理异议开始。推销员应随时准备应付不同意见，有效地排除顾客异议是达成交易的必要条件。顾客异议表现在多方面，主要有需求异议、质量异议、价格异议等之分，还有异议与虚假异议之别：指顾客自以为推销品价格过高的一种异议。有经验的推销员面对顾客争议，既要采取不蔑视、不回避、注意倾听的态度，又要灵活运用有利于排除顾客异议的加减乘除各种技巧。

1）当客户提出异议时，要运用减法，求同存异。

2）当在客户面前做总结时，要运用加法，将客户未完全认可的内容附加进去。

3）当客户杀价时，要运用除法，强调留给客户的产品单位利润。

4）当营销人员自己做成本分析时，要用乘法，算算给自己留的余地有多大。

（6）达成交易。达成交易是推销过程的成果和目的。在推销过程中，推销员要注意观察潜在顾客的各种变化。当发现对方有购买的意思表示时，要及时抓住时机，促成交易。为了达成交易，推销员可提供一些优惠条件。

（7）事后跟踪。现代推销认为成交是推销过程的开始。推销员必须做好售后的跟踪工作，如安装、退换、维修、培训及顾客访问等。对于 VIP 客户，推销员特别要注意与之建立长期的合作关系，加强客户资源管理（CRM），实行关系营销。在许多情况下，推销人员不仅是企业的代表，同时也是顾客的代表，要维护顾客利益并管理好企业与顾客的关系。

第三节　广告策略

广告是促销组合中受到普遍重视和应用的促销方式，也是最为有效的促销手段。广告历史久远，凝聚着历史与创新的广告方式，在现代市场营销中占有越来越引人注目的地位，正如西方谚语所言："商品如果不做广告，就好像一个少女在黑暗中向你暗送秋波"。在现代企业营销活动中，广告发挥着极其重要的作用。

一、广告的一般概论和功能

广告在现代市场营销中占有重要的地位，已经成为企业促销活动的先导。广告一词源于拉丁文，原意是"我大喊大叫"。随着社会经济的发展，广告的内容与外延不断地丰富和延伸。

1. 广告的含义

广告是为了某种特定的需要，通过一定形式的媒体，公开而广泛地向公众传递信息的宣传手段。广告有广义与狭义之分。

（1）广义广告。广义广告包括非商业广告和商业广告。非商业广告指不以盈利为目的的广告，又称效应广告，如政府行政部门、社会事业单位乃至个人的各种公告、启事、声明等，主要目的是信息发布和推广。

（2）狭义广告。狭义广告仅指商业广告，也称为经济广告，是指以盈利为目的的广告，通常是广告主以付费的方式，通过一定的媒体有计划地向公众传递有关商品、劳务和其他信息，借以影响受众的态度，进而诱发或说服其采取购买行动的一种大众传播活动。狭义广告的特点是：

1）广告是一种非人际传播。

2）广告有明确的广告主、广告受众、广告媒体和广告信息四大要素。

3）广告是付费传播的。

4）广告是说服的艺术。广告把信息传播给消费者的同时，希望消费者能接受广告信息，并按照广告主的意愿去行动。

2. 广告的功能

在当代社会，广告既是一种重要的促销手段，又是一种重要的文化现象。广告对企业、对消费者和社会都具有重要作用。

（1）广告对企业的功能。

1）传递信息，诱导消费。传递信息是广告最基本的作用，广告可以帮助顾客了解商品的特点，诱导顾客的需求，影响他们的消费心理，刺激他们的购买行为，创造销售的机会。通过广告，可以有效地沟通企业与中间商及顾客三者之间的关系。

2）介绍商品，引导消费。在新产品层出不穷，消费者不易识别和难于选择的情况下，广告宣传能使新产品、新式样、新的消费意识迅速流行，并形成一种消费时尚。广告对商品的有效介绍，可以帮助消费者在众多的同类商品中比较和选择。优秀的广告是一种文化消费，可以引导消费走向文明。

3）降低成本，促进销售。从绝对成本的角度看，在各种促销方式中，广告的成本是最高的。但如果从相对成本的角度看，因为广告的大众化程度高，广告的成本又是比较低的。据统计，在发达国家，投入一元广告费，可收回20～30元的收益。比如可口可乐，每年的巨额广告费平均分摊到每一个顾客身上只有0.3美分，但如果用人员推销成本则需60美元。

4）塑造形象，促进销售。先声夺人的广告宣传和它潜移默化的作用，加深了顾客对企业和产品的记忆与好感。顾客在自觉与不自觉中常常参考广告来购买商品。广告可以在一定程度上展示企业的规模和知名度，在顾客心目中树立起良好的企业形象和品牌优势，以促进销售，巩固和扩大市场占有率。

（2）对顾客的功能。

1）指导消费。顾客获取商品信息的来源主要有四种，即商业来源、公共来源、人际来源和个人来源。广告即是顾客获得信息最重要的商业来源。可以说，在现代社会，面对琳琅满目的商品，如果离开了广告，顾客将无所适从。

2）刺激需求。广告的一个重要功能就是刺激顾客的购买欲望，促使顾客对商品产生强烈的购买冲动。广告刺激的需求包括初级需求和选择性需求。所谓初级需求，是指通过广告宣传，促使顾客产生对某类商品的需求，如对电脑、汽车等的需求；选择性需求是指通过广告宣传，促使顾客产生对特定品牌商品的需求，如联想电脑、红旗汽车等，引导顾客认牌购买。

3）培养消费观念。广告引导着消费潮流，促使顾客树立科学的消费观念。

（3）对社会的功能。

1）美化环境，丰富生活。路牌广告、POP 广告、霓虹灯广告等，优化了城市形象，使都市的夜晚变得星光灿烂，绚丽多姿。因此，广告被称为现代城市的脸。优美的广告歌曲、绚丽的广告画、精彩的广告词，也无不给人以艺术的享受。

2）影响意识形态，改变道德观念。据调查，一个美国人从出生到 18 岁在电视中看到的广告达 1800 多个小时，相当于一个短期大学所用的学时。所以，广告对社会的价值观念、文化传承都具有非常重要的影响。

二、广告促销决策

对于广告在促销中的作用尽管存在争论，当代企业仍然对各种广告情有独钟。他们所要考虑的并不是要不要做广告，而是如何做出精品广告，从而赢得消费者对广告的信任，这需要企业进行科学的广告决策。企业的广告决策，一般包括五项重要的内容：确定广告目标（Mission）、制定广告预算（Money）、确定广告信息（Message）、选择广告媒体（Media）、评估（Measurement）广告效果，即所谓的广告"5M"决策。

1. 确定广告目标

企业广告决策的第一步是确定广告目标。广告目标是企业通过广告活动要达到的目的，其实质就是要在特定的时间，对特定的目标受众完成特定内容的信息传播，并获得目标受众的预期反应。企业的广告目标取决于企业的整个营销目标。由于企业营销任务的多样性和复杂性，企业的广告目标也是多元化的。美国市场营销专家罗希尔·科利在《确定广告目标、衡量广告效果》一书中曾列举了 52 种不同的广告目标。

企业在实现其营销目标过程中，不同的阶段有不同的促销措施，广告所起的作用不同，目标也不同。根据产品生命周期不同阶段中广告的作用和目标的不同，一般可以把广告目标大致分为告知性广告、劝说性广告、提示性广告和强化性广告四大类。

（1）告知性广告。告知性广告主要用于向市场推销新产品，介绍产品的新用途和新功能，宣传产品的价格变动，推广企业新增的服务，以及新企业开张等。告知性广告的主要目标是为了促使顾客产生初始需求。

（2）劝说性广告。在产品进入成长期、市场竞争比较激烈的时候，顾客的需求是选择性需求。此时企业广告的主要目标是促使顾客对本企业的产品产生

"偏好"。具体包括，劝说顾客购买自己的产品，鼓励竞争对手的顾客转向自己，改变顾客对产品属性的认识，以及使顾客有心理准备乐于接受人员推销等。劝说性广告一般通过现身说法、权威证明、比较等手法说服顾客。

（3）提示性广告。在产品的成熟期和衰退期使用的主要广告形式，其目的是提示顾客购买。比如提醒顾客购买本产品的地点，提醒人们在淡季时不要忘记该产品，提醒人们在面对众多新产品时不要忘了继续购买本产品等。

（4）强化性广告。面对已经购买本企业产品的顾客，确信他们购买决策的正确性，强化已购产品的信心。

2. 制定广告预算

广告目标确定后，企业即可制定预算。广告预算是否合理对企业是一个至关重要的问题，预算太少，广告目标不能实现；预算太多，又造成浪费，甚至影响企业未来的经营。制定广告预算一般有以下五种方法：

（1）销售百分比法。这是以一定期限内的销售额的一定比率计算出广告费总额。由于执行的标准不一，又可细分为计划销售额百分比法、上年销售额百分比法和两者的综合折中百分比法，以及计划销售增加额百分比法四种。这种办法的优点是有三：一是暗示广告费用将随着企业所能提供的资金量的大小而变化，促使管理人员认识到费用支出的真正来源；二是可以促使企业管理人员根据单位广告成本、产品售价和销售利润之间的关系去考虑企业的经营管理问题；三是计算方法比较简单。但这种方法也有缺点，主要是一方面把销售收入当成了广告支出的"因"而不是"果"，造成了因果倒置；另一方面广告可用资金的多少，不是市场机会的发现和利用，而是取决于上一时期的销售额，也可能造成顾客流失，还可能由于广告预算随每年的销售波动而增减，从而与长期广告战略相抵触。

（2）利润百分比法。这种方法在计算上较简便，同时，使广告费和利润直接挂钩，适合于不同产品间的广告费分配。但是，这一方法对新上市产品显然不适合，新产品上市需要做大量广告，广告开支比例自然就大。

（3）目标任务法。这是根据企业的战略目标确定广告目标，决定为达到这种目标而必须执行的工作任务，然后估算完成这些任务所需要的广告预算。这一方法较科学，尤其对新产品发动强力推销是很有益处的；这一方法可以灵活地根据市场营销的变化（如广告阶段不同、环境变化等）来调整费用。同时，也较易于检查广告效果。目标任务法的缺点是没有从成本的观点出发来考虑某一广告目标是否值得追求。因此，如果企业能够先按成本来估计各目标的贡献额，然后再选择最有利的目标付诸实现，则效果更佳。

（4）量力而行法。这种方法为不少企业所采用。即企业确定广告预算的依据是他们所能拿得出的资金数额，企业根据其财力情况来决定广告开支。当然，这一方法也有一定的片面性，因为广告是企业的一种促销手段，其目的是为了促进销售；当广告费投入不到位时，有可能影响目标的实现。

（5）竞争对抗法。这一方法是根据竞争对手的广告费开支来确定本企业的广告预算。在这里，广告主明确把广告当做了进行市场竞争的工具。其具体的计算方法又有两种：一是市场占有率法，二是增减百分比法。

市场占有率法的计算公式：

广告预算＝对手广告费额÷对手市场占有率×企业预期市场占有率

增减百分比法的计算公式：

广告预算＝（1＋竞争者广告费增减率）×上年广告费

采用这种方法的前提条件：

1）企业必须能获悉竞争者确定广告预算的可靠信息。

2）各企业的广告信誉、资源、机会与目标大致相同。

3）企业采取这种方法能代表集体的智慧，是科学的。

3. 确定广告信息

广告的效果并不主要取决于企业投入的广告经费，关键在于广告的主题和创意。广告主题决定广告表现的内容，广告创意决定广告表现的形式和风格。只有广告内容迎合目标受众的需求，广告表现具有独特性，广告才能引人注意，并给目标受众带来美好的联想，并促进销售。广告的信息决策一般包括如下三个步骤：

（1）确定广告的主题和创意。广告主题是广告所要表达的中心思想。广告主题应当显示产品的主要优点和用途以吸引消费者。对于同一类商品，可以从不同角度提炼不同的广告主题，以满足不同消费者的需要和同一消费者的不同需要。

广告信息的产生，可以通过对顾客、中间商、有关专家甚至竞争对手的调查获得创意。西方的营销专家认为消费者购买商品时期望着从中获得四种不同的利益：理性的、感性的、社会的和自我实现的。产品使用者从用后效果的感受、使用中的感受和附加效用的感受三种途径实现这些满足。将上述四种利益和三种途径结合起来，就产生了12种不同的广告信息，从每一广告信息中可以获得一个广告主题。根据国外广告专家的调查结果，广告的主题主要有食欲、健康、快乐、名望、安全、经济等44种。在企业广告活动中，常用的广告主题主要有：快乐、方便、传统、绿色、健康等。

（2）广告信息的评估与选择。一个好的广告总是集中于一个中心的促销主题，而不必涉及太多的产品信息。如"农夫山泉有点甜"，就以异常简洁的信息在受众中留下深刻的印象。如果广告信息过多过杂，社会公众往往不知所云。广告信息的载体就是广告文案。对广告文案的评价标准有许多，但一般要符合三点要求：

1）具有吸引力。广告信息首先要使人感兴趣，引人入胜。

2）具有独特性。广告信息要与众不同，独具特色，而不要人云亦云。

3）具有可靠性。广告信息必须从实际出发，实事求是，而不要以偏赅全，夸大其词，甚至无中生有。只有全面客观的广告传播，才能增加广告的可信度，才能持久地建立企业和产品的信誉。

（3）信息的表达。广告信息的效果不仅取决于"说什么"，更在于"怎么说"，即广告信息的表达。特别是对于差异性不大的产品（如日常用品、咖啡、啤酒、文具的广告等），广告信息的表达方式在很大程度上决定广告的效果。广告表现的手段包括语言手段和非语言手段。

语言在广告中的作用是其他任何手段所不及的，因为语言可以准确、精炼、完整、扼要地传达广告信息。如铁达时手表的"不在乎天长地久，只在乎曾经拥有"；统一润滑油的"多一份润滑，少一份摩擦"；中国移动通信公司的动感地带品牌的"我的地盘我作主"；李宁运动品牌"一切皆有可能"等，既简明扼要，又朗朗上口，都取得了意想不到的效果。

非语言就是语言以外的、可以传递信息的一切手段，非语言广告信息的表达方式，一般有以下九种：

1）生活片断。表现一人或一些人日常生活中正在使用的产品。

2）生活方式。强调产品如何适应人们的某种生活方式。

3）音乐。利用广告歌曲反复强调本产品和品牌名称。

4）幻想。设计幻想境界，来烘托本产品或其用途。

5）意境。制造某种产生联想的意境来暗示产品或产品特性。

6）人格化。由个性鲜明，特点突出的人物来代表或象征产品。

7）专门技术。表明企业生产某种产品的专门技术或丰富经验。

8）科学证明。显示调查证据或科学实验来表明产品完全合乎科学要求或各类标准。

9）旁证。请权威人士或普通用户，证明产品功能属实，以及对产品的喜爱。

进行广告表现，要做到图文并茂，善于根据不同产品的不同广告定位，把语言手段和非语言手段有机地结合起来。

4. 选择广告媒体

广告媒体是用于向公众发布广告的传播载体，是指传播商品或劳务信息所运用的物质与技术手段。决定了广告信息后，广告表现的结果就是广告作品。广告作品只有通过恰当的广告媒体投放才能实现广告传播的目标。媒体有大众媒体与非大众媒体之分，有平面媒体、电子媒体、实物媒体之别，分类方法很多，不同的媒体有不同的特性，也有其优点和不足，选择时应综合考虑。

（1）大众媒体。大众媒体又称大众传媒，是指在一个国家或地区中具有大量受众的一类传播媒体。传统的四大媒体有报纸、电视、广播和杂志，以互联网和计算机为基础的网络媒体也是大众媒体。

1）报纸。这是一种文字性的广告媒体，其优点是发行量大、灵活及时，传播速度快，成本低廉，区域市场覆盖面大，能广泛地被接受，可信度高；其主要不足是针对性差，持续时间短，表现力弱。

2）电视。这是一种综合性的广告媒体，是 20 世纪中叶以后迅速发展起来的一般媒体形式，能够很好地集音频、视频和文字于一体的大众媒体，其优点是公信度高、传播迅速，目标受众广泛、容易受众注意，逼真再现产品形象；其主要不足是待续时间短，信息量传送受限制，成本费用高，灵活性差，不易记忆和保存。

3）广播。这是一种声音广告，其优点是听众广泛、传播迅速、区域和人口方面的选择性较强，成本低；主要不足是声音瞬间即逝，没有视觉刺激，听众无法重复所感兴趣的部分。

4）杂志。这也是一种文字平面广告，其优点专业性强、针对性强，保存期长，可信度高，传阅者多；主要不足是成本和创意成本较高，灵活性差。

5）网络。这是广告业中新兴的一种广告媒体形式，是一种无边界的新媒体。其主要优点是超越时空、范围广泛、传播速度快、覆盖面广、互动性好、成本低廉；主要不足是信用度低。

（2）非大众媒体。非大众媒体是指大众媒体以外的、信息传播受到一定范围限制广告媒体形式。

1）户外媒体，这是指设置在露天里没有遮盖的各种形式。主要包括路牌、灯箱、气球、霓虹灯等广告。其优点是展示时间长，费用低，竞争少，地理选择好，接触当地顾客；主要不足是信息内容较少，形式单一，有时会受到受众抵制或法律的限制。

2）交通媒体，这是指利用公共汽车、电车、火车、地铁、轮船的厢体或交通要道设置或张贴广告以传播广告信息的媒体，其优点是地理选择性强、流动性好、到达率高、成本低廉；主要不足是灵活性差，信息内容较少，可信度不高。

3）卖场媒体，这是购物现场发布产品和促销信息的媒体，亦称 POP 广告媒体，泛指商业空间、购买场所、零售商店的周围、内部以及在商品陈设的地方所设置的广告物，其优点是广告强烈的色彩、美丽的图案、突出的造型、幽默的动作、准确而生动的广告语言，可以创造强烈的销售气氛，吸引消费者的视线，促成其购买冲动，主要不足是受时空限制、受众极为有限。

4）其他媒体，如招贴、传单、实物、手机等广告媒体。

（3）广告媒体的接触率、频率和效果。在一定的预算水平下，要清楚广告的接触率和频率的成本效益最佳组合。一般而言，当推出新产品、侧翼品牌、扩展品牌或追求一个界定不清楚的目标市场时，接触率是最重要的；当存在强有力竞争者、想要传达的信息复杂、购买者阻力高或购买次数频繁时，频率是最重要的。为了正确选择广告媒体，企业必须作出媒体的接触率、频率和效果决策。

1）媒体接触率决策。是指在一定的时期内应有多少目标受众接触到该广告活动。如在第一年内使80％的目标受众至少接触一次广告信息。

2）媒体频率决策。是指在一定的时期内，平均每位目标受众应接触到该信息的次数。

假如目标受众是10万人，某电视广告在一定时间内，有4万人收看了3次，另有4万人收看了5次，则平均收视频率的计算公式如下：

平均频率＝总收视人数÷（目标受众×接触率）
$$＝［（40000×3）＋（40000×5）］÷（100000×80\%）＝4$$

一般认为，信息显示若低于3次，则效果不佳。

3）媒体效果决策。是指广告信息展露所应有的定性效果。如电视广告效果一般优于广播广告，因为电视广告传播声音的同时还能给予受众视觉刺激。即使是同一种广告媒体，广告效果也会有差异，如专业杂志和娱乐杂志的读者不同，广告的影响力和效果也就不同。

（4）媒体选择的影响因素。

1）广告产品。一般生产资料适合选择专业性的报纸、杂志、产品说明书；而生活资料则适合选择生动形象、感染力强的电视媒体和印刷精美的彩色杂志等媒体。

2）市场特征。目标市场的范围。全国性市场适合选择全国性媒体，如中央电视台、《经济日报》等；区域性市场适合选择地区性媒体，如《湖北日报》、湖北电视台等。目标市场的地理区域。农村市场需要选择适合农民的媒体，如《南方农村报》等；城市市场则适合选择都市类媒体，如《南方都市报》等。目标市场的媒体习惯。每种媒体都有自己独特的定位，每类消费者也都有自己的媒体习惯。所以，媒体选择要有针对性。

3）广告目标。以扩大市场销售额为目的的广告应选择时效性快、表现性强、针对性强的媒体；树立形象的广告则适合选择覆盖面广、有效期长的媒体。

4）信息内容。情感诉求的广告适合选择广播、电视等媒体；理性诉求的广告适合选择报纸、杂志等印刷类媒体。

5）竞争态势。一般情况下，应尽可能避免与竞争对手选择同一种媒体，特别是同种媒体的同一时段或同一版面。如果中国移动和中国联通的广告登在同一种报纸的同一版面上，或者在电视的同一时段投放，效果就可能大打折扣。

6）媒体特征。各类广告媒体都有各自的广告适应性，如电视的优势是生动形象，时效性强，多手段传播，但不易保存，费用高；报纸价格便宜，易保存，但不生动等。选择广告媒体一定要对各类媒体的广告属性进行充分的把握。

7）广告法规。广告法规关于广告媒体的规定是选择广告媒体的重要依据。

（5）广告时机的选择。广告时机是指确定广告发布的时间和空间范围。一般而言，许多产品都具有季节性销售的特点，这就决定了企业不需要在全年平均使用广告。广告策划不仅是一种有计划、有目的的活动，选择什么时机做广告也是广告策划的重要内容。一般来说，广告时机有以下五个方面具体运用：

1）季节性商品。广告时机的掌握有两种方式：其一是应季商品的最佳广告时机，通常于旺季之前推出广告，至于广告时间长短，则视经费多少及市场反应而定，一般以旺季结束前停止较不浪费。其二是非应季商品，在名牌蛰伏时反季节促销，如果经费许可，有时可收到异军突起的效果。此种反季节促销策略，需视该产品的淡季市场接受度及事前的周密调查、规划而定，否则可能得不偿失。

2）非季节性商品。一般四季通用的产品，由于季节性划分不太明显，广告时机难有一个准则，可配合内部活动及市场态势，选择一个较有利的时机推出广告。如特别节庆及竞争品牌未有积极动作期间。

3）流行性商品。此种商品的产品生命周期通常较短，因此，在广告时机的掌握上，只能快，不能慢。所以，一切广告计划和活动，须有立即动员、快速完成的实力。

4）时机性商品。产品购销和特殊节日密切关联，广告的推出自然不能错过，一般以在节令前一个月或半个月开始广告为最佳时机。

5）特别活动。通常视活动经费及目的，可在活动前一周即开始预告为活动造势，并在活动期间适时推出，这样便可达到促销的目的。

5. 评估广告效果

广告效果评价是运用科学的方法来鉴定广告的效益。广告效果主要包括三个方面，即传播效果、促销效果和心理效果。传播效果是广告被认知和被接受的情况，如广告的覆盖面、接触率、注意度、记忆度和理解度等，这是广告效果的第一层次。促销效果是广告所引起的产品销售情况，这既是广告最为明显的实际效果，也是广告效果的第二层次。心理效果是广告所引起的广告受众的心理反应，使消费者对企业好感的增强，建立起品牌忠实度，这是广告的第三层次效果，也是最高的效果层次。

（1）广告效果评价方法。广告效果评价方法分为事先和事后两个方面：

1）事先评价方法。事先评价是在广告设计完成之后和投入传播之前，在小范围内进行的传播效果测试。事先评价主要是采用"德尔菲法"和"残象测试法"。

①德尔菲法。即组织消费者小组或广告专家小组观看各种广告，然后请他们对广告作出评定。表9-2是广告效果评分表，与会者对每一广告的吸引力、可读性、认知力、影响力和行为力予以评分（每项最高为20分）。总分0～20分为劣等广告，20～40分为次等广告，40～60分为中等广告，60～80分为好广告，80～100分为最佳广告。

②残象测试法。即将已设计好的广告向选定的受众进行短暂的展示，作品撤走后，立即询问受众对该广告的残留印象。如果受众的残留印象正是广告所突出的主题，说明广告是成功的，否则是失败的。

此种方法多用于主题测试，实际上是利用人的记忆特点完成的。因为人在短时间的记忆力是有限的，记住的东西残留的印象必是刺激强烈的，这也正是广告主要诉求的。

表9-2　广告效果评分表

指标	内　　容	评分
吸引力	此广告吸引读者的注意力如何？	
可读性	此广告促使读者进一步细读的可能性如何？	
认知力	此广告的中心内容是否交代清楚？	
影响力	此广告诉求点的有效性如何？	
行为力	此广告引起的行为可能性如何？	
总分		

2）事后评价法。通过以下四种方法来完成评价。

①记录法。即选择一些固定的调查对象，发给他们事先设计好的调查表，让其逐日将接触过的媒体类型、节目类型、接受时间填入调查表，定期收回统计分析，掌握受众对媒体的接收情况，了解广告的视听率。

②回忆法。用随机抽样的方法访问被调查者，让其凭自己的记忆讲述在指定时间内所接受的节目，并可让其回忆是否注意某一广告，以及对广告的残留印象。

③即时监测法。在广告播发的同时，利用一些先进技术设备对广告接受情况进行监测。如用摄像机跟踪受众者视线移动、脸部表情、目光停留时间等用以分析。

④比较法。即在广告实施之前和之后，分别对同类指标在同样范围内进行调查，根据前后情况对比了解广告实施的效果。

（2）广告效果的评价。根据广告效果的三个层次，评价也分为三个方面：

1）广告传播效果评价。即评价广告传播效果的接收率、认知率指标。

①接收率。接收率指接收某种媒体广告信息的人数占该媒体总人数的比率。

接收率＝接收广告信息的人数÷接触该媒体的总人数×100％

当然，接收率往往只是指接收信息的广度，为了全面评价广告传播效果，还应使用深度指标。

②认知率。认知率是指接收到广告信息的人数中，真正理解广告内容的人所占的比率，这一指标真正反映广告传播效果的深度。

认知率＝理解广告内容的人数÷注意到此广告的人数×100％

2）广告促销效果评价。这比广告传播效果更难测量，因为，除了广告因素外，销售还受到许多其他因素的影响，如产品特色、价格等。这些因素越少，或者越是能被控制，广告对于销售的影响也就越容易测量。所以采用邮寄广告方式时广告销售效果最容易测量，而户外广告或企业形象广告的销售效果最难测量。人们一般利用以下办法来衡量广告的促销效果。

①广告增销率。这是一定时期内广告费的增长幅度与相应期销售额的增长幅度之比较。其公式为：

广告增销率＝销售增长率÷广告费增长率×100％

②广告费占销率。这是指一定时期内企业广告费的支出占该企业同期销售额的比例。这也是一种通过广告费和销售额的比较来反映广告促销效果的方法。

广告费占销率＝广告费支出÷同期销售额×100％

应该指出的是，以上评价方法都有一个共同的前提，即测试期内影响销售额的其他因素无明显变化，否则会影响测试的精确性。如一些常规因素影响不可避免（如销售淡季、旺季变化），可根据变化规律设置某些调整系数，当然也可以将具有周期性变化规律的时期作为一个测试期（一般为一年）来进行测试和比较。

3）广告形象效果评价。广告形象效果评价是对广告所引起的企业或产品知名度和美誉度的变化情况所进行的检测和评价。广告效果并不仅仅反映在对产品销售的促进方面，因为尽管有些消费者接触了广告后并不马上会产生对产品的购买欲望，但毕竟会给他们留下一定的印象，这种印象可能导致将来产生购买欲望。企业形象一般用知名度和美誉度两项指标来衡量，通过广告前后对固定对象的调查，了解产品或品牌形象的变化。

①低知名度和高美誉度，是资质优良的产品或品牌特征。

②低知名度和低美誉度，是品质败坏的产品或品牌特征。

③高知名度和低美誉度，是臭名昭著的产品或品牌特征。

④高知名度和高美誉度，是广受欢迎的产品或品牌特征。

案例 9-1

王老吉的广告

红色罐装王老吉（简称红罐王老吉）原是一个很不错的区域品牌。2002年年底，加多宝为了做大品牌、走向全国，找到了一家营销顾问公司，想为红罐王老吉拍一条广告片，以期推动销售。但这家营销顾问公司研究后发现，红罐王老吉的销售问题不是通过拍广告片就可以解决的，它首先要解决的问题是品牌定位。于是，加多宝决定暂停拍广告片，委托这家营销顾问公司红罐王老吉进行品牌定位。2003年年初，王老吉新的品牌定位出炉了：明确红罐王老吉是在"饮料"行业竞争，竞争对手是其他饮料；品牌定位是"预防上火的饮料"；独特的价值在于"喝王老吉能预防上火"，让消费者可以无忧地尽情享受吃煎炸、香辣美食、烧烤，通宵达旦看足球赛的生活。

这样的定位为王老吉带来的益处是显而易见的：

其一，有利于红罐王老吉走出广东、浙南。因为"上火"是一个全国普遍性的中医概念，不像"凉茶"局限于特定的地区，这就为红罐王老吉走向全国扫除了障碍。

其二，避免与国内外饮料巨头直接竞争，形成独特区隔。

其三，成功地将产品劣势转化为优势。淡淡的中药味不再是饮料销售的口味障碍，而成功转变为"预防上火"的有力支撑；3.5元的零售价格，因为

"预防上火"的功能，不再"高不可攀"；王老吉品牌悠久的历史，成为预防上火"正宗"的有力支撑。

在传播上，尽量凸显红罐王老吉作为饮料的性质。在第一阶段的广告宣传中，红罐王老吉以轻松、欢快、健康的形象出现，避免出现对症下药式的负面诉求，从而把红罐王老吉和"传统凉茶"区分开来。为更好地唤起消费者的需求，电视广告选用了消费者认为日常生活中最易上火的五个场景：吃火锅、通宵看球赛、吃油炸薯条、吃烧烤和夏日阳光浴。广告画面中人们在开心享受生活乐趣的同时，畅饮王老吉。结合时尚、动感十足的广告歌反复吟唱"不用害怕什么，尽情享受生活，怕上火，喝王老吉"，促使消费者在吃火锅、烧烤时，自然联想到红罐王老吉，从而促成购买。

在地面推广上，除了强调传统渠道的POP广告外，还配合餐饮新渠道的开拓，为餐饮渠道设计了大量终端物料。比如，设计制作了电子显示屏、灯笼等餐饮场所乐于接受的实用物品，免费赠送。在传播内容选择上，充分考虑终端广告应直接刺激消费者的购买欲望，将产品包装作为主要视觉元素，集中宣传一个信息："怕上火，喝王老吉饮料。"餐饮场所的现场提示，有效地配合了电视广告。正是这种具有极强针对性的推广，消费者对红罐王老吉"是什么"、"有什么用"有了更强、更直观的认知。目前餐饮渠道已经成为红罐王老吉的重要销售传播渠道之一。

在传播媒体的选择上，加多宝主要锁定了覆盖全国的中央电视台，并结合原有销售区域广东、浙南的强势地方媒体。在随后的几个月里，加多宝共投入4000万元广告费。广告效果非常明显，销量立竿见影地得以迅速提升。其后两年，加多宝乘胜追击，斥巨资购买中央电视台黄金广告时段。正是这种急风暴雨式的投放方式保证了红罐王老吉在短期内迅速进入人们的头脑，给人们留下深刻印象，并迅速红遍全国大江南北。

资料来源：东北财经大学：《市场营销学案例全集》，http://classroom.dufe.edu.cn/C1007/Asp/Root/Index.asp? Mode=1&Url。

第四节　营业推广策略

营业推广也称为销售促进，是指能够迅速刺激需求，吸引消费者购买而采用的各种促销形式。其短期效益比较明显，典型的营业推广一般用于有针对性的和额外的促销工作，其着眼点往往在于解决一些更为具体的促销问题。

一、营业推广概述

营业推广是一种适宜于短期推销的促销方法，是企业为鼓励购买、销售商品和劳务而采取的除广告、公关和人员推销之外的所有企业营销活动的总称。由于市场竞争的激烈程度加剧、顾客对交易中的实惠的日益重视、广告媒体费用上升、企业经常面临短期销售压力等原因，营业推广受到企业越来越多的青睐。

1. 营业推广的基本特征

（1）短期性。典型的营业推广不像广告、人员推销、公共关系那样作为一种常规性的促销活动出现，而是一种短期性、临时性的促销工作，其着眼点在于解决某些更为具体的促销问题，因而是非规则性、非周期性的使用和出现的。一般时间比较短暂，活动持续时间一般为 1～3 天，长的为 7～10 天，短的可能只有 1～2 小时，如"惊喜购物一小时"。

（2）多样性。营业推广的方式繁多，如样品赠送、购物赠物、折扣销售、现场派送、现场表演、有奖销售、优待券等，这些方式各有其长处与特点，可以根据企业经营的不同商品的特点和面临的不同市场营销环境灵活地加以选择和运用。

（3）实效性。一般来说，只要营业推广的方式选择运用得当，其效果可以很快地在经营活动中显示出来，而不像广告、公共关系那样需要一个较长的周期。营业推广操作简便、见效快。不仅企业受益，顾客也得到了实惠，是一种深得顾客喜爱的促销方式，是一种"双赢"促销方式。

2. 营业推广的作用

（1）吸引顾客购买。这是营业推广的首要目的，由于营业推广的刺激比较强，很容易吸引顾客的注意力，使顾客在了解产品的基础上迅速作出决策并付诸购买行动，也可能使潜在顾客追求某些方面的优惠而购买产品。

（2）奖励品牌忠实者。营业推广的很多手段，如销售奖励、赠券等通常都附带价格上的让步，使购买本品牌产品的顾客直接得到受惠，从而使他们更乐于购买和使用本企业产品，以巩固企业的市场占有率。

（3）实现企业营销目标。营业推广实际上是企业让利于购买者，它可以使广告宣传的效果得到有力的增强，影响顾客对其他企业产品的品牌忠实度，从而达到本企业产品销售的目的。

3. 营业推广的控制

（1）选择适当的方式。众所周知，营业推广的方式很多，且各种方式都有其各自的适应性。选择好营业推广方式是促销获得成功的关键。一般说来，应结合节假日、产品的性质、顾客需求特性、竞争环境等因素选择合适的营业推广方式。

（2）确定合理的期限。营业推广的时间长短与预期促销效果密切相关。推广的期限，既不能过长，也不能过短。这是因为，时间过长会使顾客感到懈怠，会失去刺激购买的作用，甚至会产生疑问或不信任感；时间过短会使部分顾客来不及接受购买，收不到最佳的促销效果。一般应以消费者的平均购买周期或淡旺季间隔为依据来确定合理的推广方式。

（3）注重多种促销方式并用。为了取得最佳的营业推广效果，应注意多种与广告、人员推销等促销方式联用或并用。具体地讲，在营销推广前期要加强广告宣传，实施过程中要加强 POP 广告宣传，营造有利于促进顾客购买的营销氛围。在营业推广活动过程中，要增派营业员、促销员、导购员加强现场人员推销，为顾客排忧解难，说服顾客购买，多买多得实惠。

（4）切忌弄虚作假。企业在营业推广全过程中，一定要坚决杜绝徇私舞弊、欺诈、发布虚假信息等违法、违规行为发生。在市场竞争日益激烈的条件下，信誉比什么都重要。企业商业信誉是十分重要的竞争优势，企业弄虚作假无疑是自毁商誉。本来营业推广这种促销方式就有贬低商品之意，如果再不严格约束企业行为，那将会产生失去企业长期利益的巨大风险。因此，弄虚作假是营业推广中的最大禁忌。

二、营业推广策略

我们在认同营业推广积极作用的同时，还要注意到营业推广有一定的负面作用或不足，如营业推广的影响面较小、时效较短、顾客容易产生疑虑、可能会损害品牌的形象等。营业推广不能滥用，要研究顾客心理，要讲求促销技巧，否则促销次数太多、太频繁、太强烈可能会适得其反。因此，企业在运用营业推广时，必须注重营业推广的策划和营业推广策略的运用。

1. 确定营业推广目标

营业推广的目标，取决于企业的整体营销目标。营业推广的具体目标，又因目标市场类型的不同而不同。概括而言，企业营业推广的对象主要有三类：针对顾客、针对中间商和针对本企业的销售人员。

（1）对顾客的营业推广。其目标包括鼓励顾客更多地使用该产品和促其大量购买，争取为使用者试用，吸引竞争品牌的使用者。

（2）对中间商的营业推广。其目标包括吸引中间商的经销或代理的积极性，鼓励他们与本企业结成战略同盟和利益共同体，积极开拓市场，提升其经销或代理的销售业绩。

（3）对本企业销售人员和销售团队的营业推广，其目标包括鼓励开拓新市场，激励他们寻找更多的潜在顾客的开发和维护，加强客户关系管理，努力完成并超额完成销售任务。

2. 选择营业推广工具

为了更好地促进销售，企业可以根据市场类型、营业推广目标、竞争态势、国家政策以及各种营业推广工具的特点灵活选择营业推广的工具。经过国内外企业的多年营销实践，以下一些营业推广的工具是富有实效的。

（1）对顾客营业推广。对顾客营业推广，是为了鼓励消费者更多地使用产品，促使其大量购买。其主要方式有：

1）赠送样品：企业免费向消费者赠送商品的样品，促使消费者了解商品的性能与特点。样品赠送的方式可以派人上门赠送，可以通过邮局寄送，也可以在购物场所派发，还可以随着其他商品赠送等。这一方法多用于新产品促销。

2）有奖销售。这是通过给予顾客以一定奖项的办法来促进购买。奖项可以是实物，也可以是现金。常见的有幸运抽奖，顾客只要购买一定量的产品，即可得到一个抽奖机会，多买多奖。或当场摸奖，或规定日期开奖。也可以采取附赠方式，即对每位购买者另赠纪念品。

3）现场示范。利用销售现场进行商品的操作表演，突出商品的优点，显示和证实产品的性能和质量，刺激消费者的购买欲望。这是属于动态展示，效果往往优于静态展示。现场示范特别适合新产品推出，也适用于使用起来比较复杂的商品。

4）廉价包装。在产品质量不变的前提下，使用简单、廉价的包装，而售价则有一定削减，这很受长期使用本产品的顾客欢迎。

5）折价券。这是可以以低于商品标价购买商品的一种凭证，也可以称为优惠券、折扣券。顾客凭此券可以获得购买商品的价格优惠。折价券可以邮寄、附在其他商品中，或在广告中附送。

（2）对中间商的营业推广。对中间商的营业推广，目的是吸引他们经营本企业产品，维持较高水平的存货，抵制竞争对手的促销影响，获得他们更多的合作和支持。其主要营业推广方式有：

1）销售津贴。销售津贴也称销售回扣，这是最具代表性的营业推广方式。这是为了感谢中间商而给予的一种津贴，如广告津贴、展销津贴、陈列津贴、宣传津贴等。

2）列名广告。企业在广告中列出经销商或代理商的名称和地址，告知顾客前去购买，提高中间商的知名度。

3）赠品。赠品包括赠送有关设备和广告赠品。前者是向中间商赠送陈列商品、销售商品、储存商品或计量商品所需要的设备，如货柜、冰柜、容器、电子秤等。后者是一些日常办公用品和日常生活用品，上面都印有企业的品牌或标志。

4）销售竞赛。这是为了推动中间商努力完成推销任务的一种促销方式，获胜者可以获得现金或实物奖励。销售竞赛应事先向所有参加者公布获奖条件、获奖内容。这一方式可以极大地提高中间商的推销热情。像获胜者的海外旅游奖励等已被越来越多的企业所采用。

5）业务会议和展销会。企业一年举行几次业务会议或展销会，邀请中间商参加，在会上，一方面介绍商品知识，另一方面现场演示操作。

（3）以推销人员为对象的营业推广，其方式主要有销售竞赛、红利提成、特别推销金以及各种精神、物质奖励措施等。

3. 制定营业推广方案

企业在制定营业推广决策时，不仅要确定营业推广的目标，选择适当的推广工具，还要制定出具体的推广方案。主要内容包括：

（1）营业推广规模。营业推广的实质就是对顾客、中间商和销售员予以奖励，所以企业在制定具体营业推广方案时应首先决定奖励的规模。在确定奖励规模时，最重要的是根据营销战略，进行市场分析的同时要进行成本—效益分析。假定奖励规模为 100 万元，如果因销售额扩大而带来的利润大大超 100 万元，那么奖励规模还可扩大；如果利润增加额少于 100 万元，则这种奖励是得不偿失的。营业推广的这种成本—效益分析，可为制定有关奖励规模的决策提供必要的数据。

（2）营业推广对象。企业营业推广对象有三种，但重点要放在对顾客的激励，顾客的购买必然反映到中间商和销售人员的业绩增长。

（3）营业推广途径。严格地讲，这一方面是指营销推广的信息发布的途径，如代金券、优惠券如何发放，可放在商品包装里分发，或通过广告媒介和直接邮寄分发，也可以通过网络途径分发，还可在现场分发。另一方面是指营销推广的参与方式，如卖场购物推广，网络购物优惠等。在选择营业推广途径时，既要考虑各种途径的传播范围，又要考虑成本。

（4）营业推广期限。如果营业推广设定的期限太长，不利于敦促顾客尽快做出购买决策；如果营业推广设定的期限太短，许多顾客可能没有时间来不及购买，这一方面影响营业推广的效果，同时还可能被竞争者的营业推广所吸引，造成顾客流失。因此，营业推广期限要进行科学的设计。

（5）营业推广费用：确定营业推广费用有两种方法，一是在一定时期的促销总预算中拨出一定比例用于营业推广，二是先确定营业推广的方式，然后再预计其总费用。前者较为常用。

4. 实施营业推广方案

企业必须制定具体的实施方案。实施方案中应明确规定准备时间和实施时间。准备时间是指推出方案之前所需的前置时间，它包括最初的计划工作、设计工作，以及包装修改的批准或者材料的邮寄或者分送到家；配合广告的准备工作和销售点材料；通知现场推销人员，为个别的分店建立地区的配额，购买或印刷特别赠品或包装材料，预期存货的生产，存放到分配中心准备在特定的日期发放。实施时间是从推广活动开始到95％的推广商品已到达顾客手中这一段时间。

5. 评价营业推广效果

每一次营业推广的结果都应该进行细致科学的评估，以便为后来的活动提供参考。对营销推广的效果进行评价主要有两种，一是定性评价，二是定量评价。定量评价在销售额同比、环比增长数据、顾客流量、购买额、人气指数、消费指数等数据的分析基础上进行。

第五节　公共关系策略

公共关系是促销组合中另一种重要的工具，但与其他促销手段有所不同，其功能并不局限于促进当前的销售，注重的是企业长远的利益。究竟什么是公共关系，国内外学者有许多不尽相同的表述和解释。从市场营销的角度来谈公共关系，只是公共关系的一部分。美国营销大师菲利普·科特勒对公共关系作了如下定义：作为促销手段的公共关系是指这样一些活动：争取对企业有利的宣传报道，协助企业与有关的各界公众建立和保持良好关系，树立良好的企业形象和品牌形象，以及消除和处理对企业不利的谣言、传说和事件等。公共关系即指企业与其相关的社会公众之间的联系，这种联系是通过信息沟通实现的。

一、公共关系的功能与原则

公共关系是一项热门的科学或技术，它不限于企业与顾客之间的关系，更不限于单纯的买卖关系，而是要搞好企业与整个社会公众的关系，是一种以长期目标为主的间接的促销手段。当前，公共关系已作为企业的"喉舌"与"耳目",在企业发展过程中越来越发挥出重要作用。

1. 公共关系的功能

(1) 收集社会信息。公共关系收集影响企业营销的各类信息,如产品信息、企业形象信息、宏观经济方面信息、竞争者信息等。通过收集信息,提出对企业营销环境的预警分析和企业形象的评估,供决策者参考。

(2) 树立良好形象。公共关系通过一系列的专题公关活动、日常公关活动公益活动,宣传企业的经营哲学、企业文化、企业精神,引起社会公众的关注和好感,迅速提升企业知名度、美誉度,树立企业良好的公众形象。

(3) 协调内外关系。公共关系是内求团结,外结良缘的艺术。因此,公关的职能首先要重视内部关系,做好内部管理信息交流和情感交流,做到政通人和,上下一致;对外要协调好相关公众关系,包括消费者、政府、社区等相关利益团体,通过公关一系列活动,能运用利益、形象、示范、信息、特色等吸引广大公众,促使他们理解、信任、偏爱企业,使企业得到和谐发展的外部环境。

(4) 处理突发事件。当企业一旦遇到突发的危及企业形象的事件时,公共关系要及时收集事件发生的各种信息,妥善处理,使不利影响因素降到最低点,把损失降到最小。

2. 公共关系的原则

(1) 以诚为本。诚信是企业营销之本。任何企业开展市场营销活动,都必须讲究诚信。如果不讲诚信,欺骗舆论,欺骗消费者,其失掉的将不仅仅是消费者和利润,可能从根本上失掉企业生存的基础。企业公关活动必须坚持以诚信为本的原则,切忌言过其实,言而无信,要保证质量、信守合同;做到文明经商、礼貌待人、优质服务。

(2) 以德为准。企业公共关系反对庸俗化,要突出表现企业的社会责任,企业在公关工作中,应当讲究正义、道义、仁义和情意。企业间应当互相帮助,相互提携。企业应当济危救困,急社会公众之所急,想社会公众之所想,多做善事,多捐善款,与社会、社区,广大消费者建立起一种和谐、友好的关系。

(3) 以实为荣。企业公共关系是一项实用性很强的工作,百分之九十靠做好事情,百分之十靠宣传。任何企业欲求社会公众和顾客对自己的企业偏爱和信赖,一条很重要的原则就是以实为荣,介绍企业、介绍产品要真实,做人、做事要诚实,服务承诺要兑现落实,才能使企业与社会公众建立起良好的关系。

二、公共关系的主要模式

企业的生存和发展必须依赖于公众的关心和支持，离开了公众将寸步难行。企业赢得了公众信任与支持，就等于赢得了顾客和市场。那么，如何赢得公众呢？要不断调整自己的公共关系状态，有效地引起公众的注意、关心和支持。

1. 引起注意的公共关系模式

（1）宣传性质的公共关系。这种模式就是运用广播、电视、报纸等不同的传播媒介，运用新闻稿、广告、报纸、演讲、记者招待会、信息发布会、新产品展览会、经验或技术交流会、制作视听资料等方式，直接向公众表白自己，或借用新闻界之口，形成能激发中间商和部分公众的兴趣和热忱，有效地沟通企业与公众间的情感，有利于取得内部公众的谅解、信任和支持，促进企业发展。

（2）交际性质的公共关系。这种模式是利用座谈会、茶话会、宴会、慰问、接待和工作午餐等社交形式，以无媒介的人际交往为主，直接与部分公众接触，为企业广结良缘，建立广泛的社会交际网络。公众习惯把企业交际与漂亮女性联系起来，这是误解。因为这种模式的心理特征就在于具有直接性、灵活性和人情味，所以，公关人员不仅要仪表端庄，还要有良好的内在气质，如友善、有耐心、有学识、通情达理、热情大方、彬彬有礼和富幽默感等等。

（3）服务性质的公共关系。这种模式是以售前服务、售中服务、售后服务、市场教育和指导消费等方式，直接提供各种实惠服务为主，来争取社会公众理解和好评的一系列活动。公共关系需要以行动来证实诚意，而服务性公关的最重要的心理特征就是以行动去感动消费者和用户，从而使企业与公众之间建立深厚的情谊。这种模式要有效地使人际关系沟通达到"行为"的层次，一是要改变观念，既要把售前、售中和售后服务当做产品不可分割的一部分，又要把它当做是重要的公关手段；二是服务一定要热情、周到、及时、有效率。

（4）社会性质的公共关系。这种模式是以开业庆典、周年庆典活动、当地的传统节日活动以及支持、赞助、承办文体代表队或赛事，以扩大企业的社会影响的一系列有组织的社会性、公益性、赞助性的活动。任何企业都以一定的社会作为它的活动舞台，在这个空间舞台上，欲求表演出高潮迭起的连台好戏，以引起社会公众的注意，首先是以企业本身的各种庆典活动与社会各界建立联系，不拘泥于眼前的得失，着眼于企业的整体形式，着眼于长远的情感投资。其次是利用当地的民风、民俗，依靠引人注目的专业形象和企业文化形象，以便培养内部公众的归属感和自豪感，帮助外部公众形成亲切感、信任感。但这种公关活动不是越多越好，要量力而行。

（5）征询性质的公共关系。这种模式是以开办各种咨询业务，建立来信来访制度，开展相关的有奖测验，制作跟踪调查问卷，收集用户意见，设立消费者热线电话，聘请信息员等方式，以达到收集意见、测验民意的目的。企业经常及时地了解民意，并不是一件很容易的事情。因为这种努力必须在公众的配合下才能完成，而公众很有可能认为与己无关而表现出漠不关心。要取得公众的配合，企业和公关人员不仅要有耐心、韧性和诚意，而且还必须讲究技巧，从公众的切身利益出发，采用各种生动活泼的形式，吸引他们的注意力和兴趣，使他们自觉或不自觉地乐意提建议，并心甘情愿地提意见，谈看法，讲情感，为企业分忧解难。

2. 调整状态的公共关系模式

（1）建设性质的公共关系。这种模式主要是采用开业广告，开业庆典，免费招待参观，开业优惠酬宾，公司资料有奖测验，主动介入社区活动等方式，向公众主动作自我介绍，主动地结交各界朋友，努力让尽可能多的人知道自己，理解自己，亲近自己。其主要心理功能就在于提高知名度。它特别适用于企业的开创阶段，引用社会公众的注意——通过认识，获得良好的第一印象，对企业的行为表示理解、支持和赞许，并付诸行动。值得注意的是，这种模式有明显的宣传痕迹，如宣传的分寸掌握不好，与公众的认知心理偏差很大，就不能博得好感，相反，还会引起反感、不满或抗拒的情绪。

（2）维系性质的公共关系。这种模式是通过各种传播媒介，以较低的姿态，不太引人注意的方式，经常不断地向公众传递各种信息，使企业有关形象长期地潜移默化地作用于公众的记忆系统中，一旦需要，就会首先想到你的企业，自觉或不自觉地来光顾，并通过接受你的产品或服务而获得亲身感受，进一步增强对你的好感和认同，这种好感和认同又能向其他公众扩散，有效地维持企业在公众心目中的良好形象。

（3）防御性质的公共关系。这种模式主要是发挥企业内部公众的积极性，及时地向决策层和企业各部门提供外部信息，特别是批评的信息，提出改进的参考方案，增加内部团结等方式，防患于未然，以适应外部环境的变化。它表现出在正常情况下，发现问题、预见问题、制订防治措施的心理功能。它适用于企业与外部环境，与公众有某些关系不协调的时候，是挽救工作失误，扭转被动局面，处理关系失调的上策。值得注意的是，企业要有工作不可能完全为公众满意的心理准备，要不断进取，要努力去适应它。

（4）危机性质的公共关系。这种模式是在企业与外部环境的关系严重失调，企业形象和声誉发生严重损害的时候，通过发表声明，公布真相，说明原委以及补救措施等方式，从而改造被损害的形象，挽回声誉。这种模式的心理功能是恢复形象，修正形象，重新塑造形象。它适用的情况一般有两种：一是由于外在的某种误解、谣言，甚至是人为的破坏，损坏了企业形象，如冒牌货、盗用商标等情况而引起的公众不满、指责和抱怨；二是由于企业的产品或服务或其他方面发生了问题而危及形象和名声，需要进行矫正公关，既不能文过饰非，听之任之，又不能内讧，相互埋怨，而要协同有关部门迅速分析、查明公共关系失调的原因，提出纠正措施，解决实际问题，并告知大众传播媒介，以争取公众的谅解，恢复形象，重新取得公众的信任。

（5）进攻性质的公共关系。这是一种在企业与外部环境发生某种现实冲突时，通过参加经济联合体，组织交流协作，进行战略性的市场转移，开发新产品，避免参加某些组织，以攻为守，抓住有利时机和有利条件，调整部署，改变决策，积极主动地吸引公众注意，创造新局面，以增强公众的信任。其主要心理功能是变被动为主动，表现出勇敢进取的创新精神。值得注意的是，公共关系的活动必须符合和服从社会公众的权益，损人利己，是进攻性质的公共关系大忌。

三、公共关系决策

公共关系决策是公共关系管理过程中极为重要的一环，是公共关系管理的起点，公共关系管理始终是围绕公共关系决策的制定、修改、实施进行的。一个具体的决策目标实现了，相应的管理过程就终结了。公共关系决策大体分为如下五个步骤：

1. 确定公共关系活动目标

公共关系活动要有明确的目标。目标的确定是公共关系活动取得良好效果的前提条件。企业营销公关目标因企业面临的环境和任务的不同而不同。一般来说，企业营销公关目标主要有以下五类：

（1）宣传企业文化、企业精神。

（2）提升企业形象和品牌形象。

（3）提升企业和品牌的知名度、信誉度。

（4）普及同本组织有关的产品或服务的消费方式。

（5）创建有利于企业发展的内部环境和外部环境。

2. 确定公共关系活动对象

公共关系对象的选择就是公众的选择。公关的对象决定于公关目标，不同的公关目标决定了公共关系传播对象的侧重点的不同。如果公关目标是提高消费者对本企业的信任度，毫无疑问，公关活动应该重点根据消费者的权利和利益要求进行。如果企业与社区关系出现摩擦，公共关系活动就应该主要针对社区公众进行。选择公共关系对象要注意两点：一是侧重点是相对的，企业在针对某类对象进行公关活动时不能忽视了与其他公众沟通；二是企业出现重大危机时，企业必须加强与各类公关对象的沟通，以赢得各方面的理解和支持。

3. 制定公共关系活动方案

在不同的公关状态和公关目标下，企业必须选择不同的公共关系模式，以便有效地实现公共关系目标。前面已介绍过十大公共关系模式，企业根据公共关系目标、公共关系对象的要求以及现有资源条件，制定公共关系活动方案，明确公共关系活动主题内容及其活动方式。企业的公共关系活动方式很多，概括起来主要分为三大类型，一是日常性的公共关系活动；二是专题性的公共关系活动，三是公益性的公共关系活动。公共关系活动方案文本也有很多类型和不同的风格，但其内容大都为"5W1H"，即明确 Why（为什么）、What（干什么）、Where（何地）、When（何时）；Who（谁负责）；How（如何执行）。

4. 实施公关活动方案

实施公共关系方案的过程，就是把公共关系方案确定的内容变为现实的过程，是企业利用各种方式与各类公众进行沟通的过程。实施公共关系方案是企业公关活动的关键环节，再好的方案如果没有实施，就没有任何价值。实施公关方案，需要做好以下工作：

（1）做好实施前的准备。任何公共关系活动实施之前，都要做好充分的准备，这是保证公共关系实施成功的关键。公关准备工作主要包括公关实施人员的培训、公关实施的资源配备等方面。

（2）消除沟通障碍，提高沟通的有效性。公关传播中存在着方案本身的目标障碍，实施过程中语言、风俗习惯、观念和信仰的差异以及传播时机不当、组织机构臃肿等多方面形成的沟通障碍和突发事件的干扰等影响因素。消除不良影响因素，是提高沟通效果的重要条件。

（3）加强公关实施的控制。企业的公关实施如果没有有效的控制，就会产生偏差，从而影响到公关目标的实现。公关实施中的控制主要包括对人力、物力、财力、时机、进程、质量、阶段性目标以及突发事件等方面的控制。公关实施中的控制一般包括制定控制标准、衡量实际绩效、将实际绩效与既定标准进行比较和采取纠偏措施四个环节。

5. 评估公关效果

公共关系评估，就是根据特定的标准，对公共关系计划、实施及效果进行衡量、检查、评价和估计，以判断其成效。需要说明的是，公共关系评估并不是在公关实施后才评估公关效果，而是贯穿于整个公关活动之中。公共关系评估的内容包括：

（1）公共关系程序的评估。即对公共关系的调研过程、公关计划的制订过程和公关实施过程的合理性和效益作出客观的评价。

（2）专项公共关系活动的评估。主要包括对企业日常公共关系活动效果的评估、企业单项公共关系活动（如联谊活动、庆典活动等）效果的评估、企业年度公共关系活动效果的评估等。

（3）公共关系状态的评估。企业的公共关系状态包括舆论状态和关系状态两个方面。企业需要从企业内部和企业外部两个角度对企业的舆论状态和关系状态两个方面进行评估。

复习思考题：

1. 促进销售的本质是什么，为什么？

2. 促进销售的推动策略与拉动策略的主要内容及其区别是什么？

3. 简述人员推销的流程及其工作技巧。

4. 简述五大广告媒体的特点。

5. 如何制定广告策略？

6. 何谓营业推广，其主要方式有哪些？

7. 如何做好企业的公共关系工作？

第十章　市场营销的创新与发展

教学目的

　　通过教学使学生了解并掌握现代市场营销理论和实践的创新与发展趋势及其原理和方法，正确理解 6Ps、11Ps、4Cs、4Rs 的主要内容和理论创新点，清楚了解并掌握知识营销、绿色营销、网络营销、数据库营销、体验营销、一对一营销、顾问营销、关系营销和全球营销的主要内容和实施要点，熟练掌握和运用整合营销的方法与技巧。

第一节　市场营销理论的创新与发展

　　创新是企业的灵魂，是人类社会发展的主旋律。随着经济社会的发展，市场营销理论在实践应用中不断创新，市场营销策略也在不断演变。人们在运用传统的 4Ps 营销理论的同时，创造性地提出了 6Ps、11Ps、4Cs 和 4Rs 营销理论，形成了较为完整的现代市场营销理论体系，并有效地指导企业的市场营销实践，极大地促进了市场经济的繁荣与发展。

一、6Ps 营销理论

　　20 世纪 80 年代以来，随着世界经济滞胀，市场竞争日益激烈，政治和社会因素对市场营销的影响和制约越来越大。这就是说，4Ps 营销理论不仅要受到企业本身资源及目标的限制，而且更受企业外部不可控因素的影响和制约。为了突破一般 4Ps 营销理论的局限，6Ps 营销理论应运而生。

　　1. 主要内容

　　6Ps 营销理论，也称为大市场营销理论。美国著名市场营销学家菲利普·科特勒认为 4Ps 营销理论只看到外部环境对市场营销活动的影响和制约，而忽视了企业经营活动也可以影响外部环境能动性，于 1986 年 6 月提出了 6Ps 的大市场营销理论，就是在传统的 4Ps 组合基础上增加两个 P，即权力（Power）和公共关系（Public Relations），简称 6Ps，强调企业要进入壁垒森严的封闭型或保护型的市场，光靠传统的 4Ps 不行，还必须发挥公共关系和政治力量的作用，实行大市场营销的 6Ps 营销组合。

2. 主要贡献

菲利普·科特勒提出 6Ps 的大市场营销理论，不仅形式上比传统 4Ps 多了两个 P，而且在理论上作出了两大贡献：一是十分注重运用公共关系调和企业与外部各方面的关系，以扫除来自人为的（主要是政治方面的）障碍，打通产品的市场通道；二是突破了市场营销环境是不可控因素，重新认识市场营销环境及其作用，某些环境因素可以通过企业的各种活动施加影响或运用权力疏通关系来加以改变。

二、11Ps 营销理论

20 世纪初，市场营销理论创立于美国，随着美国经济的快速发展，"二战"以后，营销理论在社会各个领域得到广泛应用，20 世纪 80 年代以后，通过探索和研究，在传统的 4Ps 营销理论上，衍生出继 6Ps 之后，又提出了11Ps 营销理论。

1. 主要内容

时代在进步，营销理论也在发展。美国著名市场营销学家菲利普·科特勒也在不断地超越自己，1986 年提出大营销 6Ps 营销理论不久，便提出了 11Ps营销理论。11Ps 营销理论共分为互为关联的三层（参见图 10—1）。

第一层是 People（人），强调以人为本，这里的人不仅包括顾客也包括企业员工。

第二层是 Probing（市场调研）、Partitioning（市场细分）、Prioritizing（市场择优）和 Positioning（市场定位）构成战略性的营销组合。

第三层是前面讲到 6Ps 是在战略性的营销组合基础上的战术性的营销组合。

2. 主要贡献

菲利普·科特勒的 11Ps 的营销理论，较之 4Ps、6Ps 营销理论也有两大贡献。一是强调以人为本，突破了原先 4Ps 和 6Ps 理论的营销组合只有"事"没有"人"的局限，并强调人是一个集合概念，它既包括企业服务的对象，也就是客户，也包括企业服务的主体，也就是企业的员工。尊重人、关心人，满足

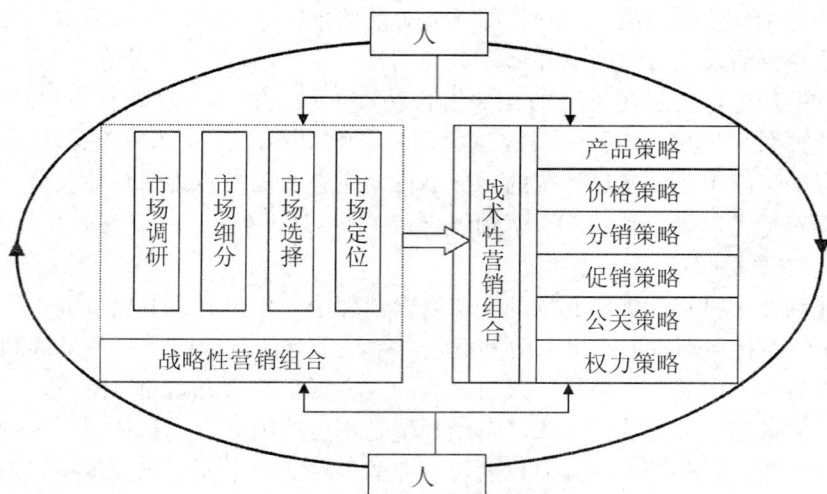

图 10-1 11Ps 营销理论示意图

其需求是企业经营之根本。二是把营销组合分为战略性营销组合和战术性的营销组合，不仅指出了二者间的关系，战略性营销组合引领企业的营销方向，战术性的营销组合是战略性营销组合指导下的具体的营销策略，而且指出营销活动的先后顺序，企业营销要完成市场调研、市场细分、市场择优、市场定位等内容战略性的营销组合。而后才能拟定产品策略、价格策略、分销策略、促销策略、公关策略和权力策略等内容。

三、4Cs 理论

市场营销是以顾客需求为中心而展开的。随着时代的发展，传统的 4Ps 营销理论越来越受到挑战，认为这一理论的出发点不是顾客，而是卖方，也就是销售者，于是，提出了 4Cs 的营销理论。

1. 主要内容

1990 年，美国学者劳特朋（Robert Lauteerborn）提出了与传统营销的 4Ps 相对应的 4Cs 营销理论，即 Coustomer Needs & Wants（顾客的需求和欲望）、Cost（顾客的成本和费用）、Convenience（顾客购买的便利性）、Communication（企业与顾客的沟通）。

（1）顾客。企业营销要树立"以顾客为中心"的理念，企业生产什么，生产多少，不是取决于企业的产能，而是取决于顾客的需要，也就是市场的需求。也就是说，要从顾客的需求出发去设计产品。需要注意的是，顾客对产品真正的需求不在外形，而是来自功能和效用。

（2）成本。企业定价要考虑成本，这不仅仅是产品的生产成本、管理成本、营销成本等，而且最重要的是顾客购买产品也有其愿意付出的成本，即购买某一产品时，愿意耗费一定的资金，也就是顾客能够接受的心理价位。同时还要考虑顾客购买产品的时间成本、机会成本和风险成本等。

（3）方便。顾客有购买方便、使用方面的要求。因此，营销者进行渠道规划和网点布局要考虑顾客的便利要求，即从顾客的角度反向设计渠道，首先考虑顾客购物等交易过程如何给顾客方便，在商店的设计和布局上要考虑方便顾客进出、上下，方便客户参观、浏览、挑选，方便客户付款结算等。同时，向顾客提供消费指导、送货上门、免费安装、维修保证服务，使顾客买得方便，用得方便。

（4）沟通。企业为了创立竞争优势，必须不断地与顾客沟通，包括向顾客提供有关商店地点、商品、服务、价格等方面的信息；影响客户的态度与偏好，说服顾客光顾商店、购买商品；在顾客的心目中树立良好的企业形象。在当今激烈的市场竞争中，企业的营销者应该认识到：与顾客沟通比选择适当的商品、价格、地点、促销更为重要，更有利于企业的长期发展。

2. 主要贡献

市场营销的任务就是进行顾客的需求管理。劳特朋的 4Cs 营销理论相比较麦卡锡的 4Ps 营销理论，具有两大创新和贡献。一是高举"顾客是上帝"的营销理念，把顾客的需求作为营销的出发点，坚持顾客导向是成功营销的关键。二是强调"四个忘记四个考虑"，即忘掉产品，考虑消费者的需要和欲求；忘掉定价，考虑消费者为满足其需求愿意付出多少；忘掉渠道，考虑如何让消费者方便；忘掉促销，考虑如何同消费者进行双向沟通。

四、4Rs 营销理论

竞争是市场经济的最基本、最重要的属性。随着社会的发展，市场竞争的格局正在悄然改变，由产品竞争、技术竞争变为价值链、供应链的竞争。企业不仅要追求与顾客共赢，还要谋求与顾客建立长期合作的关系，在这种情势下，4Rs 营销理论应运而生。

1. 主要内容

4Rs 营销理论是由美国整合营销传播理论的鼻祖唐·舒尔茨（Don E. Schuhz）在 4C 营销理论的基础上提出的新营销理论。4R 分别指代 Relevance（关联）、Reaction（反应）、Relationship（关系）和 Reward（回报）。该营销理论认为，随着市场的发展，企业需要从更高层次上以更有效的方式在企业与顾客之间建立起有别于传统的新型的主动性关系。

（1）关联。在竞争性市场中，企业通过某些有效的方式在业务、需求等方面与顾客建立关联，形成一种互助、互求、互需的关系，把顾客与企业联系在一起。顾客是具有动态性的，顾客忠诚度也是变化的，要提高顾客的忠诚度，赢得长期而稳定的市场，避免其忠诚度发生转移，必须要与他们建立起牢固的关联，这样才可以大大减少顾客流失的可能性。

（2）反应。在相互影响的市场中，对营销者来说最现实的问题不在于如何控制、制订和实施计划，而在于如何站在顾客的角度及时地倾听顾客的希望、渴望和需求，并及时答复和迅速做出反应，满足顾客的需求。对于企业来说应该建立快速反应机制，了解顾客与竞争对手的一举一动，从而迅速做出反应。

（3）关系。企业要通过加强客户资源管理（CRM），与顾客建立长期而稳固的关系，并与此相适应实现五个转变：从一次性交易向强调建立长期友好合作关系转变；从着眼于短期利益向重视长期利益转变；从顾客被动适应企业的单一销售向顾客主动参与到生产过程中来转变；从相互的利益冲突向"双赢"转变；从管理营销组合向管理企业与顾客的互动关系转变。当顾客的参谋，不断提升顾客的满意度和忠诚度。

（4）回报。对企业来说，回报是指市场营销为企业带来短期或长期的收入和利润的能力。一方面，追求回报是市场营销发展的动力；另一方面，回报是维持市场关系的必要条件。企业要满足顾客需求，为顾客提供有价值的解决方案，同时也获取利润，因此，市场营销目标必须注重产出，注重企业在营销活动中的回报，一切市场营销活动都必须以为顾客创造价值为目的。

2. 主要贡献

4Rs提出了新的营销的思路，其理论贡献主要有三：一是提出了与顾客互动的营销思想，企业不仅要积极地满足顾客的需求，而且还要主动地创造需求，通过关联、关系、反应等形式建立与它独特的关系，把企业与顾客联系在一起，形成了独特竞争优势；二是积极倡导关系营销，并提出了如何建立关系、长期拥有客户、保证长期利益的具体操作方式；三是追求双赢的营销模式，追求回报是企业营销发展的动力，但高回报并不等于高价格，企业可以通过实施低成本战略，并通过"薄利多销"让客户受益，同时企业也扩大市场规模并从中获得更大的利益，实现企业和客户的"双赢"。

案例 10 - 1

"秘密武器"为何不能长盛不衰

库尔斯公司是美国一家啤酒酿造公司，地处科罗拉多的山沟里。1960 年阿道夫·库尔斯这个 44 岁的啤酒王国的老板，外出遇难后，公司由其儿子比尔和乔兄弟俩经营。库尔斯公司生产的啤酒是用纯净的落基山泉水酿制，公司只生产一种品质啤酒，且只有一家酿造厂生产这种啤酒，啤酒只在西部 11 个州销售，其中多数州是美国人烟最稀少的地区。它没有设立分厂，22 年没有扩大过规模，同时，每一桶酒都要销往 900 英里以外的地方。啤酒质量很好，除了一些名演员像保罗·纽曼和伊斯特伍等外，从福特总统到亨利·基辛格，无不对库尔斯啤酒叫好。每年大约有 30 万库尔斯的崇拜者来啤酒厂游玩，人们一直称库尔斯有"秘密武器"。

到 1970 年由比尔和乔经营的一个小规模地区性啤酒厂却异常繁荣，1969 年比 1968 年产量增长 19%，在全国啤酒行业中名列第四。在西部 11 个州中，库尔斯市场占有率达 30%，在加利福尼亚州，到 1973 年为止，他占有了 41% 的市场，比啤酒行业产量最大的安休斯—布希的 18% 还多。这与来自那些知名的和不知名的人士对库尔斯产品的狂热追求与爱好，与来自环境清洁的形象及来自味道清淡适口的啤酒形象是分不开的。到 70 年代中期，啤酒的消费趋势发生了很大变化，啤酒行业最热门的产品是凉爽型啤酒或低热量啤酒和高级名牌啤酒，这种啤酒的销售量几乎占到啤酒总销量的 10%，而其中全国发展最快的米勒公司啤酒占到 30%，并且这个比例还在上升；其他有发展的啤酒是高级名牌啤酒，安休斯—布希的米歇洛布牌啤酒竞争力很强，每年只以 3% 的速度增长，但几乎所有的增长均来自两种产品：凉爽或低热量啤酒和高级名牌啤酒，而这些库尔斯一种也不生产，只是一味地依赖于它的那一种啤酒，因循守旧。此外，研究表明，每十个饮用凉爽啤酒的新消费者中有四个是从库尔斯那里来的。西部市场也不再只属于库尔斯了，那里满是实力雄厚、根基牢靠的竞争对手，比尔不得不承认："酿造我们能酿造的最好啤酒已经不够了。" 1978 年利润下降到 5.48 亿美元，比利润最高的 1976 年减少将近 29%，就是退到 1975 年，利润也比这个数字高。

资料来源：百度文库，http://wenku.baidu.com/view/b9bdb22fe2bd960590c67751.html。

第二节　市场营销实践的创新与发展

创新是企业成功的关键，是创新理论运用到市场营销中的新做法，它包括营销观念的创新、营销产品的创新、营销组织的创新、营销制度的创新、营销技术的创新和营销手段的创新等，营销实践创新的关键是做"新思维的开创者"，要勇于打破旧有思维、经验、偏见的束缚，与时俱进，发挥想象力，探索营销新模式，努力开创营销工作的新局面。

一、知识营销

1983 年，美国加州大学教授保罗·罗默提出了"新经济增长理论"，认为知识是一个重要的生产要素，它可以提高投资的收益。"新经济增长理论"的提出，标志着知识经济在理论上的初步形成，随后，知识营销也就与之俱来，企业通过传播知识创造顾客需求。

1. 主要内容

知识营销是通过有效的知识传播方法和途径，将企业所拥有的对顾客有价值的知识（包括产品知识、专业研究成果、经营理念、管理思想以及优秀的企业文化等）传递给潜在用户，并逐渐形成对企业品牌和产品的认知，为将潜在用户最终转化为用户的过程和各种营销行为。比尔·盖茨的"先教电脑，再卖电脑"的做法是典型的知识营销。他斥资 2 亿元，成立盖茨图书馆基金会，为全球一些低收入的地区图书馆配备最先进的电脑，又捐赠软件让公众接受电脑知识。比尔·盖茨通过知识营销创造了广阔的市场。

2. 实施要点

（1）了解、分析目标群体对其产品的相关知识需求。

（2）明确知识营销的目标和任务。

（3）构建知识传播的平台与载体。

（4）形成知识营销的运行机制和策略。

（5）实施知识传播计划。

（6）进行知识营销的跟进服务。

二、网络营销

互联网的出现是人类通信技术的一次革命。20 世纪 70 年代末到 80 年代初，计算机技术蓬勃发展，1986 年世界上第一个互联网产生，迅速连接到世界各地。90 年代，随着 Web 技术和相应的浏览器的出现，互联网的发展和应用出现了新的飞跃，互联网的全球性、海量性、交互性、成长性、扁平性、即时性、多媒体性深受人们喜爱，用户数量呈指数增长趋势，因此，企业利用网络进行营销也就势在必然。

1. 主要内容

网络营销就是以互联网络为基础，利用数字化的信息和网络媒体的交互性来辅助营销目标实现的一种新型的市场营销方式。简单地说，网络营销就是以互联网为主要手段进行的，为达到一定营销目的的营销活动。企业在网络上开设自己的主页，在主页上于设"虚拟商店"，陈列其商品，顾客通过网络可以进入到虚拟商店，挑选商品，下订单，支付都可以在网上完成，企业接到订单就送货上门。同样，通过网络顾客可以将自己的意见反馈到生产过程中，这样生产者可以根据顾客的需求和品味进行生产，这一方面提高了生产者和顾客之间的协调与合作水平，另一方面又可以降低企业产品生产的"互动成本"。比如通用汽车公司别克汽车制造厂，让顾客自己设计所喜欢的车型，并且可以由顾客自己选择车身、车轴、发动机、轮胎、颜色及车内结构。顾客通过网络可以看到自己选择的部件组装出来的汽车的样子，并可继续更换部件，直到顾客满意为止。这种营销方式因其快速地了解市场动向和顾客需求，减少中间环节，降低销售成本，运用得越来越普遍。

2. 实施要点

（1）建立、搭载网络信息交易平台。

（2）网络发布产品、价格、促销信息，进行在线推广。

（3）建立在线交易运行机制和质量保证体系。

（4）运行网络订购、产品配送服务。

（5）售后客户管理和跟进服务。

三、绿色营销

随着经济的高速发展，人们环保意识增强，一场绿色革命的浪潮正在席卷全球，绿色消费也随之产生，人们的消费观念也发生了重大变化，已由重视物质价值的传统消费观向无污染、无公害的绿色消费观的转变。为了适应这一市场变化，实现与自然、社会协调发展，绿色营销也就方兴未艾。

1. 主要内容

绿色营销是指企业在整个营销过程中充分体现环保意识和社会意识，坚持贯彻"5R"管理原则，即研究（Research）：重视研究企业对环境污染的对策；减少（Reduce）：减少或消除有害废弃物的排放；循环（Recycle）：对废旧物进行回收处理和再利用；再开发（Rediscover）：变普通产品为绿色产品；保护（Reserve）：积极参与社区的环保活动，树立环保意识，向消费者提供科学的、无污染的、有利于节约资源使用和符合良好社会道德准则的商品和服务，并采用无污染或少污染的生产和销售方式，引导并满足消费者有利于环境保护及身心健康的需求。其主要目标是通过营销实现生态环境和社会环境的保护及改善，保护和节约自然资源，实行养护式经营，确保消费者使用产品的安全、卫生、方便，以提高人们的生活质量，优化人们的生存空间。

2. 实施要点

（1）树立低碳、环保的绿色营销意识。

（2）通过 ISO14000 达标认证。

（3）设计、生产绿色产品。

（4）制定绿色产品价格。

（5）开拓绿色产品渠道。

（6）加强绿色产品促销。

四、体验营销

顾客是企业最重要的资源，所有营销努力就在于支持和保留顾客。传统的营销理念，企业强调"产品"，但是合乎品质要求的产品，顾客不一定满意。现代的营销理念强调顾客"参与度"，请顾客参与到企业的生产过程和消费过程，通过体验让顾客了解产品、熟悉产品，并进一步喜爱产品，购买产品。体验经济是社会高度富裕、文明、发达的表现，体验营销是企业赢得市场的重要手段。

1. 主要内容

体验营销是指企业通过采用让目标顾客观摩、聆听、尝试、试用等方式，有效地刺激其视觉、听觉、触觉、味觉与嗅觉等知觉器官，形成感官、情感、思考、行动、关联五种体验，从而让顾客实际感知产品或服务的品质或性能，促使顾客认知、喜好并购买的一种营销方式。五种体验模块在使用上有其自然的顺序：感官—情感—思考—行动—关联。"感官"引起体验注意；"情感"使体验个性化；"思考"加强体验的认知；"行动"唤起对体验的投入；"关联"使得体验在更广泛的背景下产生意义。如服装试穿、咖啡试喝、汽车试驾、化妆品试用等，都是体验营销的具体表现和灵活运用。

2. 实施要点

（1）强化顾客导向的体验营销观。

（2）识别、分析体验营销的目标客户。

（3）设计体验营销的行动方案。

（4）组织目标对象参与体验。

（5）进行体验营销评价与控制。

（6）加强体验营销顾客服务和跟踪。

五、数据库营销

据权威专家分析，维持一个老顾客所需的成本是寻求一个新顾客成本的0.5倍，而要使一个失去的老顾客重新成为新顾客所花费的成本则是寻求一个新客户成本的10倍。如果比竞争对手更了解顾客的需求和欲望，留住的最佳顾客就更多，就能创造出更大的竞争优势。用回头客忠诚度数据库营销经常地与消费者保持沟通和联系，可以维持和增强企业与消费者之间的感情纽带。另外，运用储存的消费记录来推测其未来消费者行为具有相当精确性，从而使企业能更好地满足消费者的需求，建立起长期的稳定的客户关系。

1. 主要内容

数据库营销就是企业通过收集和积累会员（用户或消费者）信息，经过分析筛选后针对性地使用电子邮件、短信、电话、信件等方式进行客户深度挖掘与关系维护的营销方式。或者，数据库营销就是以与顾客建立一对一的互动沟通关系为目标，并依赖庞大的顾客信息库进行长期促销活动的一种全新的销售手段。它是一套内容涵盖现有顾客和潜在顾客，可以随时更新的动态数据库管理系统。数据库营销的核心是数据信息，利用数据挖掘潜在客户、联系潜在客户并通过跟踪服务发展成现实客户（参见图10-2）。

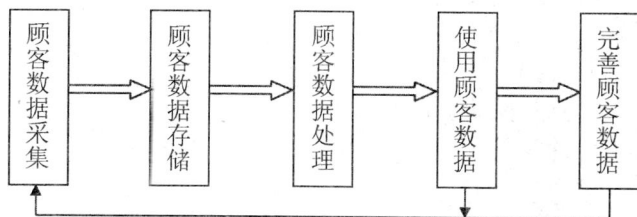

顾客数据采集 → 顾客数据存储 → 顾客数据处理 → 使用顾客数据 → 完善顾客数据

图10-2　数据库营销流程图

2. 实施要点

（1）建立数据库信息系统。

（2）采集、分析客户信息数据。

（3）筛选潜在的目标顾客。

（4）对潜在的目标顾客进行信息发布和促销推广。

（5）营销跟进服务。

（6）完善顾客的信息数据。

六、顾问式营销

传统销售理论认为，顾客是上帝，好商品就是性能好、价格低，服务是为了更好地卖出产品，事实上，顾客购买的并不是产品本身，而是为了核心利益和价值，希望商家是朋友，是顾问，是参谋。为了适应这一形势发展的需要，顾问式营销大行其道。

1. 主要内容

顾问式营销是一种全新的营销概念与营销模式，它起源于 20 世纪 90 年代，具有丰富的内涵以及清晰的实践性。它是指营销不是卖产品，而是解决问题的方案。如麦当劳、肯德基卖的不是鸡块、汉堡包，而是一种快节奏生活方式的解决方案。顾客的购买行为可分为产生需求、收集信息、评估选择、购买决定和购后反应五个过程，因此，顾问式销售可以针对顾客的购买行为分挖掘潜在客户、拜访客户、筛选客户、掌握客户需求、提供解决方案、成交、客户管理等几个步骤来进行。这里有两个关键点，一是准确了解顾客的需求，明确顾客要解决的问题，二是根据顾客需要提出解决问题的建议，也就是解决问题的方案。

2. 实施要点

（1）寻找潜在的目标客户。

（2）分析目标客户急需解决的问题和真正需求。

（3）帮助顾客设计解决问题的方案。

（4）帮助顾客评估解决问题的方案。

（5）帮助顾客选择解决问题的方案。

（6）帮助顾客实施解决问题的方案。

七、关系营销

面对愈演愈烈的市场竞争，企业逐步认识到顾客是上帝的重要性，一方面努力开发新客户；另一方面同时维护并发展与老顾客间的良好合作关系，与更多的客户正在形成长期稳定的合作关系和战略伙伴关系来适应并参与全球性竞争。正如科特勒曾指出的那样，"善于与主要顾客建立和维持牢固关系的企业，都将从这些顾客中得到许多未来的销售机会"。因此，关系营销得到了快速发展。

1. 主要内容

关系营销是把营销活动看成是一个企业与消费者、供应商、分销商、竞争者、政府机构及其他公众发生互动作用的过程，其核心是建立和发展与这些公众的良好关系。1983 年美国得克萨斯州 A&M 大学的伦纳德·L. 贝瑞（Leonard L. Berry）教授，在美国市场营销学会的一份报告中最早对关系营销做出了如下的定义："关系营销是吸引、维持和增强客户关系。"在 1996 年又给出更为全面的定义："关系营销是为了满足企业和相关利益者的目标而进行的识别、建立、维持、促进同消费者的关系并在必要时终止关系的过程。这只有通过交换和承诺才能实现。"1985 年工业市场营销专家巴巴拉·B. 杰克逊（Barbara B. Jackson）从工业营销的角度将关系营销描述为"关系营销关注于吸引、发展和保留客户关系"。1994 年摩根和亨特（Morgan and Hunt）从经济交换与社会交换的差异来认识关系营销，认为关系营销"旨在建立、发展和维持成功关系交换的营销活动"。

关系营销的市场模型概括了关系营销的市场活动范围。一个企业必须处理好与下面六个子市场的关系：顾客市场、供应商市场、内部市场、竞争者市场、分销商市场、相关利益者市场。关系营销需要沟通，沟通渠道、方式是多维的，但目标指向都是一致的，无论是亲缘关系营销、地缘关系营销、业缘关系营销、文化关系营销、偶发关系营销，还是市场调研、销售促进、价格谈判等直接沟通，广告、公共关系等大众沟通，所有的营销努力都应该有利于良好贸易关系、长期战略合作关系的建立、维护和发展。

2. 实施要点

（1）选择 5~10 个最大的客户作为关系合作伙伴。

（2）对筛选出的合作伙伴指派干练的关系经理负责。

（3）制定关系营销计划和策略。

（4）加强联络与沟通。

（5）密切关注合作伙伴的需求变化、信息反馈。

（6）加强资源管理和客户服务。

八、一对一营销

20 世纪 90 年代，唐·佩珀斯与马莎·罗杰斯所开创的客户关系管理业已成了互动时代的商业规则，其所著的《一对一未来》、《一对一企业》、《一对一实战手册》、《一对一经理人》在全球各地以 14 种语言出版，成了 21 世纪商界人士的圣经。由于其杰出的成就，唐·佩珀斯与马莎·罗杰斯荣登全球 16 位顶尖管理大师之列。唐·佩珀斯与马莎·罗杰斯的"一对一战略"受到了全球商界的热烈推崇，一对一营销也就开始盛行，旨在通过树立客户忠诚度，实现顾客终生价值的最大化。

1. 主要内容

一对一营销也称为121营销、1-2-1营销等，是一种基于客户关系管理（CRM）战略为各科提供具有针对性的个性化服务的营销模式。美国消费者协会主席艾拉·马塔拉说："我们现在正从过去大众化的消费进入个性化消费时代，大众化消费时代即将结束。现在的消费者可以大胆地、随心所欲地下指令，以获取特殊的、与众不同的服务。"哪怕部分消费者总体上倾向于和大众保持同质化的产品或服务消费，但是也期望在送货、付款、功能和售后服务等方面，商家能够满足其特别的需求。正因为每个顾客都有着不同的需要，所以，通过市场细分将一群顾客划归为有着共同需求的细分市场的传统做法，已不能满足每个顾客的特殊需要。

一对一营销，不是一次关注一种需求，而是一次关注一位顾客，尽可能多地满足这位顾客的需求。它关注的中心是顾客。实行传统营销的公司的成功方向是赢得更多的顾客，而实行一对一营销的公司的成功方向是更长久地留住顾客。企业通过与每个顾客的互动对话，与顾客逐一建立持久、长远的"双赢"关系，为顾客提供定制化的产品和服务，在努力提高市场占有率的同时，还尽量增加每一位顾客的购买额，也就是在一对一的基础上提升对每一位顾客的占有程度。传统营销靠区分产品来进行竞争，而一对一营销靠区分顾客来赢得竞争，目标是提高短期商业推广活动及终生客户关系的投资回报率（ROI）。最终目标就是提升整体的客户忠诚度，并使客户的终生价值达到最大化。

2. 实施要点

（1）对顾客进行分类。

（2）分析顾客需求差异化。

（3）与顾客建立互动型的学习关系。

（4）进行业务流程重构。

（5）提供量身定制的个性化产品或服务。

（6）进一步加强和改善客户资源管理。

九、全球营销

随着生产力发展和国际分工深化，各国经济之间形成彼此相互开放、相互联系、相互依赖的有机体。约翰·奈斯比特在《2000年大趋势》一书中写道："我们所处的时代，变化速度之快，前所未有，其中最惊人的变化也许是全世界正迅速成为一个统一的经济体。"这个有机体、经济体就是经济全球化或称之为全球经济一体化。2001 年我国正式加入世界贸易组织（WTO），成为其第 143 个成员，进一步加快了融入经济全球化的进程。经济的全球化势必带来产业的全球化、顾客的全球化、市场的全球化、竞争的全球化和营销的全球化。

1. 主要内容

全球营销是指企业超越本国国境进行的市场经营活动，是针对不同国家的国情，把营销目标、选择目标市场、营销定位和营销组合等原则灵活地运用于市场化营销活动，它与国内营销一样，需要进行市场调研、市场分析、市场细分、市场营销组合、实行目标营销等一系列营销过程的战略确定及战术实施。全球营销这一概念是美国哈佛商学院资深教授西奥多·莱维特（Theodore Levitt）1983 年提出的，他指出随着科技的进步，交通通信的发展，各国之间交往日益频繁，世界经济社会一体化趋势进一步加强，全球在众多方面具有越来越多的共同性，各国市场之间的需求也越来越具有相似性。就某些产品而言，各国市场之间的差异性甚至将完全消失。企业要想在激烈的优胜劣汰竞争中赢得生存发展，就必须以世界市场为导向，采取全球营销战略。营销人员必须很好地了解外国的营销环境，在全球营销中懂得如何选择市场，如何以最恰当的方式打入市场，如何占领市场、扩大市场份额，如何维护自己的领先地位不受竞争对手的威胁。值得注意的是，全球营销比之国内营销具有更大、更多的差异性、复杂性和风险性。全球营销的产品和广告策略参见表 10-1。

表 10-1 全球营销的产品和广告策略

		不改变产品	改变产品	开发产品
广告	不改变广告宣传	直接出口	产品适应	产品创新
	改变广告宣传	宣传适应	双重适应	

2. 实施要点

（1）全球营销环境分析。

（2）寻找、确定全球营销的目标市场。

（3）制定、实施全球营销的产品策略。

（4）制定、实施全球营销的价格策略。

（5）制定、实施全球营销的渠道策略。

（6）制定、实施全球营销的促销策略。

十、整合营销

20 世纪 90 年代以来，企业面临的营销环境发生了深刻的变化。科学技术飞速发展，全球化营销推波助澜，产品的同质化越来越严重，消费者需求的多样化和沟通媒体的细分化，使企业要获得从一而终的顾客群体越来越难。为了建立企业与顾客双赢的营销模式，企业必须整合所有的营销资源和要素，以寻求新的竞争优势。由此，整合营销应运而生。

1. 主要内容

整合营销是一种通过对营销工具和手段的系统化结合，根据环境进行即时性修正，以使交换双方在交互中实现价值增值的营销理论和方法。整合营销就是为了建立、维护和传播品牌，以及加强客户关系，而对品牌进行计划、实施和监督的一系列营销工作，大众广告、网络宣传、人员推销、销售促进、公关赞助和客户服务等各个独立的营销活动合成一个整体，把关系营销、体验营销、绿色营销、网络营销、一对一营销、数据库营销等营销模式综合运用，以产生协同效应。整合营销突出了顾客的地位和 4I 原则，即趣味原则（Interesting）、利益原则（Interests）、互动原则（Interaction）、个性原则（Individuality）。与传统营销的基本观念相比，整合营销的基本观念是突出企业的一切活动都必须积极、主动地适应消费者的需求，提升顾客价值，以实现企业与消费者的顺利沟通与交换，达到双赢的目的。因此，整合营销将是未来企业营销不可缺少的营销模式。

2. 实施要点

（1）市场调查和分析。

（2）市场定位和营销战略。

（3）策划整合营销计划。

（4）实施整合营销传播。

（5）协同与控制营销活动。

（6）检查评估整合营销效果。

案例 10－2

整合营销传播使 IBM 再现辉煌

20 世纪 50 年代至 80 年代初期，世界计算机发展的历史经历了大型电脑和小型电脑阶段。IBM 在此期间一直处于坚如磐石的霸主地位。80 年代初期至90年代中期，个人电脑与网络时代来临，尽管IBM公司率先推出了个人电脑，但是，由于外部的激烈竞争与内部的管理机制问题，IBM逐渐褪去了昔日的光环，1990年盈利超过60亿美元，而1991年却一下子亏损近30亿美元，1992年亏损50亿美元，1993年亏损更高达80亿美元。

面对市场地位日益下滑，1992年年底，IBM首先对其集权化的组织结构和官僚化的管理模式进行重大改革，使各分支单位成为利润中心，而使组织结构分权化，发展出网状组织，进行层级缩减、组织扁平化，使每个成员都发挥专业能力。这也是目前许多西方企业组织管理的改革潮流。

1994年5月24日，IBM迎来了公司历史上的一个重要转折时刻——它决定将其全球广告业务全部交予奥美。这是广告史上规模最大的一次业务转移。奥美运用"品牌管家"中的"品牌检验"工具，针对IBM客户、广告代理商、消费者调查得出的品牌检验结果表明："你无法和IBM一同欢笑"，"IBM只会与你的主管讨论，除此以外，别人都不重要。"但同时也发现IBM是值得信赖、最具良好品格与崇高道德的公司。

奥美的"品牌管家"并不只是针对广告的策划程序，因为做广告不是最终目的，塑造和发展品牌才是永远的追求。故它包含了广告以外的任何东西，包括个人接触、直接接触、一对一接触等。奥美的"品牌管家"是一门建立、增进、维护与增强品牌的艺术，它承担了IBM除传播外的更重大的责任——如何管理品牌资产，使IBM更忠于品牌核心价值与精神，从而持久不衰。

整合营销传播采用"由外而内"的思考模式。它从消费者或潜在客户着手，努力去找出他们的需求，然后再针对其需求找出他们所需要的产品或服务。现在的IBM与过去的IBM相比，重要的改变就在于以"由外而内"淘汰了"由内而外"的规划模式。

IBM认识到，客户不可能在IBM不同产品部门寻求到适宜的产品，进而找出一个合适的解决方案。因此，他们需要别人来为他们找出所需的解决方案来，这里面包括硬件系统、软件系统、集成服务、应用开发以及其他服务等。这就需要IBM深入了解客户所需完成的内容，不仅是信息技术的战略要求，而且包括他们的商业战略要求、客户的行业特点、服务对象等。例如，煤气、电力行业和银行等金融行业的网络需求是不完全相同的。因此，IBM通过各行业与IBM的合作例证的展示（如商店、银行、货运等），让客户知道IBM提供（中小）企业在网络运算及互联网的解决方案。

除了广告外，IBM同时进行直效营销、公关活动、促销、事件营销，在全球各地100多个国家和地区进行整合营销传播。这些传播活动的目的是为了增加IBM品牌的价值与曝光率，不论在哪个国家和地区，以何种语言，或通过何类媒体打广告，均遵循相同的风格、语调与方式来沟通，使得 IBM 的品牌印象更加鲜明一致。

IBM 经常举办各种公共关系活动，如学术、促销座谈会、媒体教育活动、消费者活动、慈善音乐会等，帮助建立企业形象，拓展影响力。IBM 的企业信息、定位，全球拟有一致的策略，但会根据当地需要调整。例如，一项在全球范围内影响巨大的公关活动，就是 IBM 研制出超级电脑"深蓝"以后，在1997 年组织了一场与国际象棋世界棋王卡斯巴洛夫之间的"人机大战"。双方各显神通，全力以赴。最后，IBM 电脑获胜。在互联网上，人们可以看到这次比赛的实况。

在公共关系中，IBM 对中国教育界的捐献活动占据了举足轻重的战略地位，这也是 IBM 历来的一种优良传统。不过它对中国高等院校所捐赠的规模是 IBM 历史上绝无前例的。十几年间，IBM 对中国教育界总共捐赠近 7 亿元人民币。IBM 认为，捐赠教育比捐赠球赛更为重要，更为有益，更加具有长期影响，这就是 IBM 的独到之处。

1996 年年底，IBM 公司年收入高达 759 亿美元，纯利润为 54 亿美元，每股股票值从三年前的 40 美元飞涨至 175 美元，涨幅达 3.4 倍。1997 年盈利额高达 62 亿美元，为五年来最高点。在 IBM 这场扭转乾坤、重塑辉煌的伟大改革中，我们看到整合营销传播的决胜力量。

资料来源：曹刚、李桂陵、王德发：《国内外市场营销案例集》，武汉大学出版社 2005 年版。

复习思考题：

1. 市场营销理论发展有哪些，其主要观点和主要贡献是什么？
2. 简述 4Ps、4Cs、4Rs 营销理论的异同。
3. 辨析数据库营销、关系营销、顾问营销、一对一营销的关键在哪里？
4. 比较体验营销、知识营销、绿色营销之间的联系与区别。
5. 后金融危机时代，全球营销有何机会与风险？
6. 有效的网络营销的方法与技巧有哪些？
7. 如何有效开展整合营销？

参考书目

1. 郭国庆. 市场营销学通论（第三版）. 北京：中国人民大学出版社，2007.

2. 纪宝成. 市场营销学教程（第四版）. 北京：中国人民大学出版社，2008.

3. 吴健安. 市场营销学. 北京：高等教育出版社，2007.

4. 郑继兴，金振声. 市场营销理论与实践教程. 北京：清华大学出版社，2008.

5. 叶万春，叶敏. 营销策划. 北京：清华大学出版社，2005.

6. 朱李明. 市场营销学教程. 北京：社会科学文献出版社，2007.

7. ［美］菲利普·科特勒，加里·阿姆斯特朗. 市场营销原理（第11版）. 郭国庆等译. 北京：清华大学出版社，2008.

8. 谢尔比·D. 亨特（Hunt，S. D.）. 市场营销理论基础：市场营销学的一般理论. 陈启杰等译. 上海：上海财经大学出版社，2006.

9. ［美］菲利普·科特勒，凯文·莱恩·凯勒. 营销管理（第13版·中国版）. 卢泰宏，高辉译. 北京：中国人民大学出版社，2009.

10. 苏亚民. 现代营销学（第六版）. 北京：中国商务出版社，2009.